Fontes Christiani

AMBROSIUS VON MAILAND
ÜBER DEN GLAUBEN
[AN GRATIAN]
II

FONTES CHRISTIANI

Zweisprachige Neuausgabe christlicher Quellentexte
aus Altertum und Mittelalter

Im Auftrag der Görres-Gesellschaft
herausgegeben von
Siegmar Döpp, Franz Dünzl, Wilhelm Geerlings,
Gisbert Greshake, Rainer Ilgner, Rudolf Schieffer

Band 47/2

AMBROSIUS VON MAILAND
ÜBER DEN GLAUBEN
[AN GRATIAN]
II

LATEINISCH
DEUTSCH

TURNHOUT
BREPOLS PUBLISHERS
2005

AMBROSIUS VON MAILAND

DE FIDE
[AD GRATIANUM]

ÜBER DEN GLAUBEN
[AN GRATIAN]

ZWEITER TEILBAND

ÜBERSETZT UND EINGELEITET
VON
CHRISTOPH MARKSCHIES

TURNHOUT
BREPOLS ✠ PUBLISHERS
2005

Abdruck des lateinischen Textes von O. Faller (CSEL 78)

Fontes-Redaktion:
Silke Floryszczak, Melanie Kurek, Horst Schneider

Bibliografische Information der Deutschen Bibliothek

Die Deutsche Bibliothek verzeichnet diese Publikation in der Deutschen Nationalbibliografie; detaillierte bibliografische Daten sind im Internet unter <http:/dnb.ddb.de> abrufbar

Umschlagbild: Marmorplatte eines Lesepults,
Ravenna, S. Apollinare Nuovo, 6. Jh.

Alle Rechte vorbehalten – Gedruckt in Belgien
© Brepols Publishers, Turnhout, 2005
Satz: Arbeitsstelle Fontes Christiani, Bochum
Herstellung: Grafikon – Ter Roye, Oostkamp, 2005
D/2005/0095/49
ISBN 2-503-52135-5 gebunden
ISBN 2-503-52136-3 kartoniert

INHALTSVERZEICHNIS

ERSTER TEILBAND

Einleitung

I. Der Autor des Werkes De fide:
   Ambrosius von Mailand 9
   1. Zur Biographie des Ambrosius 9
   2. Zu den Werken des Ambrosius 27
   3. Zur Theologie des Ambrosius 41

II. Das Werk De fide. 44
   1. Zu den Entstehungsumständen des Werkes
      De fide 45
   2. Zu den literarischen Reaktionen auf die Schrift
      De fide 52
   3. Zu Ziel und Inhalt des Werkes De fide 54
   4. Zur Trinitätstheologie des Werkes De fide . . 60

III. Die Quellen des Werkes De fide 68
   1. Ambrosius und Athanasius 72
   2. Ambrosius und Hilarius 77
   3. Ambrosius und Origenes
      beziehungsweise Ambrosius und Didymus 78
   4. Ambrosius und die kappadokischen Theologen . 80

IV. Die Bibelzitate im Ambrosianischen Text 82
   1. Zur Funktion der Bibelzitate 83
   2. Zum Bibeltext 86

INHALTSVERZEICHNIS

V. Der Stil und die Sprache des Werkes De fide 88

VI. Der Text der Ausgabe. 91
  1. Zur handschriftlichen Bezeugung des Werkes
    De fide 91
  2. Zu den Kapitelüberschriften 97
  3. Zum Wert der indirekten Überlieferung. 98

VII. Bemerkungen zur Übersetzung. 130

VIII. Erläuterungen zum Apparat der Edition
    Otto Fallers. 131
  1. Textzeugen. 131
  2. Handschriftengruppen. 132
  3. Frühere Editionen 132
  4. Allgemeine Abkürzungen im Apparat. 133

Text und Übersetzung

Liber Primus 136
Erstes Buch. 137

ZWEITER TEILBAND

Liber Secundus. 250
Zweites Buch. 251
Liber Tertius 354
Drittes Buch 355
Liber Quartus 462
Viertes Buch 463

DRITTER TEILBAND

Liber Quintus 586
Fünftes Buch 587

Anhang

Abkürzungen 776
    Werkabkürzungen 776
    Allgemeine Abkürzungen 783
    Bibliographische Abkürzungen 785

Bibliographie 795
    Quellen. 795
    Literatur 823

Register 840
    Bibelstellen 840
    Personen 851
    Geographische Namen 861
    Sachen 862
    Lateinische Stichwörter 864
    Griechische Stichwörter 867

TEXT UND ÜBERSETZUNG

LIBER SECUNDUS

PROLOGUS

1. Satis, ut arbitror, libro superiore, sancte imperator, edoctum est sempiternum esse dei filium, non dissimilem patris, genitum, non creatum. Deum quoque verum dei filium scripturarum lectionibus adprobavimus et apertis maiestatis suae indiciis designatum.

2. Itaque quamvis ista ad fidem copiose redundantia sint, quod a fontis meatu magnitudo plerumque decurrentis fluminis aestimatur, tamen quo purius niteat fides, tripertito videtur derivanda distinctio. Sunt enim evidentia indicia, quae proprietatem deitatis ostendant, sunt quae similitudinem patris et fili, sunt etiam quae perspicuam divinae maiestatis exprimant unitatem. Proprietatis itaque sunt generatio, deus, filius, verbum; similitudinis splendor, character, speculum, imago; unitatis aeternae sapientia, virtus, veritas, vita.

PUATKD Φ (UATO) LVZ SMCWEO def. R
3 superiori *SD* sanctissime *K* ‖ 4 doctum *C* deum dei filium Φ *a* ‖ 5 patri *K* Φ *am* ‖ 6 apertis *Sp.c.m2* (abruptis *m1*), UAO *am* operis *K* aptis *cet.* ‖ 8 copiosae *P, Sa.c.m2* copiosa (*add.* et *m2*) *T* ‖ 9 quod] quorum *P* a] ad *Sp.c.m2Lp.c.m2Z* | meatum *PSC, Lp.c.m2Z* ‖ 10 purius] prius *SKT* | fides nostra *Km* ‖ 10–11 tripartito *m* tripertita *W*Φ*a* ‖ 11 videatur *DV*Φ*a* | derivata ‖ 12 ostendunt Φ*a* ‖ 13 similitudinis *C* ‖ 14 exprimunt *O*Φ*a* | proprietatis (i *alt.i.r.m1*) *P* proprietates *S* ‖ 15 dei *UTKW, Ap.c.* | similitudo *Sp.c.m2* ‖ 16 caracteris *K* | aeternae] sempiterna *K*

---

[130] Vgl. für ‚ewig': *fid.* 2,7,54 – 2,10,85, unten 284–313; ‚nicht unähnlich': 2,5,43 – 2,7,53, unten 276–285; ‚nicht geschaffen': 2,10,86 – 2,13,117, unten 312–335, und ‚wahrer Sohn': 2 prol. 6 – 2,5,42, unten 254–277.

[131] Gemeint ist: „die Eigentümlichkeit der Gottheit des Sohnes". Freilich zeigt der Ausdruck *deus* in der folgenden Aufzählung, daß Ambrosius den Begriff *proprietas* nicht mit letzter logischer Strenge gebrauchte,

Zweites Buch

Vorwort

1. Genug ist, wie ich meine, im voraufgehenden Buch, heiliger Kaiser, dargelegt worden, daß der Sohn Gottes ewig ist, dem Vater nicht unähnlich, gezeugt, nicht geschaffen. Wir haben durch Passagen aus den Schriften bewiesen, daß der Sohn Gottes auch wahrer Gott ist und so bezeichnet wird durch offenkundige Anzeichen seiner Hoheit[130].

2. Obwohl nun diese Dinge für die Befestigung des Glaubens überreichlich vorhanden sind, weil die Stärke des hinabströmenden Flusses meist von der Strömung der Quelle eingeschätzt wird, scheint es daher dennoch notwendig, damit der Glaube umso reiner strahlt, die Unterscheidung dreifach herzuleiten: Es gibt nämlich erstens offensichtliche Anzeichen, die die Eigentümlichkeit der Gottheit[131] zeigen, zweitens solche, welche die Ähnlichkeit zwischen Vater und Sohn erweisen, drittens auch solche, welche die deutliche Einheit der göttlichen Hoheit ausdrücken. Zeichen der Eigentümlichkeit nun sind die Begriffe ‚Zeugung', ‚Gott', ‚Sohn' und ‚Wort'; Zeichen der Ähnlichkeit ‚Glanz', ‚Gestalt', ‚Spiegel', ‚Abbild'; Zeichen der ewigen Einheit ‚Weisheit', ‚Macht', ‚Wahrheit' und ‚Leben'[132].

---

denn *deus* dokumentiert ja eher die Einheit von Vater und Sohn (so auch MARKSCHIES, *Ambrosius von Mailand und die Trinitätstheologie* 203 f).
[132] Vergleichbare Argumentationen mit neutestamentlichen Ausdrücken finden sich auch im sogenannten *Decretum Damasi* (*Enchiridion Symbolorum* 178–180 [89–92 DENZINGER/HÜNERMANN]), dessen Entstehungsdatum umstritten ist. Die Jenaer Dissertation von REUTTER, *Damasus* 491–538, votiert jetzt für eine Entstehung dieser Passagen unter Papst DAMASUS, der von 366 bis 384 n. Chr. regierte.

3. Haec indicia ita dei filium signant, ut ex his et sempiternum patrem esse cognoscas nec ab eo filium discrepantem. Ex eo enim, ‚qui est', generatio, ex sempiterno „deus", ex patre „filius", ex deo „verbum"; „splendor gloriae, character substantiae, | speculum dei maiestatis, imago bonitatis"; de sapiente „sapientia", de forti „virtus", de vero „veritas", de vivente „vita". Concordant igitur patris et fili indicia, quibus non discrepare inter se, sed unius maiestatis esse nemo dubitaverit. Quorum singulorum proferremus exempla nominum, nisi coartandi sermonis studio teneremur.

4. His duodecim tamquam lapidibus praetiosis fidei columna consurgit. Hi sunt enim praetiosi illi lapides: sardius, iaspis, smaragdus, crysolitus et ceteri, quibus sancti Aaron, illius utique, qui figuram gerit Christi, veri scilicet vestimentum sacerdotis intexitur, circumdati auro lapides et sculpti de nominibus filiorum Istrahel, duodecim lapides sibi invicem coherentes. Nam si eos aliquis separet adque secernat, omnis fidei structura dissolvitur.

5. Itaque principium fidei nostrae est scire quod ‚genitus' est dei filius. Si genitus non est, nec „filius" est. Nec sa-

---

PUATKD Φ(UATO) LVZ SMCWEO def. R
1 designant KD ‖ 1–2 sempiternum deum patrem LV ‖ 3 ex alt. et tert.] et K ‖ 5–6 maiestatis imago, de bono bonitas Φam ‖ 6 de sapientia *La.c.m2* ‖ 8 inter se *om. D* ‖ 9 dubitarit *P* | proferemus *Da.c.m2 MVW* proferimus *P* ‖ 10 cohortandi *P* ‖ 11–12 sardus *K* ismaragdus *L, Aa.c.* ‖ 15 sacerdotibus *L* ‖ 16 insculpti *La.c.Mm* ‖ 17 sibi *om. W* | separaret *PK* separat *Sa.c.* ‖ 18 adque] aut *E, Mp.c.Oa* | structura] scriptura *C*

---

[133] Vgl. für die Formulierung (Paronomasie) *de sapiente sapientia fid.* 5,2,29, unten 606–609: *sapiens a sapientia*.
[134] Vgl. *fid.* 2 prol. 2, oben 250f.

3. Diese Anzeichen beschreiben den Sohn Gottes so, daß Du aus ihnen auch erkennst, daß der Vater ewig ist und der Sohn auch nicht von ihm unterschieden. Aus demjenigen nämlich, ‚der ist' (vgl. Ex 3,14), geschieht die Zeugung, aus dem Ewigen geht „Gott" hervor, aus dem Vater „der Sohn", aus Gott „das Wort", „Abglanz der Herrlichkeit, Gestalt der Substanz, Spiegel der Hoheit Gottes, Bild der Güte" (Hebr 1,3*). „Weisheit" vom Weisen, „Kraft" vom Starken, „Wahrheit" vom Wahren, „Leben" vom Lebenden[133]. Es stimmen also die Anzeichen des Vaters und des Sohnes überein, keiner dürfte bezweifeln, daß sie sich dadurch nicht von einander unterscheiden, sondern daß sie Zeichen einer einzigen Herrlichkeit sind. Wir würden Beispiele dieser einzelnen Begriffe vorbringen, wenn wir nicht durch das Bemühen um eine begrenzte Erörterung zurückgehalten würden.

4. Durch diese zwölf Begriffe, gleichsam zwölf kostbare Steine[134], ragt die Säule des Glaubens auf. Dies sind nämlich jene kostbaren Steine: Karneol, Jaspis, Smaragd, Chrysolith und die übrigen, die in das Kleid des heiligen Aaron, jedenfalls dessen, der Christus vorabbildet (vgl. 1 Kor 10,6)[135], natürlich des wahren Priesters, eingewoben werden. Die Steine sind in Gold gefaßt, und die Namen der Söhne Israels sind eingraviert; zwölf Steine, die aneinanderhängen (vgl. Ex 28,17–20; 39,10–13). Wenn sie nämlich irgendwer voneinander trennt und auseinanderschneidet, wird die ganze Struktur des Glaubens aufgelöst.

5. Daher ist eine Grundlage unseres Glaubens, zu wissen, daß der Sohn Gottes ‚gezeugt' ist. Wenn er nicht gezeugt ist, ist er auch nicht „Sohn". Und es ist nicht genug,

---

[135] Vgl. HERMANN, *Edelsteine* 514–519, besonders 517 mit der Tabelle zu den unterschiedlichen Bezeichnungen.

tis est dixisse filium, nisi et „unigenitum" filium designaveris. Si creatura est, „deus" non est, si deus non est, nec „vita" est, si non est vita, nec „veritas" est.

6. Ergo tria illa, id est ‚generatio', „filius", „unigenitus", principaliter et proprie indicant ex deo filium.

7. Tria sequentia, id est „deus", „vita", „veritas", „virtutem" eius manifestant, qua condidit et fecit subsistere creaturam. In ipso enim vivimus et sumus et movemur, sicut | ait Paulus. Et ideo in illis tribus proprietas fili, in istis aliis paternae ac fili operationis unitas declaratur.

8. „Imago" quoque et „splendor" et „character" dicitur dei filius. Quia haec inconpraehensibilem et investigabilem paternae divinitatem maiestatis, in filio expressam similitudinem revelarunt, haec quoque tria videmus ad similitudinem pertinere.

9. Reliquum est „virtus", „sapientia", „iustitia", ut his singulis operationis aeternitas probaretur.

10. Hoc igitur est illut vestimentum praetiosis lapidibus adornatum, hic veri amictus est sacerdotis, haec vestis nuptialis, hic textor propheticus, qui bene noverit ista contexere. Neque vilis ista textura est, de qua dicit dominus per prophetam: „Quis dedit mulieribus texturae sapientiam?" Nec communes isti „lapides", ut legimus,

---

PUATKD Φ(UATO) LVZ SMCWEO def. R
1 et]utD designares W ‖ 2 si deus non est om. D ‖ 3 si non est vita om. S ‖ 7 qua] quia Ma.r.WUAT | facit D ‖ 8 movemur et sumus Oam et movemur et simus C ‖ 8–9 ait apostolus TD paulus dixit m ‖ 13 maiestatis divinitatem m | in filio] add. et VSMCEΦam ‖ 14 vidimus VW ‖ 17 operationibus KMEUAOam ‖ 19 hic] hoc UA ‖ 20 textus KΦa testor Sa.c. ‖ 21–22 dominus dicit Oam ‖ 23 lapides; lapides (alt. in mg.) L, CEWm

---

[136] Beziehungsweise eigentlich ARATUS, Phainomena 5 (72 KIDD; vgl. Apg 17,28).
[137] Wörtlich: „Gewebe".

gesagt zu haben, er sei Sohn, wenn du ihn nicht auch als „eingeborenen" Sohn bezeichnet hast. Wenn er ein Geschöpf ist, ist er nicht „Gott", wenn er nicht Gott ist, ist er auch nicht „Leben", wenn er nicht Leben ist, ist er auch nicht „Wahrheit".

6. Also zeigen diese drei Begriffe, das heißt ‚Zeugung', „Sohn" und „Eingeborener", grundsätzlich und eigentlich an, daß der Sohn aus Gott ist.

7. Die drei folgenden Bezeichnungen, das heißt „Gott", „Leben" und „Wahrheit", lassen seine Tatkraft sichtbar werden, durch die er begründet und bewirkt hat, daß die Schöpfung besteht. „In ihm leben wir nämlich und sind wir und bewegen wir uns", wie Paulus sagt (Apg 17,28*)[136]. Und daher wird in den ersten drei Begriffen die Eigentümlichkeit des Sohnes, in den letzteren die Einheit im Handeln von Vater und Sohn dargelegt.

8. Der Sohn Gottes wird auch „Abbild" und „Abglanz" und „Gestalt" genannt. Da diese Begriffe die unfaßbare und unerforschliche Gottheit der väterlichen Herrlichkeit als im Sohn abgebildete Ähnlichkeit offenbart haben, sehen wir, daß auch diese drei sich auf die Ähnlichkeit beziehen.

9. Übrig bleiben „Tatkraft", „Weisheit", „Gerechtigkeit", damit dadurch jeweils die Ewigkeit des Handelns (sc. von Vater und Sohn) erwiesen werde.

10. Dies also ist das Gewand, geschmückt mit kostbaren Steinen, dies ist der Umhang des wahren Priesters, dies ist das hochzeitliche Gewand, dies der prophetische Weber, der gut verstanden hat, jenes zusammenzuweben. Weder ist dieses Gewebe billig, von dem der Herr durch den Propheten erklärt: „Wer gab den Frauen die Weisheit des Webens[137]?" (Ijob 38, 36*)[138]. Noch sind die „Steine" — wie wir

---

[138] Eigentlich in Ijob 38,36: Gottesrede.

„supplementi". Omnis enim in eo perfectio est, si nihil desit. Lapides ‚compositi' et ‚circumdati auro', intellegibili scilicet natura, si eos bene mens nostra componat naturalisque sensus probabili ratione compaginet. Denique quam non mediocres lapides sint, lectio docet, quod, cum alia alii vigiora deferrent, istos tamen lapides super umeros suos religiosi principes adtulerunt, ex quibus fecerunt rationabile opus textile. Textile enim opus est, quando fidei facta concordant.

11. Nec me aliquis errare putet, quia supra tripertitam de quaternis, supter vero quadripertitam de ternis feci distinctionem. Boni operis gratia per diversas plus placet formas. Bona enim et illa, quae textrinum indumenti sacerdotalis ostendit, vel lex scilicet vel ecclesia, ‚,quae binas vestes fecit viro suo", sicut scriptum est: unam operis, alteram mentis, fidei intexens factorum que velamina. Itaque alibi, sicut legimus, ‚aurum praetexit et postea hyacinthum ac purpuram cum cocco subiungit et bysso'. Rursus alibi ex hyacintho et ceteris prius „flosculos" format aurum-

---

PUATKD Φ(UATO) LVZ SMCWEO def. R
2 lapidis Φ*a* ‖ 3 bene eos *S* ‖ 3–4 naturalesquae *P* naturalesque *K* ‖ 6 alii alia Φ*am* alia aliis *K* alia alibi *D* | deferent *PKLN* | humeros *VSm2MCW Em2* ‖ 8 rationale *Dp.c.EUATm* | opus est enim *S* ‖ 10 super *KVO* | tripartitam *Vm* tripertita *P* ‖ 11 quadripartitam *Vm* | fecit *P* ‖ 12 plus placet] plures facit *D* ‖ 13 etenim *L* ‖ 14 binas] bonas *C* ‖ 15 facit *KWZ* | una *P* ‖ 19 flosculis *Ap.c.DLVZW* | firmat *LZ*

---

[139] Es handelt sich hier um eine sehr wörtliche Übersetzung nach dem Text der Septuaginta; Ex 35,27: τοὺς λίθους τῆς πληρώσεως. Vgl. LE-BOULLEC/SANDEVOIR, *Scriptura Sacra* 351: „les pierres d'incrustation".
[140] Vgl. für *compositi* Ex 35,28 καὶ τὰς συνθέσεις und für *circumdati auro* Ex 28,20 περικεκαλυμμένα χρυσίῳ συνδεδεσμένα ἐν χρυσίῳ.
[141] Wörtlich: „auf glaubwürdige Weise"; zu dieser platonischen Terminologie vgl. den *Index Latino-Graecus* bei JENSEN/WASZINK, *Calcidus* 391f.
[142] Einige Pointen dieser Auslegung sind trotz aller Unterschiede deutlich aus einer Homilie des ORIGENES entnommen (*hom. in Ex.* 13,7 [GCS

lesen, „Zier-Steine", — gewöhnliche.[139] Alle Vollkommenheit ist nämlich in dem Gewand, wenn nichts fehlt. ‚Wohlgeordnet' sind die Steine und ‚in Gold gefaßt'[140], freilich von geistiger Beschaffenheit, wenn unser Verstand sie gut zusammensetzt und unser natürliches Wahrnehmungsvermögen sie durch glaubwürdige Analogien zusammenstellt[141]. Wie wenig mittelmäßig die Steine sind, lehrt schließlich die Lesung, daß, während einige anderes Billigeres brachten, die frommen Fürsten hingegen diese Steine auf ihren Schultern herbeitrugen, aus denen sie sozusagen ein gewebtes Vernunftwerk gemacht haben. Gewebt nämlich ist das Werk, da die Taten mit dem Glauben zusammenpassen[142].

11. Und keiner sollte glauben, ich irre mich, weil ich oben eine dreifache Unterscheidung von jeweils vier Begriffen, im folgenden dann aber eine vierfache von jeweils drei Begriffen vorgenommen habe. Die Schönheit des guten Werkes gefällt mehr, wenn sie in verschiedenen Gestalten ausgedrückt wird. Denn gut ist auch jene Gestalt, die die Webkunst des priesterlichen Kleides zeigt, das meint natürlich entweder das Gesetz oder die Kirche, die „zwei Gewänder für ihren Gatten machte", wie geschrieben steht[143]: das eine Gewand für das Werk, das andere für den Geist, wobei sie die Gewänder des Glaubens und der Taten zusammenwebt. Daher lesen wir auch an anderer Stelle[144]: ‚Gold stickt sie darauf und verbindet danach Hyazinth und Purpur mit Scharlach und feinem Leinen' (vgl. Ex 39,2f). Wieder anderswo macht sie zuerst aus Hyazinth und anderen Materialien „Blümchen" und verknüpft sie mit Gold,

---

278]). Vgl. vor allem: *Hoc quod dicitur logion, id est rationale, ... formam habet sensus rationabilis* und *Actus ergo cum ratione et ratio cum actibus sociatur, ut sit consonantia in utroque.*

[143] Ambrosius übersetzt hier Spr 31,22 LXX: δισσὰς χλαίνας ἐποίησεν τῷ ἀνδρὶ αὐτῆς; anders im hebräischen Text: „Teppiche machten sie für sich, Byssos und Purpur für ihr Gewand". Ambrosius zitiert die Stelle auch *Ioseph* 13,76 (CSEL 32/2,118); *in Luc.* 8,11 (CCL 14,301f).

[144] Vgl. Ex 39,2f: Ex 36,9f LXX.

que subnectit et unus est habitus sacerdotis, ut isdem coloribus micans gratiae decorisque diversitas ordinis diversitate resplendeat.

12. Itaque ut etiam rationis typicae series digeratur, ‚auro' et ‚argento probabili' non est dubium eloquia domini designari, quibus fides constat; scriptum est enim: Eloquia domini eloquia casta, argentum igni examinatum, probatum terrae, purgatum septuplo. ‚Hyacinthus' autem aeris habet similitudinem, quem spiramus et cuius carpimus flatum; ‚purpura' quoque speciem aquarum exprimit, per ‚coccum' ignis intellegitur, terra per ‚byssum'; hoc enim ex terra gignitur. Ex his autem quattuor | elementis corpus subsistit humanum.

13. Sive ergo mentis fidei praecedenti concinentia corporis facta subnectas, sive facta praecedant et fides adstipuletur comes religiosa factorum, hic religiosi ornatus antistitis, hoc velamen est sacerdotis.

14. Bona ergo fides, cum pulchro operum renidet ornatu. De qua, ut ad summam loquar, definitiones istae sunt, quae non queunt solvi: si ex nihilo est, non est filius; si creatura est, non est creator; si factura est, non est omnium factor; si discens, non praecognitor; si accipiens, non perfectus; si proficiens, non est deus; si dissimilis, non imago;

PUATKD Φ(UATO) LVZ SMCWEO def. R
1 isdem *Pp.c.SUATMKW* hisdem *Pa.c.VDE* his de *C* iisdem *cet. am* | gratia *C* ‖ 2 diversitas ordinis *om. S* diversitate] varietate *P* diversitatem *La.c.* ‖ 4 digeratur] designatur Φ*a* ‖ 7 argentum *om.* P | igne *Dp.c.CK VW* Φ*am* | examinata *P* examinatum *om. C* ‖ 8 septuplum (*Vulg.*) *V, Ep.c.m2SK*Φ*am* septumplum *L* | autem] enim *K* ‖ 11 coccum] quodcum *Pa.c.m2* | haec *Dm* (*cf. ThesLL 2, 2266*) ‖ 13 hominum *Z* ‖ 14 praecedente *C*Φ*a* praecidenti *S* praecedentis *K* | continentia *KDLE* conventia *P* conscientia *WZOa* ‖ 15 praecedent *D* ‖ 15–16 astipulentur *Oa* ‖ 16–17 religiosius *D* religiosior natus antistes *E*, (antistis) *La.c.m2* religiosior natus *M* antestitis *CD, Ep.c.* ‖ 18 renidet *Ca.c.S* (t s. d), *Aa.c.V* rationi det *P* reniet *W* reclinet *D* retinet *Oa* renitet *Cp.c.m2, cet.* m ‖ 18–19 ornatum *PU* ‖ 19 sumam *Sa.c.m2C* summum *WZ* summas *K* ‖ 20 queunt] quaeunt *Ea.r.* quaerunt *K* ‖ 21 est *pr. om. T* | est *tert. om. SM* ‖ 22–23 non est perfectus Φ*am*

und es entsteht ein einziges priesterliches Gewand, so daß dasselbe in den Farben der Gnade schillert und die Verschiedenheit des Schmucks durch die Verschiedenheit der Anordnung dieser Materialien besonders hell strahlt.

12. Daher, um auch diese Folge von bildhafter Redeweise zu erklären, ist es nicht zweifelhaft, daß mit ‚Gold' und auf Reinheit ‚geprüftem Silber' die Reden des Herrn bezeichnet werden, auf denen der Glaube beruht, es steht nämlich geschrieben: „Die Worte des Herrn sind reine Worte, Silber, im Feuer geprüft, auf seine Erdanteile geprüft, siebenfach gereinigt" (Ps 12,7: Ps 11,7*). Das stahlblaue ‚Hyazinth' aber hat Ähnlichkeit mit der Luft, die wir atmen und deren Hauch wir spüren, auch ‚Purpur' macht die äußere Gestalt von Wasser anschaulich, unter ‚Scharlach' stellt man sich Feuer vor, unter ‚Leinen' die Erde, das nämlich, was aus der Erde hervorgebracht wird[145]. Aus diesen vier Elementen aber besteht der menschliche Körper.

13. Ob du also die Handlungen des Körpers, die mit dem voraufgehenden Glauben des Verstandes übereinstimmen, hinzufügst oder die Handlungen vorangehen und der Glaube als frommer Begleiter der Handlungen zustimmt — dies ist mit dem Schmuck des frommen Oberpriesters gemeint, das ist das Gewand des Hohepriesters.

14. Gut also ist der Glaube, immer wenn er mit schönem Schmuck der Werke glänzt. Um es kurz zu sagen, davon handeln diese Schlüsse, die hinsichtlich ihrer Gültigkeit nicht entkräftet werden können: Wenn er aus dem Nichts ist, ist er nicht Sohn; wenn er ein Geschöpf ist, ist er nicht Schöpfer; wenn er gemacht ist, ist er nicht der, der alle Dinge macht; wenn er lernt, ist er nicht der, der alles vorher weiß; wenn er etwas empfängt, ist er nicht vollkommen; wenn er Entwicklungen durchmacht, ist er nicht Gott; wenn er dem Vater unähnlich ist, ist er nicht Abbild;

---

[145] Genauer: durch die Flachspflanze aus der Erde.

si per gratiam, non per naturam; si bonitatis expers, auctor malitiae!

Nemo bonus nisi unus Deus

1.15 Stupeo itaque ad reliqua, sancte imperator, et toto corpore animoque deficio: esse aliquos homines, vel potius non homines, sed humana adopertos specie, intus dementiae bestialis, qui post tanta domini et tam divina beneficia bonum negent ipsum auctorem bonorum.

1.16 ‚Scriptum est', inquiunt, „nemo bonus nisi unus deus". Scriptum agnosco, sed littera errorem non habet. Utinam Arriana interpraetatio non haberet! Apices sine crimine sunt, sensus in crimine! Dictum domini salvatoris agnosco, sed consideremus, quando dicat, cui dicat, qua circumspectione dicat!

1.17 Dicit utique in ‚hominis forma' dei filius et dicit scribae, ei scilicet, qui ‚magistrum bonum' dei filium nominaret, deum negaret. Quod ille non credit, Christus adiungit, ut dei filium non ut ‚bonum magistrum', sed ut bonum deum credat. Nam si, „ubi unus deus" dicitur, nequaquam tamen

---

PUATKD Φ(UATO) LVZ SMCWEO def. R
1 bonitatis] divinitatis m ‖ 3 *Nemo – Deus* LVZ, *om. P, u. t. cet.; alium titulum add.: p. 9 l. 17 Prol. post* sacerdotis: de bono dei filio *M; hic post Deus:* Quod arriani bonum dei filium negent Φa; *add.* I *UAT, Z,* cap. I *LOa* ‖ 5 reficio *W* ‖ 5–6 potius] purius *W* ‖ 6 intus autem *C*Φ*am* ‖ 7 tantam *P* tam *om. C* ‖ 8 negant *TD* | ipsum] esse Φa ipsumque *C* ‖ 9 est *om. W* | inquit *SD* ‖ 10 deus *om. W* | scriptum est *KDOa* ‖ 11 utinam *in mg. Pm3* ‖ 13 salvatoris] salutaris *Pa.c.m3, KMW* ‖ 17 credit *PVm* credidit *cet. a* | christum *DUAT* | adiunxit *K* ‖ 18 dei – ut *alt. om. P* ‖ 19 si ubi] sicubi *DEOam* | unus] bonus *K*

---

[146] Im Sinne von „Gutheit", vgl. GRIMM, *Deutsches Wörterbuch* 9, 1432f.
[147] Die Argumentation des HILARIUS VON POITIERS, *trin.* 9,15 (CCL 62A, 386), verläuft anders: Jesus weise den Glauben, nicht die Worte des Fragenden, zurück; PS.-ATHANASIUS (= MARCELL VON ANCYRA), *inc. et c.*

wenn er durch Gnade Sohn und Gott ist, ist er es nicht von Natur aus; wenn ihm das Gute[146] fehlt, ist er der Urheber des Bösen!

Niemand ist gut außer dem einen Gott

1.15 Ich bin daher ganz außer mir angesichts des Übrigen, heiliger Kaiser, und alle Kräfte verlassen mich und mein Mut sinkt: Daß es irgendwelche Menschen gibt — oder eher sind es gar keine Menschen, sondern nur mit dem Äußeren eines Menschen verhüllte Wesen, innerlich voll bestialischen Wahnsinns —, die ja nach so großen und so göttlichen Wohltaten des Herrn leugnen, daß der Urheber alles Guten selbst gut ist.

1.16 ‚Es steht geschrieben‘, so sagen sie, „Niemand ist gut außer dem einen Gott" (Mk 10,18). Ich erkenne an, daß es so geschrieben steht, zudem ist der Text irrtumslos. Wenn doch auch die arianische Auslegung irrtumslos wäre! Die biblischen Texte enthalten kein Verbrechen, die arianische Ansicht über sie aber ist verbrecherisch. Ich erkenne das Wort des Herrn und Heilands an, aber wir wollen betrachten, wann er es sagt, wem er es sagt, unter welchem Blickwinkel er es sagt.

1.17 Der Sohn Gottes sagt es jedenfalls in seiner ‚menschlichen Natur‘ (vgl. Phil 2,7) und sagt es dem Schriftgelehrten, dem nämlich, der den Sohn Gottes nur einen ‚guten Meister‘ (vgl. Mk 10,17) nennt und dadurch als Gott verleugnet[147]. Was jener nicht glaubt, fügt Christus hinzu, damit er an den Sohn Gottes nicht wie an einen ‚guten Meister‘, sondern wie an den guten Gott glaubt. Denn wenn, sobald man „der eine Gott" sagt, trotzdem in

---

Ar. 7 (PG 26, 993), argumentiert ebenso wie Ambrosius: Der Schriftgelehrte halte ihn für einen Menschen, das sei verboten. Ps.-DIDYMUS, *trin.* 3,15 (PG 39,864), bezieht das εἶς ὁ θεός auf τὸ ὁμοούσιον τῶν θείων ὑποστάσεων und verweist selbst auf *trin.* 1,18,35–46 (114–118 HÖNSCHEID).

dei filius a divinitatis plenitudine separatur, quomodo, ubi
„unus deus bonus" nuncupatur, a plenitudine divinae bonitatis „unigenitus" excluditur? Necesse est igitur, aut
deum negent dei filium, aut deum bonum esse fateantur.

1.18 Et ideo circumspectione caelesti non dixit ‚nemo
bonus nisi unus pater', sed „nemo bonus nisi unus deus".
‚Pater' enim proprium generantis est nomen, „deus" autem „unus" nequaquam deitatem trinitatis excludit et ideo
natura laudatur. Bonitas ergo in natura est dei et in natura
dei etiam dei filius, et ideo non quod singularitatis, sed
quod unitatis est praedicatur.

1.19 Non igitur a domino bonitas negatur, sed talis
discipulus refutatur. Nam cum scriba dixisset: „Magister
bone", respondit dominus: „Quid me dicis bonum?" id
est: ‚Quem deum non credis, non est satis, ut bonum dicas.
Non tales ego quaero discipulos, qui me magis secundum
hominem magistrum bonum quam secundum divinitatem
deum bonum credant.'

2.20 Sed nolo praerogativa naturae suae et privilegio
potestatis utatur. Non dicatur bonus, si non meretur, a

PUATKD Φ(UATO) LVZ SMCWEO def. R
1 dei *om. P* | adunitatis *V, Sa.c.m2* adunitatis sue *C* ab unitatis m | sepa-
retur *C* ‖ 1–2 quomodo ubi unus deus] nequaquam cum *C* (*!*) ‖ 2 a *om.*
UA ‖ 3 bonitatis] potestatis Φ*a* maiestatis (*add. et m2*) bonitatis *E* | igi-
tur] *add.* ut *CK* ‖ 4 deum bonum deum *D* ‖ 6 unus deus pater *C* ‖ 8
unus] *add.* est *AOa* unus* *U* | trinitatis] aeternitatis *Pa.c.m3* ‖ 11 unita-
tis] trinitatis *Oa* ‖ 12 a *om. SK* | negetur *K* denegatur *DE* ‖ 13 scriba
om. K scriptura *SW* ‖ 14 quid mihi dicis bone *L* ‖ 16 magis *om. UT* ‖
17–18 quam–bonum *alt. om. UT, Aa.c.m2* ‖ 18 credat *P* ‖ 19 praero-
gativas *P a.c.*

keiner Weise der Sohn Gottes von der Fülle der Gottheit getrennt wird, wie kann, sobald man den „einen Gott gut" nennt, der „Eingeborene" von der Fülle der göttlichen Güte ausgeschlossen werden? Es ist also notwendig, daß sie entweder leugnen, daß der Sohn Gottes Gott ist, oder daß sie bekennen, daß Gott gut ist.

1.18 Und daher hat er aufgrund seiner himmlischen Umsicht nicht gesagt, ‚niemand ist gut, außer dem einen Vater‘, sondern „niemand ist gut, außer dem einen Gott" (Mk 10, 18). ‚Vater‘ ist nämlich der Name, der die Eigentümlichkeit des Zeugenden anzeigt, die Bezeichnung „der eine Gott" aber schließt in keiner Weise die Gottheit der Trinität aus, und daher wird diese Natur Gottes gelobt. Die Güte liegt also in der Natur Gottes, und in der Natur Gottes ist auch der Sohn Gottes[148], und daher wird nicht verkündigt, was zur Einzelheit[149], sondern was zur Einheit der Trinität gehört.

1.19 Es wird also vom Herrn nicht die Güte geleugnet, sondern ein solcher Schüler wird zurückgewiesen. Denn als der Schriftgelehrte gesagt hatte: „guter Meister", antwortete der Herr: „Was nennst du mich gut?" (Mk 10, 18), das meint: ‚Es ist nicht genug, daß du den, an den du als Gott nicht glaubst, gut nennst. Ich suche nicht solche Schüler, die an mich eher wegen meiner menschlichen Natur[150] als guten Meister denn wegen meiner göttlichen Natur als guten Gott glauben.‘

2.20 Aber ich will nicht, daß er den Vorrang seiner Natur und das Vorrecht seiner Macht verwendet (*sc.* um diese Frage zu klären). Er soll von uns nicht gut genannt werden,

---

[148] Hier wird *natura* in der Weise verwendet, wie bei den Kappadokiern φύσις für οὐσία stehen kann (vgl. die Belege und Diskussion bei MARK-SCHIES, A*mbrosius von Mailand und die Trinitätstheologie* 32–38).
[149] *Sc.* der Person: Nach *fid.* 5, 3, 46, unten 622–625, übersetzt Ambrosius das griechische Wort μονότης mit dem lateinischen *singularitas*.
[150] *Secundum hominem:* Ambrosius verwendet hier wie auch sonst in *De fide* nicht das Gegensatzpaar *humanitas — divinitas*.

nobis. Si hoc non meretur operibus, si beneficiis non meretur, abdicetur suae iure naturae, subdatur nostro iudicio. Qui iudicaturus de nobis est, non dedignatur iudicari, ut iustificetur in sermonibus suis et vincat, cum iudicatur.

2.21 Hicine ergo non bonus, „qui bona tribuit mihi"? Hicine non bonus, qui cum sescenta milia populi Iudaeorum persecutoribus suis cederent, dehiscentem subito rubri maris aestum individua aquarum mole divisit, ut fideles circumfusa unda muniret, infidos refusa demergeret?

2.22 Hicine non bonus, cuius imperio maria solidata fugientibus, saxa umefacta sitientibus, ut opus veri agnosceretur auctoris, cum umor rigesceret, | petra inundaret? Quod ut agnosceres opus Christi, apostolus dixit: „Petra autem erat Christus."

2.23 Hicine non bonus, qui tam innumera populi milia, ne qua incesseret famis, in deserto pavit pane caelesti sine usu laboris, cum fructu quietis, ita ut eorum ,per quadraginta annos nec vestimenta veterescerent nec calciamenta tererentur', instar fidelibus futurae resurrectionis ostendens, quod nec factorum decora splendidorum nec circumfusae virtutis nitor nec vitae cursus periret humanae.

2.24 Hicine non bonus, qui nobis caelum fecit esse quod terra est, ut sicut in caelo quasi speculo quodam

---

PUATKD Φ(UATO) LVZ SMCWEO def. R
2 iure *om.* K ‖ 3 iudicatur *Oa* | designatur *Sa.c.m2* | iudicaturi *K* ‖ 4 cum] dum *V* ‖ 5 hiccine *Pp.c.m1LZO* (*etiam infra LZO*) *a*m haecine *SV* hinc *C* hicne *D* ‖ 5–6 bona – qui *alt. om. SK* tribuet (hicine non bonus *om.*) *W* hecine *V* ‖ qui *alt.*] *add. me C* | sexcenta *KDLVZSWm* sescenta milia] D̄C *P* ‖ 7 crederent *P,Ua.c.T* ‖ 9 circumfusam *Pa.c.* | infidos vero *C* infideles *K* ‖ 11 haecine *SV* ‖ 12 humifacta (e *s. i m2*) *P* humefacto *Sa.c.m2* umefacta sit *C* humefacta *cet. a*m ‖ 13 humor *P*, *plerique* ‖ 14 agnosceretur *C* ‖ 16 haecine *SV* | innumerabilis *L* ‖ 17 famis *P* (-es *cet.*) ‖ 19 veterescerent *codd. exc. V, TEp.c.Oa* (veterascerent), *Ua.c.m2Da.c.* (veterescent) ‖ 20 infidelibus *Φa* ‖ 21 decor *Lp.c.DZm* decora] *add.* plenitudo *C* | splendorum *KW* ‖ 23 haecine *SV* | nobis] bonis *S* ‖ 24 speculo *PZ* in speculo *cet. a*m

wenn er es nicht verdient. Wenn er es nicht verdient durch Werke, wenn er es nicht durch Wohltaten verdient, soll er vom Recht seiner Natur losgesprochen werden und wird dann unserem Urteil unterworfen. Derjenige, der über uns richten wird, verweigert es nicht, gerichtet zu werden, damit er gerechtfertigt wird in seinen Worten und siegt, wenn er gerichtet wird.

2.21 Ist der also nicht gut, „der mir alles Gute schenkte" (Ps 13,6: Ps12,6 LXX)? Ist der nicht gut, der, als Sechshunderttausend aus dem Volk der Juden vor ihren Verfolgern wichen, die sich plötzlich spaltende Flut des roten Meeres durch eine sich auftürmende Wasserwand teilte, um die Glaubenden so durch die sie umgebende aufgestaute Woge zu schützen, die Ungläubigen aber durch die danach wieder zurückströmende Woge zu versenken? (vgl. Ex 14,21–28)

2.22 Ist der nicht gut, durch dessen Befehl das Meer für die Fliehenden zum festen Land wurde, das Gestein feucht gemacht wurde für die Dürstenden, damit das Werk des wahren Urhebers erkannt würde, dadurch daß die Wasserflüssigkeit zur Wand erstarrte, der Fels vom Wasser überströmte (vgl. Ex 17,1–7)? Damit du das als Werk Christi erkennst, hat der Apostel gesagt: „Der Fels aber war Christus" (1 Kor 10,4).

2.23 Ist der nicht gut, der eine so unzählbar große Menge Volks, damit kein Hunger sie befalle, in der Wüste mit himmlischen Brot speiste ohne Arbeitsaufwand, sondern mit Genuß der Ruhe (vgl. Ex 16,4–36), so wie ‚vierzig Jahre lang weder ihre Kleider alterten noch ihr Schuhwerk abgenutzt wurde' (vgl. Dtn 29,4), wobei er den Glaubenden auch ein Bild der künftigen Auferstehung vor Augen stellte, daß weder der Ruhm bedeutender Taten noch der Glanz der sie umgebenden Tugend noch der Lauf des menschlichen Lebens verloren gehe?

2.24 Ist der nicht gut, der bewirkte, daß für uns Himmel ist, was eigentlich Erde ist, daß, wie im Himmel gleichsam

stellarum lucentium refulgent globi, ita etiam apostolorum et martyrum et sacerdotum vice stellarum splendentium toto inlucescerent chori mundo?

2.25 Ergo non solum bonus, sed etiam „pastor bonus", hoc est non sibi tantum, sed etiam ovibus suis bonus. „Bonus enim pastor animam suam ponit pro ovibus suis." Posuit sane animam suam, ut nostram levaret; sed pro divinitatis potestate posuit et sumpsit, sicut scriptum est: „Potestatem habeo ponendi animam meam et potestatem habeo sumendi eam. Nullus eam tollit a me, sed ego a memetipso pono eam."

2.26 Vides bonitatem, quia sponte posuit, vides potestatem, quia sump|sit, et tu bonum negas, cum ipse de se in evangelio dixerit: „Si ego bonus, oculus tuus quare nequam? Ingrate, quid agis?" Bonum negas, per quem bona speras, si tamen credas; bonum negas, „qui dedit nobis, quae oculus non vidit nec auris audivit."

2.27 Mihi expedit, ut bonum credam: „Bonum est" enim „confidere in domino"; mihi expedit, ut domino confitear; scriptum est enim: „Confitemini domino, quoniam bonus";

2.28 mihi expedit, ut iudicem meum bonum arbitrer; „dominus enim bonus iudex domui Istrahel." Ergo si

---

PUATKD Φ(UATO) LVZ SMCWEO def. R
1 refulgerent m ‖ 2 vicem P ‖ 3–4 splendentium] fulgentium m ‖ 3 lucentium D inlucescerent] splendescerent P inluciscerent M | choro mundi E chori in mundo D ‖ 6–7 ponit] dat Z ‖ 7 suis om. PC | sane P, La.c.m2K plane Lm2, cet. am ‖ 8 resumpsit LV recepit D ‖ 9–10 ponendi–habeo om. D ‖ 9 meam om. K ‖ 10 iterum sumendi C | tollet C ‖ 10–11 pono eam a memetipso C a memetipso] tamen W a me ipso S ‖ 12 spontem Pa.c. | posuit et K | vide C ‖ 13 cum – 15 negas om. W ‖ 13 de se om. C ‖ 14 quare oculus tuus Φam ‖ 15 agis] negas La.c.m2 | bona] bonum S ‖ 17 quae] quod W | audivit] add. nec in cor hominis ascendit K ‖ 18 mihi] nihil C mihi expedit | ut] nec in Φa | enim om. C ‖ 19 confidere in] confiteri CΦa confidere m | dominum LVZM m ‖ 20 bonus est K ‖ 21 arbitror Sa.c. arbitrem V ‖ 22 iudex bonus U m

durch einen Spiegel die Kugeln der leuchtenden Sterne zurückstrahlen[151], so auch die Scharen der Apostel, Märtyrer und Priester wie glänzende Sterne in der ganzen Welt leuchten[152]?

2.25 Also ist er nicht nur gut, sondern auch „der gute Hirte", das heißt, er ist nicht nur für sich selbst, sondern auch für seine Schafe gut. „Der gute Hirte gibt nämlich sein Leben für seine Schafe dahin" (Joh 10,11). Er hat wahrlich sein Leben gegeben, um unseres zu befreien; aber entsprechend der Macht seiner Gottheit hat er es gegeben und genommen, wie geschrieben steht: „Ich habe Macht, mein Leben hinzugeben, und habe Macht, es wiederzunehmen. Niemand nimmt es von mir, sondern ich gebe es von mir aus" (Joh 10,18*).

2.26 Du siehst seine Güte, weil er aus eigenem Antrieb gegeben hat, du siehst seine Macht, weil er genommen hat, und du leugnest, daß er gut ist, obwohl er selbst von sich im Evangelium gesagt hat: „Wenn ich gut bin, warum blickt dein Auge böse?" (Mt 20,15*[153]). Du Undankbarer, was tust du? Du leugnest, daß der gut ist, von dem du Gutes erhoffst, wenn du nur glaubst; du leugnest, daß der gut ist, der uns gegeben hat, „was kein Auge gesehen und kein Ohr je gehört hat" (1 Kor 2,9).

2.27 Es hilft mir, daß ich glaube, daß Christus gut ist. „Gut ist es" nämlich, „dem Herrn zu vertrauen" (Ps 118,8: Ps 117,8 LXX). Es hilft mir, daß ich den Herrn lobe, es steht nämlich geschrieben: „Lobt den Herrn, weil er gut ist" (Ps 117,1).

2.28 Es hilft mir, daß ich meinen Richter für gut halte. „Der Herr ist" nämlich „ein guter Richter für das Haus Is-

---

[151] Ambrosius versteht Sterne als „feurige Gestirne", die die rotierende Himmelssphäre erleuchten (*hex.* 2,3,12 [CSEL 32/1,50]). Damit unterscheidet er sich von ORIGENES, der die Sterne als lebendige Wesen ansah (vgl. SCOTT, *Origen and the life of the stars*).
[152] Vgl. *fid.* 1,17,113, oben 230f.
[153] Vgl. Ambrosius, *in psalm.* 43 12,5 (CSEL 64,270).

iudex dei filius, utique, quoniam iudex deus bonus est, iudex autem dei filius est, deus „bonus iudex" dei filius est.

2.29 Sed fortasse non credas aliis, non credas filio: audi patrem dicentem: „Eructuavit cor meum verbum bonum." Bonum ergo verbum est; verbum hoc est, de quo scriptum est: „Et verbum erat apud deum et deus erat verbum." Ergo si verbum bonum est, filius autem dei verbum est, „bonus" utique „deus" est dei filius, etiamsi non placeat Arrianis. Erubescant aliquando!

2.30 Iudaei dicebant ‚bonus est'; etsi „alii dicebant non est", alii tamen „dicebant" ‚bonus est', et vos omnes bonum ne|gatis? | 67

2.31 „Bonus est", qui peccatum unius donat, bonus non est, „qui peccatum mundi apstulit"? De ipso enim dictum est: „Ecce agnus dei, ecce qui tollit peccatum mundi."

2.32 Sed quid dubitamus? Credidit iam ecclesia bonum et confessa dicendo est: „Osculetur me ab osculis oris sui, quoniam bona ubera tua super vinum", et alibi: „Et fauces tuae tamquam vinum est optimum." Bonis ergo ille nos legis et gratiae nutrit uberibus, caelesti curas hominum

---

PUATKD Φ(UATO) LVZ SMCWEO def. R
1 dei filius est *DV* ‖ 1 utique–2 filius *om. D* ‖ 1 quoniam *om. E* | iudex *pr.*] *add.* dominus et Φ*a* | est *pr. om. UAD* m est *alt.*] *add.* et Φ*am* ‖ 2 deus *alt.*–est *om. S* | iudex] *add.* et *CM* m | est *om.* Φ*a* ‖ 3 sed] si *Oa* | credas *pr.*] credamus *C* | aliis–credas *alt. om. K* ‖ 4 eructavit *VZCMOam* ‖ 5 est *alt. om. Pp.c.* Φ*am* | et *om. S* ‖ 7 bonum verbum *C* | est *pr. om. U* | deus *om. Z* ‖ 8 placet *S*, L*a.c.* ‖ 10 iudaei] *add.* qui *Dm2* | bonus–dicebant *alt. om. D* ‖ 11 dicebant tamen Φ*am* ‖ 12 negastis *K* ‖ 13 bonus *pr.*] *add.* non *s.l.W* | unius] omnibus *W* unus *K* | donat] dat *D* donat et *U* m ‖ 14 peccata mundi *D* ‖ 15 est *alt. om. P* | peccata *UADVSCWE* (τὴν ἁμαρτίαν) ‖ 16 sed] et *C* | dubitamus] *add.* bonum *LVSE* | credit *V* | ecclesia iam *V* ecclesia iam *alt. Pa.c.* ‖ 17 est dicendo *O am* | ab *om. D* | osculo *PSW, M p.c.m3UAO a* ‖ 18 et *alt. om. CUW* ‖ 18–19 faux tua m fauces tua *Pa.c.m2D* faucis tua *SKM* ‖ 19 est *om. CE* Φ*a* | bonus *KMWO am* ‖ 20 nutrivit *D*Φ*a* | cura Φ*a* curans *Z*

---

[154] Vgl. dafür Joh 5,22.27 und Apg 10,42.

rael" (Jes 63,7*). Also, wenn der Sohn Gottes der Richter ist, besonders, da der Richter der gute Gott ist, der Richter aber der Sohn Gottes ist, ist Gott, der „gute Richter"[154], der Sohn Gottes.

2.29 Aber vielleicht kannst du nicht anderen glauben, willst nicht dem Sohn glauben! Höre dann den Vater, der sagt: „Mein Herz brachte ein gutes Wort hervor" (Ps 45,2: Ps 44,2 LXX)[155]. Gut ist also das Wort, das Wort ist aber das, von dem geschrieben steht: „Und das Wort war bei Gott und Gott war das Wort" (Joh 1,1). Wenn also das Wort gut ist, der Sohn aber das Wort Gottes ist, ist freilich der Sohn Gottes „guter Gott", auch wenn es den Arianern nicht gefällt. Sie sollen sich endlich einmal schämen!

2.30 Die Juden „sagten: ,Er ist gut'", auch wenn „die einen sagten, er sei es nicht" (Joh 7,12), „sagten" die anderen dennoch ,er ist gut', und ihr leugnet alle, daß er gut ist?

2.31 „Gut ist" derjenige, der die Sünde eines einzelnen Menschen vergibt. Ist dann derjenige nicht gut, der „die Sünde der Welt" weggetragen hat? Über diesen nämlich ist gesagt: „Siehe das Lamm Gottes, siehe, der die Sünde der Welt hinwegnimmt" (Joh 1,29[156]).

2.32 Aber was zweifeln wir? Es hat schon die Kirche geglaubt, daß er gut ist, und hat es bekannt, indem sie sagte: „Er küsse mich mit den Küssen seines Mundes, denn deine Brüste sind besser als Wein" (Hld 1,2*), und an anderer Stelle: „Dein Hals ist wie bester Wein" (Hld 7,9*). Jener nährt uns also durch die reichen Früchte[157] des Gesetzes und der Gnade, indem er die Sorgen der Menschen

---

[155] Vgl. für die Auslegungsgeschichte dieses Psalmverses die Literaturhinweise, oben 241 mit Anm. 120.
[156] Das doppelte *ecce* findet sich auch in einigen Vulgata-Handschriften, allerdings auch in allen bei JÜLICHER/MATZKOW, *Itala* 4,5, erwähnten *Vetus-Latina*-Handschriften.
[157] Ambrosius spielt hier mit der doppelten Bedeutung des lateinischen Wortes *uber*: Im Zitat Hld 1,1 wird die eine, hier die andere verwendet.

praedicatione demulcens, et nos bonum negamus, cum sit „imago bonitatis" exprimens aeternae in sese bonitatis effigiem, sicut et supra ostendimus scriptum, quia ipse est „speculum sine macula et imago bonitatis illius".

De vero et bono Deo Dei filio

3.33 Sed quid vobis videtur, qui bonum et verum deum dei filium denegatis, cum scriptum sit quod „nullus deus nisi unus"? „Nam etsi sunt qui dicantur dii", an inter eos Christum adnumeratis, ,qui dicuntur' et non sunt, cum speciale | sit eius, ut semper sit, et praeter ipsum bonus et verus alius deus non sit, quoniam in ipso est deus, speciale autem etiam patris sit, ut post ipsum verus alius deus non sit, quia „unus deus", nec iuxta Sabellianos patrem filiumque confundens nec iuxta Arrianos patrem filiumque secernens? Pater enim et filius distinctionem habent ut pater et filius, separationem divinitatis non habent.

PUATKD Φ(UATO) LVZ SMCWEO def. R
1 denegamus C ∥ 2 bonitatis] veritatis W | sese *PE, Sp.c.* (*ex* sensae) se *cet.* | bonitatis] veritatis W ∥ 5 *De vero–filio om. P, spat. vac. rel. C, u. t. SW* de vero *om. S* | et] ex *Sp.c.m2*(!) | deo *om. D, L Ma.c. W add.* II *UATZ,* cap.II *Lm2O a* ∥ 6 qui] quid Φa | et *om. S* | dominum deum *K* ∥ 7 denegetis *K* | cum] quod *S* | scriptum est *C, Ea.c.m2* ∥ 8 etsi] si *K* ∥ 11 ipso] *add.* omnipotens *K* ∥ 12 autem *om. D* | alius *om. W* ∥ 14 confundas *La.c.m2* ∥ 15 destinationem habet *P* ∥ 16 ut *om. Z* ∥ 16–17 habeat *P* habeant *V*

---

[158] Im vierten Jahrhundert werden — vermutlich erstmals von EUSEBIUS VON CAESAREA — mit dem Begriff „Sabellianer" die Anhänger des MARCELL VON ANCYRA bezeichnet. Sie führen die drei Personen der Trinität auf eine ursprüngliche Einheit zurück, die am Ende der Heilsgeschichte auch wiederhergestellt wird (vgl. dazu auch 330f unten, Anm. 196). SABELLIUS selbst lebte im ersten Drittel des zweiten Jahrhunderts

durch himmlische Verkündigung besänftigt — und wir leugnen, daß er gut ist, obwohl er das „Ebenbild der Güte" ist und in sich das Abbild der ewigen Güte vorstellt, wie wir auch oben gezeigt haben, daß geschrieben steht, daß er selbst „ein Spiegel ohne Fehler und Ebenbild seiner (sc. von Gottes) Güte" ist (Weish 7,26).

Über den wahren und guten Gott, den Sohn Gottes

3.33 Worauf wollt ihr hinaus, die ihr leugnet, daß der Sohn Gottes guter und wahrer Gott ist, obwohl doch geschrieben steht, daß „kein Gott ist, außer dem einen". „Denn auch wenn es solche gibt, die Götter genannt werden" (1 Kor 8,5), zählt ihr vielleicht Christus unter diejenigen, ‚die nur so genannt werden' und es in Wahrheit nicht sind, obwohl es seine Besonderheit ist, daß er ewig ist, und außer ihm kein anderer guter und wahrer Gott ist, weil in ihm Gott ist, es aber auch eine Besonderheit des Vaters ist, daß nach ihm kein anderer wahrer Gott kommt, weil es „einen einzigen Gott" gibt? Und keiner soll — mit den Sabellianern[158] — Vater und Sohn zusammenmischen oder — mit den Arianern — Vater und Sohn auseinanderreißen. Der Vater nämlich und der Sohn sind unterschieden wie Vater und Sohn, aber nicht getrennt hinsichtlich der Gottheit[159].

---

in Rom und wurde aus der Gemeinde ausgeschlossen; seine theologischen Ansichten sind nur schwer zu rekonstruieren und spielten für das Bild der „Sabellianer" im vierten Jahrhundert auch kaum eine Rolle; vgl. BIENERT, *Sabellius* 96–107.
[159] Zu dieser Dissoziation von „Unterscheidung" (*distinctio*) und „Trennung" (*separatio*) vgl. ABRAMOWSKI, συνάφεια *und* ἀσύγχυτος ἕνωσις 3–109; MARKSCHIES, *Kappadozische Trinitätstheologie* 226–237, und MORESCHINI, *Il linguaggio* 356f.

De omnipotente Deo Dei filio

4.34 Itaque cum verus et bonus dei filius, utique omnipotens deus dei filius. Num hinc quoque dubitari potest? Supra diximus lectum, quia „dominus omnipotens nomen est ei". Ergo quia filius ‚dominus', dominus autem omnipotens, omnipotens est dei filius.

4.35 Sed accipe etiam eam, de qua dubitare nequeas, lectionem: „Ecce venit", inquit, „cum nubibus, et videbit eum omnis oculus et qui eum conpunxerunt, et plangent se super eum omnes tribus terrae." Etiam, „amen, ego sum alfa et o, dicit dominus deus, qui est et qui erat et qui venturus est omnipotens." Quem igitur „conpunxerunt" et quem speramus esse venturum nisi dei filium? Ergo „omnipotens" dominus et deus | Christus est.

4.36 Accipe aliud, sancte imperator, et accipe Christum loquentem: „Haec dicit dominus omnipotens: Post honorem misit me super gentes, quae praedaverunt vos, quoniam qui tangit vos, sicut qui tangit pupillam oculi eius. Quia ecce ego inicio manum meam super eos, qui depraedaverunt vos, et eruam vos, et erunt in praedam, qui praedaverunt vos, et scient quia dominus omnipotens misit me." Utique „qui dicit", „dominus est omnipotens", et qui „misit", „dominus est

---

PUATKD Φ(UATO) LVZ SMCWEO def. R
1 *De – Filio om. spat. vac. rel. man. post. S, u. t. Sa.c.W* | omnipotenti *DLMO* | deo *PK, Sa.c. om. cet.* dei *om. Sa.c. add.* III *UATZ,* cap.III *Lm2O a* ‖ 2 bonus et verus *LVCE* | utique bis *P* ‖ 3 deus *om. C* ‖ 4 lectum *om. S* | dominus] deus *DO* | omnipotens *om. D* ‖ 5–6 omnipotens autem (*ante* autem: dominus *tert. add. in mg. m2*) *S* omnipotens *alt. om. D* ‖ 6 est *om.* Φ*am* ‖ 7–8 lectionem] ultionem *Cp.c. man. post.* ‖ 9 et *alt. om. DZ* | plangentes *CD* ‖ 10 se *om. C* | omnes *om. P* omnis *S,Aa.c.* ‖ 11 alfa] *AKMZ* α *E* a *L* | o] Ω *K,* ω *SDp.c. ULMVZE* | deus *s.l.A* ‖ 13 dei *om. M m* | filium dei Φ*a* ‖ 14 deus et dominus *U* | et *om. LZ* ‖ 15 etiam christus *KATOa* | et *om. DLZ*Φ*a* ‖ 16 dominus deus *P* ‖ 17 gentem *La.c.m2* | depraedaverunt *KUAOa* praedicaverunt *V* ‖ 18 sicut] quasi Φ*am* | tangit *alt.*] iungit *P* ‖ 19 praedaverunt *D*

Über den allmächtigen Gott, den Sohn Gottes

4.34 Deshalb weil der Sohn Gottes wahr und gut ist, ist der Sohn Gottes in der Tat allmächtiger Gott. Kann etwa auch hieran gezweifelt werden? Oben haben wir die Lesung vorgetragen, daß „allmächtiger Herr sein Name ist" (Am 5,27*). Da also der Sohn ‚Herr', der Herr aber allmächtig ist, ist der Sohn Gottes allmächtig.

4.35 Aber vernimm auch diese Lesung, an der du nicht zweifeln kannst: „Siehe, er kommt", heißt es, „mit den Wolken, und alle Augen werden ihn sehen und besonders die, die ihn durchbohrt haben, und alle Geschlechter der Erde werden über ihn klagen". Auch: „Wahrlich, ich bin das Alpha und das Omega; sagt Gott, der Herr, der ist, der war und der kommen wird, der Allmächtige" (Offb 1,7f*). Wen also „haben sie durchbohrt", und von wem hoffen wir, daß er kommen wird, wenn nicht vom Sohn Gottes? Also ist Christus „allmächtiger" Herr und Gott.

4.36 Vernimm anderes, heiliger Kaiser, und vernimm Christus, der spricht: „Dies sagt der allmächtige Herr: Seiner Ehre folgend hat er mich gegen die Völker gesandt, die euch beraubt haben, weil der, der euch angreift, wie der ist, der den Augapfel in seinem (*sc.* Gottes) Augapfel angreift. Denn siehe, ich lege meine Hand an die, die euch ausgeraubt haben, und ich werde euch herausreißen, und die euch beraubt haben, werden zur Beute und werden wissen, daß der allmächtige Herr mich gesandt hat" (Sach 2,12f*). In der Tat ist der, der „es sagt", „allmächtiger Herr", und der, der „gesandt hat", ist auch „allmächtiger

---

depraedati sunt *C, Up.c.m2* ‖ 20 et eruam – vos *alt. om. P* et eruam vos *KV om. cet. a* | praeda *KDLZMWUAT* praedati sunt *C, Up.c.m2* | depraedaverunt *Zm* | vos] eos *CDEMΦa* ‖ 21 omnipotens *om. Z* ‖ 22 – p. 274, l. 1 et *om. UAT* et – omnipotens *alt. om. Pa.c.m3, W* | omnipotens dominus est *S*

omnipotens". Ergo et patris et fili omnipotentia, sed tamen deus unus omnipotens, quia unitas potestatis est.

4.37 Adque ut scias, imperator auguste, Christum esse, qui locutus est in profeta et in evangelio, ipse tamquam in praedestinatione evangelii per Eseiam dicit: „Ipse qui loquebar, adsum", hoc est: „Adsum" in evangelio, „qui loquebar" in lege.

4.38 Deinde alibi: „Omnia, quae pater habet, mea sunt." Quae sunt „omnia"? Non utique locutus est de creatis; haec enim facta per filium. Sed „ea quae pater habet", id est aeternitatem, maiestatem divinitatemque nascendo possedit. Ergo eum, qui „omnia" habet, | „quae pater habet" — scriptum est enim: „Omnia, quae pater habet mea sunt" — omnipotentem esse dubitare non possumus.

5.39 Nec vereor, ne, quia scriptum est de deo „beatus et solus potens", ab eo dei filius separetur, cum scriptura deum solum potentem dixerit, non patrem solum et ipse de Christo deus pater adserat per prophetam: „Posui adiutorium super potentem." Non ergo pater solus potens, sed potens etiam dei filius; in patre enim laudatur et filius.

5.40 Certe ostendat aliquis, quid sit, quod non possit dei filius. Quis ei adiutor, cum caelum faceret, fuit, quis

---

PUATKD Φ(UATO) LVZ SMCWEO def. R

1 filio *Pa.c.m2* (i s. o), *M* filii una est *W* ‖ 2 unitas potestatis] unitatis *W* | potestatis] maiestatis *M* ‖ 4 est et *KDΦSEam* | prophetis *KWΦa* | et in evangelio ipse *LV,* (*om.* ipse) *ΦKMW am,* ipse in evangelio *PDS,* et in evangelio *om. CZ* ‖ 4 tamquam – 5 esaiam] ipse tamquam in evangelio *Z, om. Pa.c.m3DS* ‖ 5 hoc – 6 lege *om. Pa.c.m3DSZ* ‖ 5 adsum *om. C* | qui *Cp.c.man.post.* (*ex* quibus?) ‖ 10 haec enim omnia *Φam* | facta sunt *ΦL Z am* | per filium sunt *KME* ‖ 11 divinitatemque *PTO a* divinitatem quae *cet. m* ‖ 12 possidet *LVZWEOa* ‖ 15 ne *om. E a* | de deo *om. S* ‖ 16 ab eo] a deo *S* | dei filius *om. C* | separaretur *VCWm* separatur *S* ‖ 17 deum] dominum *PK* | omnipotentem *K* | non solum patrem *LVZSMCW* ‖ 18 pater deus *SC* ‖ 18–19 adiutorem *Sa.c.m2* ‖ 19 super potestatem *Pa.c.m3* ‖ 20 deus filius *VCU* | et *om. Φa* ‖ 21 quid] quod *Ua.c.m2* ‖ 21 non – 22 filius] non sit filius dei *D* ‖ 22 – p. 275, l. 1 cum – adiutor *alt. om. V* | quis *alt.*] *add.* ei *LC*

Herr". Also ist sowohl dem Vater als auch dem Sohn Allmacht eigen, aber trotzdem gibt es nur einen allmächtigen Gott, weil Einheit hinsichtlich der Macht besteht.

4.37 Und damit du weißt, erhabener Kaiser, daß es Christus ist, der gesprochen hat in den Prophetenbüchern und Evangelien, sagt er selbst, indem er gleichsam durch (sc. göttliche) Vorherbestimmung auf das Evangelium durch Jesaja hindeutet: „Ich selbst, der ich gesprochen habe, bin da" (Jes 52, 6), das heißt: „Ich bin da" im Evangelium, „der ich gesprochen habe" im Gesetz.

4.38 Dann an anderer Stelle: „Alles, was dem Vater gehört, ist mein" (Joh 16, 15*). Was heißt das: „alles"? Er hat sicher nicht von geschaffenen Dingen gesprochen; die sind nämlich durch den Sohn gemacht. Vielmehr besitzt er das, „was dem Vater gehört", das heißt Ewigkeit, Herrlichkeit und Gottheit, von Geburt. Also können wir nicht bezweifeln, daß der allmächtig ist, der „alles" hat, „was dem Vater gehört" — es steht nämlich geschrieben: „Alles, was dem Vater gehört, ist mein".

5.39 Und ich fürchte nicht, daß — weil geschrieben steht über Gott: „selig und allein mächtig" (1 Tim 6, 15) — von ihm der Sohn Gottes getrennt wird, weil die Schrift Gott allein, nicht den Vater allein, mächtig genannt hat, und weil Gott Vater selbst über Christus durch den Propheten bekräftigt: „Ich habe dem Mächtigen[160] einen Helfer zur Seite gestellt" (Ps 89, 20: Ps 88, 20*). Also ist nicht der Vater allein mächtig, sondern auch der Sohn Gottes ist mächtig: Im Vater wird nämlich auch der Sohn gepriesen.

5.40 Freilich, es soll doch jemand zeigen, was das ist, wozu der Sohn Gottes nicht imstande ist. Wer hat ihm geholfen, als er den Himmel schuf, wer hat ihm gehol-

---

[160] Zur Übersetzung von *super* vgl. GEORGES, *Lateinisch-Deutsches Handwörterbuch* 2, 2929 (II.B1bβ).

adiutor, ‚cum conderet mundum'? An qui in constitutione angelorum et dominationum adiutore non eguit, eguit, ut hominem liberaret?

5.41 ‚Scriptum est', inquiunt: „Pater, si possibile est, transfer a me calicem hunc". Et ideo si omnipotens est, quomodo de possibilitate ambigit?' — Ergo quia omnipotentem probavi, probavi utique ambigere eum de possibilitate non posse.

5.42 ‚Verba', inquit, ‚Christi sunt'. — Verum dicis. Sed quando et in qua forma loquatur, adverte. Hominis naturam | gerit, hominis adsumpsit adfectum. Denique supra habes „quia progressus pusillum procidit in faciem suam orans et dicens: ‚Pater, si possibile est.'" Non ergo quasi deus, sed quasi homo loquitur. Deus enim possibile aliquid aut inpossibile nesciebat? Aut aliquid inpossibile deo, cum scriptum sit: „Inpossibile enim tibi nihil est"?

5.43 De quo autem dubitat, de se an de patre? De eo utique, cui dicit ‚transfer', et dubitat hominis adfectu. — Ergo profeta non putat aliquid inpossibile deo, profeta non dubitat, et filium dubitare tu credis? Num intra homines constituis deum, et dubitat de patre deus et de morte

---

PUATKD Φ(UATO) LVZ SMCWEO def. R
1 an] aut *UAT* | constitutionem *UAKW* ‖ 2 adiutorem *D* adiutorium *C* | eguit *alt. om. D* ‖ 4 scriptum est inquiunt *om. D* | inquid *Pa.c.m3* pater meus *PKW m* ‖ 5 ideo] id *C* ‖ 6 ambigitur *E* ambigi – 7 possibilitate *om. T* (dubitat *add. m2*) ‖ 7 probavi *om. PC* probabo *K* | et de *S* ‖ 9 inquis *KΦam* ‖ 10 loquitur *KZ* | hominum *C* ‖ 10 naturam] substantiam *EΦ, i.r. Mm2, am* fragilitatem *W* fragilitatem naturam (*s.l. add.* hominis *alt. m2*) *L* alibi substantiam *in mg. K* ‖ 13 est] *add.* transeat a me calix iste *Φa* | ergo *om. C* ‖ 17 de se an *om. SC* | de eo] de (*m3*) deo *P* ‖ 18 cui] qui *Oam* | et *om. Φa* | affectum *CV* ‖ 19 putat – 20 non *om. D* putat] dubitat *L* | infra *Pp.c.m3, E* intra *cet.* ‖ 21 constitues *Lp.c. VZSΦa* constituisti *D*

fen, ‚als er die Welt begründete' (vgl. Ijob 38,4)? Oder hatte derjenige, der bei der Erschaffung der Engel und Herrschaften keine Hilfe nötig hatte, sie nötig, um den Menschen zu befreien?

5.41 ‚Es steht geschrieben', sagen sie: „Vater, wenn es möglich ist, laß diesen Kelch an mir vorübergehen" (Mt 26,39). ‚Und daher, wenn er allmächtig ist, wie kann er über die Möglichkeit im Zweifel sein?' — Also, da ich bewiesen habe, daß er (sc. Christus) allmächtig ist, habe ich selbstverständlich auch bewiesen, daß er über die Möglichkeit nicht im Zweifel sein kann.

5.42 Er sagt: ‚Es sind Worte Christi'. — Du hast recht. Aber mache dir klar, wann und in welcher Gestalt (das heißt Natur) er spricht. Er handelt in seiner menschlichen Natur; er hat das Verhalten eines Menschen angenommen. Schließlich findest du in jenem Text weiter oben: „Er ging ein wenig weiter, fiel auf sein Angesicht, betete und sagte: ‚Vater, wenn's möglich ist'" (Mt 26,39). Er spricht also nicht als Gott, sondern als Mensch. Denn wußte Gott etwa nicht, ob irgend etwas möglich oder unmöglich war? Oder ist Gott irgendetwas unmöglich, während doch geschrieben steht: „Dir nämlich ist kein Ding unmöglich" (Ijob 10,13*; 42,2*)?

5.43 An wem aber zweifelt er?[161] An sich oder am Vater? An dem sicherlich, dem er sagt: ‚Laß vorübergehen', und er zweifelt, weil er sich wie ein Mensch verhält. Also glaubt der Prophet (sc. Ijob) nicht, daß Gott irgend etwas unmöglich ist, der Prophet zweifelt nicht, und du glaubst, daß der Sohn zweifelt? Rechnest du Gott etwa unter die Menschen, zweifelt Gott am Vater und fürchtet sich vor

---

[161] Vgl. für die folgende Argumentation Ambrosius, *incarn.* 7,63 (CSEL 79,256f); *in psalm.* 39,16 (CSEL 64,220f); *in Luc.* 4,12 (CCL 14,145).

formidat? Timet ergo Christus, et cum Petrus non timeat, Christus timet. Petrus dicit: „Animam meam pro te ponam", Christus dicit: „Anima mea turbatur." —

5.44 Utrumque verum est et plenum utrumque rationis, quod et ille, qui est inferior, non timet, et ille, qui superior est, gerit timentis adfectum. Ille enim quasi homo vim mortis ignorat, iste quasi deus in corpore constitutus fragilitatem carnis exponit, ut eorum, qui sacramentum incarnationis abiurant, excluderetur impietas. Denique et haec dixit, et Manichaeus non credidit, Valentinus negavit, Marcion fantasma iudicavit.

5.45 Eo usque autem hominem, quem veritate corporis demonstrabat, aequabat adfectu, ut diceret: „Sed tamen non sicut ego volo, sed sicut tu vis", cum utique similiter sit Christi | velle quod pater vult, cuius similiter est facere quod pater facit.

5.46 Quo loco etiam illa vestra quaestio conticescit quam soletis obicere, quia dixit dominus: „Non sicut ego volo, sed sicut tu vis", et alibi: Ad hoc „descendi de caelo, non ut faciam voluntatem meam, sed voluntatem eius qui me misit."

PUATKD Φ(UATO) LVZ SMCWEO def. R || 1–14: *Lat. I 84,17–27 (griech.); 85,16–24 (lat.)* || 6–15: *Copl. XI 369 D*
1 cum] dum Φ*a* | timeat] timet *D* || 2 meam *om. C* || 4–5 rationis] *add.* nisi *m* || 12 hominem *om. W* | in veritate Φ*a* || 15 christus *KD* christum *L* || 16 facit *om. S* fecit *CV* || 17 conticiscit *PKC, Ea.c.m2* conticescat *S* concessit *D* || 19 et ad *V* | de] a *P*

---

[162] Für Ambrosius sind MARCION und VALENTIN, die in der Mitte des zweiten Jahrhunderts in Rom lebten, sowie MANI, der 216–277 n. Chr. im Perserreich lebte, in aller Regel „Standardgegner" ohne ein besonderes persönliches theologisches Profil. Da sie durch die antiken christlichen Häresiologen jeweils als Gründerväter einer gnostischen Sekte angesehen wurden, gelten sie dem Mailänder Bischof als Repräsentanten der Gnosis; vgl. MARKSCHIES, *Gnosis* 86–95.101–107.

dem Tod? Christus fürchtet sich also, und obwohl Petrus sich nicht fürchtet, fürchtet sich Christus! Petrus sagt: „Ich will meine Seele für dich hingeben" (Joh 13,37), Christus aber sagt: „Meine Seele wird erschüttert" (Joh 12,27).

5.44 Beides ist wahr und beides ist einsichtig, weil sowohl derjenige, der geringer ist, sich nicht fürchtet, als auch derjenige, der höher steht, das Verhalten eines Menschen an den Tag legt, der sich fürchtet. Jener kennt nämlich wie ein Mensch die Gewalt des Todes nicht, dieser stellt wie Gott, der sich in einem menschlichen Leib befindet, die Hinfälligkeit des Fleisches vor Augen, damit der Unglaube derer, die das Geheimnis der Menschwerdung ableugnen, ausgeschlossen wird. Schließlich hat er auch dies gesagt, und Mani hat es nicht geglaubt, Valentin hat es geleugnet und Marcion hat ihn (sc. Christus) für ein Hirngespinst gehalten.[162]

5.45 Er hat sich aber dem Menschen, den er durch die Wirklichkeit seines Leibes darstellte, hinsichtlich der Verhaltensweise so weit gleichgemacht, daß er sagte: „Aber dennoch nicht so, wie ich will, sondern wie du willst" (Mt 26,39*), obwohl es gewiß ebenso zu Christus gehört, zu wollen, was der Vater will, wie zu tun, was der Vater tut[163].

5.46 An dieser Stelle verstummt auch dieser eurer Einwand, die ihr zu entgegnen pflegt, daß der Herr sagte: „Nicht wie ich will, sondern wie du willst" (Mt 26,39*), und an anderer Stelle: Dazu „bin ich vom Himmel herabgestiegen, nicht daß ich meinen Willen tue, sondern den Willen dessen, der mich gesandt hat" (Joh 6,38).

---

[163] Das *similis* vermeidet Ambrosius später, offenbar deswegen, weil es ihn an das homöische ὅμοιος erinnert: MARKSCHIES, *Ambrosius von Mailand und die Trinitätstheologie* 195–208.

6.47. Ergo ut — quasi interpositis plenioris expositionis paulisper indutiis, cur dixerit: „Si possibile est" — voluntatis interim liberae dominum fuisse doceamus: in tantum processistis impietatis, ut negetis quod filius dei liberae voluntatis sit. At certe soletis etiam sancto spiritui derogare et negare non potestis scriptum esse: „Spiritus, ubi vult, spirat." „Ubi vult", inquit, non ‚ubi iubetur'. Ergo si spiritus, ubi vult, spirat, filius, quod vult, non agit? Et certe idem dei filius in evangelio suo dicit, ubi velit, spirandi subpetere spiritui facultatem. Numquid ergo superiorem fatetur, quia illi licet, quod sibi non licet?

6.48 Apostolus quoque dicit „quia omnia operatur unus adque idem spiritus dividens singulis, prout vult." „Prout vult" inquit, hoc est pro liberae voluntatis arbitrio, non pro necessitatis obsequio. Et dividit spiritus non mediocria, sed quae deus consuevit operari, gratiam „curationum" et operationem „virtutum". Ergo dividit „spiritus, prout vult", filius dei non | liberat, quem vult? Sed audi etiam ipsum agere, quod vult. Dixit enim: „Ut faciam voluntatem tuam, deus, volui", et alibi: „Voluntarie sacrificabo tibi."

6.49 Scivit sanctus apostolus Petrus Iesum in potestate habere, quae vellet, et ideo cum videret ambulare eum supra mare, ait: „Domine, si tu es, iube me venire ad te super aquam." Petrus credidit quia, si Christus iubeat, naturae

---

PUATKD Φ(UATO) LVZ SMCWEO def. R ‖ 2–18: *Lat. I 258, 26–39 (griech.); 259, 26–37 (lat.)* ‖ 18–21: *Lat I 84, 31–33 (griech.); 85, 31f (lat.)*
2 cur] cum S | dixit Z ‖ 3 si in tantum K ‖ 5 at] ut P, ut ad (ad *exp.*) V, ad C, SE a.c., om. D, ac Oa | etiam om. S ‖ 6 potestis quia (*s.l. m2*) | scriptum est U scriptum est enim *Lat. I p. 259, 28* ‖ 7 inspirat C ‖ 8 non om. W ‖ 9 deus filius K | vellet La.c. ‖ 9–10 aspirandi W ‖ 10 subpetere om. (*spat. vac. 6 litt.*) C | spiritu D spiritus K ‖ 10–11 superior esse W ‖ 11 quod sibi non licet om. S ‖ 13–14 dividit La.c. dividens singulis om. Lp. c.Z ‖ prout vult *alt. om. P, Da.c.m2* ‖ 16 consuevit] iussit C | gratia PW ‖ 17 ad operationem C ‖ 18 prout] ut D | liberet U ‖ 20 deus meus W Φ am *Lat. I p. 85, 31; 84, 32* (griech. ὁ θεός μου) | voluntariae P ‖ 22 scit C ‖ 23 ideo] inde C | ambulantem (*om.* eum) K ‖ 23–24 supra K ‖ 25 aquas m

6.47 Also, um nun — nachdem wir gleichsam in der Zwischenzeit eine Weile den Streit haben ruhen lassen für eine längere Erklärung, warum Christus gesagt hat: „Wenn es möglich ist" — zu lehren, daß der Herr jedoch einen freien Willen gehabt hat: In so großen Unglauben seid ihr nämlich verfallen, daß ihr leugnet, daß der Sohn Gottes einen freien Willen hat. Aber sicher pflegt ihr ihn auch dem heiligen Geist abzusprechen und könnt trotzdem nicht leugnen, daß geschrieben steht: „Der Geist weht, wo er will" (Joh 3,8). „Wo er will", heißt es, nicht: ‚wo es ihm befohlen wird'. Also handelt der Sohn nicht, wie er will, wenn doch der Geist weht, wo er will? Und in der Tat sagt derselbe Sohn Gottes in seinem Evangelium, daß dem Geist Kraft in Fülle zur Verfügung steht, zu wehen, wo er will. Bekennt er nun etwa ihn als den Höherstehenden, weil jenem erlaubt ist, was ihm nicht erlaubt ist?

6.48 Auch der Apostel sagt, daß „alles ein und derselbe Geist wirkt, indem er einem jeden zuteilt, wie er will" (1 Kor 12,11). „Wie er will", sagt er, das bedeutet: aufgrund der Wahlfreiheit seines freien Willens, nicht aufgrund der Befolgung einer Notwendigkeit. Und der Geist verteilt nichts Unbedeutendes, sondern das, was Gott gewöhnlich wirkt: Die Gnade von „Heilungen" und das Wirken von „Kräften" (vgl. 1 Kor 12,9f). Also verteilt „der Geist, wie er will", aber der Sohn Gottes befreit nicht, wen er will? Aber höre, daß auch er selbst handelt, wie er will: Er hat nämlich gesagt: „Ich wollte, daß ich deinen Willen tue, Gott" (Ps 40,9: Ps 39,9*), und an anderer Stelle: „Freiwillig werde ich dir ein Opfer bringen" (Ps 54,8: Ps 53,8).

6.49 Der heilige Apostel Petrus hat gewußt, daß in Jesu Macht stand, was er wollte, und hat daher, als er ihn über den See gehen sah, gesagt: „Herr, wenn du es bist, befiehl mir, daß ich zu dir übers Wasser komme" (Mt 14,28)! Petrus glaubte, daß, wenn Christus befiehlt, die Natur-

possit condicio mutari, ut humanis se subiciat unda vestigiis et discrepantium naturarum possit convenire concordia. Petrus poscit, ut iubeat, non ut roget Christus, Christus non rogavit, sed ‚iussit et factum est'. Et Arrius contradicit?

6.50 Quid est tamen, quod pater velit et filius nollit aut filius velit et pater nollit? Pater, quos vult, vivificat, „et filius, quos vult, vivificat", sicut scriptum est. Dic nunc, quos vivificaverit filius et pater vivificare noluerit. Cum autem filius, quos velit, vivificet et operatio una sit, vides quia non solum filius voluntatem patris, sed etiam pater fili faciat voluntatem. Quid est autem ‚vivificare' nisi per filii passionem? Passio autem Christi voluntas est patris. Quos ergo filius vivificat, per patris vivificat voluntatem. Una igitur est voluntas.

6.51 Quae autem voluntas patris, nisi ut ‚veniret Iesus in hunc mundum et nos mundaret a vitiis'? Audi leprosum dicentem: „Si vis, potes me mundare." Respondit Christus: „Volo", et statim sanus effectus est. Vides quia filius | suae arbiter voluntatis est et Christi voluntas eadem quae paterna est? Quamquam cum dixerit: „Omnia, quae pater habet, mea sunt", sine dubio, quia nihil excipitur, quam pater habet, eandem habet et filius voluntatem.

7.52. Una ergo voluntas, ubi una operatio; in deo enim voluntatis series operationis effectus est. Sed alia vo-

---

PUATKD Φ(UATO) LVZ SMCWEO def. R || 5 – p. 288 l. 3: *Lat. I 86,1–88,18 (griech.); 87,3–11.16f.21–30.32–34.35–88,4.6–9.11–14.15–17 (lat.)* || 5–9: *Lat. I 260,3–6 (griech.); 261,3–6 (lat.)* || 17–19: *Copl. XI 369 D* || 19 – p. 286 l. 11: *Copl. XI 369E–372C;* 20–23: *Lat. I 261, 12–14 (lat.); 260,10–14 (griech.)*

1 subdat C se subiciat] subdiciatur Z || 4 facta sunt C || 5 et *om.* m || 9 quod vellet vivificaret D | velit] vult Z | solus *La.c.*V || 10–11 voluntatem (*pr.*); | voluntatem (*alt.*) P (*sic saepe!*) || 14 iesus] deus C || 16 potest *Sa.c.* || 16–17 christus] iesus DVCWE *Lat. I p. 87,10 (lat.); 86,14 (griech.)* || 17 sanus effectus est PVSCE sanus factus est DWZ secutus effectus (*La.c.* factus) est K, *Lp.c.M* secutus effectus est sanitatis UAT secutus est effectus sanitatis Oam || 18 arbiter suae Φa | suae *om.* Z | est voluntatis K || 19 cum *om.* C || 20 mea – 21 habet *pr. om.* S || 21 habet] dixerit *La.c.m2* habet *alt.*] haberet S | et *om.* D || 22 enim] *add.* una Oa

gesetze geändert werden können, so daß das Wasser den menschlichen Schritten als Standfläche dient und eine Verträglichkeit zwischen einander entgegengesetzten Naturelementen entstehen kann. Petrus fordert, daß Christus befiehlt, nicht, daß er bittet; Christus hat nicht gebetet, sondern ‚er hat befohlen und es geschah'! Und Arius widerspricht?

6.50 Was ist es denn, was der Vater will und der Sohn nicht will beziehungsweise der Sohn will und der Vater nicht will? Der Vater macht die lebendig, die er lebendig machen will, und „der Sohn macht auch die lebendig, die er lebendig machen will" (Joh 5,21), wie geschrieben steht. Sage nun, welche Menschen der Sohn lebendig gemacht hat und der Vater nicht hat lebendig machen wollen? Da aber der Sohn die lebendig macht, die er lebendig machen will, und es eine einzige Handlung ist, siehst du, daß nicht nur der Sohn den Willen des Vaters, sondern auch der Vater den Willen des Sohnes tut. Wie geschieht aber ‚Lebendigmachen', wenn nicht durch das Leiden des Sohnes? Christi Leiden aber ist der Wille des Vaters. Diejenigen also, die der Sohn lebendig macht, macht er lebendig durch den Willen des Vaters. Also ist es ein einziger Wille.

6.51 Was aber ist der Wille des Vaters, wenn nicht, daß ‚Jesus in diese Welt kommt und uns von unseren Verfehlungen reinigt' (vgl. 1 Tim 1,15). Höre den Leprakranken, der sagt: „Wenn du willst, kannst du mich rein machen" (Mt 8,2f). Christus hat geantwortet: „Ich will", und sogleich ist er gesund geworden. Siehst du, daß der Sohn Herr seines Willens ist und Christi Willen derselbe wie der väterliche ist? Freilich, als der Sohn gesagt hat: „Alles, was dem Vater gehört, ist mein" (Joh 16,15*), hat er ohne Zweifel, weil nichts ausgenommen wird, auch denselben Willen, den der Vater hat.

7.52 Einen einzigen Willen gibt es also, wo es eine einzige Handlung gibt. Bei Gott ist nämlich die Reihenfolge der Willensakte identisch mit der Ausführung der Handlung.

luntas hominis, alia dei. Denique ut scias vitam in voluntate esse hominis, quia mortem timemus, passionem autem Christi in voluntate divina, ut pateretur pro nobis: cum Petrus dominum vellet a passione revocare, dominus ait: „Non sapis quae dei sunt, sed quae sunt hominum."

7.53 Suscepit ergo voluntatem meam, suscepit tristitiam meam. Confidenter ‚tristitiam' nomino, quia crucem praedico. Mea est voluntas, quam suam dixit, quia ut homo suscepit tristitiam meam, ut homo locutus est et ideo ait: „Non sicut ego volo, sed sicut tu vis." Mea est tristitia, quam meo suscepit adfectu; nemo enim moriturus exultat. Mihi conpatitur, mihi tristis est, mihi dolet. Ergo pro me et in me doluit, qui pro se nihil habuit, quod doleret.

7.54 Do|les igitur, domine Iesu, non tua, sed mea vulnera, non tuam mortem, sed nostram infirmitatem, sicut ait profeta quia „pro nobis dolet. Et nos", domine, „aestimavimus te esse in doloribus", cum tu non pro te, sed pro me doleres.

7.55 Et quid mirum, si pro omnibus doluit, qui pro uno flevit? Quid mirum, si moriturus pro omnibus taediat,

---

PUATKD Φ(UATO) LVZ SMCWEO def. R ‖ p. 282 l. 23 – 11: *Lat. I 274, 11–19 (griech.); 275, 11–19 (lat.)* ‖ 6–11: *Copl. XI 245D.E* ‖ 6 – p. 286 l. 20: *Copl. XI 393B–396A*
1 alia voluntas dei *Lat. I p. 275, 10* ‖ 1–2 in voluntatem hominis esse *Lat. I p. 275, 11f* ‖ 2 quia]quoniam *Lat. I p. 275, 12* ‖ 4 dominum] deum *P* | eum м | vellet dominum *KZSCMW Lat. I p. 87, 24; 86, 23f; Copl. p. 372A; Lat. I p. 275, 13* ‖ 5 ea quae *Oa* | sunt *alt. om. K* ‖ 8 et mea *L* | voluptas *C* ‖ 8–9 tristitiam meam suscepit *D* | ut *alt.*] et *S* ‖ 9 et *om.* Φ*a* ‖ 12 mihi conpatitur mihi *om. C* ‖ 13 qui]quia *KSCWE* | pro se]in se *ZN* ‖ 14 ihm *P* ‖ 16 et *om. S* | domine]deum *D* ‖ 16–17 aextimabimus *C* aestimabimus *La.c.* ‖ 19 et *om. C,* sed *W* ‖ 19–20 pro uno] priora *K* ‖ 20 mirum *om. K* mirum quid *A* | taedeat *Dp.c.PTWLZO am* (taediat *recte: cf. in psalm. 118 20, 10 p. 449, 28 Pe.; in psalm. 1, 24 p. 18, 24 Pe.; fid. II 59; epist. 17[81], 9*)

Aber der Wille des Menschen ist etwas anderes als der Gottes. Schließlich sei noch angeführt, damit du es weißt: Das Leben liegt im Bereich des menschlichen Willens, weil wir den Tod fürchten, das Leiden Christi aber im Bereich des göttlichen Willens, so daß er für uns leidet: Als Petrus den Herrn vom Leiden abhalten wollte, sagte der Herr: „Du hast nicht im Sinn, was Gottes Willen ist, sondern was Menschenwille ist" (Mt 16,23*).

7.53 Er hat also meinen Willen angenommen[164], angenommen hat er meine Betrübnis. Ich nenne es bewußt ‚Betrübnis', weil ich das Kreuz predige. Es ist mein Wille, den er den seinen genannt hat, weil er wie ein Mensch meine Betrübnis angenommen hat, wie ein Mensch gesprochen hat und daher sagte: „Nicht wie ich will, sondern wie du willst" (Mt 26,39*). Es ist meine Traurigkeit, die er mit meiner Verhaltensweise angenommen hat; niemand nämlich freut sich, wenn er sterben wird. Mit mir hat er Mitleid, mir zugute ist er traurig, mir zugute empfindet er Schmerz. Also hat er für mich und in mir (das heißt in meiner Natur) Schmerz empfunden, der für sich nichts hatte, worüber er hätte Schmerz empfinden können.

7.54 Du empfindest also Schmerz, mein Herr Jesus, nicht über deine, sondern über meine Wunden, nicht über deinen Tod, sondern über unsere Hinfälligkeit, wie der Prophet sagte: „Er empfindet Schmerz für uns. Und wir", Herr, „haben gemeint, daß du in Schmerzen warst" (Jes 53,4*), obwohl du nicht für dich, sondern für mich Schmerz empfunden hast.

7.55 Und was ist es verwunderlich, wenn derjenige für alle Schmerz empfunden hat, der für einen geweint hat? Was ist es verwunderlich, wenn der, der für alle sterben soll, Wi-

---

[164] Für *susceptio* vgl. Ambrosius, *incarn.* 5,37 (CSEL 79,241: *moriebatur [sc. Christus] secundum susceptionem nostrae naturae*), und *hex.* 1,4,15 (CSEL 32/1,13: *secundum corporis susceptionem*), beziehungsweise *epist. Conc. Aquil.* 2,7 (CSEL 82/3,321: *secundum carnis susceptionem*).

qui Lazarum resuscitaturus inlacrimat? Verum et ibi piae sororis lacrimis commovetur, quia mentem humanam tangebant, et hic alto operatur adfectu, ut, sicut mors eius mortem abstulit, ‚livor eius ulcera nostra sanavit', ita etiam maerorem nostrum maeror eius aboleret.

7.56 Ut homo ergo dubitat, ut homo turbatur. Non turbatur ut virtus, non turbatur eius divinitas, sed ‚turbatur anima', turbatur secundum humanae fragilitatis adsumptionem. Et ideo quia suscepit animam, suscepit et animae passiones. Non enim eo, quod deus erat, aut turbari aut mori posset. „Denique deus, deus", inquit, „meus, quare me dereliquisti?" Ut homo ergo loquitur meos circumferens metus, quod in periculis positi a deo deseri nos putamus. Ut | homo turbatur, ut homo flet, ut homo crucifigitur.

7.57 Sic enim et apostolus Paulus dixit quia Christi carnem crucifixerunt, et alibi apostolus Petrus ait: „Christo passo secundum carnem." Caro igitur est passa, divinitas autem mortis libera. Passioni corpus naturae humanae lege concessit. An vero mori divinitas potest, cum anima

---

PUATKD Φ(UATO) LVZ SMCWEO def. R || 6–15: *Lat. I 276,11–19 (griech.); 277,11–17 (lat.)* || 18 – p. 288 l. 3: *Theodoret von Cyrrhus, Eranistes III 38 (239,7–13 Ettlinger); Nestorianisches Florilegium 35 (146,2–4 Abramowski/Goodman)*

1 suscitaturus C | lacrimat P illacrimatur O || 2 mente m humana DSC m(humanam *in Luc. X 58*) || 2–3 tangebat PDEOa tangebatur m || 3 effectu Φa | ut] et CW om. Z || 4 ulcera – 5 eius om. K || 4 sanavit] curavit Φa || 5 aboleret S || 6 ut *pr.*] et ut W | ergo om. S || 7 ut om. DE, Mp.r.Oa | ut] eius (*ex* et) Tm2,m || 9 quia] qui SC | et om. K || 10 enim] *add.* deus PKDMWEm *Lat. I p. 89,6 Copl. p. 372C.393E* | eo] ex (m2) eo D eo] secundum *Lat. I. 277,14* | homo T | aut om. K || 11 possit SW, LDa.c. poterat Dp.c. potuisset Km | denique] deinde K denique inquit *Lat. I p. 277,15* || 12 ergo om. C || 13 circumfers P | periculo W | a domino Φam || 14 ut *pr.*] et Sa.c. om. *Lat. I p. 89,9* || 16 et om. M p.r.VWE | dicit D ait VWE | quia christi om. C || 16 quia – 17 ait om. W || 17–18 christus passus E christum passum L | passto P || 19 passione PDE || 20 legi Oa

derwillen empfindet (vgl. Mk 14,33), der Lazarus beweint, obwohl er ihn gleich auferwecken wird? Aber dort wird er durch die Tränen der frommen Schwester beeindruckt, weil sie seinen menschlichen Sinn angerührt haben[165], und hier handelt er in tiefer Empfindung, so daß, wie sein Tod den Tod hinwegtrug und ‚seine Verletzung unsere Wunden heilte' (vgl. Jes 53,5; 1 Petr 2,24), so auch seine Trauer unsere Trauer beseitigte.

7.56 Wie ein Mensch also zweifelt er, wie ein Mensch wird er erschüttert. Er wird nicht als Kraft erschüttert, nicht seine Gottheit wird erschüttert, sondern ‚seine Seele wird erschüttert' (vgl. Joh 12,27), erschüttert infolge der Annahme der menschlichen Hinfälligkeit[166]. Und daher hat er auch die Leiden der Seele angenommen, weil er eine Seele angenommen hat. Deswegen nämlich, weil er Gott war, konnte er nicht erschüttert werden oder sterben. Schließlich sagte er: „Gott, mein Gott, warum hast du mich verlassen?" (Mt 27,46*; vgl. Ps 22,2: Ps 21,2 LXX). Wie ein Mensch spricht er also, indem er meine Ängste in sich trägt, weil wir, wenn wir in Gefahren geraten sind, glauben, daß wir von Gott verlassen werden. Wie ein Mensch wird er erschüttert, wie ein Mensch weint er, wie ein Mensch wird er gekreuzigt.

7.57 So hat nämlich auch der Apostel Paulus gesagt, daß sie das Fleisch Christi gekreuzigt haben, und an anderer Stelle sagt der Apostel Petrus: „Weil Christus nach dem Fleisch gelitten hat" (1 Petr 4,1*). Das Fleisch also hat gelitten, die Gottheit aber ist frei vom Tod. Den Leib opferte er nach dem Gesetz der menschlichen Natur dem Leiden. Oder kann etwa die Gottheit sterben, obwohl es die Seele

---

[165] Vgl. VERGIL, *Aen.* 1,462 (117 MYNORS).
[166] Vgl. Ambrosius, *in Luc.* 10,61 (CCL 14,363).

non possit? „Nolite", inquit, „timere eos, qui corpus possunt occidere, animam autem non possunt." Si ergo anima occidi non potest, quomodo divinitas potest?

De domino maiestatis Dei filio

7.58 Unde illud quod lectum est, ‚dominum maiestatis crucifixum esse', non quasi in maiestate sua crucifixum putemus, sed quia idem deus, idem homo, per divinitatem deus, per susceptionem carnis homo, Iesus Christus, ‚dominus maiestatis dicitur crucifixus', quia consors utriusque naturae, id est humanae adque divinae, in natura hominis subiit passionem, ut indiscrete et ‚dominus maiestatis' dicatur esse, qui passus est, et „filius hominis", sicut scriptum est, „qui descendit de caelo".

8.59 Per naturam igitur hominis et dubitavit et taediavit et resurrexit; quod enim ceciderit, hoc resurget. Per naturam hominis dicit etiam illud, de quo calumniari solent, quia dictum est: ‚Vado ad patrem, quia pater maior me est.'

8.60 Quomodo ‚vadit' nisi per mortem, et ‚venit' nisi per resurrectionem? Denique addidit, ut de adsumptione se dixisse signaret: „Propterea dixi vobis, priusquam fiat,

---

PUATKD Φ(UATO) LVZ SMCWEO def. R || 5–13: Chalc. II 1,1 22,10–16 (griech.); II 4 123, 3–8 (lat.); Theodoret von Cyrrhus, Eranistes II 32 (164, 4–11 Ettlinger); Doctrina Patrum 8,7 (56, 9–18 Diekamp)

1 nolite – 2 possunt om. S || 1–2 possunt] add. occidere L || 2 si om. P || 2 si – 3 potest bis (ante et post titulum, de quo l. 5) W || 3 quomodo] add. occidi C || 4 titulum exp. S, om. CD, u. t. PWE, post 7 esse La.r.m2 | dei filio om. Lm1 a.c.(s.l.), VZS add. IIII UATZ, cap. IIII Lm2O || 8 per s.l.S, Dm2 || 9 quia] qui Einsidlensis 191 (Chalc.) Chalc. p. 22,13 καί | 11 indiscretem Pa.c. || 12 esse om. E || 13 e caelo K, AMa.c.m2LWZ de caelo descendit C || 14 igitur om. D | hominis] add. dicit D | taeduit Oam detinuit i.r. Mm2 (cf. ad. p. 284, l. 20) || 15 ceciderat C cecidit O am | resurget L resurrexit UTOa resurgit cet. m || 17 vado ad patrem om. m patrem meum K | quia] quoniam EΦam | est me P est alt.] add. verum quia alibi dicitur exivi a patre et veni in mundum iterum relinquo mundum et vado ad patrem (cf. Ioh. 16, 28 Vg.) m || 19 addit Sa.c.D

nicht kann? Er sagte: „Fürchtet euch nicht vor denen, die den Leib töten können, die Seele aber nicht" (Mt 10,28*). Wenn also die Seele nicht getötet werden kann, wie kann die Gottheit getötet werden?

Über den Herrn der Herrlichkeit, den Sohn Gottes

7.58 Von daher sollen wir jene Schriftstelle, die gelesen worden ist, nämlich daß ‚der Herr der Herrlichkeit gekreuzigt worden ist' (vgl. 1 Kor 2,8*), nicht so verstehen, als ob er in seiner Herrlichkeit gekreuzigt worden ist, sondern so, daß derselbe Gott, derselbe Mensch ist, durch die Göttlichkeit Gott, durch die Annahme des Fleisches Mensch, Jesus Christus, ‚der als Herr der Herrlichkeit, gekreuzigt' genannt wird, weil er beider Naturen teilhaftig ist, das heißt der menschlichen und der göttlichen, und in der Natur des Menschen sich dem Leiden unterwarf, so daß ohne Unterschied sowohl derjenige, der gelitten hat, ‚Herr der Herrlichkeit' genannt werden kann als auch der „Menschensohn", wie geschrieben steht, „der vom Himmel herabgestiegen ist" (Joh 3,13).

8.59 Aufgrund der menschlichen Natur also hat er gezweifelt, hat er Widerwillen empfunden und ist er auferstanden; was nämlich gefallen ist, wird aufstehen. Aufgrund der menschlichen Natur[167] sagt er auch das, was sie böswillig zu kritisieren pflegen, daß geschrieben steht: ‚Ich gehe zum Vater, weil der Vater größer ist als ich' (vgl. Joh 14,28).

8.60 Wie ‚geht er', wenn nicht durch den Tod, und ‚kommt er', wenn nicht durch die Auferstehung? Schließlich fügte er hinzu, um anzuzeigen, daß er über die Annah-

---

[167] Von den bei FALLER, Ambrosius 8,77, genannten Parallelen überzeugt nur PS.-ATHANASIUS (= MARCELL VON ANCYRA), inc. et c. Ar. 4 (PG 26,989), weniger PS.-DIDYMUS, trin. 3,18 (PG 39,880).

ut, cum factum fuerit, credatis." Loquebatur enim passionem sui corporis et resurrectionem, per quam credere coeperunt, qui ante dubitarant. Neque enim deus de loco ad locum transit, qui ubique semper est. Ut homo est, qui vadit, ipse, qui venit. Denique et alibi dicit: „Surgite, eamus hinc." In eo ergo vadit et venit, quod est commune nobiscum.

8.61 Nam quomodo potest minor esse deus, cum deus perfectus et plenus sit? — Sed minor in natura hominis! Et miraris, si ex persona hominis patrem dixit maiorem, qui in persona hominis se vermem dixit esse, non hominem? | Dixit enim: „Ego autem sum vermis et non homo", et alibi: „Sicut ovis ad occisionem ductus est."

8.62 Si in hoc minorem dicis, negare non possum. Sed, ut verbo utar scripturae, non minor natus, sed ‚minoratus', hoc est minor factus est. Quomodo autem minor factus est, „nisi quia cum in forma dei esset, non rapinam arbitratus est esse se aequalem deo, sed semetipsum exinanivit", non amittens utique quod erat, sed adsumens quod non erat, quia „formam servi accepit".

PUATKD Φ(UATO) LVZ SMCWEO def. R
3 coeperunt *SLVZ* coeperant *cet. am* | dubitarant *LZ* dubitaverant *V* dubitabant *cet. am* ‖ 4 ut] et *Lp.c.m2* ‖ 5 ipse est qui *LVZEΦam* | alibi] aliis *Pa.c.m3Da.c.* alias *Dp.c.* ‖ 5–6 et eamus *S* ‖ 6 hinc hincquid (*h s.l., quid exp.*) *S* inquid *PDLVZMΦa om. K* | ergo] enim *C, om. D* ‖ 9–10 et *alt.*–hominis *om. S* ‖ 11 personam *Pa.c.* ‖ 12 autem] enim *C om. LWZ* | sum *om. P* et *pr. om. KZ* ‖ 13 alibi] *add.* qui *K* | adductus *E, M p.c.m2* ‖ 14 minorem (*in s.l.m3*) *P* ‖ 15–16 minoratus est Φa est *alt. om. SC* ‖ 17 est *om. CWE* Φa | formam *P* | esset] *add.* constitutus *S* ‖ 18 se *om. CM, Da.c.m2* | sed et *S* ‖ 19 remittens *Pa.c.m3DW, m* | adsumpsit *D*

---

[168] Vgl. für diese Vorstellung folgende Formulierungen *in persona hominis*: *fid.* 5,8,108, unten 670f; *epist.* 32[48],4 (CSEL 82/1,228); *in psalm.* 118 19,37 (CSEL 62,441); *ex persona hominis*: *fid.* 1,14,92, unten

me des Fleisches gesprochen hatte: „Deswegen habe ich es euch gesagt, bevor es geschieht, damit ihr glaubt, wenn es geschehen sein wird" (Joh 14,29). Er sprach nämlich über das Leiden seines Leibes und die Auferstehung, durch die diejenigen, die vorher gezweifelt hatten, zu glauben begonnen haben. Gott, der immer überall ist, geht nämlich nicht von einem Ort zum anderen. Er ist selbst wie ein Mensch, der geht und der kommt. Schließlich sagt er auch an anderer Stelle: „Steht auf, laßt uns von hier fortgehen" (Joh 14,31). Er geht und kommt also in dem, das er mit uns gemeinsam hat (*sc.* seiner menschlichen Natur).

8.61 Denn wie kann Gott geringer sein, wenn Gott doch vollkommen und vollständig ist? Aber in der menschlichen Natur ist er geringer! Und du wunderst dich, wenn Christus aus der menschlichen Perspektive den Vater größer genannt hat, der aus der Person eines Menschen[168] heraus sich einen Wurm genannt hat, nicht einen Menschen? Er hat nämlich gesagt: „Ich aber bin ein Wurm und kein Mensch" (Ps 22,7: Ps 21,7 LXX), und an anderer Stelle: „Wie ein Schaf ist er zur Schlachtung geführt worden" (Jes 53,7*).

8.62 Wenn du ihn in diesem Sinne als geringer bezeichnest, kann ich es nicht leugnen. Aber, um ein Wort der Schrift zu verwenden, er ist nicht als Geringerer geboren, sondern ‚erniedrigt worden', das heißt geringer gemacht worden. Wieso aber ist er geringer gemacht worden, wenn nicht, weil „er es nicht für einen Raub hielt, Gott gleich zu sein, obwohl er in der Gestalt Gottes war, sondern weil er sich selbst entäußerte", indem er gewiß nicht aufgab, was er war, sondern annahm, was er nicht war, weil „er die Knechtsgestalt annahm" (Phil 2,6f).

214f; 4,6,69, unten 510f; 5,8,114, unten 674f; 5,10,124, unten 684f, sowie *epist.* 11[29],18 (CSEL 82/1,88). Zur prosopologischen Exegese vgl. oben 214f Anm.93.

8.63 Denique ut sciremus per susceptionem corporis minoratum, de homine se Davit profetare signavit dicens: „Quid est homo, quod memor es eius, aut filius hominis, nisi quia visitas eum? Minorasti eum paulo minus ab angelis." Et hoc ipsum interpraetatus apostolus ait: Nam „paulo quam angelos minoratum videmus Iesum propter passionem mortis gloria et honore coronatum, ut sine deo pro omnibus gustaret mortem."

8.64 Non solum ergo a patre, sed etiam ab angelis minor filius dei factus est. Et si hoc ad praeiudicium trahis, num ergo filius in natura dei | minor est quam sui angeli, qui ei ‚serviunt et ministrant'? Ita dum minorem vultis adserere, impietatem incurritis, ut angelorum naturam dei filio praeferatis. Sed „non est servus supra dominum suum." Denique et in carne constituto „angeli ministrabant", ut nihil ei agnoscas per naturam corporis inminutum. Neque enim deus sui pati potuit detrimentum, cum id, quod adsumpsit ex virgine, nec accessio divinae nec deminutio potestatis sit.

PUATKD Φ(UATO) LVZ SMCWEO def. R
2 per hominem *P* | se *om. Dp.c.Φa*, sed *VE* | prophetare signavit] propheta designavit *K* prophetavit *Φa* ‖ 3 quod] nisi quod *C* nisi quia *K* | es *om. K* ‖ 4 nisi quia] quoniam *PSC* (*Vulg.*) | quia *TM* | visitasti *Z* | minorasti] honorasti *P* ‖ 5 et *om. UAOa* | ipsut *S* ipsud *K* | interpraetatur *S* ‖ 6 quam angelos minoratum] minus quam angelo (*!*) minoratum *C* minoratum (*add.* minus *TW*) ab angelis *WΦa* | iesum videmus *W* ‖ 7 gloriam et honorem *V* | sine domino *UAT* | pro] prae *C* ‖ 7 pro – 9 ergo *om. S* ‖ 9 a *om. S, Ma.c.m2 m* | sed] ut *S* | ab *om. m* ‖ 10 iudicium *D* | trahas *L* | num] non *L* ‖ 11 filius dei *C* | sui] sunt *W* ‖ 13 ut] aut *S* ‖ 14 super *DSCΦa* ‖ 15 et *om. C* ‖ 16 ei] eum *m* | corporis] hominis *LZSC* corporis hominis *V* ‖ 16 neque – 17 detrimentum *om. S* ‖ 18 deminutio *PC* diminutio *cet.* ‖ 19 sit *om. P*

---

[169] Ähnlich sagt ATHANASIUS VON ALEXANDRIEN, daß er auch als Mensch in der Gottesgestalt bleibt und von Engeln angebetet wird (*Ar.*

8.63 Schließlich, damit wir wissen, daß Christus durch die Annahme des Leibes erniedrigt worden ist, hat David gezeigt[169], daß er über ihn als Menschen prophetisch redete, indem er sagte: „Was ist der Mensch, daß du seiner gedenkst, oder des Menschen Sohn, außer daß du nach ihm siehst? Du hast ihn wenig niedriger gemacht als die Engel" (Ps 8,5f*). Und gerade das hat der Apostel ausgelegt und gesagt: Denn „wir sehen Jesus ein wenig gegenüber den Engeln erniedrigt, wegen des Todesleidens mit Herrlichkeit und Ehre gekrönt, damit er ohne Gott[170] für alle den Tod schmeckte" (Hebr 2,9*).

8.64 Nicht allein also gegenüber dem Vater, sondern auch gegenüber den Engeln ist der Sohn Gottes geringer gemacht worden. Und wenn du das als Grund für ein negatives Urteil heranziehst: Ist also etwa der Sohn Gottes in der Natur Gottes geringer als seine Engel, ‚die ihm dienen und ihn bedienen' (vgl. Mt 4,11)? Während ihr so behaupten wollt, daß er geringer ist, verrennt ihr euch in den Unglauben, daß ihr die Natur der Engel dem Sohn Gottes vorzieht. Aber „ein Knecht steht nicht über seinem Herrn" (Mt 10,24). Schließlich „dienten die Engel" ihm auch, während er sich im Fleisch befand, damit du anerkennst, daß an ihm nichts durch die Natur des Leibes gemindert wurde. Gott konnte nämlich keine Verminderung seiner selbst erleiden, weil das, was er von der Jungfrau angenommen hatte, weder einen Zuwachs noch eine Verringerung der göttlichen Macht bedeutete.

1,42,5 [152 METZLER/SAVVIDIS]).

[170] Ambrosius folgt — wie andere lateinische Väter — der schwächer bezeugten Lesart ὅπως χωρὶς θεοῦ ὑπὲρ παντὸς γεύσηται θανάτου, nicht der üblichen Fassung ὅπως χάριτι θεοῦ ὑπὲρ παντὸς γεύσηται θανάτου (so auch *fid.* 5,8,106, unten 668f); vgl. dazu die ausführliche Dokumentation des Befundes bei HARNACK, *Korrekturen im Hebräerbrief* 62–73, beziehungsweise SCHÄFER, *Geschichte der lateinischen Übersetzung des Hebräerbriefs* 32f, und jetzt bei FREDE, *Vetus Latina* 25/2, 1135–1139.

8.65 Non ergo secundum divinitatem minor, qui ‚plenitudinem habet divinitatis' et gloriae. ‚Maior' enim et ‚minor' in his quae corporalia sunt distingui solent, aut statu maior aut plenitudine aut certe aetate. Vacant ista, ubi de divinis tractatus inducitur. Maior etiam vulgo dici solet, qui aliquem instituit et informat. In dei autem sapientiam non cadit, ut instituta sit alterius disciplinis, cum ipsa disciplinarum omnium tradiderit institutum. Quam bene autem posuit apostolus: „ut sine deo pro omnibus gustaret mortem", ne divinitatis illam passionem putaremus fuisse, non carnis.

8.66 Ergo si non invenerunt, quemadmodum possint probare maiorem, non verbis calumnientur, sed verborum rationem requirant. Ego illos interrogo, quo putent esse maiorem; si, quia pater est, eo maiorem putant: sed non hic aetas et tempus neque canities patris et filii pueritia est; | haec enim maiorem solent facere patrem. Ceterum ‚pater' et ‚filius' generantis et nati nomina sunt, quae non videntur separare, sed iungere. Non enim pietas naturae detrimentum est; namque homines sibi invicem conciliat necessitudo, non separat.

8.67 Itaque si nec de natura adferre possunt aliquam quaestionem, vel testimoniis credant. Denique filium non esse eo minorem, quia filius est, evangelista testatur, et „aequalem" esse, quia filius est, ipse significat dicens: „Prop-

---

PUATKD Φ(UATO) LVZ SMCWEO def. R
1 non est ergo *LVSΦam* ‖ 2 et *om. S* ‖ 3 iis *m* | destingui *P* | solet *S* solent ut aut *EMm2* | statura *S* ‖ 4 vacant] *add.* enim *LVZΦa, post* ista *W* ‖ 5 etiam] enim *Dm* ‖ 6 instruit *C* | sapientia *SDE, Lp.c.MZΦa* ‖ 7 institutus *S* ‖ 9 ut] quod *PEΦa* | sine domino *UAT* | gustaverit *Mp. c.m2VZEΦa* ‖ 10 fuisse *om. U* ‖ 12 possunt *L* possent *Φam* ‖ 14 ego *PVSCEOa* ergo *cet. m* ‖ 15 si *om. Z* | quia] qui *K* qua *S* | putent *C* ‖ 20 invicem *om. S* ‖ 23 evangelista – 24 est *om. C* ‖ 24 quia] qui (*om.* est) *K*

---

[171] Anstelle des *similis* (oben 279 mit Anm. 163) wird nun das *aequalis* bevorzugt.

8.65 Derjenige ist also nicht hinsichtlich der Gottheit geringer, der ‚die Fülle der Gottheit' (vgl. Kol 2,9) und Herrlichkeit besitzt. ‚Größer' nämlich und ‚kleiner' pflegt bei den Dingen unterschieden zu werden, die körperlich sind: Entweder pflegt etwas größer zu sein hinsichtlich des Zustandes oder der Stärke oder gewiß des Alters. Das alles fehlt, wo man sich entschließt, von göttlichen Dingen zu handeln. Größer pflegt man gewöhnlicherweise auch den zu nennen, der irgendeinen unterweist und unterrichtet. Auf die Weisheit Gottes trifft nicht zu, daß sie durch die Lehren eines anderen zustandegekommen ist, weil sie selbst die Grundlage für alle Unterweisungen überliefert hat. Wie gut hat der Apostel aber dargelegt, „daß er ohne Gott für alle den Tod schmecke" (Hebr 2,9*), damit wir nicht glauben, daß jenes Leiden der Gottheit zuzurechnen gewesen sei, sondern dem Fleisch.

8.66 Also, wenn sie nicht herausgefunden haben, wie sie beweisen können, daß er größer ist, sollen sie nicht mit Worten böswillig kritisieren, sondern den Sinn der Worte suchen. Ich aber frage sie, wodurch sie glauben, daß er größer sei. Wenn sie ihn darum für größer halten, weil er Vater ist, sage ich: Hier gilt aber nicht Alter und Zeit und nicht das Greisenalter des Vaters und die Jugend des Sohnes. Diese Dinge nämlich pflegen einen Vater größer zu machen. Im übrigen sind ‚Vater' und ‚Sohn' Bezeichnungen für den Zeugenden und den Geborenen, die nicht zu trennen, sondern zu verbinden scheinen. Die Ehrerbietung nämlich bedeutet keine Herabsetzung für die Natur, denn die Verwandtschaft verbindet die Menschen gegenseitig miteinander und trennt sie nicht.

8.67 Daher, wenn sie über die göttliche Natur nicht irgendeine eigene Untersuchung beisteuern können, sollen sie doch den Schriftbeweisen glauben. Schließlich bezeugt der Evangelist, daß der Sohn Gottes nicht dadurch geringer ist, daß er Sohn ist, und er selbst zeigt an, daß er „gleich"[171] ist, weil er der Sohn ist, indem er sagt: „Darum

terea enim volebant occidere eum Iudaei, quia non solum
solvebat sabbatum, sed et patrem proprium dicebat deum,
aequalem se faciens deo."

8.68 Non Iudaei hoc dicunt, sed evangelista testatur,
‚quod aequalem se faciebat deo‘, proprium se filium dei dicens. Non enim scriptum est ex persona Iudaeorum dicentium ‚propterea volebamus eum occidere‘, sed evangelista ex sua persona dicit: „Propterea enim volebant illum Iudaei occidere." Et interpraetatus est causam: ideo Iudaeos ad necem eius esse commotos, quod, cum et sabbatum quasi deus solveret et deum patrem sibi proprium vindicaret, non solum in solutione sabbati maiestatem divinae potestatis, sed etiam in patris proprii nomine ius sibi aeternae aequalitatis adscisceret.

8.69 Quibus aptissime respondit dei filius, ut et dei se filium et aequalem probaret: „Quaecumque", inquit, „pater fecerit, eadem et filius facit similiter." Filius igitur patri et dicitur et probatur aequalis. Bona aequalitas, quae et dif-|ferentiam divinitatis excludit et cum filio patrem signat, cui filius sit aequalis. Non est enim diversa nec singularis aequalitas, quia nemo aequalis ipse sibi solus est. Ergo evangelista interpraetatus est, quid sit proprium filium dei se dicere, hoc „est aequalem se" facere „deo".

8.70 Unde id secutus apostolus dixit: „Non rapinam arbitratus est esse se aequalem deo." Quod enim quis non habet,

---

PUATKD Φ(UATO) LVZ SMCWEO def. R || 24 – p. 298 l. 13: *Lat. I 84,3–13 (griech.); 85,3–11 (lat.); 426 (griech., nr. 11)*
1 eum occidere *KE* m || 2 et *om. E* || 5–6 dicens] *add.* non esse minorem dei filium *KW,* non deo minorem dei filium (*exp.*) *La.c.* || 7 volebamus – 8 propterea *om. S* || 7 volebamus eum] volebant eum iudaei *Oa* || 8 enim *om. U* | illum] eum *SCMKWZ om. E* || 9 iudaei *om. C* iudaei illum *L* || 12 in solutionem *LVCWE* || 13 nomine ius] nomine eius *Pa.c.* (e *alt. exp.*), *CZ* nomen eius *KVW*Φ*a* || 17 fecit *C* | igitur filius *P* igitur et filius *K* igitur] *add.* similiter *D* | patris *C* || 18 et bona *L* | quae (*om.* et) *PDZ* || 19 divinitatis] dei unitatis *K* || 20 et cui *C* || 22 quid sit – 23 se] quod se *P* || 23 diceret – faceret *P* || 25 est *om. L* | se *om. V* | enim] ergo *Z* | quis] qui *W*

wollten ihn die Juden töten, weil er nicht nur den Sabbat brach, sondern auch Gott seinen eigenen Vater nannte und sich so Gott gleichmachte" (Joh 5,18).

8.68 Nicht die Juden sagen das, sondern der Evangelist bezeugt, ‚daß er sich Gott gleichgemacht hat' (vgl. Joh 5,18), indem er sich Gottes eigenen Sohn nannte. Das ist nämlich nicht geschrieben aus der Perspektive der Juden, die da sagen: ‚Deswegen wollten wir ihn töten', sondern der Evangelist sagt aus seiner eigenen Perspektive: „Deswegen nämlich wollten die Juden ihn töten" (Joh 5,18). Und er hat den Grund so gedeutet: Daß die Juden deshalb zu dessen Ermordung getrieben worden sind, weil er, als er als Gott den Sabbat brach und Gott als seinen eigenen Vater beanspruchte, nicht allein — mit dem Sabbatbruch — die Herrlichkeit der göttlichen Macht, sondern auch — mit der Bezeichnung des eigenen Vaters — das Recht der ewigen Gleichheit für sich in Anspruch nahm.

8.69 Denen hat der Sohn Gottes sehr treffend geantwortet, um zu beweisen, daß er sowohl der Sohn Gottes ist als auch dem Vater gleich ist: „Was auch immer", sagt er, „der Vater getan hat, dasselbe tut auch der Sohn in gleicher[172] Weise" (Joh 5,19*). Der Sohn wird also gegenüber dem Vater als gleich bezeichnet und bewiesen. Es ist eine treffliche Gleichheit, die einen Unterschied hinsichtlich der Gottheit ausschließt und zusammen mit dem Sohn den Vater als den bezeichnet, dem der Sohn gleich ist. Es gibt nämlich keine Gleichheit, die es mit Verschiedenem oder einem Einzelnen zu tun hat, weil niemand sich selbst allein gleich sein kann. Also hat der Evangelist erklärt, was es bedeutet, daß er sich als den eigenen Sohn Gottes bezeichnet, das heißt, daß „er sich Gott gleich macht" (Joh 5,18*).

8.70 Daher hat der Apostel dieser Formulierung folgend gesagt: „Er hielt es nicht für einen Raub, Gott gleich zu sein" (Phil 2,6). Was nämlich einer nicht hat, das

---

[172] Vgl. *fid.* 1,2,13, oben 148–151 Anm. 20.

rapere conatur. Ergo non quasi rapinam habebat aequalitatem cum patre, quam in substantia sui tamquam deus et dominus possidebat. Unde addidit: „formam servi" accepit. Contrarium utique servus aequali. Aequalis ergo in dei forma, minor in susceptione carnis et hominis passione. 5 Nam quomodo eadem posset minor esse aequalisque natura? Quomodo autem, si minor est, ‚eadem similiter facit quae pater facit'? Nam quemadmodum eadem operatio diversae est potestatis? Numquid sic potest minor quemadmodum maior operari? Aut una operatio potest esse, ubi 10 diversa substantia est?

8.71 Itaque accipe Christum secundum divinitatem minorem non posse dici: ipse loquitur ad Abraham: „Per me ipsum iuravi." Ostendit autem apostolus eum qui per se iurat, minorem esse non posse. Itaque sic ait: | „Abrahae 15 cum repromisisset deus, quoniam per nullum alium maiorem habebat, iuravit per se ipsum dicens: ‚Nisi benedicendo benedixero te et multiplicando multiplicavero.'"

PUATKD Φ(UATO) LVZ SMCWEO def. R || 4 – 13: *Lat I 259,16–20 (lat.); 258,16–22 (griech.); Cpol. XI 264 D.E* || 4 – 11: *Doctrina Patrum 12,11 (75,9–15 Diekamp); 15,2 (92,15 Diekamp)*

2 substantia] natura *PE, Mi.r.m2*Φ*a* substantia sui in alio natura (*sic!*) *K* | substantia sui tamquam] substantias vitam quam *W* substantia vitam quam *D* || 4 contrarius *Oa* | servi *D* | aequali *SKV, Ep.c.*Φ*a*] aequalis *LZMCWD*, et aequalis *Pm3* (*om. m1*), ⲙ aequali *om. Lat. p. 85,6* || 5 minor in] minoris *Pa.c.m3* || 6 possit *SDLVZ, Ep.c.* || 6 aequalisque – 7 est *om. C* || 7 similiter – 8 eadem *om. P* || 8 quemadmodo]quomodo *Lat. p. 85,9* || 9 diversa *S* | est *PKDSCE* esset *cet.* ⲙ | potestatis] operationis *W* substantiae *Lat. I p. 259,19* οὐσίας *Doctrina Patrum (75,13 Diekamp)* || 11 substantia] essentia *Lat. I p. 259,20* οὐσία *Doctrina Patrum (75,15 Diekamp)* || 13 non posse dici] dici non posse *Lat. I p. 85,11* || 14 memet *Ka.c.UCWZ* (*Vulg.*) || 14 iuravi – 15 se *om. Z* || 15 iurat *PSC, Ma.c.m2* ⲙ iuravit *cet. A* | itaque] ipse *UAT* || 16 promisisset *CK* | per (κατ' οὐδενός!) *PW* quoniam per] per quem *D* per *om. cet. a*ⲙ, eras. *M* || 17 semet *Z* | dicentis *D* || 18 et *om. C* | multiplicavero te *LVZ, Wa.c.C*Φ*a*ⲙ (*Vulg.*)

versucht er zu rauben. Also besaß er die Gleichheit mit dem Vater, die er in seiner Substanz als Gott und Herr besaß, nicht wie einen Raub. Daher fügte Paulus hinzu: Er hat „Knechtsgestalt" (vgl. Phil 2, 7) angenommen. Der Knecht ist natürlich das genaue Gegenteil zu dem, der Gott gleich ist. Gleich also ist er in der Gestalt Gottes, geringer in der Annahme des Fleisches und im Leiden als Mensch[173]. Denn wie könnte dieselbe Natur geringer und gleich sein? Wie aber tut er, wenn er geringer ist, ‚dasselbe auf gleiche Weise, was der Vater tut'? Denn wie ist dieselbe Handlung ein Zeichen von unterschiedlicher Macht? Kann etwa der Geringere so wie der, der über ihm steht, handeln? Oder kann es eine einzige Handlung geben, wo die Substanz verschieden ist?

8.71 Deshalb mußt du einsehen, daß Christus mit Blick auf die Gottheit nicht geringer genannt werden kann. Er selbst spricht zu Abraham: „Bei mir selbst habe ich geschworen" (Gen 22, 16*). Der Apostel zeigt aber, daß der, der bei sich schwört, nicht geringer sein kann. Und deshalb spricht er so: „Als Gott Abraham die Verheißung gegeben hatte, hat er bei sich selbst geschworen, da er keinen anderen hatte, der über ihm stand, bei dem er schwören konnte, und sagte: ‚Gewißlich[174] werde ich dich segnen, indem ich dich segne, und werde dich zahlreich machen, indem ich dich zahlreich mache'" (Hebr 6, 13f*).

---

[173] Vgl. hierzu Ambrosius, *epist. Conc. Aquil.* 2, 7 (CSEL 82/3, 321), sowie *Hymnus* 5, 25–28 (274 FONTAINE, mit Kommentar 294–297. *Aequalis aeterno Patri, / carnis tropheo cingere, / infirma nostri corporis / virtute firmans perpeti*), beziehungsweise *Acta Conc. Aquil.* 37.39 (CSEL 82/3, 348.350).
[174] Ein durch die lateinische Bibel vermittelter Hebraismus, vgl. BLAISE, *Dictionnaire* 555.

Ergo maiorem non habuit Christus et ideo per se iuravit.
Et bene addidit: „Homines enim per maiorem iurant",
quia homines maiorem habent, deus non habet.

8.72 Aut, si volunt de patre dictum videri, reliqua non
cohaerent. Neque enim pater visus est Abrahae et deo patri
pedes lavit, sed in eo futuri hominis est figura. Denique dei
filius dicit: „Abraham diem meum vidit et gavisus est."
Ipse est ergo, qui per se iuravit, quem Abraham vidit.

8.73 Et re vera quomodo maiorem habet, qui divinitate
‚cum patre unum' est? Quod enim ‚unum' est, dissimile
non est, inter maiorem autem minoremque discretio est.
Ergo de filio et patre praesentis docet lectionis exemplum,
quia nec pater minorem habet nec maiorem dei filius, cum
in patre et filio nulla distantia divinitatis sit, sed una maiestas.

9.74 Nec illud sane metuo, quod solent obtendere minorem esse, quia missus est. Si enim et minor non docetur

---

PUATKD Φ(UATO) LVZ SMCWEO def. R
1 per se ipsum *L* ‖ 2 maiorem *pr.*] maiorem se *S*, *m* maiorem sui *W* ‖
4 vult (*om.* dictum) *C* ‖ 5 et] nec *Pm3 s.l.* (*om. Pm1*), *m* | et deo
s.l. Lm2 ‖ 6 in eo] ei in quo *s.* in eo *Pm3, m* ‖ 7 filius dei *m* ‖ 7 et–8 vidit *om. D* ‖ 10 enim *om. Z* ‖ 12 et de patre *LVUAOa* ‖ 14 divinitatis
om. W ‖ 16 quo *K* | ostendere *Pm1* (*b s. s m3*), *KD* ‖ 17 et *om. C, s.l. K*

---

[175] Das lateinische Wort *figura* übersetzt hier das griechische τύπος; vgl.
MARKSCHIES, *Ambrosius und Origenes* 567–569.
[176] Griechisch ἀνόμοιος.

Also hatte Christus keinen, der über ihm stand, und hat deshalb bei sich geschworen. Und trefflich hat er hinzugefügt: „Die Menschen schwören nämlich bei einem, der über ihnen steht" (vgl. Hebr 6,16*), weil die Menschen einen, der über ihnen steht, haben, Gott aber nicht.

8.72 Oder, wenn sie wollen, daß das Schriftzitat über den Vater gesagt scheint, paßt das übrige nicht zusammen. Es ist nämlich nicht der Vater dem Abraham erschienen, und dieser hat nicht Gott, dem Vater, die Füße gewaschen, sondern indem er erschienen ist, ist der Typus des künftigen Menschen erschienen[175]. Sodann sagt der Sohn Gottes: „Abraham hat meinen Tag gesehen und sich gefreut" (Joh 8,56). Er selbst ist es also, der bei sich geschworen hat und den Abraham gesehen hat.

8.73 Und wie kann tatsächlich derjenige einen haben, der über ihm steht, der durch die Gottheit ‚mit dem Vater eins' ist? Was nämlich ‚eins' ist, ist sich nicht unähnlich[176], zwischen einem Höherstehenden und einem Geringeren aber besteht ein Unterschied. Also lehrt das Beispiel der heutigen Lesung über Sohn und Vater, daß weder der Vater einen Geringeren unter sich noch der Sohn Gottes einen Höherstehenden über sich hat, weil zwischen Vater und Sohn kein Unterschied der Gottheit besteht, sondern es eine einzige Hoheit gibt.

9.74 Auch das fürchte ich in der Tat nicht, was sie vorzuschützen pflegen, daß er geringer ist, weil er gesandt ist[177]. Wenn nämlich nicht gelehrt wird, daß er geringer ist, statt dessen aber die Gleichheit der Ehrerbietung gelehrt

---

[177] Vgl. *fid.* 5,7,94–99, unten 656–661, sowie PALLADIUS VON RATHIARIA, *c. Ambr.* 89f (fol. 347ʳ, 40 – 347ᵛ, 36 [CCL 87, 192f]).

et honorificentiae docetur aequalitas, cum „ita omnes honorificent filium sicut honorificant patrem", constat eo minorem | non esse, quod missus est.

9.75 Non ergo humani sermonis angustias, sed verborum caritatem intuere, operibus crede! Considera quia dominus noster Iesus Christus in Eseia locutus est ‚a spiritu sancto esse se missum'. Numquid ergo spiritu minor filius, quia missus a spiritu est? Habes igitur scriptum quod filius a patre et spiritu eius dicat esse se missum: „Ego sum", inquit, „primus, ego in aeternum; et manus mea fundavit terram, dextera mea solidavit caelum", et infra: „Ego locutus sum, ego vocavi, ego adduxi eum et prosperum iter eius feci. Accedite ad me et audite haec. Non in occulto ab initio locutus sum. Cum fierent, illic eram, et nunc dominus misit me et spiritus eius." Utique „qui caelum fecit et terram", ipse dicit a domino et a spiritu eius esse se missum. Videtis ergo quod simplicitas sermonis, non iniuria missionis sit. Ipse igitur missus a patre, ipse est missus ab spiritu.

9.76 Et ut agnoscas nullam maiestatis esse distantiam, etiam filius spiritum mittit, sicut ipse dixit: „Cum venerit autem paraclitus, quem ego mittam vobis a patre meo, spiritum veritatis, qui a patre meo procedit." Hunc eun-

---

PUATKD Φ(UATO) LVZ SMCWEO def. R
1 et] ut *La.c.* | honorificentia *Sa.c.m2* ‖ 2 eo] et *La.c.m2* ‖ 3 non *om.* C | quod] quo C qui Φa ‖ 5 claritate C claritatem m (caritatem: *cf. 9,18* simplicitas sermonis *eqs.*; *12,105* Nulla differentia caritatis, nullum discrimen est unitatis) ‖ 6 noster *om.* K | eseiam *Pa.c.* (m *exp.*) esaiam *Sa.c.* | ab spiritu *KLVC* Φam ‖ 7 sancto *om.*, se esse S | ergo] *add.* non esse minorem dei filium quia dixit esse (se *m2*) ‖ 8 missum *Pa.c.* (*exp.*); *cf. Proleg. not.* 56 | spiritu minor] non *La.c.m2* spiritui minor *Oa* | est *om.* S ‖ 9 et a spiritu *L* | se esse *LW* ‖ 10 primus] *add.* et *DVMWE* Φam *add.* et novissimus C ‖ 11 et dextera K | caelum *om.* W | sum *om.* P sum et *Lm* ego *alt. om.* m ‖ 14 fieret *D* | nunc *om.* C ‖ 16 a *PKDMm om. cet. a* | videte *Oa* ‖ 17 missionis est S ‖ 18 a spiritu *KDSMW* et a sp. Z et ab sp. *L* ‖ 19 cognoscas *Tm* ‖ 20–21 autem venerit W ‖ 21 vobis mittam C | a patre *pr.*–qui *s.l. Lm2* | meo *pr. om.* S ‖ 22 spiritus *KDMVW, Ea.c.m2* m | procedet *KVC*

wird, weil „alle Menschen den Sohn so ehren sollen, wie sie den Vater ehren" (Joh 5,23), steht fest, daß er dadurch nicht geringer ist, daß er geschickt worden ist[178].

9.75 Betrachte daher nicht die Unzulänglichkeit menschlichen Redens, sondern den Wert der Worte, glaube den Werken! Beachte, daß unser Herr Jesus Christus bei Jesaja gesprochen hat, ‚daß er vom heiligen Geist geschickt worden ist' (vgl. Jes 48,16). Ist also etwa der Sohn geringer als der Geist, weil er vom Geist geschickt worden ist? Du findest also, daß geschrieben steht, daß der Sohn sagt, daß er vom Vater und seinem Geist geschickt worden ist: „Ich bin der Erste", sagt er, „ich bin in Ewigkeit; und meine Hand hat die Erde gegründet und meine Rechte hat den Himmel befestigt" (Jes 48,12f*), und danach: „Ich habe gesprochen, ich habe gerufen, ich habe ihn hergebracht und seinen Weg gesegnet. Kommt her zu mir und hört folgendes: Ich habe von Anfang an nicht im Verborgenen gesprochen. Als es geschah, war ich da, und nun hat mich der Herr geschickt und sein Geist" (Jes 48,15f*). Tatsächlich er selbst, „der Himmel und Erde gemacht hat" (Ps 124,8: Ps 123,8 LXX), sagt, daß er vom Herrn und seinem Geist geschickt worden ist. Ihr seht also, daß es um sprachliche Vereinfachung, nicht um Herabwürdigung durch die Tatsache der Sendung geht. Er selbst also ist vom Vater geschickt worden, er selbst ist vom Geist geschickt worden.

9.76 Und damit du anerkennst, daß kein Unterschied hinsichtlich der Hoheit besteht, schickt auch der Sohn den Geist, wie er selbst gesagt hat: „Wenn aber der Paraklet gekommen ist, den ich euch von meinem Vater schicken werde, den Geist der Wahrheit, der aus meinem Vater hervor-

---

[178] Dieser Schluß verwendet natürlich eine Prämisse, die Homöer nie akzeptieren würden: *minor non docetur*. — Für die Übersetzung der *modi* im Bibelzitat Joh 5,23 vgl. griechisch καθὼς τιμῶσι τὸν πατέρα.

dem paraclitum et a patre esse mittendum supra docuit
dicens: „Paracletus autem ille spiritus sanctus, quem | mittet pater in nomine meo." Vide unitatem, quia quem deus
pater mittit, mittit et filius, et quem mittit pater, mittit et
spiritus. Aut si nolunt filium missum, quia ‚dexteram' patris filium legimus, ipsi de patre, quod de filio abnuunt, fatebuntur, nisi forte aut alterum sibi patrem aut alterum sibi
filium inveniant Arriani.

9.77 Sileant igitur inanes de sermonibus quaestiones,
quia regnum dei, sicut scriptum est, „non in persuasione
verbi est, sed in ostensione virtutis". Servemus distinctio-

PUATKD Φ(UATO) LVZ SMCWEO def. R || 9 – p. 306 l. 12: *Ephes. I 1, 2
42, 27 – 43, 7 (griech.); I 3 71, 15 – 25; 125, 1 – 11; I 5, 1 93, 4 – 12 (lat.); Chalc. II
3, 1 207, 16 – 26; Severus von Antiochien, Contra impium grammaticum
3, 1, 17 (279, 20 – 280, 6 Lebon)* || 9 – p. 306 l. 6: *Chalc. II 1, 1 22, 17 – 24; II 4
123, 10 – 16; Theodoret von Cyrrhus, Eranistes 2, 33 (164, 13 – 21 Ettlinger);
Justinian, Contra monophysitas 155 (56, 30 – 35 Schwartz)* || 11 – p. 306 l. 6:
*Nestorianisches Florilegium (137, 8 – 16 Abramowski/Goodman); Theodoret von Cyrrhus, Eranistes II 31 (163, 25 – 164, 2 Ettlinger); Leontius von
Byzanz, Nest. et Eut. I 37 (562 Devreesse), Codex Vaticanus gr. 1431 16
(35, 3 – 7 Schwartz); Doctrina Patrum II 16 (15, 4 – 10 Diekamp); Copl. IV 2
179, 32 – 36* || 11 – p. 306 l. 2: *Chalc. II 1, 3 114, 12f; Doctrina Patrum 8, 2
(55, 14 – 16 Diekamp)* || 11: *Doctrina patrum 5, 6 (34, 10 Diekamp)*
1 docuit] posuit *E*Φ*a* || 2 spiritus ille Φ*a* || 2 – 3 mittit *KL* || 4 mittit *pr.*]
mittet *C* mittit *alt. om. DW* mittit *tert.*] mittet *TW* || 5 spiritus sanctus
S | volunt *Oa* | ad dexteram *SCTLVZ* || 7 aut *pr. om. E, eras. M* | alium
sibi filium *L* || 10 quia] quoniam *Ephes. I 5, 1 p. 93, 4* | persuasione verbi]
πειθοῖς λόγων ἀνθρωπίνων *Ephes. I 1, 2 p. 42, 28; Chalc. II 1, 1 p.
22, 19* || 11 virtutis] *add.* distinctionem *C* || 11 – p. 306 l. 1 distinctionem] τὴν ἀνάγνωσιν *Ephes. I 1, 2 p. 42, 29* τὴν διαφορὰν *ibid. I 1, 7 p. 92, 24*
differentiam *Chalc. II 3, 3 p. 119, 27;* locutionem *I 5, 1 p. 93, 5* transforamtionem *Nestorianische Florilegium (137, 8 Abramowski/Goodman)* muataionem *Nestorianisches Florilegium (137, 8 Abramowski/Goodman)*

geht" (Joh 15,26*). Davor hat er gelehrt, daß eben derselbe Paraklet auch vom Vater geschickt werden muß, indem er sagt: „Der Paraklet aber ist der heilige Geist, den der Vater in meinem Namen senden wird" (Joh 14,26*). Sieh die Einheit! Denjenigen, den Gott der Vater schickt, schickt auch der Sohn, und denjenigen, den der Vater schickt, schickt auch der Geist. Oder wenn die Arianer nicht wollen, daß der Sohn geschickt ist, weil wir lesen, daß der Sohn ‚die Rechte' des Vaters ist[179], werden sie selbst vom Vater bekennen, was sie dem Sohn absprechen, wenn sie nicht zufällig einen zweiten Vater oder einen zweiten Sohn für sich erfinden[180].

9.77 Es sollen also die nichtigen Fragen über die Ausdrucksweise verstummen, weil das Königreich Gottes — wie geschrieben steht — , „nicht in der Überzeugungskraft des Wortes, sondern im Erweis der Kraft besteht" (1 Kor 2,4). Wir wollen den Unterschied zwischen Gottheit und

---

[179] Sechs Hss. lesen: „der Sohn zur Rechten des Vaters".
[180] Offensichtlich wird gegen die arianische Unterscheidung vom Logos Gottes und Jesu Christi argumentiert. Während ersterer die Rechte des Vaters (beziehungsweise zur Rechten des Vaters) ist und bleibt, wird letzterer gesendet. So entstehen im Ergebnis „zwei Söhne"; vgl. MARKSCHIES, „Die wunderliche Mär von den zwei Logoi" 70–98.

nem divinitatis et carnis. Unus in utraque loquitur dei filius, quia in eodem utraque natura est; etsi idem loqui|tur, | 85 non uno semper loquitur modo. Intende in eo nunc gloriam dei, nunc hominis passiones. Quasi deus loquitur quae sunt divina, quia verbum est, quasi homo dicit quae sunt 5 humana, quia in mea substantia loquebatur.

9.78 „Hic est panis vivus qui descendit de caelo." Panis hic caro est, sicut ipse dixit: „Hic panis, quem ego dabo, caro mea est." Hic est qui descendit, „hic est quem pater sanctificavit et misit in hunc mundum". Nec ipsa littera 10 nos docet sanctificatione non divinitatem eguisse, sed carnem? Denique ipse dominus dixit: „Et ego memet ipsum sanctifico pro ipsis", ut agnoscas quod et sanctificatur in carne pro nobis et divinitate sanctificat.

PUATKD Φ(UATO) LMVZ SCWEO def. R ‖ 1–6: *Johannes von Skythopolis, Apologia concilii Chalcedonensis (288, 4–10 Lebon)* ‖ 2–6: *Timotheus Aelurus, Confutatio concilii Chalcedonensis 34 (95, 5–15 Ter-Měkěrttschian); ep. 1, 8 (fol. 31ᵇ = 339 Ebied/Wickham)*
1 carnis] *add.* mire *V* | unius *P* | utraque] utroque *SC, Ephes. I 3 p. 71, 18; I 5, 1 p. 93, 6;* ἑκατέρῳ *I 1, 7 p. 92, 24;* ἑκατέρᾳ *I 1, 2 p. 42, 29; Chalc. II 1, 3 p. 114, 12;* utroque *Chalc. II 3, 1 p. 207, 19; II 3, 3 p. 119, 27; II 4 p. 123, 12* | dei *om. Ephes. I 5, 1 p. 93, 6* ‖ 2 eodem] αὐτῷ *Ephes. I 1, 2 p. 43, 1; I 1, 7 p. 92; Chalc. II 1, 1 p. 22, 21; II 1, 3 p. 114, 13* | eo *Chalc. II 3, 3 p. 119, 28* | si idem loquitur *om. Ephes. I 5, 1 p. 93, 7* et si idem loquitur] ὁ αὐτὸς λαλεῖ καὶ *Ephes. I 1, 2 p. 43, 1; I 1, 7 p. 92, 25* et si] ἀλλ' εἰ καὶ *Chalc. II 1, 1 p. 22, 21* ‖ 3 non in uno *Ephes. I 5, 1 p. 93, 7* | semper loquitur mode *om. C* | intende] at *s.* in *P* ὁρᾷς γὰρ *Chalc. II 1, 1 p. 22, 22* | in eo] in eodem *L* ‖ 4 passionem *Lp.c.VZ* passione *W* | quasi] quia quasi *LVZC4Φa Ephes. I 5, 1 p. 93, 8; I 3 p. 125, 6;* ὅτι ὡς *I 1, 2 p. 43, 3; I 1, 7 p. 92, 26. 27* | loquitur] διδάσκει *Ephes. I 1, 2 p. 43, 3; I 1, 7 p. 92, 27* ‖ 5 est *om. S* | quasi] quia quasi *La.c.* ‖ 6 quia] quia non *Pa.c.* (non *exp.*), *D* | in mea] in ea *C* ἐν ταύτῃ *Chalc. II 1, 1 p. 22, 24* | in mea substantia] *Nestorianisches Florilegium 14 (137, 16 Abramowski/Goodman);* τῇ ἐμῇ ὑποστάσει *Theodoret von Cyrrhus, Eranistes II 31 (164, 2 Ettlinger)* ἐν ταύτῃ ... τῇ φύσει *Theodoret von Cyrrhus, Eranistes II 31 (164, 20f Ettlinger); Codex Vaticanus gr. 1431, nr. 16 (35, 7 Schwartz);* ἐν τῇ ἐμῇ οὐσίᾳ *Doctrina Patrum II 16 (15, 10 Diekamp);* natura *Copl. IV 2 p. 179, 36* ‖ 7 est *om. C* | de caelo descendit *C, Ephes. I 5, 1 p. 93, 9. 10* ‖ 8 est alt. *om. P,* eius *C* ‖ 9 descendit] *add.* de caelo *Wm* | hic est *om. P* ‖ 10 nec] haec *Oa,* coniecit *Schwartz, Ephes. I 1, 2 p. 43, 7*

Fleisch bewahren[181]. Der eine Sohn Gottes spricht in beiden Gestalten, weil in ein und demselben beide Naturen sind; aber wenn auch derselbe spricht, spricht er nicht immer auf eine einzige Weise. Richte deine Aufmerksamkeit bei ihm bald auf die Herrlichkeit als Gott, bald auf die Leiden als Mensch. Als Gott spricht er über Göttliches, weil er das Wort ist, als Mensch spricht er über Menschliches, weil er in meiner Substanz sprach.

9.78 „Dies ist das lebendige Brot, das vom Himmel herabgestiegen ist" (Joh 6,50f*). Dieses Brot ist das Fleisch, wie er selbst gesagt hat: „Dieses Brot, das ich euch geben werde, ist mein Fleisch" (Joh 6,52*). Er ist also der, der herabkommt, „er ist es, den der Vater geheiligt hat und in diese Welt geschickt hat" (Joh 10,36). Lehrt uns nicht der Buchstabe selbst, daß nicht die Gottheit die Heiligung nötig hatte, sondern das Fleisch? Schließlich hat der Herr selbst gesagt: „Und ich heilige mich selbst für sie" (Joh 17,19*), damit du anerkennst, daß er sowohl im Fleisch für uns geheiligt wird als auch durch die Gottheit heiligt.

adnot.; I 1,7, adnot. p. 92,31; I 3 p. 71,4 adnot.; p. 125,10 adnot.; Ephes. I 5,1 p. 93,12 ‖ 11 docet nos *ibid.* | sanctificationem *Pa.c.KDVE, Ua.r.; Ephes. I 5,1 p. 93,12 adnot.* non *om.* ʍ ‖ 12 denique *om.* D | et *om.* Lp.c.ZC ‖ 13 ut agnoscas *om.* C et *om.* P | et] ut W

[181] Vgl. Ambrosius, *in psalm.* 47,24 (CSEL 64,361); *in psalm. 118* 11,12,2 (CSEL 62,119); *Cain et Ab.* 1,6,24 (CSEL 32/1,360), sowie *hex.* 1,2,7 (CSEL 32/1,6). Schon ATHANASIUS VON ALEXANDRIEN, *ep. Serap.* 2,8 (PG 26,620f), weist darauf hin, daß derjenige, der die Schrift liest, unterscheiden müsse, ob Skopus einer Passage die Gottheit im Logos oder die Menschheit sei. Er begründet dies mit Jes 61,1 (folgt hier in § 79 [Lk 4,18]) und dem ἔκτισε.

9.79 Hic idem est quem pater misit, sed „factum ex muliere, factum sub lege", ut apostolus dixit. Hic est qui ait: „Spiritus domini super me, propter quod uncxit me, evangelizare pauperibus misit me." Hic est qui dicit: „Mea doctrina non est mea, sed eius qui me misit. Si quis voluerit voluntatem eius facere, cognoscet de doctrina, utrum ex deo est an ego a me ipso loquar." | Alia ergo ex deo doctrina, alia ex homine. Itaque Iudaei cum doctrinam eius secundum hominem quaererent, ut dicerent: „‚Quomodo hic litteras novit, cum non didicerit?' respondit Iesus et dixit: ‚Mea doctrina non est mea.'" Nam cum sine eruditione litterarum doceat, non quasi homo, sedpote ut deus videtur docere, qui doctrinam non didicerit, sed invenerit.

9.80 „Adinvenit" enim „omnem viam disciplinae", ut supra lectum est. Nam utique de filio dei dictum est: „Hic est deus noster et non aestimabitur alius ad eum; adinvenit enim omnem viam disciplinae. Post haec in terris visus est et cum hominibus conversatus est." Quomodo ergo secundum divinitatem doctrinam suam non habet, „qui adinvenit omnem viam disciplinae", antequam videretur in terris? Aut quomodo minor, de quo dictum est:

PUATKD Φ(UATO) LMVZ SCWEO def. R
3 uncxit *Sa.c.m2DUAE* unxit *cet.* ‖ 5 misit me *DVEm* ‖ 6 cognoscit *Pa.c.m3TLVZC* cognoscat *D* recognoscet *K* ‖ 7 loquor *EZ* ‖ 9 ut] et *CUOam* ‖ 12 pote ut *PCT, Sa.c.m1, Ua.c.m2, A recte, ut videtur; at* pote *cum particula sed iungendum:* sedpote = ‚sondern gerade' (-pte *intensivum* Walde-Hofmann s.v. -pte) utpote *Sp.c.m1Up.c.m2VWE* potius ut *Mp.r. KOam* potenter ut (nter *s.l.m2*) *L, Z* pote *om. D* ‖ 12–13 videbitur *UAT* ‖ 14 enim omnem] ad *D(!)* etenim omnem *L* ‖ 16 est *tert. om. K* deus] dominus *D* | et *om. TD* ‖ 16–17 adinvenit enim *PS* | qui adinvenit *VZCWΦam* quia adinvenit *L* adinvenit *KDE* ‖ 18 conversatur *Sa.c.m2* conversatus (*om.* est) *Sp.c.m2KD* ‖ 19 doctrinam *om. E* ‖ 20 quia invenit *Pa.c.m3* quia venit *Da.c.m2* ‖ 20–21 videtur *Da.c.m2Ka.c.*

---

[182] Das Wort *doctrina* ist hier wie im griechischen Bibeltext (ἡ ἐμὴ διδαχὴ οὐκ ἔστιν ἐμὴ ...) in Prolepse vorgezogen: BLASS/DEBRUNNER/REHKOPF, *Grammatik des neutestamentlichen Griechisch* 406f.

9.79 Dieser ist derselbe, den der Vater gesandt hat, aber er ist „geboren von einer Frau, dem Gesetz unterstellt" (Gal 4,4), wie der Apostel gesagt hat. Er ist es, der sagt: „Der Geist des Herrn ist über mir, deswegen weil er mich gesalbt hat, und hat mich geschickt, den Armen das Evangelium zu verkündigen" (Lk 4,18; vgl. Jes 61,1). Er ist es, der sagt: „Meine Lehre ist nicht die meine, sondern die dessen, der mich gesandt hat. Wenn irgend jemand seinen Willen tun will, wird er erkennen, ob die Lehre[182] von Gott ist oder ob ich sie von mir selbst aus spreche" (Joh 7,16f*). Das eine ist also die Lehre, die von Gott stammt, das andere die vom Menschen. Daher, als die Juden seine Lehre nach menschlichen Maßstäben diskutierten, so daß sie sagten: ‚„Wie kennt dieser die Schriften, obwohl er es nicht gelernt hat?', antwortete Jesus und sprach: ‚Meine Lehre ist nicht die meine'" (Joh 7,15f). Denn obwohl er, ohne in den Schriften ausgebildet worden zu sein, lehrt, scheint er nicht wie ein Mensch, sondern eher wie Gott zu lehren, der die Lehre nicht gelernt hat, sondern erfunden hat.

9.80 „Er hat" nämlich „ausfindig gemacht den ganzen Weg der Lehre" (Bar 3,37*), wie oben gelesen worden ist[183]. Denn in der Tat ist über den Sohn Gottes gesagt worden: „Dieser ist unser Gott, und kein anderer wird ihm gleichgeachtet werden, er hat nämlich ausfindig gemacht den ganzen Weg der Lehre. Danach ist er auf der Erde erschienen und hat sich bei den Menschen aufgehalten" (Bar 3,36–38*). Wie also hat er, wenn man ihn seiner Gottheit nach betrachtet, nicht seine eigene Lehre, der „ausfindig gemacht hat den ganzen Weg der Lehre", bevor er auf Erden erschien? Oder wie ist der geringer, über den gesagt

---

[183] Vermutlich bezieht Ambrosius sich auf das voraufgehende Zitat der Bibelstelle in *fid.* 1,3,28, unten 160f.

„Non aestimabitur alius ad eum"? Utique ‚incomparabilis' dicitur, ad quem nemo alius aestimari potest, sed ita incomparabilis, ut patri nequeat anteferri. Quod si de patre dictum putant, impietatem Sabelli non evadunt, ut patri susceptionem humanae carnis adtribuant.

9.81 Persequamur sequentia: „Qui a semet ipso", inquit, „loquitur, gloriam suam quaerit." Vide unitatem, quae et patrem signat et filium. | Non potest non esse, qui loquitur, sed non potest a semet ipso esse, quod loquitur, in quo naturaliter ex patre sunt omnia.

9.82 Quid est autem: „gloriam suam quaerit"? Hoc est non divisam a patre gloriam; nam utique et verbum deus habet gloriam. Denique dicit: „ut videant gloriam meam". Sed illa verbi gloria eadem patris gloria est, sicut scriptum est: „Dominus Iesus in gloria dei patris". Ita igitur secundum divinitatem dei filius suam gloriam habet, ut patris et fili una sit gloria. Non ergo minor in claritate, quia una gloria, non minor divinitate, quia „plenitudo divinitatis" in Christo est.

9.83 „Et quomodo", inquit, „scriptum est: ‚Pater, venit hora, clarifica filium tuum'? Qui hoc dicit, clarificatione,

---

PUATKD Φ(UATO) LMVZ SCWEO def. R
2 nemo *om. D* (non potest) | ita *om. S* || 3 ut et *ATOa* || 4 sabelli *Pa.c.m2CK, SEa.c.LMZ* sabellii *cet. am* | evadent Φ*am* | patris *Sa.c.* || 6 prosequamur *WOa* || 7 quae est et *C* || 8 significat *TDC* || 8–9 non *alt.*–potest *alt. om. WZ* || 9 quod] quid *C* qui *V* || 11 quid–suam] id est non suam gloriam (non suam *man.* post.) *C* || 12 dei *PK* et deus *W* || 13 videam *P* || 14 est *pr. om. P* || 15 iesus christus Φ*am* | in gloria est *DSCE*Φ*am (Vulg.)* | patris] *add.* est *P add.* amen *S* || 17 non est Φ*am* || 20 inquis *m* || 21 clarificationem *KDAMCW, SEa.c*

---

[184] Vgl. HILARIUS VON POITIERS, *trin.* 5,39 (CCL 62,194f), und ATHANASIUS VON ALEXANDRIEN, *Ar.* 2,23,1–7 (199f METZLER/SAVVIDIS), sowie ders., *ep. Serap.* 2,4 (PG 26,614f).

worden ist: „Kein anderer wird ihm gleichgeachtet werden"(Bar 3,36*)? In der Tat wird der ‚unvergleichlich' genannt, dem kein anderer gleichgeachtet werden kann, aber so unvergleichlich, daß er dem Vater nicht vorgezogen werden kann. Wenn sie meinen, daß das über den Vater gesagt ist, entgehen sie dem Unglauben des Sabellius nicht[184], dem Vater die Annahme des menschlichen Fleisches zuzuschreiben.

9.81 Wir wollen folgenden Textpassagen nachgehen: „Wer von sich selbst aus redet", sagt er, „sucht seine eigene Herrlichkeit" (Joh 7,18*). Sieh' die Einheit, die sowohl den Vater als auch den Sohn bezeichnet. Es kann zwar nicht sein, daß der nicht ist, der spricht, trotzdem kann es nicht von ihm selbst stammen, was derjenige spricht, in dem von Natur aus alles aus dem Vater ist.

9.82 Was heißt aber: „Er sucht seine eigene Herrlichkeit"? Das heißt, daß seine Herrlichkeit vom Vater nicht geschieden ist, denn sicherlich hat auch das Wort, das Gott ist, Herrlichkeit. Schließlich sagt er: „damit sie meine Herrlichkeit sehen" (Joh 17,24*). Aber diese Herrlichkeit des Wortes ist dieselbe Herrlichkeit, die der Vater hat, wie geschrieben steht: „der Herr Jesus in der Herrlichkeit Gottes, des Vaters" (Phil 2,11*). Daher hat also der Sohn Gottes, seiner Gottheit nach betrachtet, seine eigene Herrlichkeit, so daß es eine einzige Herrlichkeit des Vaters und des Sohnes gibt. Er ist also nicht geringer in seinem Glanz, weil es eine einzige Herrlichkeit gibt, nicht geringer in seiner Gottheit, weil „die Fülle der Gottheit"(Kol 2,9) in Christus ist.

9.83 „Und wieso", sagt der Arianer[185], „steht geschrieben: ‚Vater, die Stunde ist gekommen, verherrliche deinen Sohn' (Joh 17,1)? Derjenige, der das spricht, bedarf der

---

[185] Es handelt sich um rhetorische Fragen im Rahmen einer Predigt, nicht um direkte Zitate homöischer Theologie; vgl. MARKSCHIES, *Ambrosius von Mailand und die Trinitätstheologie* 89–97.

inquit, indiget". — Huc usque oculos habes, quod reliquum est non legisti? Sequitur enim: „ut filius clarificet te." Numquid et pater indiget, qui clarificandus a filio est?

10.84 Pari modo oboedientiam fili obicere solent, quia scriptum est: „Et specie inventus ut homo, humiliavit semet ipsum factus oboediens usque ad mortem". — Et ‚hominem' praemisit et ‚usque ad mortem' dixit, ut intellegeremus oboedientiam mortis non divinitatis fuisse, sed incarnationis, in qua et officia nostra suscepit et nomina.

10.85 Didicimus itaque unam esse potentiam trinitatis, quam nos in ipsa quoque docuit passione. Filius enim patitur per corporis sacramentum, apostolis spiritus sanctus infunditur, in manus patris commendatur spiritus, deus quoque pater maxima voce signatur. Didicimus unam patris et fili esse imaginem, unam similitudinem, unam sanctificationem. Didicimus unam esse operationem, unam gloriam, unam quoque divinitatem.

10.86 Unus ergo et solus deus, quia scriptum est: „Dominum deum tuum adorabis et ipsi soli servies." Unus deus, non ut ipse sit pater et filius, sicut impius Sabellius adserit,

---

PUAKD, T usque ad l.2 te *Φ(UATO) LVZ SMCWEO def.R, a l. 3* numquid *T*

1 inquit] inquis *KW* inquam *D* quid *UAT* utique *VSCE* | habet *C* ‖ 2 ut et *LZ* | filius tuus *Oam* ‖ 3 qui] quia *DVΦa* ‖ 4 oboedientia *Pa.c.* (ae ex a corr. *m1*) | filio dicere *PS* filio obicere *Φa* ‖ 5 est] *add.* enim (*!*) *K* | et *om.E* et in specie *Lp.c.m2Z* ‖ 6 obaudiens *S* ‖ 10 dicimus *SZ, Ea.c.m1* ‖ 10 didicimus – 12 sacramentum] unitatem quoque trinitatis per passionem suam idem dominus declaravit in cruce patitur filius *D* ‖ 10 potentiam] copulam *Z* ‖ 11 nos *om.* C | in *om.* VZ | in ipsam *KUA, Sa.c.* | quoque *PLVZOa,* atque post ipsam *cet. M* | passione *PVZOa* passionem *cet.* m ‖ 12 per – 13 infunditur *om. POa* ‖ 13 in-spiritus *om.* C | in–deus *om. KDLVZSMWE* ‖ 14 pater | quoque *KDLVZSMWE* | maxime *UA* | signatur] *add.* atque post ipsam (*cf. ad. l. 8*) – 13 infunditur, deinde repetunt pater quoque (*sic!*) maxima voce signatur *Oa* | dicimus *S* ‖ 15 unam similitudinem *om. S* ‖ 16 dicimus *S* ‖ 18 ergo est et *L* ‖ 19 ipsi *PKLSCWE* illi *cet. am* ‖ 20 sit] est *P* | et pater et *S*

Verherrlichung", sagt er. — Reichen deine Augen nur so weit, hast du den Rest nicht gelesen? Es folgt nämlich: „Damit der Sohn dich verherrliche". Ist etwa auch der Vater bedürftig, der vom Sohn verherrlicht werden muß?

10.84 Auf gleiche Weise pflegen die Arianer den Gehorsam des Sohnes einzuwerfen, weil geschrieben steht: „Und der Gestalt nach wie ein Mensch erfunden, hat er sich selbst erniedrigt und wurde gehorsam bis zum Tode" (Phil 2,7f*). Paulus hat ,Mensch' vorausgeschickt und dann ,bis zum Tode' gesagt, damit wir einsehen, daß der Todesgehorsam nicht zur Gottheit, sondern zur Fleischwerdung gehört hat, in der er sowohl unsere Pflichten als auch unsere Schulden[186] auf sich nahm.

10.85 Wir haben gelernt, daß es daher eine Macht der Trinität gibt, die er uns gerade auch in seinem Leiden gelehrt hat. Der Sohn leidet nämlich infolge der geheimnisvollen Bedeutung seines Leibes, den Aposteln wird der heilige Geist eingegossen, in die Hände des Vaters wird der Geist befohlen und Gott wird durch einen gewaltigen Schrei als Vater bezeichnet. Wir haben gelernt, daß es ein einziges Bild des Vaters und des Sohnes gibt, eine einzige Ähnlichkeit, eine einzige Heiligung. Wir haben gelernt, daß es eine einzige Handlung, eine einzige Herrlichkeit und auch eine einzige Gottheit gibt.

10.86 Einer also und allein ist Gott, weil geschrieben steht: „Den Herrn, deinen Gott, sollst du anbeten und ihm allein dienen" (Mt 4,10*; vgl. Dtn 6,13*). Es gibt einen einzigen Gott, aber nicht in der Weise, daß er selbst Vater und Sohn ist, wie der gottlose Sabellius behauptet,

---

[186] Für diese juristische Bedeutung des Wortes *nomen* vgl. GEORGES, *Lateinisch-Deutsches Wörterbuch* 2,1182; es mag an der juristischen Ausbildung des Ambrosius liegen, wenn er das verbreitete Wort hier in diesem speziellen Sinne verwendet.

sed quia patris et fili spiritusque sancti una divinitas sit.
Ubi una divinitas, una voluntas et una praeceptio.

10.87 Denique ut scias et patrem esse et filium esse
et unum opus patris ac fili esse, apostolum sequere, qui
dixit: „Ipse autem deus et pater noster et dominus noster
Iesus dirigat viam nostram ad vos." Et patrem loquitur et
filium loquitur, sed unitas directionis est, quia unitas
potestatis est. Sic et alibi: „Ipse autem dominus | noster | 89
Iesus Christus et deus et pater noster, qui dilexit nos et
dedit consolationem aeternam et spem bonam in gratia,
consoletur corda vestra et confirmet." Quantam unitatem
ostendit, ut consolationis unitas, non pluralitas sit! Conticiscat ergo perfidia, aut si ratione non vincitur, morali
humanitate flectatur.

10.88 Consideremus, quam moraliter egerit dominus,
ut nos non solum fidem, sed etiam mores doceret. Namque
in forma hominis constitutus ,subditus erat Ioseph et Mariae'. Numquid ergo minor et hominibus, quia „subditus"?
Aliud pietatis, aliud potestatis est, sed non praeiudicat pie-

---

PUAKD Φ(UAO) LVZ SMCWEO def. RT
1 sancti *om. E* ∥ 2 ubi una divinitas *om. K* ubi autem una divinitas
Oam ∥ 3 et *om. Km* ∥ 4 ac] hac *PC* | et *SWΦa* ∥ 5 et *om. SCW* | no-
ster *pr. om. W* | et *om. U* | noster *alt. om. Φa* ∥ 8 sic et] sicut *K* | alibi
habes *LVZWEΦam* alibi habet *C* ∥ 9 et *alt. om. CD* | deus et *om. V* ∥
10 in gratia] et gratiam *Lm1, s.l. al* et spem *b.* in gratia *Lm2* ∥ 12 pluralita-
tis *Mp.c.m2E* ∥ 12–13 conticiscat *PKMC, Aa.c.m2* conticescat *cet.* ∥
13 aut] ut *DEZ* ∥ 15 quam moraliter *om. Pa.c.m3* quam] quamquam
UA | egerit] gerit *L* et erat *Z* ∥ 16 fide *C* ad fidem *K* | ad mores
K ∥ 17–18 maria *Sa.c.m2* ∥ 18 et] est *Lp.c.Z* | subditus erat *LE,M*
p.c.m2

---

[187] Vgl. aus dem Ambrosiaster, *ad Thessalonicenses prima* 3,11 (CSEL
81/3, 223), zur Stelle: *Integro ordine iter suum disponi postulat, primum a
deo patre, quia ab ipso sunt omnia, deinde a domino Iesu Christo, per
quem sunt omnia.*
[188] Vgl. aus dem Ambrosiaster, *ad Thessalonicenses secunda* 2,16
(CSEL 81/3, 243), zur Stelle: *Quoniam pater et filius una virtus unaque
divinitas et substantia est, ideoque non dubitavit primum dominum*

sondern weil es eine Gottheit des Vaters und des Sohnes und des heiligen Geistes gibt. Wo eine Gottheit ist, ist auch ein Wille und eine Unterweisung.

10.87 Schließlich, damit du weißt, daß es den Vater und den Sohn und ein einziges Werk des Vaters und des Sohnes gibt, folge dem Apostel, der gesagt hat: „Er selbst aber, Gott, unser Vater, und unser Herr Jesus Christus[187] möge unseren Weg zu euch lenken" (1 Thess 3,11). Er nennt sowohl den Vater als auch den Sohn, aber es gibt eine Einheit bei der Leitung des menschlichen Lebensweges, weil eine Einheit der Macht besteht. So auch an anderer Stelle: „Aber unser Herr Jesus Christus und Gott, unser Vater[188], der uns geliebt hat und uns ewigen Trost gegeben hat und eine gute Hoffnung aus Gnaden, möge eure Herzen trösten und bestärken" (2 Thess 2,16f*). Auf was für eine starke Einheit weist er hin, so daß eine Einheit der Tröstung und keine Vielheit besteht. Es möge also der Unglaube verstummen, oder wenn er durch Vernunft nicht überwunden wird, möge er durch ethische Maßstäbe wahrer Menschlichkeit zum Umdenken bewegt werden[189].

10.88 Wir wollen betrachten, nach welchen ethischen Maßstäben der Herr gehandelt hat, so daß er nicht nur den Glauben, sondern auch ethische Maßstäbe vermittelt[190]. Denn in Gestalt des Menschen ‚war er Josef und Maria untertan' (vgl. Lk 2,51). War er also etwa sogar geringer als Menschen, weil er „untertan" war? Eines ist die Ehrerbietung, ein anderes die Macht, aber die Ehrerbietung ist nicht nachteilig für die Macht. Darin also, liest du, ist er dem

---

nostrum Iesum Christum nominare, deinde deum patrem nostrum dignatione eius, non in veritate naturae ....
[189] Vgl. zu dieser Passage PIZZOLATO, *Ambrogio e la retorica* 258.
[190] MORESCHINI, *Ambrosius* 15,169 Anm. 4, übersetzt: „consideramo come sia stato benevolo il comportamento del Signore" und verweist für die Interpretation des Begriffs *moralitas* auf PIZZOLATO, *La dottrina esegetica* 131–134: „la moralitas rappresenti il versante positivo-educativo, che si eleva con dolcezza sullo sdegno corrucciato della correptio".

tas potestati. In eo ergo legis subditum patri, in corpore scilicet, in quo erat subditus matri.

11.89 Agamus et nos moraliter, persuadeamus illis quod sibi prosit, obsecremus et „ploremus ante dominum, qui fecit nos". Non vincere volumus, sed sanare, non insidiose agimus, sed religiose monemus. Saepe flectit humanitas, quos nec virtus potuerit superare nec ratio. Denique dominus illum hominem, qui ‚ex Hierusalem' ‚descendens' ‚incidit in latrones', quem non asperioribus legis medicamentis, | non profetico rigore curaverat, oleo curavit et vino.

11.90 Veniant ergo ad hunc omnes, qui sanari volunt, accipiant medicamentum, quod a patre detulit et praeparavit in caelo ex illis confectum inmortalibus sucis. Hoc ex terra non pullulat; expers enim omnis natura huius confectionis. Divino enim consilio suscepit hanc carnem, ut ostenderet legem carnis legi esse subditam mentis. Suscepit carnem, ut quasi homo vinceret, qui homines erudiret.

11.91 Quid mihi prode esset, si quasi deus exserta potestate divinitatem suam tantummodo inviolabilem demon-

---

PUAKDΦ(UAO) LVZ SMCWEO def. RT
1 in eo] in quo m | ergo] enim C | legi subditus (*ex* legis subditum) *Dp.c.m2* | patris *Sa.c.m2* patri] paruo *Pa.c.m3* || 2 scilicet in corpore S || 4 ut sibi prosint C | ante deum C || 5 non enim *Mp.c.m2EO am* || 6 flectet K fletet *Sa.c.m2* flexit D || 7 quos] quod C | poterit *Pa.c.m3* poterat K || 8 ex hierusalem scripsi ex hierosolima C ex iherusalem in iericho K ex isrl iericho W ex (h)ieric(h)o *cet. am* || 10 curarat SC || 12 venient C || 13 quod – 14 caelo *om.* S, *Ma.c.* || 13 quod et Φ*am* || 14 succis *Up.c.m2m* fucis W || 15 enim est S, *Dp.c.m2* | omnis] *add.* omnis *alt. Sm1, corr.* hominis *Sm2* (omnis hominis) || 17–18 suscipit P || 18 quasi *om. SDLVZ* | qui] ut *KLVZSCWE* || 19 et D | prode esset K prodesset *cet. am* (*cf. p. 318 l. 16*) | exserta] excerta *DWZ* || 20 inviolabilem *om.* P

---

[191] Für das Stichwort „untertan" vgl. 1 Kor 15,28: ὅταν δὲ ὑποταγῇ αὐτῷ τὰ πάντα, τότε [καὶ] αὐτὸς ὁ υἱὸς ὑποταγήσεται τῷ ὑποτάξαντι

Vater untertan[191], in dem Leib, in dem er freilich der Mutter untertan war.

11.89 Auch wir wollen uns nach ethischen Maßstäben verhalten, wir wollen sie von dem überzeugen, was ihnen nützt, „wir wollen" sie beschwören und „flehen vor dem Herrn, der uns gemacht hat" (Ps 94,6). Wir wollen sie nicht besiegen, sondern heilen, wir handeln nicht hinterhältig, sondern ermahnen gottesfürchtig. Oft bewegt Menschlichkeit diejenigen, die weder Kraft noch Vernunft überwinden konnte, zum Umdenken. Schließlich hat der Herr jenen Menschen, der, als er ‚von Jerusalem' ‚herabstieg', ‚unter die Räuber fiel' und den er weder mit härteren Heilmitteln des Gesetzes noch mit prophetischer Strenge geheilt hatte, mit Öl und Wein geheilt (vgl. Lk 10,30–35[192]).

11.90 Es sollen also alle zu ihm kommen, die geheilt werden wollen, und das Heilmittel annehmen, das er vom Vater hergebracht hat und im Himmel vorbereitet hat, aus jenen unsterblichen Säften (sc. Öl und Wein) angefertigt. Es wächst nicht aus der Erde; die ganze Natur hat nämlich keinen Anteil daran, daß es hervorgebracht wird. Denn durch göttlichen Ratschluß hat er dieses Fleisch angenommen, um zu zeigen, daß das Gesetz des Fleisches dem Gesetz des Geistes untertan ist (vgl. Röm 7,23–25; 8,1–4.7). Er hat Fleisch angenommen, damit er, der die Menschen lehrt, wie ein Mensch siegt.

11.91 Was würde es mir nützen, wenn er gleich wie Gott mit purer Macht seine Gottheit lediglich unverletzlich zur

---

τὰ πάντα, ἵνα ᾖ ὁ θεὸς [τὰ] πάντα ἐν πᾶσιν und *fid.* 5,13,154 – 5,14,182, unten 702–729.
[192] Ambrosius, *in Luc.* 7,73–81 (CCL 14,238–240), legt Jericho als Ort ADAMS aus; vgl. auch ORIGENES, *hom. in Lc.* 34,5–7 (FC 4/2, 340–342).

strasset? Aut cur susciperet carnem, nisi ut temptari se naturae adque infirmitatis meae condicione pateretur? ,Temptari' debuit, ,conpati' mihi debuit, ut scirem, quemadmodum temptatus vincerem, conpassus evaderem. Vicit per continentiam, vicit per contemptum divitiarum, vicit per fidem, calcavit ambitionem, fugavit intemperantiam, lasciviam relegavit.

11.92 Hoc medicamentum Petrus vidit et retia sua, strumenta videlicet quaestus et subsidia, dereliquit, renuntians carnis concupiscentiae tamquam corruptae navi, in quam sentina quaedam multarum ingreditur passionum. Magnum ergo medicamentum, quod non solum cicatricem vetusti vulneris amputavit, sed etiam causam pas|sionis incidit. O fides, thensauris omnibus opulentior, o vulnerum nostrorum peccatorumque medicina praestantior!

11.93 Consideremus quia nobis prode est bene credere. Mihi enim prode est scire quia propter me Christus ,suscepit meas infirmitates', mei corporis subiit passiones, ,pro me peccatum', hoc est pro omni homine, ,pro me maledictum factus' est, pro me adque in me „subditus" adque „subiectus", pro me „agnus", pro me „vitis", pro me „lapis", pro me „servus", pro me „filius ancillae", pro me diem iudicii ignorans, pro me ,nesciens diem aut horam'.

PUAKDΦ(UAO) LVZ SMCWEO def. RT
1 susceperit *DV, Ua.c.m2* ‖ 3 conpati] conparati *Pa.c.* (ra *exp.*) ‖ʻ 4 conpassus] passus *P* quumpassus *C* quam passus *S* ‖ 7 religavit *SCUOa* legavit (i *ex* e *m2*) *A* negavit (necavit *m2*) *D* ‖ 8–9 strumenta *PC* instrum. *cet.* ‖ 9 derelinquit *CK* dereliquit sua *L* | denuntians *L, Pa.c.m3* ‖ 10 tamque *Pa.c.m3* | in quam quasi Φam in qua *PKCWZ* quadam *P* ‖ 12 non solum non *V* ‖ 14 thensauris *PSa.c.K* thesauris cet. am | o *alt. om. DW* o fides *EOa* | vulnerum] ulcerum *S* ‖ 15 medicamina *S* | praestantiora *S* ‖ 16 prode est *CK* prodest *cet. am* (*cf. in Luc. II 75, p. 81, 7 Sch.; spir. II 16; incarn. 24. 68*) ‖ 17 prode (*om.* est) *K* prodest (prod *s.l. m2*) *S* ‖ 17–18 subigit *C* ‖ 19 hoc–homine *om. Copl. II* (*IV 2, p. 83, 3*) | pro *pr.*] et ex h (*exp.*), *P* ‖ 20 factum *P* | est *om. S* est et Φa ‖ 20–21 subiectus est *VZ*

Schau gestellt hätte? Oder warum würde er Fleisch annehmen, außer zu erdulden, unter der Bedingung meiner Natur und Schwäche in Versuchung geführt zu werden? Er mußte ‚versucht werden', er mußte mit mir ‚mitleiden' (vgl. Hebr 4,15), damit ich weiß, wie ich, wenn ich versucht werde, es überwinden kann und, wenn ich mitleide, entkommen kann. Er hat gesiegt durch seine Selbstbeherrschung, er hat gesiegt durch die Verachtung von Reichtum, er hat gesiegt durch den Glauben, er hat die Ruhmsucht mit Füßen getreten, er hat die Unmäßigkeit vertrieben und die Ausschweifung zurückgewiesen

11.92 Dieses Heilmittel hat Petrus gesehen und sofort seine Netze, nämlich die Instrumente und Hilfsmittel für seinen Broterwerb und sein Einkommen, zurückgelassen (vgl. Mt 4,20) und den Begierden seines Fleisches entsagt wie einem beschädigten Schiff, in das gewissermaßen das Kielwasser vieler Leidenschaften eingedrungen ist. Wirkungsvoll ist also das Heilmittel, das nicht allein die Narbe der alten Wunde entfernt hat, sondern auch den Grund des Leidens weggenommen hat. Oh Glaube, reicher als alle Schätze, besonders wirksames Heilmittel unserer Wunden und Sünden.

11.93 Wir wollen bedenken, daß es uns nützt, recht zu glauben. Mir nämlich ist es nützlich zu wissen, daß meinetwegen Christus ‚meine Schwächen angenommen', die Leiden meines Leibes auf sich genommen hat, ‚für mich', das heißt für jeden Menschen, ‚zur Sünde, für mich zum Fluch geworden ist' (Gal 3,13), für mich und in mir „untertan" und „unterworfen", für mich das „Lamm" (Joh 1,29.36), für mich der „Weinstock" (Joh 15,1.5), für mich der (Eck-)„Stein" (Apg 4,11; 1 Petr 2,7f), für mich der „Knecht", für mich der „Sohn einer Magd" (Ps 114,16: Ps 115,16 LXX), für mich kennt er den Gerichtstag nicht, für mich ‚weiß er weder Tag noch Stunde' (vgl. Mt 24,36; Mk 13,32).

11.94 Nam quomodo posset nescire diem, qui dies fecit et tempora? Quomodo posset diem ignorare iudicii, qui et horam iudicii futuri expressit et causam? ‚Factus' ergo ‚maledictum' non secundum divinitatem, sed secundum carnem. Scriptum est enim: „Maledictus omnis, qui pendit in ligno." Secundum carnem utique pependit, et ideo ‚maledictum', quia nostra maledicta suscepit. Ille „flevit", ne | tu, homo, diu fleres, ille iniurias passus est, ne tu iniuriam tuam doleres.

11.95 Grande remedium solacium habere de Christo. Ille haec pro nobis patientius tulit, et sumus, qui patienter haec pro illius nomine ferre nequeamus? Quis adpetitus non discat ignoscere, quando pro persecutoribus suis Christus et cruci fixus orabat? Videsne illas, quas tu putas Christi infirmitates, tuas esse virtutes? Cur de remediis nostris ei quaestionem movemus? Lacrimae illae nos lavant, fletus illi nos abluunt, addubitatio illa nos firmat, ne tu, si coeperis dubitare, desperes. Quanto maior est iniuria, tanto uberior debetur gratia.

11.96 Sed in ipsis iniuriis cognosce divinitatem. In cruce pendebat, et elementa ei omnia serviebant, sol refugit, dies occidit, offusae et circumfusae tenebrae, „terra tre-

---

PUA, inde a l. 10 (remedium) T, KD Φ(UATO) LVZ SMCWEO def. R
1 nam *om. S* | possit *L* | diem nescire *VSM CWΦam* ‖ 1 diem] *add.* aut oram *C*, et horam *K* nescire diem – 2 posset *om. V* ‖ 2 possit *L* | iudicii ignorare *P* ‖ 3 et *pr. om. P* | futuri iudicii *Um* | factus est *C* ‖ 6 pendit *P a.c. m3KDL, Z a.c.* pependet *CU* (pependet *a.c.*) *Ap.c., Copl. II (IV 2, p. 83, 9)* pendet *cet.* pependit] pendit *D* ‖ 7 maledictus *C* | quia] qui *CKWm* ‖ 8 diu *om. K* | et ille *S* | iniurias] iniuriam *Copl. II (IV 2, p. 83, 11)* ‖ 11 ille enim *Φam* | pro nobis haec *UOam* haec *om. A* | patienter *W* patiens *E* ‖ 13 quando et *Dm* | persecutionibus *C* | suis *om. W* ‖ 14 et *om. PT* etiam *m* | tu *om. PKDSUA, M a.c., Copl. II (IV 2 p. 83, 14)* ‖ 16 illius *Z*, illius *s.l. Lm2* ‖ 17 illi] illius *LZ* | addubitatio *P,SD a.c.* at dubitatio *VWZ, S p.c. m2UAO* ac dubitatio *am* et dubitatio *E* ut dubitatio *K* dubitatio *C, D p.c., Copl. II (IV 2 p. 83, 16)* ‖ 18 tu] tum *Copl. II (IV 2 p. 83, 16)* | si] cum *SCLVZ, Copl. II* ‖ 19 uberior] amplior *P* ‖ 20 sed et *POa* ‖ 21 et] sed *C* | ei *om. Copl. II (IV 2 p. 83, 18)* ‖ 22 obfusae *EO, Mi.r.* o fugae *U, A a.c. m2T* effusae *L* | et terra *UAT*

11.94 Denn wie könnte er den Tag nicht wissen, der Tage und Zeiten gemacht hat? Wie könnte der den Tag des Gerichtes nicht kennen, der Stunde und Verhandlungsgegenstand des künftigen Gerichtes bestimmt hat? ‚Er wurde' also ‚zum Fluch' nicht nach seiner Gottheit, sondern nach dem Fleisch. Es steht nämlich geschrieben: „Jeder ist verflucht, der am Holz hängt" (Gal 3,13; Dtn 21,23). Sicherlich hat er nach dem Fleisch am Holz gehangen[193], und daher wurde er ‚zum Fluch', weil er unsere Flüche auf sich genommen hat. Jener „hat geweint" (Lk 19,41; Joh 11,35), damit du, Mensch, nicht lange weinst, jener hat die Ungerechtigkeiten erlitten, damit du nicht an deinem Unrecht Schmerz empfindest.

11.95 Es ist ein wirkungsvolles Heilmittel, Trost zu haben von Christus. Er hat all das für uns so geduldig ertragen, und wir sind solche Leute, die wir es für seinen Namen nicht geduldig ertragen können? Wer möchte, wenn er angegriffen wird, nicht lernen zu verzeihen, wenn Christus sogar auch als Gekreuzigter für seine Verfolger gebetet hat (vgl. Lk 23,34)? Siehst du, daß das, was du für Christi Schwächen hältst, deine Kräfte sind? Warum fangen wir mit ihm einen Streit an über das, was uns heilt? Diese Tränen reinigen uns, dieses Weinen wäscht uns ab, dieser Zweifel stärkt uns, damit du nicht die Hoffnung verlierst, wenn du anfängst zu zweifeln. Je größer das Unrecht ist, umso überfließender muß die Gnade sein.

11.96 Aber erkenne gerade in den Mißhandlungen die Gottheit. Er hing am Kreuz, und alle Elemente dienten ihm, die Sonne floh, der Tag ging unter, Finsternis verbreitete sich ringsumher (vgl. Lk 23,44f), „die Erde erzitterte"

---

[193] Zu dieser Lösung kommt auch (wenn auch wesentlich ausführlicher) ATHANASIUS VON ALEXANDRIEN, Ar. 3,48 (PG 26,424f).

muit", et non tremuit qui pependit. Quid aliud haec quam auctoris reverentiam signant? Quia in cruce est vides; quia regnum dei donat non vides? Quia ‚mortem gustavit' legis, quia latronem quoque ad paradisum invitavit non legis? Mulieres flentes in|tueris ad tumulum, non intueris 5 angelos excubantes? Quid dixerit legis, quid gesserit non legis? Dicis Chananeae mulieri dixisse dominum: „Non sum missus nisi ad oves quae perierunt domus Istrahel"; non dicis quoniam id, quod ab ea rogatus est, fecit! —

11.97 Unde intellegere te convenit quia ‚missus' non id 10 significat, quod alieno sit coactus imperio, sed quod voluntario functus sit arbitratu, alioquin contemptum ostendis patris. Si enim, ut tu interpraetaris, paternorum famulus praeceptorum venerat in Iudaeam, ut solis eius incolis mederetur, et Chananeae prius filiam, ut legimus, 15 liberavit, non utique alieni fuit exsecutor imperii, sed voluntarii liber arbitrii. Ubi autem libertas, ibi nulla praevaricatio missionis.

11.98 Nec vereare, ne displiceat patri, quod fecit filius, cum ipse dicat: „Quaecumque placita sunt ei, facio sem- 20 per", et alibi: „Opera quae ego facio, ipse facit." Quomodo ergo patri potuit displicere, quod ipse fecit per filium? „Unus enim deus", sicut scriptum est, „iustificabit circumcisionem ex fide et praeputium per fidem."

PUATKD Φ(UATO) LVZ SMCWEO def. R
1 et *P, om. cet. am* | quam] nisi *U* ‖ 4 invitavit] mutavit *U* ‖ 5 ac tumulum *W* tumu*tum *P* tumultum *D* ‖ 8 perierant *W* | de domo *K* ‖ 9 quoniam] quia *KE, SM p.c.m2* | rogatum *E* ‖ 10 te *om. CU* ‖ 11 quod] quo *PW* ‖ 12 arbitrio *C* | contentum *CU* ‖ 13 hostendit *P* ‖ 14 christus venerat (veniat *V*) *K, Mp.c.m2VEΦam* | in *om. P* | eius] eis *UAT* ‖ 15 mederetur] videretur *P* | filios *Pa.c.m3* familiam *E* ‖ 16 liber arbitrii *om. P* | libertas voluntatis *m, codd. exc. PS, Ma.c.m2* (libera voluntas *La.c.m2*) ‖ 19 verear *C* | filius fecit *KSMCW* ‖ 20 facio *om. V* ‖ 21 ipse *SMCEΦam* (*cf. fid. III 90!*), et ipse *cet.* | facit *C* fecerit *DLZ* | per filium] in filio *DLZ* filius *V* ‖ 23 unus *om. Pa.c.m3* | est] *add.* qui *K, M p.c.m2EΦam* (*Vulg.*) | iustificabit *C* (δικαιώσει) iustificat *PD, Ui.r.* (*Vulg.*) iustificavit *cet. am*

(vgl. Mt 27,51; Ps 76,9: Ps 75,9 LXX), und derjenige, der am Kreuz hing, zitterte nicht (vgl. Mt 27,51–53; 27,45). Was anderes zeigen diese Ereignisse als die Ehrfurcht vor dem Schöpfer? Daß er am Kreuz hängt, siehst du (vgl. Lk 23,33)? Daß er das Reich Gottes schenkt, siehst du nicht (vgl. Hebr 2,9)? Daß ‚er den Tod geschmeckt hat‘, liest du, daß er auch den Räuber ins Paradies eingeladen hat, liest du nicht (vgl. Lk 23,43)? Die weinenden Frauen am Grab schaust du dir an (vgl. Joh 20,12), aber nicht die Wache haltenden Engel (vgl. Joh 20,11f)? Was er gesagt hat, liest du, was er getan hat, liest du nicht? Du sagst, daß der Herr zur kanaanäischen Frau gesagt hat: „Ich bin nur zu den Schafen des Hauses Israel, die verloren gegangen sind, gesandt" (Mt 15,24). Du sagst nicht, daß er ja das, worum er von der Frau gebeten worden ist, getan hat!

11.97 Daher solltest du einsehen, daß ‚geschickt‘ nicht bedeutet, daß er durch einen fremden Befehl gezwungen ist, sondern daß er seinen freien Willen ausgeübt hat, andernfalls läßt du Verachtung gegenüber dem Vater erkennen. Wenn er nämlich, wie du es deutest, im Dienste der väterlichen Anweisungen nach Judäa gekommen war, um nur dessen Einwohner zu heilen, und vorher die Tochter der Kanaanäerin erlöst hat, wie wir lesen, ist er freilich nicht einem fremden Befehl, sondern frei seinem eigenen freien Willen gefolgt. Wo aber Freiheit herrscht, da besteht kein Ungehorsam gegenüber der Sendung.

11.98 Und fürchte nicht, daß dem Vater mißfällt, was der Sohn getan hat, weil er selbst sagt: „Was auch immer ihm gefällt, das tue ich immer" (Joh 8,29*), und an anderer Stelle: „Die Werke, die ich tue, tut er selbst" (Joh 14,10*). Wie also hätte dem Vater mißfallen können, was er selbst durch den Sohn getan hat? „Der eine Gott" nämlich, wie geschrieben steht, „wird die Juden aus Glauben und die Heiden durch Glauben rechtfertigen" (Röm 3,30*).

11.99 Omnia lege, omnia diligenter adverte, invenies sic demonstrasse se Christum, ut deus in homine cerneretur. Nec malitiose accipias de patre filium gloriantem, cum audias patrem in filio conplacentem.

12.100 Sed si moralibus flecti non queunt, provocemus ad iudicem. Ad quem tandem ibimus? Nempe ad eum, qui iudicium habet. Numquid ad patrem? Sed „pater non iudicat quemquam; omne" enim „iudicium dedit filio." Dedit utique generando, non largiendo. Vide quam te noluerit suo filio derogare, ut tibi ipsum iudicem daret!

12.101 Videamus ergo ante iudicium, quis causam meliorem habeat, ego an tu. Nempe prudentis actoris est prius conciliare sibi iudicem. Hominem honoras, deum non honoras? Quid ergo conciliat cognitorem, honorificentia an iniuria? Pone me peccasse, quod nostrum est: num offenditur honore suo Christus? Peccamus omnes; quis ergo veniam promerebitur, qui defert honorificentiam an qui inrogat contumeliam?

12.102 Aut si te ratio non movet, species saltim iudicii ipsa commoveat. Adtolle oculos ad iudicem tuos, intuere qui sedeat, cum quo sedeat, ubi sedeat. Sedet Christus ad dexteram patris. Aut si oculis hoc non potes conpraehen-

---

PUATKD Φ(UATO) LVZ SMCWEO def. R, a l. 18 inro(gat) O
2 se *om. KDS* || 4 audis *C* | in filium *UAT* || 5 si *om. Pa.c.m3* | flecti *om. E* | queunt] quievit *Pa.c.m3* || 9 vide] vitae *Pa.c.m3* || 10 filio suo *Oam* || 11 quis] qui *W* || 12 habet *CD* | auctoris *Pa.c.DLZSUAT* || 13 conciliare sibi prius *L* sibi *om. V* | deum] dñm *CUT* || 14 cognitorem] cognitionem *U* || 15 nostrum scripsi (*cf. peccamus omnes et §§ 113.122*), non *codd.* et *edd.* || 16 suo *om. P* || 17 merebitur *C* | differt *K* fert *C* || 18 an] aut Φ*a* | inrogant *C* rogat *W* | contumeliam] iniuriam *W* || 19 te] ista *C* | saltim *P, Da.c.MVCE*Φ salutem *K* saltem *cet. am* | iudicis *K* || 21 sedeat *pr.*] sedit *K* | ubi sedeat *om. PD*

---

[194] Ambrosius war bekanntlich ausgebildeter Jurist; vgl. DUDDEN, *Life and Times of St. Ambrose* 1, 4–21; MARKSCHIES, *Ambrosius von Mailand und die Trinitätstheologie* 44f, und jetzt MORONI, *Lessico teologico* 346f. FALLERS, A*mbrosius* 8, 94, Hinweis auf ATHANASIUS VON ALEXAN-

11.99 Lies alles, beachte alles sorgfältig, und du wirst herausfinden, daß Christus sich so dargestellt hat, daß Gott im Menschen wahrgenommen wird. Und vernimm nicht arglistig, daß der Sohn sich des Vaters rühmt, wenn du hörst, daß der Vater am Sohn Wohlgefallen hat.

12.100 Aber wenn sie durch ethische Maßstäbe nicht zum Umdenken bewegt werden können, wollen wir sie vor den Richter laden. Zu welchem Richter werden wir denn gehen? Doch sicherlich zu dem, der die richterliche Gewalt hat. Etwa zum Vater? Aber „der Vater richtet keinen", denn „er hat die ganze richterliche Gewalt dem Sohn übergeben" (Joh 5,22*). Er hat sie natürlich durch die Zeugung übergeben, nicht indem er sie geschenkt hat. Sich, wie wenig wollte er, daß du seinen Sohn herabwürdigst, daß er ihn dir selbst als Richter gibt.

12.101 Wir wollen also vor Gericht sehen, wer die bessere Sache vertritt, ich oder du![194] Natürlich ist es Zeichen eines klugen Anwalts vor Gericht, sich vorher mit dem Richter gut zu stellen. Du ehrst einen Menschen, Gott aber ehrst du nicht? Was also stimmt den Anwalt des Staates günstig, Ehrerbietung oder Unrecht? Gesetzt den Fall, ich habe gesündigt, — das ist das, was wir machen: Wird Christus etwa in seiner Ehre verletzt? Wir sündigen alle; wer also wird Gnade verdienen, derjenige, der Ehrerbietung darbringt oder derjenige, der gegen ihn eine Beleidigung vorbringt?

12.102 Oder wenn dich die Vernunft nicht bewegt, soll dich wenigstens der Anblick des Gerichts aufrütteln. Erhebe deine Augen zum Richter, betrachte, wer da sitzt, mit wem er sitzt, wo er sitzt. Christus sitzt zur Rechten des Vaters. Oder, wenn du das mit den Augen nicht erfassen

---

DRIEN, Ar. 2,43,6 (220 METZLER/SAVVIDIS), betrifft eine Stelle, die gerade diese „juristischen" Züge der Argumentation nicht aufweist. Man darf daher mit guten Gründen vermuten, daß man es mit einem *proprium* der Argumentation des Ambrosius zu tun hat.

dere, audi dicentem prophetam: „Dixit dominus domino meo: ‚Sede ad dexteram meam‘." Sedet ergo ad dexteram patris filius. Dic nunc, qui de saecularibus arbitraris aestimanda divina, num tibi videatur inferior, qui „ad dexteram" sedet, num iniuria patris, quia ad sinistram sedet. 5
| Pater honorat, et tu iniuriam putas? pater mavult id esse | 95 pietatis exemplum, et tu putas praeceptionis imperium? ‚De morte surrexit et ad dexteram dei sedet‘. —

12.103 ‚Sed dixit‘, inquit, ‚pater!‘ — Accipe etiam, ubi non dicit pater et praedicit filius: „Amodo videbitis filium 10 hominis sedentem ad dexteram virtutis." Et hoc de adsumptione corporis dicit. Huic dicit: „Sede ad dexteram meam." Nam si de aeterna sede divinitatis inquiris, interrogatus a Pilato, si ipse esset rex Iudaeorum, ait: „In hoc sum natus." Unde et Paulus monet hoc esse nobis utile, 15 si Christum non ex praecepto neque ex gratia, sed quasi ‚dilectissimum filium‘ ‚ad dexteram dei‘ sedere credamus. Sic enim habes: „Quae susum sunt, quaerite, ubi Christus est ad dexteram dei sedens, quae susum sunt, sapite." Hoc est enim superiora sapere: credere quia Christus, ut sedeat, 20 non quasi iussus obsequitur, sed quasi „filius dilectissimus" honoratur. Propter rationem ergo corporis dicit: „Sede ad dexteram meam, donec ponam inimicos tuos scamellum pedum tuorum."

PUATKD Φ(UAT) LVZ SMCWE def. RO
3 et filius *D* | qui] quid *P, Da.r.* | de *om. W* || 4 aestimando *P* | num] nunc *U, A a.c.m2* | videtur *Lp.c.Z* || 5 iniuriam *PULZa* | quia] qui *Pa.c.m3Up.c .m2ADELZa* quia ad] quod *Ua.c.m2* || 6 mavult] vult *C* amavit *S* magis vult *Dp.c.m2* (*ex* mas vult) || 9 edixit *C* hoc dixit *E* | inquis *U, Ap.c.m2Tam* || 11 hominis *om. D* | a dextris *S* || 12 huic] hinc *Pp.c.m3*, *a* | die *Pa.c.m3* || 13 meam *om. D* | inquirens *P* quaeris *a* || 14 si] an *P* || 15 inde *C* | paulus] apostolus *KΦam* | monet] ait *Z* || 16 si] ut *Lp.c.K* || 17 sedere] habere *C* || 18 habes] *add.* ad colosenses *E* | susum *P, Sa.c.* (quaerite quae susum sunt *S*), sursum *cet.* | quaerere *W* || 19 sedens *om. S* susum *P, Sa.c.*, sursum *cet.* || 20 et credere *Φa* || 21 iussis *C* || 22 dicitur *C* || 23–24 scamellum *P* spabellum *K* scabillum *S, La.c.M* scabellum *cet.*

kannst, höre den Propheten, der sagt: „Es hat der Herr zu meinem Herrn gesprochen: ‚Setze dich nieder zu meiner Rechten'" (Ps 110,1: Ps 109,1*). Der Sohn sitzt also zur Rechten des Vaters. Sag nun, der du meinst, daß Göttliches von Weltlichem her eingeschätzt werden muß, scheint dir etwa der geringer, der „zur Rechten" sitzt, oder etwa das eine Beleidigung für den Vater, daß er zur Linken sitzt? Der Vater ehrt den Sohn und du hältst das für eine Beleidigung? Der Vater will lieber ein Beispiel der Liebe geben und du hältst es für strikte Anweisung? ‚Er ist vom Tode auferstanden und sitzt zur Rechten Gottes' (vgl. Röm 8,34).

12.103 ‚Aber der Vater hat gesprochen', sagt er — vernimm auch, wo nicht der Vater spricht, sondern der Sohn voraussagt: „Von nun an werdet ihr sehen den Menschensohn sitzend zur Rechten der Kraft" (Mt 26,64*). Und das sagt er von der Annahme des Leibes. Diesem sagt er: „Setze dich nieder zu meiner Rechten" (Ps 110,1: Ps 109,1*). Denn, wenn du nach dem ewigen Sitz der Gottheit fragst, antwortet er, als er von Pilatus gefragt wurde, ob er selbst der König der Juden sei: „Zu diesem Zweck bin ich geboren" (Joh 18,37*). Daher mahnt auch Paulus, daß es für uns nützlich ist, wenn wir glauben, daß Christus nicht aufgrund einer Anweisung und auch nicht gnadenhalber, sondern als ‚geliebter Sohn' ‚zur Rechten Gottes' sitzt. So nämlich findest du es: „Sucht, was droben ist, wo Christus zur Rechten Gottes sitzt; seid darauf bedacht, was droben ist" (Kol 3,1f*). Das heißt nämlich, auf die Dinge, die droben sind, bedacht zu sein: zu glauben, daß Christus, indem er zur Rechten Gottes sitzt, nicht wie ein Befehlsempfänger Folge leistet, sondern als „der geliebte Sohn" geehrt wird (Mk 9,7; Mt 17,5; Lk 9,35). Mit Rücksicht also auf seinen Leib sagt er: „Setze dich zu meiner Rechten, bis ich deine Feinde zu deinem Fußschemel mache" (Ps 110,1: Ps 109,1*).

12.104 Quod si et hoc ad calumniam trahis, quia pater dicit „ponam inimicos tuos", etiam pater trahit ad filium, quos filius suscitet adque vivificet. „Nemo" enim, inquit, „potest venire ad me, nisi pater, qui misit me, adtraxerit eum, et ego resuscitabo eum in novissimo die." Et tu filium dei pro infirmitate dicis | esse subiectum, cui pater trahit, quos ille in novissimo die suscitet? Haecine tibi videtur esse subiectio, in qua „regnum patri" paratur, cum pater ad filium trahat, et calumniae locus non sit, cum patri regnum filius tradat nec aliqui praeferatur? Haec enim documenta pietatis sunt, quod et pater filio et filius patri tradit. Ita enim sibi tradunt, ut neque ille qui accipit, quasi alienum adquirat, nec qui tradit, amittat.

12.105 Ad dexteram quoque sedere nulla praelatio, nec ad sinistram iniuria; divinitas enim gradum nescit nec loco aliquo circumscribitur nec temporibus definitur. Angustis animis homines ista pensamus. Nulla differentia caritatis, nullum discrimen est unitatis.

12.106 Sed cur longius evagamur? Circumspectasti omnia, vidisti iudicem, advertisti ‚angelos' praedicantes. Illi ‚laudant', et tu vituperas? Dominationes et ‚potestates' ‚venerantur', et tu calumniaris? Adorant omnes sancti eius,

---

PUATKD Φ(UAT) LVZ SMCWE def. RO
1 et *om. SD* | pater] *add.* ad filium *a* ‖ 2 dixit *Em* ‖ 3 suscitabo *CDL* ‖ 5 in *om. C* ‖ 7 adtrahit *CVE* | haeccine *Lp.c.Vam* haecne *U* haec*ne (i *eras.*) *M* ‖ 8 patris *D* ‖ 9 traham *Pa.c.m3* | calumniat *Pa.c.m3* | patri] pater *P* ‖ 10 filio *P* filius *om. D* | tradat] trahat *UDZ, Aa.c.m2* | aliquid *UT, ADp.c.WEam* | praefertur *Z* ‖ 12 tradit] tradidit *S* trahit *P* tradet *La.c.m2* tradat *am* | accepit *DMC, LKa.c.* ‖ 13 alienum] regnum *E, Mp.c.m2* ‖ 14 praelatio est *PKLam* | neque *Eam* necque (que *m2*) *M* ‖ 16 nec–definitur *om. D* | angustis] *add.* enim *W* ‖ 17 hominis *DVZUT, Aa.c.m2* ‖ 19 evagamus *CW* vagamur *D* | circumspexisti *S* ‖ 20 vidisti] audisti *KV*

---

[195] Hier trägt Ambrosius traditionelle Ansichten einer platonisch-origenistischen Gotteslehre vor (so mit Recht MORESCHINI, *Ambrosius*

12.104 Wenn du aber auch das als falsche Anschuldigung heranziehst, daß der Vater sagt „ich mache deine Feinde" (sc. zu deinem Fußschemel), dann zieht sogar der Vater diejenigen zum Sohn, die der Sohn auferwecken und lebendig machen soll. Denn „niemand", sagt er, „kann zu mir kommen, wenn nicht der Vater, der mich gesandt hat, ihn herbeizieht, und ich werde ihn am jüngsten Tage auferwecken" (Joh 6,44*). Und du sagst, daß der Sohn Gottes infolge seiner Schwäche untertan ist, für den der Vater diejenigen herbeizieht, die der Sohn am jüngsten Tag auferwecken soll? Scheint dir das etwa eine Unterwerfung zu sein, wodurch „das Reich für den Vater" bereitet wird, weil der Vater zum Sohn zieht und es keinen Platz für Verleumdung gibt, weil der Sohn dem Vater das Reich übergibt und keiner vorgezogen wird? Das sind nämlich Beweise gegenseitiger Liebe, daß sowohl der Vater dem Sohn als auch der Sohn dem Vater das Reich übergibt. Denn sie übergeben es einander so, daß weder der, der empfängt, gewissermaßen etwas Fremdes erwirbt, noch der, der übergibt, etwas verliert.

12.105 Auch zur Rechten zu sitzen, ist kein Vorzug, und zur Linken zu sitzen, ist kein Unrecht, denn die Gottheit kennt keine Abstufung, wird durch keinen bestimmten Ort beschränkt und auch nicht durch Zeiten begrenzt[195]. Das erwägen nur wir Menschen mit unserem beschränkten Geist. Es gibt keinen Unterschied der Liebe, keine Unterscheidung der Einheit.

12.106 Aber warum länger abschweifen? Du hast alles überblickt, du hast den Richter gesehen, du hast vernommen, wie ‚die Engel' preisen. ‚Sie loben', und du tadelst? Die Herrschaften und ‚Mächte' ‚verehren', und du beschuldigst? Alle seine Heiligen beten ihn an, der

---

15,177 Anm. 3 zur Stelle); vgl. auch Ambrosius, *spir.* 1,7,81 (CSEL 79,49).

non adorat dei filius, non adorat spiritus sanctus. Serafin dicunt: „Sanctus, sanctus, sanctus."

12.107 Quid sibi vult sub uno nomine sanctitatis trina repetitio? Si trina repetitio, cur una laudatio? Si una lau|datio, cur trina repetitio, nisi quia pater et filius et spi- 5 ritus sanctus sanctitate unum sunt? Non dixit semel, ne filium sequestraret, non bis, ne spiritum praeteriret, non quater, ne creaturas coniungeret. Et ut ostenderet trinitatis unam esse deitatem, cum tertio dixisset „sanctus, sanctus, sanctus", addidit singulariter ‚dominus sabaoth'. Sanctus 10 igitur pater, sanctus filius, sanctus et dei spiritus. Adoratur igitur trinitas, non adorat, laudatur trinitas, non laudat. Ego mallo sicut serafin credere et sicut omnes potestates virtutesque caelestes adorare.

13.108 Igitur prosecutionem tuam videamus, quemad- 15 modum concilies tibi iudicem. Dic sane, dic, inquam: ‚Ego te, Christe, puto esse dissimilem patris'. — Respondebit et ille: ‚Discerne si potes, discerne, inquam, quo putes esse dissimilem?'

13.109 Dic aliut: ‚Creaturam, inquies, te arbitror'.— 20 Respondebit et Christus: „Si duorum hominum testimonium verum est", ‚tu nec mihi nec patri saltim credere debuisti, qui ‚genitum' nominavit?' —

PUATKD Φ(UAT) LVZ SMCWE def. RO

1 seraphim *DW, add.* et cerubin *K* serafin–sanctus *tert. om. PS* ‖ 4 si – 5 laudatio *om. CD* ‖ 5 repetitio] *add.* trina repetitio cur *UTVW,* (cur *s. l. m2) A,* m *add.* cur *S* ‖ 6 sanctitate *om. PSW* ‖ 8 quater] ter *Pa.c.m3* quater ne] quaternae *S* | creaturam se coniungeret Φ (creaturas *corr. Am2*) creaturam secum iungeret *Tm2* creaturam sibi coniungeret *a* | iungeret *La.c.m2* | et] sed *P* ‖ 10 addit *L* | singulariter] similiter *S* | dominus deus sabaoth m ‖ 11 deus spiritus *P* ‖ 13 ego] ergo *DV, La.c.* | mallo *PCE, Sa.c.* | seraphim et cerubin *K* ‖ 17 patri *Pp.r.*ΦC ‖ 17 patris – 19 dissimilem *om. S* ‖ 17 et *om. C* in quo m quod *Pa.c.* ‖ 19 dissimile *P*

---

[196] FALLER, *Ambrosius* 8, 96, und MORESCHINI, *Ambrosius* 15, 179, weisen auf PS.-ATHANASIUS (= MARCELL VON ANCYRA), *inc. et c. Ar.* 10 (PG

Sohn Gottes betet nicht an, der heilige Geist betet auch nicht an. Die Serafim sagen: „Heilig, heilig, heilig" (Jes 6,3*).

12.107 Was bedeutet die dreifache Wiederholung, wenn es doch nur um eine einzige Heiligkeit geht?[196] Warum gibt es einen einzigen Lobpreis, wenn es diese dreifache Wiederholung gibt? Warum eine dreifache Wiederholung, wenn es einen einzigen Lobpreis gibt? Doch nur, weil der Vater und der Sohn und der Geist eins in der Heiligkeit sind. Er hat es nicht einmal gesagt, um nicht den Sohn abzusondern, nicht zweimal, um nicht den Geist zu übergehen, nicht viermal, um nicht die Geschöpfe hinzuzunehmen. Und um zu zeigen, daß es eine Gottheit der Trinität gibt, obwohl er dreimal „heilig, heilig, heilig" gesagt hatte, hat er einzig und allein ‚Herr Zebaoth' hinzugefügt. Also ist der Vater heilig, der Sohn heilig und auch der Geist Gottes heilig. Es wird also die Trinität angebetet, aber sie betet nicht selbst an, die Trinität wird gepriesen, preist aber nicht selbst. Ich möchte lieber wie die Serafim glauben und wie alle himmlischen Kräfte und Mächte anbeten.

13.108 Wir wollen also die Fortsetzung deiner Argumentation hören, wie du dir den Richter gewogen machst. Sprich denn, sprich, sage ich: ‚Ich glaube, Christus, daß du dem Vater unähnlich bist' — Ebenso wird er antworten: ‚Entscheide, wenn du kannst, entscheide, sage ich, wodurch, glaubst du, bin ich unähnlich?'

26,1000), hin, wo dissoziiert wird: Vater, Sohn und heiliger Geist seien Herr der Heerscharen, aber nur eine Gottheit in drei Hypostasen oder Personen. Ambrosius rezipierte diese Form der Drei-Hypostasen-Theologie des MARCELL, wenn er denn diesen Text überhaupt kannte, nicht; vgl. Ambrosius, *spir.* 3,16,109 (CSEL 79,196).

13.110 ‚Bonum nego.' — Dicet et ille: ‚Fiat tibi secundum fidem tuam, ut tibi bonus non sim.' —

13.111 ‚Omnipotentem non arbitror.' — Respondebit et ipse: ‚Non possum ergo tibi tua peccata donare.' —

13.112 ‚Subiec|tum dico.' Referet ad hoc: ‚Cur igitur libertatem ac veniam ab eo petis, quem putas pro servitio esse subiectum?'

13.113 Video haerere prosecutionem tuam. Non urgueo, quia peccatorum meorum ipse sum conscius. Non invideo veniam, quia ipse opto indulgentiam. Votum tuum scire desidero: Allegato apud iudicem desideria tua! Non prodo crimina, seriem tuorum expecto votorum.

13.114 Dic utique ea, quae in communi voto sunt! Dic, inquam: ‚Domine, fac me ad imaginem dei'. — Respondebit et ille: ‚Ad quam imaginem? Quam negasti?' —

13.115 Dic: ‚Fac me incorruptibilem.' — Referet utique: ‚Quomodo te incorruptibilem facere possum, quem tu creaturam dicendo capacem corruptibilitatis esse voluisti?

PUATKD Φ(UAT) LVZ SMCWE def. RO
1 creatura inquit V | inquies *om. E, eras. M* te *om. D* || 2 respondit L | et *om. CD* || 3 tu] *add.* si *Sm2* | patri] *add.* nec spiritui *Sm2* | saltem *PU MVW, Da.c.* saltem *cet.* am | qui *MC* || 5 bonum] *add.* inquies m | dicit *KLZS* || 8 ergo] ego *D* || 9 sed subiectum *D* | referet *KZSW*m refert et *LC* refert *cet. a* | ad *om. C* | cur] quare *W* || 12 persecutionem *a* | tuam *om. V* || 13 urgueo *Sa.c.UAK* urguo C arguo *LVZ* ergo *E, Mp.r.m2* urgeo *cet.* am | quia] qui *MC* || 15 allegato *SKLVZ, Ea.c.* alligato *Pa.c.m3, D, Ep.c.* alligata *CW* alliga tu *Turon. 265* enalligo *UT* en allego *Ap.c.m2* (en *ex* an), m en alligo *a* allego *Pp.c.m3* | apud me iudicem *K* || 16 prode *Sp.c.m2* | exopto *K* || 17 utique *PUDSZ, Mp.r. m3* itaque *cet., om. W* || 19 et *om. KVZ*m || 20 refert Φ*DLVZE, Mp.c.m3* || 21 incorruptibile *P* || 22 corruptibilitates *P*

---

[197] Eine im trinitätstheologischen Streit seltene Argumentation, die auch die individuelle (Gebets-) Frömmigkeit des Gegners einbezieht.

13.109 Sag etwas anderes: ‚Ich halte dich für ein Geschöpf‘, wirst du sagen. — Christus wird ebenfalls antworten: „Wenn das Zeugnis zweier Menschen wahr ist" (Joh 8,17), ‚hättest du nicht mir oder doch wenigstens dem Vater glauben müssen, der mich ‚gezeugt‘ (*sc.* und nicht geschaffen: Ps 110,3: Ps 109,3 LXX) genannt hat?‘ —

13.110 ‚Ich leugne, daß du gut bist‘. — Ebenso wird er sagen: ‚Es geschehe dir, wie du glaubst, daß ich dir nicht gut bin.‘ —

13.111 ‚Ich glaube nicht, daß du allmächtig bist.‘ — Ebenso wird er antworten: ‚Ich kann dir also deine Sünden nicht vergeben.‘ —

13.112 ‚Ich sage, daß du untertan bist.‘ Darauf wird er antworten: ‚Warum erbittest du also Freiheit und Gnade von dem, der deiner Meinung infolge seiner Knechtschaft untertan ist?‘

13.113 Ich sehe, daß die Fortsetzung deiner Argumentation stockt. Ich dränge nicht, weil ich selbst mir meiner Sünden bewußt bin. Ich mißgönne dir die Gnade nicht, weil ich mir selbst Verzeihung wünsche. Ich möchte dein Gebet kennen, bringe deine Wünsche vor den Richter[197]! Ich verrate deine Vergehen nicht, aber ich erwarte deinerseits eine Reihe von Gebeten.

13.114 Sag doch wenigstens das, was allgemein im Gebet gewünscht wird: Sprich, sage ich, ‚Herr, mache mich zum Abbild Gottes‘. — Ebenso wird er antworten: ‚Zu welchem Abbild? Zu dem, das du geleugnet hast?‘ —

13.115 Sprich: ‚Mache mich unvergänglich!‘ — Er wird sicherlich antworten: ‚Wie kann ich, von dem du wolltest, daß er Vergänglichkeit in sich trägt, indem du ihn ein Geschöpf nanntest, dich unvergänglich machen?‘[198]

---

[198] Es wird wohl auf die Maxime *infinitum non capax finitum* beziehungsweise *incorruptibilis non capax incorruptibilem* angespielt.

„Mortui resurgent incorrupti", et corruptibilem dicis, quem deum cernis?' —

13.116 Dic: ‚Bonus esto mihi.' — Dicet: ‚Quid postulas, quod negasti? Ego te bonum volui, ego dixi: ‚Estote sancti, quoniam' ipse ‚sanctus sum'. Et tu mihi id negare contendis? Et tu expectas veniam peccatorum? Sed nemo „potest donare peccatum nisi solus deus". Itaque cum verus et solus tibi deus non sim, non possum utique tua peccata donare.'

13.117 Haec Arrianus dicat; et Fotinianus: ‚Nego te, inquit, deum'. — Respondebit et dominus: ‚Dixit insipiens in corde suo: ‚Non est deus' de quo dictum putas, de Iudaeo, de gentili an de diabolo? De quovis dictum sit, Fotiniane, tolerabilior est ille qui tacuit. Tu vero et voce ausus es dicere, ut insipiente insipientior probareris. Negas ergo', inquit, ‚deum, cum „ego" dixerim: „Dii estis et fili excelsi omnes?" Et tu deum negas, cuius opera divina circumspicis?'

13.118 Dicat et Sabellianus: ‚Ego te ipsum patrem et filium et spiritum sanctum arbitror.' — Respondebit et dominus: ‚Non audis patrem, non audis filium? Numquid hic ulla confusio est? Scriptura ipsa te non docet patrem esse, qui detulit iudicium, filium esse, qui iudicat?

PUA, T usque ad l. 21 iudicium, KD Φ(UA, O inde a. l. 15 cum ego, T usque ad l. 21) LVZ SMCWEO def. R, T a l. 21 filium
1 et tu *KDE, Mp.c.m2,* m | esse dicis *K* ‖ 2 dominum *PK* ‖ 3 dicet] dicit *L* dicet tibi *E, Mp.c.m2,* m ‖ 4 esse volui m ‖ 5 ipse] ego *a om. S* ‖ 6 peccatorum – 7 deus *om. S* ‖ 8 peccata donare *UK* donare peccata *ADEm* (peccata *Vulg.*) | utique tibi *C* ‖ 9 dicit *Lp.c.m2Za* ‖ 10 deum] dñs *Pa.r.* dś *Pp.r.* dñm *K* | et] ei *KVW* ‖ 12 de *tert. et quart. om. S* | diabulo *PK DA* ‖ 13 tacet *S* | et *om. K* ‖ 14 insipienti *C* ‖ 15 fili *P, Sa.c.m2La.c. KW* ‖ 16 deum] dñm *P* ‖ 17 ipsum *om. W* ‖ 18 respondet *Ua.c.m2W* ‖ 20 hic *om. Z* | te non] nos *UAT* | non *om. Oam*

---

[199] Lev 11,44*; 19,2* sowie 1 Petr 1,16*; vgl. Ambrosius, *spir.* 1,5,74 (CSEL 79,46), beziehungsweise *incarn.* 10,110 (CSEL 79,277).
[200] Ambrosius hatte einige Jahre in Sirmium verbracht und PHOTIN möglicherweise dort kennengelernt (DUDDEN, *Life and Times of St. Ambrose* 1,58–61, sowie MARKSCHIES, *Ambrosius von Mailand und die Trinitätstheologie* 45–57).

„Die Toten werden unvergänglich auferstehen" (1 Kor 15,52), und du nennst den vergänglich, den du als Gott erkennst?' —

13.116 Sprich: ,Sei mir gut.' — Er wird sagen: ,Was forderst du das, was du geleugnet hast? Ich wollte, daß du gut bist, und ich habe gesagt: ,Ihr sollt heilig sein, weil ich' selbst ,heilig bin'[199]. Und du bemühst dich, mir das abzusprechen? Und du erwartest Vergebung für deine Sünden? Aber niemand „kann Sünde vergeben außer Gott allein" (Mk 2,7*; Lk 5,21). Deshalb, da ich für dich kein wahrer und alleiniger Gott bin, kann ich dir sicherlich auch nicht deine Sünden vergeben'.

13.117 Das dürfte wohl ein Arianer sagen und ein Photianer[200]: ,Ich bestreite, sagt er, daß du Gott bist'. — Da wird auch der Herr antworten: ,Der Tor hat in seinem Herzen gesprochen: ,Es gibt keinen Gott' (Ps 53,2: Ps 52,2 LXX). Über wen, glaubst du, ist das gesagt: über einen Juden, über einen Heiden oder über den Teufel? Über wen auch immer es gesagt sein mag, Photinianer, erträglicher ist der, der geschwiegen hat. Du aber hast es gewagt, sogar mit lauter Stimme zu sprechen, so daß du dich törichter als dieser Tor erweist. Du leugnest also', sagt er, ,daß ich Gott bin, obwohl „ich" gesagt habe: „Ihr seid alle Götter und Söhne des Höchsten?" (Ps 82,6: Ps 81,6 LXX). Und du leugnest den Gott, dessen göttliche Werke du um dich herum siehst?'

13.118 Da dürfte wohl auch ein Sabellianer sagen: ,Ich halte dich selbst für den Vater und den Sohn und den heiligen Geist.' — Da wird auch der Herr antworten[201]: ,Hörst du nicht den Vater, hörst du nicht den Sohn? Gibt es hier etwa irgendeine Vermischung? Lehrt dich nicht die Schrift selbst, daß es einen Vater gibt, der seine richterliche Gewalt übergeben hat, und es einen Sohn gibt, der richtet[202]?

---

[201] Vgl. Ambrosius, *spir.* 1,16,164 (CSEL 79, 84f); *obit. Theod.* 49 (CSEL 73, 397).
[202] Für diese juristisch geprägten Formulierungen vgl. die Hinweise zu *fid.* 2,12,100–102, oben 324–327, und MORONI, *Lessico teologico* 347.

Non audisti me dicentem: „quia solus non sum, sed ego et qui me misit pater"?'

13.119 Dicat et Manichaeus: ‚Ego auctorem carnis nostrae diabolum credo.' — Respondebit ei: ‚Ergo quid facis in caelestibus? Vade ad auctorem tuum! Ego eos volo esse mecum quos dedit mihi pater. Tu te a diabolo, Manichaee, creatum arbitraris; ad illius ergo festina sedem, ubi ignis et sulpur, ubi non restinguitur eius incendium, ne umquam poena moriatur.'

13.120 Mitto alia haereticorum portenta, non nomina. Qui dies erit iudicii, quae erit forma sententiae? Respondebit his omnibus et ille moraliter: „Populus meus, quid feci tibi, aut quid contristavi te?" Nonne „ex Aegypto eduxi te et ex domo servitutis liberavi te?"

13.121 Sed parum est ex Aegypto liberasse et ex domo servitutis eripuisse, plus est te ipsum dedisse pro nobis. Dices ergo: ‚Nonne vestras omnes suscepi iniurias? Nonne corpus meum pro vobis optuli? Nonne mortem adpetivi, quod non erat divinitatis meae, sed vestrae redemptionis? Haecine referuntur gratiae? Hoc profecit sanguis meus, sicut in profeta ipse iam dixi: „Quae utilitas in sanguine meo,

---

PUAKD Φ (UAO) LVZ SMCWEO def. RT
1 dicente *K* | quia *PKC, om. cet. am* | sed et ego *V* | et *om. K* || 2 misit me *VEm* || 3 dicat et] dicet *U* dicet et *AOa* || 4 diabulum *LA* zabolum *D* | respondit *Z* || 4–5 facies *Pp.c.m3* (faces *m1*), *DΦam* facitis *L* || 6 mecum esse *UADEm* | 6–7 manicee a diabolo *S* || 7 creatum manichaee *DΦam* | festinas *K* || 8 sulpur *P* | non *om. D* | extinguitur *CLZ* | incendium] imperium *C*, ignis *P* | ne] nec *Φa* || 9 poena *om. UA* | morietur *Φa* moritur *Z* || 10 omitto *LVZSMCWOa* | nomina] *add.* qui dicunt *L, Mp.c.m2VZSCWEOa* || 11 quid dies *K* quis (iudicii) dies *V* quid eis *m* qui dies erit] quid gesserit *UA* | erit *pr. s.1. Mm2* || 12 mortaliter *A* | popule *C* | quid] in quo *C* quis *D* quia *E* || 13 contristavit *Dp.c.m2* | nonne] non *Sa.c.m2* || 15 liberasse te *S* | et *om. W* || 16–17 dicis *PDSC* dicit *L* dicet *KE, Mp.c.m2* dicens *VWZ* || 17 ergo om. *VWZOa* || 18 petivi *L* || 20 haeccine *Oam* || 21 dixi *UKM* dixit *cet.*

Hast du mich nicht gehört, als ich sagte: „Denn nicht ich bin allein, sondern ich und mein Vater, der mich gesandt hat, gehören zusammen" (Joh 8,16)?'

13.119 Auch ein Manichäer könnte sagen: ‚Ich glaube, daß der Schöpfer unseres Fleisches der Teufel ist'. — Er wird ihm antworten: ‚Was machst du also unter den Himmlischen? Geh zu deinem Schöpfer! Ich will, daß die bei mir sind, die mein Vater mir gegeben hat. Du, Manichäer, meinst, daß du vom Teufel geschaffen bist, also eile zu seinem Wohnsitz, wo Feuer und Schwefel sind, wo dessen Brand niemals gelöscht wird, damit die Strafe niemals vergehe' (vgl. Offb 14,10f; Mk 9,48).

13.120 Ich übergehe[203] andere Phantastereien der Häretiker, nenne keine weiteren Namen. Welcher Tag wird der Gerichtstag sein, welche Gestalt wird das Urteil haben? Und er wird diesen allen vor dem Hintergrund allgemein anerkannter ethischer Maßstäbe antworten[204]: „Mein Volk, was habe ich dir getan oder womit habe ich dich betrübt? Habe ich dich" etwa nicht „aus Ägypten herausgeführt und aus dem Sklavenhause befreit?" (Mi 6,4*).

13.121 Aber es ist eine geringe Leistung, uns aus Ägypten befreit und aus dem Sklavenhause herausgeführt zu haben, eine größere ist es, daß du dich selbst für uns dahingegeben hast. Du wirst also sagen: ‚Habe ich nicht alle eure Ungerechtigkeiten auf mich genommen? Habe ich nicht meinen Leib für euch geopfert? Habe ich nicht den Tod erstrebt, was nicht zu meiner Gottheit paßte, sondern zu eurer Erlösung notwendig war? Dankt ihr mir so? Das hat mein Blut bewirkt, wie ich selbst beim Propheten David schon gesagt habe: „Welcher Nutzen liegt in meinem Blut,

---

[203] Acht Handschriften lesen: *Omitto alia haereticorum portenta; omitto* entspricht zwar hinsichtlich der Bedeutung *mitto*, ist aber präziser und somit wohl ursprünglich verdeutlichende Glosse.

[204] Sc. der Maßstab von Leistung und Gegenleistung.

quia descendi in corruptionem?" Hoc ergo profecit, ut me impie negaretis, pro quibus ista sustinui?'

13.122 Ego vero tunc, domine Iesu, etsi gravium peccatorum mihi ipse sim conscius, dicam tamen: ‚Non te negavi. Habes quod ignoscas fragilitati carnis. Delictum fateor, peccata non abnuo. „Si vis, potes me salvare", quia hoc qui dixit, et meruit. „Ne", quaeso, „in iudicium intres cum servo tuo." Non quaero ut iudices, sed ut ignoscas.'

14.123 Quid putamus Christum iudicaturum? Ego | scio. ‚Iudicaturum' dico? Immo iam iudicavit. Tenemus eius sententiam: „Ut omnes", inquit, „honorificent filium, sicut honorificant patrem. Qui non honorificat filium, non honorificat patrem, qui misit illum."

14.124 Si displicet sententia, adpella ad patrem, rescinde ‚iudicium, quod pater detulit!' Dic quia dissimilem habet filium! — Respondebit tibi: ‚Ego ergo mentitus sum, qui dixi filio: „Faciamus hominem ad imaginem et similitudinem nostram"?' —

14.125 Dic quia creavit! - Respondebit tibi: ‚Cur ergo adorasti, quem creaturam putasti?' —

14.126 Dic quia minorem generavit filium! — Respondebit: ‚Metire, videamus!' —

PUAKD Φ (UAO) LVZ SMCWEO def. RT
1 ergo] enim *D* | profeci *DZ* proficit *C* ‖ 4 sim] sum *CΦa* ‖ 6 peccatum *SOam* | potest *SD* | salvare] mundare *m* ‖ 7 qui *om. K* | emeruit *Mm* | ne] mecum (*ex* me) *Sm2* ‖ 8 ut *alt. P om. cet.* ‖ 9 quid] qui W quia *Lp.c.Z* | putabimus *K* ‖ 9–10 ego scio iudicaturum *om. DSC* ‖ 11 ut *om. DLVZSMWE* | omnis *Sp.c.m2* | inquit] *add.* qui non *Sm2* | honorificent] honorificat *Sp.c.m2* | filium sicut honorificant *om. D* ‖ 12 sicut – filium *om. S* ‖ 12 qui – 13 patrem *om. P* | honorificant ... honorificant *DWO* ‖ 15 attulit *Φa* ‖ 16 ego *om. C* ergo ego *L* ‖ 17 qui *om. K* ‖ 19 creavit] creasti eum *W* | cur] quare *W* ‖ 21 respondebit tibi *DW* ‖ 22 metiri *CD* | viderimus *C* videamur *Oa*

daß ich ins Verderben hinabgestiegen bin" (Ps 30,10: Ps 29,10*)? Hat es also bewirkt, daß ihr mich gottlos leugnet, für die ich das alles ausgehalten habe?'

13.122 Ich aber werde dann dennoch sagen, Herr Jesus, auch wenn ich mir selbst schwerer Sünden bewußt bin: ‚Ich habe dich nicht geleugnet. Du hast doch Grund, die Hinfälligkeit des Fleisches zu verzeihen. Ich bekenne das Vergehen, die Sünden streite ich nicht ab. „Wenn du willst, kannst du mich" heilen (Mt 8,2), da der, der es gesagt hat, es auch schon verdient hat. „Gehe", bitte, „nicht ins Gericht mit deinem Knecht" (Ps 143,2: Ps 142,2*). Ich bitte nicht, daß du mich richtest, sondern daß du mir verzeihst'.

14.123 Wie glauben wir, daß Christus richten wird? Ich weiß es. Sage ich: ‚Er wird richten'? Nein, er hat vielmehr schon gerichtet. Wir halten seinen Urteilsspruch schon in Händen: „Damit alle", sagt er, „den Sohn so ehren, wie sie den Vater ehren. Wer den Sohn nicht ehrt, ehrt auch nicht den Vater, der ihn geschickt hat" (Joh 5,23).

14.124 Wenn das Urteil dir nicht gefällt, lege beim Vater Berufung ein, hebe ‚die Gerichtsgewalt, die der Vater übertragen hat' (vgl. Joh 5,22), auf. Sag, daß er einen ihm unähnlichen Sohn hat. — Er wird dir antworten: ‚Habe ich also gelogen, der ich dem Sohn gesagt habe: „Wir wollen einen Menschen machen nach unserem Bild, der uns ähnlich ist"(Gen 1,26[205])?' —

14.125 Sag, daß er ihn geschaffen hat! — Er wird dir antworten: ‚Warum hast du also den angebetet, den du für ein Geschöpf gehalten hast?' —

14.126 Sag, daß er einen Sohn gezeugt hat, der geringer ist. — Er wird antworten: ‚Miß nach, wir wollen sehen.'[206] —

---

[205] Vgl. *fid.* 1,7,51.53, oben 178–181.
[206] Vgl. hierzu *fid.* 5,18,226, unten 764f.

14.127 Dic quia ei non debuisti credere! — Referet ad hoc: ‚Non tibi dixeram: „Hic est filius meus dilectissimus, in quo complacui, ipsum audite"?' — Quid est „ipsum audite"? Dicentem utique: „Omnia, quae pater habet, mea sunt." Hoc audierunt apostoli, sicut scriptum est: „Et ceciderunt in faciem suam et timuerunt valde." Si ceciderunt, qui confessi sunt, quid facient, qui negarunt? Sed illos Iesus „ tetigit" et levavit, vos iacere patietur, ne videatis gloriam, quam negastis.

14.128 Videmus ergo quoniam, quem filius damnat, et pater damnat. Et ideo honorificemus filium, sicut honorificamus et patrem, ut per filium ad patrem pervenire possimus.

15.129 Haec ego, imperator auguste, carptim et breviter inpolita magis proposui quam enodata digessi. Quod si qua Arriani inconsummata arbitrantur, ego vix fateor incohata. Si qua adhuc superesse opinantur, ego prope omnia; infidelibus enim totum deest, sed abundat fidelibus. Denique una confessio Petri abundavit ad fidem Christo: „Tu es Christus, filius dei vivi." Sat est enim generationem scire divinam, non divisam, non demutatam, non derivatoriam, non creatam.

PUAKD Φ(UAO) LVZ SMCWEO def. RT

1 ei] et S | refert *KDZSCE* refere et *P* referat *UA* refert et *L* ‖ 2 ad] et *C* ‖ 2–3 dilectus *K* ‖ 3 mihi conplacui *K* ‖ 3–4 quid–audite *om. C* ‖ 7 faciunt C | negaverunt *DZSE, Mp.c.m2* ‖ 8 ille *P* ‖ 10 videamus *KMVΦa* | quem *om. C* ‖ 11 filium – 12 honorificamus *om. D* ‖ 12 venire *SLZ* ‖ 13 possumus *Pa.c.m3* ‖ 14 haecce enim *D* | ego] ergo *VΦa* | et] ac *W m* ‖ 15 prosui *Pa.c.m3Sa.c.* proposui elimata quam *K* | quam *om. W* ‖ 16 qua *Φam* qui *cet.* ‖ 17 ad hoc *L* ‖ 18 omnia *om. Pa.c.m3* | sed *om. SCWLVZ, Ma.c.m2, m* ‖ 19 abundabit *Pa.c.m3C* | ad fidem] fide *U, Aa.c.m2* ‖ 20 christo *om. K* christo dicens *LZ* | vivi *om. S* | satis *DCVW* ‖ 21 demutatam *PKDVSWE* diminutam *CΦam* | 22 deribaturiam *P* dirivatoriam *DEZΦa* dirivatam *W* derivatoria litterarum *K*

14.127 Sag, daß du ihm nicht glauben mußtest! — Er wird dir darauf entgegnen: ‚Hatte ich dir nicht gesagt: „Das ist mein geliebter Sohn, an dem ich Wohlgefallen habe, ihn sollt ihr hören" (Mt 17,5*; Mk 9,7*)?' — Was heißt das: „Ihn sollt ihr hören"? Natürlich ihn, der sagt: „Alles, was dem Vater gehört, ist mein" (Joh 16,15*). Das haben die Apostel gehört, wie geschrieben steht: „Und sie fielen auf ihr Angesicht und fürchteten sich sehr" (Mt 17,6). Wenn die, die ihn bekannt haben, niedergefallen sind, was sollen die machen, die ihn geleugnet haben? Aber jene hat Jesus „berührt" (Mt 17,7) und aufgerichtet, euch wird er liegen lassen, damit ihr die Herrlichkeit nicht seht, die ihr geleugnet habt.

14.128 Wir sehen also, daß den, den der Sohn verwirft, auch der Vater verwirft. Und daher wollen wir den Sohn ehren wie wir auch den Vater verehren, damit wir durch den Sohn zum Vater gelangen können.

15.129 Das habe ich, erhabener Kaiser, nur in Auswahl und in aller Kürze ohne den entsprechenden Feinschliff vorgelegt statt es ganz ausführlich zu erörtern. Wenn die Arianer es aber für etwas Unvollkommenes halten, gestehe ich, daß es kaum begonnen hat. Wenn sie meinen, bisher sei einiges überflüssig, so halte ich beinahe alles für überflüssig. Denn den Ungläubigen fehlt alles, aber die Gläubigen haben an allem Überfluß. Schließlich führte das eine Bekenntnis des Petrus zu überreichlichem Glauben an Christus: „Du bist Christus, der Sohn des lebendigen Gottes" (Mt 16,16). Denn es reicht zu wissen, daß es eine göttliche Zeugung gibt, damit auch die Göttlichkeit[207] nicht geteilt ist, nicht verändert, nicht abgeleitet, nicht geschaffen.

---

[207] Der wörtliche Bezug auf *generatio* erscheint logisch nicht sehr sinnvoll. — Vgl. dazu HILARIUS VON POITIERS, *trin.* 6,10 (CCL 62,205–207): Im Sohn findet keine Teilung (der Gottheit) statt, sondern *Deum totum ex Deo toto* (CCL 62,206).

15.130 Hoc etiam totis scripturarum exponitur libris nec adhuc ab impiis creditur. „Incrassatum est enim", ut scriptum est, „cor populi huius, et auribus suis graviter audierunt et oculos suos gravaverunt, ne quando oculis videant et auribus audiant et corde intellegant." Namque more Iudaeico aures suas Arriani claudere solent aut serere tumultus, quotienscumque verbum salutis auditur.

15.131 Et quid mirum, si humanis vocibus credere non soleant infideles qui non credunt divinis? Filius dei dicebat, sicut habes in evangelio: „Pater, clarifica nomen tuum." Vox patris de caelo audita dicentis est: „Et clarificavi et iterum clarificabo." Infideles haec audiebant, sed non credebant. Dicebat filius, respondebat pater, et dicebant Iudaei: | „Tonitruum factum est illi; alii dicebant: Angelus ei locutus est."

15.132 Paulus quoque, sicut scriptum est in Actibus apostolorum, cum voce Christi vocaretur ad gratiam pluresque comites pariter incederent, solus vocem Christi audisse se dixit.

Adeo, sancte imperator, qui credit, audit, et audit, ut credat; qui non credit, non audit, sed nec vult nec potest audire, ne credat.

15.133 Adque utinam, quod in me est, audire vellent, ut crederent, audire cum bona caritate et mansuetudine, ut verum quaerentes, non veritatem inpugnantes. Scribtum

---

PUAKD Φ(UAO) LVZ SMCWEO def. RT
1 scripturarum] linguarum *K* || 3 populi huius] eorum Φ*a* | suis *s.l.M*, *om. Km* || 4 oculis] *add.* suis Φ*am* | auribus audiant et *om. W* || 6 more] mossi *Ua.c.m2* moysi *Um2, Aa.c.m1* | iudaeico *PS* iudei quo *W* iudaico *cet.* | cludere *S* cl*udere *M* tumultum *SOa* | non solent *KA* nolunt *W* || 9 dei *om. SW, s.l.M* || 11 audita caelo (*om.* de) *C* audita de caelo *K* | est dicentis *LZ*Φ*am* est *om. C* et *om. KZSVW* || 12 clarificabo] clarifico *S* | hoc *C* | sed] et *UA* || 13 et *om. D*Φ*a* || 13–14 tonitrum *P* || 14 illi *om. C* | locutus est ei Φ*am* || 15 scriptum est *om. D* || 17 inciderint *Pa.c.m3* || 18 adeo] ideo *Oa* | imperator] *add.* gratiane *s.l.Vm1* | audit *pr.*] audiat *UOa* || 20 sed om. *UA* || 23 caritate et *om.* Φ*a*

---

[208] Der Text von Jes 6,10* (219f GRYSON) entspricht hier Mt 13,15*

15.130 Das wird auch in allen Büchern der Schrift dargestellt und noch immer nicht von den Ungläubigen geglaubt: „Verstockt ist nämlich", wie geschrieben steht, „das Herz dieses Volkes, und sie hörten schwer mit ihren Ohren, und ihre Augen haben sie träge gemacht, damit sie mit ihren Augen zu keiner Zeit sehen und mit ihren Ohren nicht hören und mit ihren Herzen nicht begreifen" (Jes 6,10*; Mt 13,15*[208]). Denn in der Art der Juden pflegen die Arianer ihre Ohren zu verschließen oder Lärm zu machen, sooft das Wort des Heils zu hören ist.

15.131 Und was ist es verwunderlich, wenn die Ungläubigen, die nicht einmal göttlichen Stimmen glauben, menschlichen Stimmen nicht zu glauben pflegen? Der Sohn Gottes sagte, wie du es im Evangelium findest: „Vater, verherrliche deinen Namen" (Joh 12,28). Die Stimme des Vaters aus dem Himmel wurde gehört, die sagte: „Und ich habe verherrlicht und ich werde wiederum verherrlichen." Die Ungläubigen hörten das, aber glaubten nicht. Der Sohn sprach, der Vater antwortete, und die Juden sagten: „Es hat über ihm gedonnert; andere sagten: Ein Engel hat zu ihm gesprochen" (Joh 12,29*).

15.132 Auch Paulus hat, wie in der Apostelgeschichte geschrieben steht, als einziger gesagt, daß er die Stimme Christi gehört habe, als er durch die Stimme Christi zur Gnade berufen wurde und mehrere Begleiter ebenfalls unterwegs waren (vgl. Apg 22,7.9).

Daher, heiliger Kaiser, wer glaubt, hört auch und erhört, damit er glaubt; wer nicht glaubt, hört auch nicht, sondern er will weder noch kann er hören, um nicht glauben zu müssen.

15.133 Und wenn sie doch, soweit es an mir liegt, hören wollten, damit sie glauben, hören mit aufrichtiger Hochachtung und Sanftmut, wie solche, die das Wahre suchen und nicht die Wahrheit bekämpfen! Es steht nämlich ge-

---

(1,84 JÜLICHER/MATZKOW).

est enim, „ut non intendamus fabulis et genealogiis interminabilibus, quae quaestiones magis praestant quam aedificationem dei, quae in fide est. Finis autem praecepti est caritas de corde puro et conscientia bona et fide non ficta. A quibus quidam aberrantes conversi sunt in vaniloquium volentes esse legis doctores, non intellegentes, neque quae locuntur neque de quibus adfirmant." Alibi quoque idem apostolus dicit: „Stultas autem et sine disciplina quaestiones devita."

15.134 Tales deserendos apostolus dicit, qui quaestiones serant: hos esse hereticos, de quibus et alibi dicit quod „discedent quidam a fide intendentes spiritibus seductoribus doctrinis daemoniorum."

15.135 Et Iohannes dicit haereticos esse antechristos, Arrianos utique designans. Haec enim haeresis post omnes haereses coepit et ex omni haeresi venena collegit. Sicut enim de antechristo scriptum est quia „aperuit os suum in blasphemia ad deum blasphemare nomen eius et bellum facere cum sanctis eius", ita et isti et filio dei derogant nec martyribus pepercerunt et, quod fortasse ille non faciet, scripturas falsavere divinas. Itaque „qui dicit quia Iesus non est Christus, hic est antechristus". Qui negat ‚salvato-

---

PUAKD Φ(UAO) LVZ SMCWEO def. RT
1 intenderemus *P* ‖ 1–2 interminalibus *PS fortasse recte* ininterminalibus *A* ininterminalibus *UMW, Va.r.* interminatis *Z (Vulg.)* interminabilius *D* ‖ 2 quaestionem *C* ‖ 5 convertunt se *PDE* ‖ 7 loquantur *KW, Ma.c.m2* | et alibi quoque *P* | idem] ibi *C* ipse *K* ‖ 10 qui] quia *S* ‖ 11 serunt *CDZm* seruant (a *exp.*) *L* asserunt *UA* asserant *Oa* | hos esse] hoc esse *S* eos esse *E* hoc est *Dm* | et *om.* Φ*a* ‖ 12 discedant *Ua.c.m2* descendent *C* discederent *K* | intendes *K* ‖ 12–13 seductoribus *PK* (*cf.* πλάνοις), erroris (*cf.* πλάνης) *cet.* (*Vulg.*) *am* ‖ 13 et doctrinis *Sp.c.m2CL, Ea.r.Oam (Vulg.)* ‖ 14 antechristos *PDSC, AEa.c. (semper)* ‖ 15 arrianos] hos *C om. S* | per omnes et post omnes *K* ‖ 16 et *om. KDC* | haerese *CUAZ* | colligit *K, Ap.c.m2* ‖ 17 quia] qui *L* ‖ 18 in] ad *K* | blasphemia *PSD* blasphemiam *cet.* m | ad dominum *L* ‖ 19 et *alt. om. SEO am, eras. M* | derogantes *LZ*

schrieben, „daß wir unsere Aufmerksamkeit nicht auf erfundene Geschichten und endlose Geschlechterstammbäume richten sollen, die eher Fragen aufwerfen, als der Auferbauung von Gott her, die im Glauben besteht, nützen. Ziel aber der Unterweisung ist Hochachtung aus reinem Herzen mit gutem Gewissen und ungeheucheltem Glauben. Davon aber sind gewisse Leute abgekommen und in leeres Geschwätz verfallen, weil sie Gesetzeslehrer sein wollten, obwohl sie weder das verstehen, was sie sagen, noch das, worüber sie Behauptungen aufstellen" (1 Tim 1,4–7*)[209]. Auch an anderer Stelle sagt derselbe Apostel: „Vermeide aber dumme und ohne Sachverstand gestellte Fragen" (2 Tim 2,23).

15.134 Der Apostel sagt, daß solche Leute, die Fragen aneinanderreihen, von der Gemeinde gemieden werden müssen: diese seien Häretiker. Über sie sagt er auch an anderer Stelle: „Gewisse Leute werden vom Glauben abfallen und verführerischen Geistern und Lehren der Dämonen anhängen" (1 Tim 4,1*).

15.135 Und Johannes sagt, daß die Häretiker Antichristen seien (vgl. 1 Joh 2,18), und deutet damit natürlich auf die Arianer hin. Denn diese Häresie begann nach allen anderen Häresien und sammelte die Gifte aus jeder Häresie. Wie nämlich über den Antichristen geschrieben steht, „er tat sein Maul auf zur Lästerung gegen Gott, zu lästern seinem Namen und Krieg zu führen gegen seine Heiligen" (Offb 13,6f*), so erniedrigen auch diese Leute sogar den Sohn Gottes und haben die Märtyrer nicht geschont, und, was jener vielleicht nicht tun wird, haben die göttlichen Schriften verfälscht. Daher „ist der, der sagt, daß Jesus nicht der Christus ist, der Antichrist" (1 Joh 2,22*). Wer den ‚Hei-

---

[209] Diese Verwendung der Bibelstelle ist in der lateinisch-christlichen Literatur kanonisch seit TERTULLIAN (so MORESCHINI, *Ambrosius* 15,187 Anm. 3 zur Stelle; Belege bei FREDE, *Vetus Latina* 25/1,399f).

rem mundi', negat Iesum; qui negat filium, negat et patrem, quia scriptum est: „Omnis qui negat filium, nec patrem habet."

16.136 Neque vero te, imperator, pluribus tenere debeo bello intentum et victricia de barbaris tropaea meditantem. Progredere plane „scuto fidei" saeptus et „gladium spiritus" habens, progredere ad victoriam superioribus promissam temporibus et divinis oraculis profetatam.

16.137 Namque et futuram nostri depopulationem et bella Gothorum Ezechiel illo iam tempore profetavit. Sic enim habes: „Propter hoc profetiza, fili hominis, et dic Gog: ‚Haec dicit | dominus: Non in die illa, cum constituetur habitare populus meus Istrahel in pace, surges? Et venies de loco tuo ab extremo aquilone, et gentes tecum multae, sessores equorum omnes, congregatio multa et magna et virtus copiosa. Et ascendes ad populum meum Istrahel ut nubes operire terram in novissimis diebus,' et cetera."

16.138 Gog iste Gothus est, quem iam videmus exisse, de quo promittitur nobis futura victoria dicente domino: „Et praedabunt eos, qui depraedati eos fuerant, et

---

PUAKD Φ(UAO) LVZ SMCWEO def. RT

1 qui *om. K* | et *om. M* ‖ 1–2 nec patrem habet] negat et patrem Φ*am* ‖ 4 vero] enim *U* | imperator] *add.* gratiane *s.l.Vm1* | tenere] tendere *U, Aa.r.* ‖ 5 bellum inductum *Pa.c.m3* | intendere *U, Aa.c.m1* (intendentem), interitum *K* | victricem *W* | tropheam meditante *U* ‖ 6 progredere] prodere *W* | gladium] gloriam *K* ‖ 7 habent *Pa.c.m3* ‖ 8 prophetarum *W* ‖ 10 gothorum et *V* | ezechiae *Pa.c. m3* | iam] in *D* iam in *L* ‖ 11 sic enim habes *om. K* habet *C, Ea.c.* | pro hoc *C* | propterea Φ*am* ‖ 12 o gog (goth *DE*) *SDEOMm1am* gog] hoc *C* goc *W* goth *Mm2ZE* goht *Da.c.* | non] nonne *LVZW om. DUAO* ‖ 12–13 constituitur *SDW, Aa.c.* constitueretur *E, i.r.Mm2* ‖ 13 habitare *post* | israhel *U* israhel populus meus *L* | in pacem *Sa.c.m2* ‖ 14 venis *Pa.c.m3* | aquilonis *Oa* ‖ 15 multas *U, Aa.c. m2D* | omnis *KLMCEΦa* ‖ 15–16 magnae *D* ‖ 16 et *alt. om. D* | virtutis copiosae *D* | ascendes (t *s. s alt.*) *Pm3* ascendent *S* descendet *E, Mi.r.Oa* ascendit *Aa.c.m2* ascendet *cet.* ascende m | israhel] *add.* exsurgentes de loco hus *s.l.Vm1* ‖ 17 nubis *KV* nobis *W* | operiret *LAa.r.Ep.c.m1M* operiet *Oa* ‖ 18 goc *W* goth *Ap.c.m1Mp.c.m2EZ* goht *Da.c.* (gohc) | iam *om. C, La.c.* ‖ 19 nobis *om. S* ‖ 20 praedabunt *PD* depraedabunt *AKMEOa* depraedabuntur *cet.* | praedati *E* | et *alt. om. S*

land der Welt' (vgl. Joh 4,42) leugnet, leugnet Jesus[210], wer den Sohn leugnet, leugnet auch den Vater, weil geschrieben steht: „Jeder, der den Sohn leugnet, hat auch den Vater nicht" (1 Joh 2,23).

16.136 Und ich darf Dich aber, Kaiser, nicht mit noch mehr Argumenten aufhalten, der Du damit beschäftigt bist, Krieg zu führen, und daran denkst, Siegestrophäen von den Barbaren zu erringen. Schreite ohne Umstände voran, ausgestattet mit dem „Schild des Glaubens", und „das Schwert des Geistes" (Eph 6,16f) in den Händen haltend schreite voran zu dem in früheren Zeiten verheißenen und durch göttliche Weissagung vorhergesagten Sieg!

16.137 Denn sowohl unsere künftige Verwüstung[211] als auch die Gotenkriege hat Ezechiel schon zu seiner Zeit vorhergesagt. Du findest es nämlich so: „Deswegen weissage, Menschensohn, und sage zu Gog: ‚So spricht der Herr: Wirst du dich nicht an jenem Tag erheben, wenn mein Volk Israel sich niederläßt, um in Frieden zu wohnen? Und du wirst kommen aus deiner Heimat vom höchsten Norden her und viele Völker mit dir bringen, alle zu Pferde, eine zahlreiche und große Schar und starke Streitmacht. Und du wirst hinaufsteigen zu meinem Volk Israel, wie eine Wolke am jüngsten Tag die Erde zu bedecken' und so weiter." (Ez 38,14–16*).

16.138 Dieser Gog ist der Gote, der, wie wir sehen, schon aufgebrochen ist, über den uns ein künftiger Sieg verheißen wird vom Herrn, der sagt: „Und sie werden die berauben, von denen sie selbst ausgeraubt worden waren,

---

[210] Vgl. auch *fid.* 5,16,193, unten 738f.
[211] Gemeint ist, wie *fid.* 5,16,204, unten 748f, zeigt, die durch barbarische Truppen angerichtete Verwüstung.

despoliabunt eos, qui sibi spolia detraxerant, dicit dominus. Eritque in die illa, dabo Gog — hoc est Gotis — locum nominatum, monumentum in Istrahel, multorum virorum congestum, qui supervenerunt ad mare; et per circuitum saepit os vallis et obruit illic Gog et totam multitudinem eius, et vocabitur Ge ‚poliandrium Gog‘, et obruit eos domus Istrahel, ut purgetur terra | in septem mensibus."

16.139 Nec ambiguum, sancte imperator, quod, qui perfidiae alienae poenam excipimus, fidei catholicae in te vigentis habituri sumus auxilium. Evidens enim antehac divinae indignationis causa praecessit, ut ibi primum fides Romano imperio frangeretur, ubi fracta est deo.

PUAKD Φ(UAO) LVZ SMCWEO def. RT
1 dispoliabunt *KW* spoliabunt *L* | detraxerant *KLVZSW*Φ*a* ‖ 2 eritque] utique *D* | in diem illam *V* | gog *cf. ad p. 346 l.18* got(h)is *PUO, Aa.c.m2* gothus *Ma.c.m2* (gogus *m2*) got(h)os *cet.* | in locum *Lp.c.m2ZSCW* ‖ 3 monumentum *om. S* monimentum *DUA* | in *om. Pa.c.m2KLZSEUAm eras. M* ‖ 4 congestivum *SU* congestium *ME, Aa.c.* congestior *Da.c.* (*exp.*) | supervenerant *PLZ* | et *om. K* ‖ 5 saepit *P*] struite *S* instruet *C* sternet *K* struet *Am2 in mg., DMEOam* stravit *LVZW* | istum et *U, Aa.c.m2* | os *m* hos *S* has *Oa* eos *cet.* | valles *PK, Sa.c.* (vallos *m2*), *add.* istum et eos (!) *UOa* | et obruit *PL*] sepelierunt *U* et obstruet *C* et obruet *cet. am* | illic] illis *C* | gog] goth *Ma.c.m2Z* Gae *V* (Γαι Sept.) ce *Z* ‖ 6 poliandrum *P* puliandrium *CK* | gog] goth *Ma.c.m2 Z* | obruit *PL* obruet *cet.* ‖ 7 in septem mensibus *SCV*, (menses) *W, om. cet. am* ‖ 8 imperator gratiane *V* | quod] ut *P* | qui] quia bene *C* ‖ 9 alienae *om. C* alieque *U, Aa.c.m* | poenam] pugnam *C*Φ*a* poena *P* poene *E om. S* | excepimus *KDVWE*Φ*a* | in te *om. L* ‖ 10 simus *KVm* ‖ 11 processit *P* | ut ubi *P, Da.c. ut Sa.c.*

---

[212] Vgl. dazu HIERONYMUS, *in Ezech.* 12 praef. (CCL 75, 480: *in prophetia difficillima illud breviter admonebo, quod vir nostrae aetatis haud ignobilis, ad imperatorem scribens, super hac natione dixerit: ‚gog iste gothus est‘, cui qua ratione possint omnia quae in ea scripta sunt coaptari, non est meum sed eorum qui hoc putant disserere;* und *nom. hebr.* 51, 24 [CCL 72, 123]; 57, 30 [CCL 72, 131]; 80, 19 [CCL 72, 160]: *Gog* δῶμα *est*

und die ausplündern, von denen sie selbst ausgeplündert worden waren, sagt der Herr. Und es wird an jenem Tag geschehen, ich werde Gog — das heißt den Goten[212] — einen bestimmten Platz geben, ein Grab in Israel, angehäuft aus vielen Männern, die bis zum Meer herübergekommen sind, und er schließt den Eingang des Tales durch einen Ringwall und begräbt dort Gog und seine ganze Menge, und das Tal wird ‚Friedhof Gogs‘ genannt werden[213], und es begräbt sie das Haus Israel, damit die Erde sieben Monate lang gereinigt wird" (Ez 39,10–12*).

16.139 Und es ist nicht zweifelhaft, heiliger Kaiser, daß wir, die wir die Strafe für fremden Unglauben erleiden[214], Hilfe haben werden durch den katholischen Glauben, der sich in Dir in seiner ganzen Kraft zeigt. Denn es ist offensichtlich, daß bisher immer der Anlaß für göttlichen Unwillen vorausgegangen ist, so daß dort erst die Treue gegenüber dem römischen Reich gebrochen wurde, wo sie bereits gegenüber Gott gebrochen worden ist.

---

tectum. Für die heftige und entrüstete Zurückweisung dieser Interpretation durch HIERONYMUS, weitere Stellen und Literatur vgl. MARKSCHIES, *Ambrosius von Mailand und die Trinitätstheologie* 138 Anm. 304.
[213] Vgl. dazu die verschiedenen Versionen der LXX beziehungsweise der Vulgata von Ez 39,10–12: τὸ γαι τὸ πολυάνδριον τοῦ Γωγ beziehungsweise *vallis Gog* (= אׁיג) das Tal des Friedhofes Gog?).
[214] MAXIMINUS, *c. Ambr.* 11 (fol. 299ᵛ, 2–35 [CCL 87, 151f]), antwortet auf den Vorwurf des Ambrosius, der lateinische Arianismus (= das Homöertum) habe die Goten über das Reich gebracht, mit CYPRIANS Antwort auf den Vorwurf der Heiden, Christen seien für alle Unglücke verantwortlich. Es ist fraglich, ob sich die Ausdrücke *poena alienae perfidiae* und *exitium nostrum* (*fid.* 2,16,139.141) explizit auf die Schlacht von Adrianopel oder gar den Tod des VALENS beziehen (so FALLER, *Ambrosius* 8,7*, beziehungsweise GOTTLIEB, *Ambrosius von Mailand* 17) — ist nicht allgemein die desaströse kirchlich-politische Lage im Illyricum gemeint? Ambrosius verwendet *exitium* freilich sonst gern für „Tod" (zum Beispiel in *obit. Valent.* 50 [CSEL 73, 354]; *in Luc.* 5, 36 [CCL 14, 148]; 10, 102 [CCL 374, 962]).

16.140 Non libet confessorum neces, tormenta, exilia recordari, impiorum sacerdotia, munera proditorum. Nonne de Thraciae partibus per ripensem Daciam et Mysiam omnemque Valeriam Pannoniorum totum illum limitem sacrilegis pariter vocibus et barbaricis motibus audivimus inhorrentem? Quid poterat nobis vicinia tam feralis invehere, aut quemadmodum res Romana tali tuta poterat esse custodia?

16.141 Sed iam satis superque, omnipotens deus, nostro exitio nostroque sanguine confessorum neces, exilia sacerdotum et nefas tantae impietatis eluimus. Satis claruit eos, qui violaverint fidem, tutos esse non posse. Convertere, domine, fideique tuae adtolle vexilla.

16.142 Non hic aquilae militares neque volatus avium exercitum ducunt, sed tuum, | domine Iesu, nomen et cultus, non hic infidelis aliqua regio, sed ea quae confessores mittere solet Italia, Italia aliquando temptata, mutata num-

---

PUAKD Φ(UAO) LVZ SMCWEO def. RT

1 confessorum neces] concessorum | nec est *P* neces] nec *Va.c.m2 W* | tormenta *om. DVSW, i.r.M* ‖ 2 recordare *SW, Ea.c.* | piorum *SUam* imperiorum *C* perfidorum *LZ* | sacerdotio *U, Aa.c.m2* | proditorum munera *codd. exc. SC; am* ‖ 3 trahiae *P* | moesiam *DUAWE, Mp.c.m2 Turon. 265* musian *Sa.c.* (mysian *m2*) (mysiam = moesiam: *cf. Re. XV p. 2352,9sqq.*) ‖ 5 sacrilegiis *PC* | mortibus *K* moribus *D* ‖ 6 fetalis *P* ‖ 7 potest *P* ‖ 9 satis *om. Sa.c.m2* superque] superare *Pa.c.m3* super quem *Sa.c.* super quae *V* ‖ 9–10 noster *Pa.c.m3* ‖ 10 exitio] exilio *Pa.c.m3 KD, Mp.c.Eam* nece *S* exilio *S* exiliis *La.c.* ‖ 11 et *exp. Sm2* ac L et (*add. m2*) satis *S* | claravit *P* ‖ 12 violave *Pp.c.m3 DLVZOa* ‖ 13 attollere *P* avelle *Sp.c.m2* (*ex* auolle) | vixilla *P* ‖ 14 militares] *add.* victrices *L* militaris *Pa.c.m3* ‖ 15 tuum] tu *PC* | nomen et] nomine *P* ‖ 16 regio] religio *Pa.c.KZ* regno *Ua.c.* ratio *W* ‖ 17 sollet *PC* | italia *alt. om. SΦa* | quando *Aa.c.m2*

---

[215] Ambrosius nennt hier Regionen, in denen Goten eingefallen sind: AMMIANUS MARCELLINUS 19,11,4 (2,70–72 SEYFARTH) und schildert wohl die Situation nach Adrianopel (MARKSCHIES, *Ambrosius von Mailand und die Trinitätstheologie* 167f; ebenso PALANQUE, *Saint Ambrose et l'empire romain* 498). — Zum Zerfall der römischen Herrschaft im Il-

16.140 Ich mag nicht erinnern an den gewaltsamen Tod der Bekenner, an die Folterungen, an die Verbannungen, an die Opferhandlungen der Ungläubigen und die Geschenke für die Verräter (am rechten Glauben). Haben wir etwa nicht gehört, daß die ganze Grenzlinie von den Gebieten Thrakiens an, entlang dem am Donauufer liegenden Dakien und Mysien und der ganzen Provinz Valeria Pannonia[215], in gleicher Weise voll von gotteslästerlichen Stimmen und Heeresbewegungen der Barbaren ist? Was vermochte uns bisher eine so todbringende Nachbarschaft zu schaden oder wie konnte der römische Staat mit einer solchen Wache sicher sein?[216]

16.141 Aber wir haben schon genug und übergenug, allmächtiger Gott, gebüßt durch unser schlimmes Schicksal und Blutopfer[217] für den gewaltsamen Tod der Bekenner, die Verbannungen der Priester und den Frevel so großer Gottlosigkeit. Es ist zur Genüge deutlich geworden, daß die, die dem Glauben Schaden zugefügt haben, nicht sicher sein können. Wende dich uns wieder zu, Herr, und erhebe die Banner deines Glaubens!

16.142 Hier führen nicht die Adler auf den Feldzeichen und auch nicht die Beobachtung fliegender Vögel das Heer, sondern dein Name und deine Verehrung, Herr Jesus, hier ist auch nicht irgendeine ungläubige Gegend, sondern dieses Italien, das Bekenner zu schicken pflegt, Italien, bisweilen versucht, niemals umgestimmt, das

---

lyricum nach 378, an der „geopolitischen Wespentaille zwischen Donau und Adria", vgl. GOTTLIEB, *Ambrosius von Mailand* 16f, und DEMANDT, *Die Spätantike* 124f.

[216] Angespielt wird auf die Föderalverträge zwischen Goten und Römern von 376 (DEMANDT, *Die Spätantike* 121).

[217] Dazu bemerkt FALLER, *Ambrosius* 8,8*, daß es um den Tod des VALENS gehe, den auch AMMIANUS MARCELLINUS 31,15,2 (2,297 SEYFARTH) mit diesem Wort nenne; nur Cannae sei vergleichbar (31,13,19 [2,292 SEYFARTH]); ebenso SOCRATES, *h. e.* 4,2.16f (GCS 230f.245f); SOZOMENUS, *h. e.* 6,6–9.13 (GCS 243–249.254f), beziehungsweise THEODORET VON CYRRHUS, *h. e.* 4,13,1 (GCS 232f).

quam, quam dudum ab hoste barbaro defendisti, nunc etiam vindicasti, non hic in imperatore mens lubrica, sed fides fixa.

16.143 Ostende nunc evidens tuae maiestatis indicium, ut is, qui te verum ‚virtutum dominum' et ‚caelestis militiae ducem', is, qui te „veram dei virtutem" credit esse „adque sapientiam", non temporalem utique nec creatam, sed „sempiternam", sicut scriptum est, „Dei virtutem et divinitatem", tuae maiestatis fultus auxilio fidei suae tropaea mereatur.

PUAKD Φ(UAO) LVZ SMCWEO def. RT
1 quam *om. SW* quae *Pa.c.m3* | dudum] dolum *S* ‖ 2 in *del. U, om. AZS* | imperatorem *Sa.c.* (imperatorum *m2*), *KD, Aa.c.m2* imperatoris Φ*a* | mens] *add.* fide *L* ‖ 3 fide *C* | fixa] tua *Z* ‖ 5 is] his *U, Aa.r., DVC, Ea.r., om. K* | qui *om. S* | virtutum et *W* virtute *S* ‖ 6 virtutem dei *P* ‖ 9 divinitatem] dei bonitatem *E* | suae *om. Z* ‖ 10 mereatur amen *C*

Liber Secundus Explicit Feliciter Item Gesta Episcoporum Aquileia Adversum Hereticos Arrianos *P* Explicit Liber Secundus De Patre et Filio *U* Finit De Patre et Filio Liber Secundus *A* Ambrosi Episcopi Liber Secundus Explicit Feliciter. Incipit Fausti Epi Liber I Ad Flaccillam De Fide *K* Explicit Liber Secundus *D*

De Fide Ad Gratianum Liber II Explicit. Incipit Liber III *L* Explicit Liber II De Fide. Incipit Liber III (*add.* feliciter *m2*) *M, simil. N* Explicit Liber II De Fide, Incipit Liber eiusdem III *V* De fide liber secundus explicit (*et post titulos libri III, de quibus vide Proleg. VI 7*) Incipit Liber tertius *Z*

Explicit Liber Secundus Incipit Liber Tertius *SE* (*add.* De Fide Sancti Ambrosii Ad Gratianum Imperatorem) *C* (*add.* Testimonia Libri Tertii, *i. e. titulos, cf. Proleg. l. c.*) *W* Explicit liber secundus de fide Capitulorum libri tertii de fide ad gratianum *au.* recollecta annotatio (*et post tabulam titulorum:*) liber tertius feliciter incipit *O* Sancti Ambrosii episcopi liber secundus de fide ad Gratianum Augustum explicit (*deinde ut O*) *a*

du unlängst[218] vor dem barbarischen Feind verteidigt und nun sogar gerettet hast[219], und unser Kaiser hier hat auch keinen wankenden Geist, sondern einen festen Glauben.

16.143 Zeige nun einen offensichtlichen Erweis deiner Hoheit, damit der, der glaubt, daß du der wahre ‚Herr der Kräfte' (Ps 46,8.12: Ps 45,8.12 LXX) und ‚Führer des himmlischen Heeres' und die wahre „Kraft und Weisheit Gottes" (1 Kor 1,24) bist, nicht zeitlich natürlich und auch nicht geschaffen, sondern, wie geschrieben steht, die „ewige Kraft Gottes und ewige Gottheit" (Röm 1,20), unterstützt durch die Hilfe deiner Hoheit die Siegestrophäe seines Glaubens verdient.

---

[218] Das Wort *dudum* ist nach ThesLL 5,2175 zu verstehen „*sine notione longi spatii*". Das könnte sich auf den Sieg GRATIANS über die Alamannen beziehen (AMMIANUS MARCELLINUS 31,10,1–10 [2,274–276 SEYFARTH], beziehungsweise PS.-AURELIUS VICTOR, *epit*. 47,2 [173 PICHLMAYR]; vgl. zum Beispiel DEMANDT, *Die Spätantike* 122, oder PAVAN, *Sant' Ambrogio e il problema dei barbari* 167–187); so FALLER, *Ambrosius* 8,107 App.; GOTTLIEB, *Ambrosius von Mailand* 17f, bestreitet, daß das germanische Vordringen am Rhein eine Gefahr für Italien darstellte und daß Ambrosius also dieses Ereignis vom Frühjahr 378 meine; für seine eigene Erklärung vgl. MARKSCHIES, *Ambrosius von Mailand und die Trinitätstheologie* 169f Anm. 475–477.

[219] Eine Interpretation bei GOTTLIEB, *Ambrosius von Mailand* 17f (er datiert von hier aus das Buch auf 380); anders NOETHLICHS, *Rez. Gunther Gottlieb* 152–156, und NAUTIN, *Les premières relations* 233: Der Sieg werde für die Zukunft erwartet; *vindicasti* würde die *protectio* für Italien bezeichnen. Zum Thema und zum Datum MARKSCHIES, *Ambrosius von Mailand und die Trinitätstheologie* 165–176.

LIBER TERTIUS

1.1 Quoniam, clementissime imperator, instruendi tui
gratia aliqua de fide mihi scribenda mandaveras et vere-
cundantem coram etiam ipse fueras adhortatus, ideo quasi
in procinctu positus duos tantum conscripsi libellos, qui- 5
bus vias quasdam fidei et semitas demonstrarem.

1.2 Sed quoniam mens prava quorundam serendis inten-
ta quaestionibus stilo lacessit uberiore confici, tuae quoque pia me cura clementiae ad cetera vocat volens in pluribus experiri, quem in paucis probasti, ea quae perstricta 10
paucis superius sunt, placuit paulo latius exsequi, ne ea
quasi diffidentia adsertionis deseruisse potius quam secu-
ritate fiduciae proposuisse videamur.

LVZ SMNCWEO def. R
Tertii, *i. e. titulos, cf. Proleg. l. c.)* W Explicit liber secundus de fide Capitulorum libri tertii de fide ad gratianum au. recollecta annotatio *(et post tabu-*
lam titulorum:) liber tertius feliciter incipit O Sancti Ambrosii episcopi liber secundus de fide ad Gratianum Augustum explicit *(deinde ut O) a*
2 quoniam] quondam *MN (cf. Proleg. IV 13 fin.)* | imperator] *add. s. l.*
gratiane *V* ‖ 5 posito *C a.c. man. post.* | scripsi *Oa* ‖ 6 et semitas quas-
dam fidei *C* ‖ 8 lacescit *Oa* | configi *LMZ* configit *VW* confligi *EOa* ‖
10–11 praestricta *WZ* perstricta – sunt] perpaucis superius digesta sunt
Oa ‖ 11 paulo latius placuit *N* placuit mihi *Em* ‖ 12 quasi ea *C* ‖
13 videatur *S*

---

[220] Nach PALANQUE, *S. Ambroise et l'Empire romain* 498, deuten diese
Worte darauf hin, daß der Kaiser den Bischof zunächst brieflich um eine
Ausarbeitung bat und ihn dann, als er zögerte, nochmals mündlich
drängte (DUDDEN, *Life and times of Saint Ambrose* 1,189, und GOTT-
LIEB, *Ambrosius von Mailand* 26, haben sich PALANQUE stillschweigend
angeschlossen). Diese Interpretation ist wohl möglich, aber keineswegs
zwingend: Es kann sich um ein und denselben Vorgang handeln; schon in
fid. 1 prol. 4, oben 142f, betont Ambrosius eigens seine Scheu vor einem
solch ‚kühnen Unternehmen', das er nur der Pflicht des Auftrages wegen
übernommen habe. Sicher ist nur, daß es zu einem persönlichen Ge-

DRITTES BUCH

1.1 Da Du, allergnädigster Kaiser, mich beauftragt hattest, etwas über den Glauben zu schreiben, um Dich zu belehren, und Du selbst mich, der ich mich davor scheute, auch persönlich[220] ermutigt hattest, habe ich deshalb, gleichsam zur Auseinandersetzung bereit, nur zwei Büchlein geschrieben, mit denen ich einige Wege und Pfade des Glaubens darstellen wollte.

1.2 Aber da ja sowieso schon der verdrehte Verstand gewisser Leute[221], der damit beschäftigt ist, Fragen aneinanderzureihen, dazu reizt, mit wortreicherem Schreiben zum Schweigen gebracht zu werden, und mich das fromme Interesse Deiner Gnade zu weiteren Büchern ruft, weil Du den, den Du in wenigen Zeilen als tüchtig erkannt hast, in weiteren kennenlernen willst, habe ich mich entschieden, das, was weiter oben mit wenigen Worten durchgenommen worden ist, ein wenig breiter auszuführen, damit es nicht so aussieht, als ob wir lieber gleichsam aus Mangel an Vertrauen in unsere Argumentation dieses Vorhaben aufgegeben als sie in der Sicherheit des Glaubens vor Augen gestellt hätten.

---

spräch gekommen ist, das man — die Entstehung von *fid.* 1–2 im Jahr 378 einmal vorausgesetzt — mit FALLER, *Ambrosius* 8,6*f, auf den Spätsommer 378 n.Chr. datieren und in Sirmium lokalisieren kann; vgl. seine ausführliche Argumentation in der Einleitung zur Wiener Ausgabe, und jetzt WILLIAMS, *Ambrose of Milan* 141f. Allerdings könnte es auch vor April 378 in Trier stattgefunden haben (Nachweise bei MARKSCHIES, *Ambrosius von Mailand und die Trinitätstheologie* 168 mit Anm. 468).
[221] Zu *quorundam* weist FALLER, *Ambrosius* 8,108, auf PALLADIUS VON RATHIARIA hin (vgl. BARDENHEWER, *Geschichte der altkirchlichen Literatur* 3,534 Anm. 4: „Gemeint ist wenigstens in erster Linie Bischof Palladius").

1.3 Et quia „hydraei" nominis et scyllaei litoris conparationem induximus, ut ostenderemus vel rediviva plantaria cavenda perfidiae vel famosa naufragia, si quis contra licitum putat | colorem disputationis eiusmodi a poeticis fabulis derivatum et, cum in fide nihil, quod vituperare possit, invenerit, aliquid in sermone repraehendit, agnoscat non solum sententias, sed etiam versiculos poetarum scripturis insertos esse divinis.

1.4 Unde enim illud „huius et genus sumus", quod Paulus usu prophetico doctus usurpat? Nam et „Gigantas et vallem Titanum" prophetici sermonis series non refugit. Et Eseias „Sirenas et filias passerum" dixit, et Hieremias de Babylone memoravit quia „habitabunt in ea filiae Sirenum", ut ostenderet Babylonis, hoc est ‚saecularis confusionis' inlecebras vetustis lasciviae fabulis conparandas, quae velut scopuloso in istius vitae litore dulcem resonare quandam, sed mortiferam cantilenam ad capiendos animos

---

LVZ SMNCWEO def. R
1 quia] quod *Oa* | hydrae *VOa* hydriae *W* ‖ 2 recidiva *S* ‖ 3 perfidia *C* | famosa] flagitiosa *S* ‖ 4 huiusmodi *C* eius (*om.* modi) *S* ‖ 5 dirivatum *VN* ‖ 8 esse *om. Oa* ‖ 9 enim *om. S*, ē (nim *eras.*) *E* | huius enim et *S* ‖ 10 poetico *C* | usurpavit *C* | gigantas *LSW, Ea.c.* gi(y)gantes *cet.* ‖ 11 et vallem–refugit *in mg. Lm2* ‖ 13 babyllone *S* babilonia *N* | quia] quod *m* | inhabitabunt *L* ‖ 15 vetustas *m* | lasciviae] fallaciae *S* | conprobandas *S* ‖ 16 dulce resonare (*om.* quandam) *C* sonare *Oa*

---

[222] Ambrosius weist einen möglichen Einwand gegen eine Passage seiner ersten beiden Bücher zurück und bezieht sich hier auf *fid.* 1, 6, 46 f, oben 174. KAUFFMANN, *Aus der Schule des Wulfila* XXXVI, hat darauf hingewiesen, daß dieser Einwand fast genauso in der Schrift des Bischofs PALLADIUS gegen Ambrosius formuliert ist (vgl. PALLADIUS VON RATHIARIA, *c. Ambr.* 56 (fol. 337ʳ,39–49 [CCL 87,175]): *desine a similitudine monstruosa, qua in iactantiam litterariae scientiae garrulum exercuisti sermonem; relinque portenta, quorum elaborata inanis narratio fidei tibi generavit naufragium, adque tamen resipisce ad intellegentiam veritatis, a qua te fallax et inpia avocavit perfidia; inquire divinas quas neglexisti scribturas, ut earum religioso ducatu vites ad quam ultro pergis geennam.*
[223] Sc. trotz der Verurteilung in Nicaea im Jahre 325 n. Chr.

1.3 Und daher haben wir den Vergleich (sc. der Arianer) mit der „Hydra" und der Küste der Skylla eingeführt[222], um auf die wieder aus dem Grab erstandene[223] Pflanzschule des Unglaubens hinzuweisen, vor der man sich in Acht nehmen muß, oder vielmehr auf die berüchtigten Schiffbrüche: Wenn deshalb einer glaubt, daß die Ausgestaltung einer derartigen Argumentation, die von den Geschichten der Dichter entlehnt ist, unerlaubt sei und, weil er am Inhalt — nämlich dem Glauben — nichts gefunden hat, was er tadeln könnte, irgend etwas an der Sprache bemängelt, soll er anerkennen, daß nicht allein die Ansichten, sondern sogar einzelne Verse der Dichter in die göttlichen Schriften eingefügt sind.

1.4 Woher nämlich stammt jener Vers: „Und wir sind sein Geschlecht", den Paulus, im prophetischen Brauch geschult, verwendet[224]? Denn die Vielfalt der prophetischen Sprache schreckt weder vor den „Giganten" noch vor dem „Tal der Titanen" zurück[225]. Jesaja hat von „Sirenen und Töchtern der Straußen" gesprochen (Jes 43,20 LXX[226]), und Jeremia hat von Babylon erwähnt, daß „in ihm die Töchter der Sirenen wohnen werden" (Jer 27,39* LXX), um zu zeigen, daß die Verlockungen Babylons, das heißt ‚der weltlichen Zerstreuung', verglichen werden müssen mit den alten Geschichten über Zügellosigkeit, welche gleichsam am klippenreichen Ufer des Lebens einen freilich süßen, aber todbringenden Singsang von sich zu geben scheinen, um die Herzen der Heranwach-

---

[224] Apg 17,28; vgl. ARATUS, *Phainomena* 5 (72 KIDD). In der Schrift *bon. mort.* von 390 (5,21–11,51 [CSEL 32/1,723–747]) kommt Ambrosius zur gegenteiligen Ansicht.
[225] Vgl. Num 13,34; Ijob 26,5 und 2 Sam 5,18 (2 Kön 5,18 LXX: εἰς τὴν κοιλάδα τῶν τιτάνων).
[226] Vgl. Jes 43,20: εὐλογήσει με τὰ θηρία τοῦ ἀγροῦ, σειρῆνες καὶ θυγατέρες στρουθῶν beziehungsweise Jes 13,21: θ' θυγατέρες στρουθῶν so der Apparat [Hexapla] in der Göttinger Edition zu Jes 13,21 von ZIEGLER 172f).

adulescentium viderentur, quam sapiens etiam ab ipso poeta Graeco inducitur quasi quibusdam prudentiae suae circumdatus vinculis praeterisse. Ita difficile iudicatum est ante adventum Christi etiam fortiores non posse capi speciosae deliciis voluptatis.

1.5 Quod si poeta ille perniciosam mentibus hominum et „subeundis" obnoxiam „naufragiis" lasciviae saecularis inlecebram iudicavit, quid nos | aestimare oportet, quibus scriptum est: „Carnis curam ne feceritis in concupiscentiam", et alibi: „Castigo corpus meum et servituti redigo, ne aliis praedicans ipse reprobus efficiar"?

1.6 Non enim per luxuriam nobis Christus, sed per ieiunium salutem adtulit neque ille emerendae gratiae suae causa, sed nostrae eruditionis gratia ieiunavit neque infirmitate corporis victus est, ut esuriret, sed esuriendo suscepti corporis fidem praestitit, ut non solum corpus, sed etiam infirmitates nostri corporis doceret a se esse susceptas, sicut scriptum est quoniam „infirmitates nostras suscepit et aegritudines nostras portavit".

LVZ SMNCWEO def. R
2 et a greco poeta *W* | inductae *Sa.c.m2* (*corr.* inductus est) | ut quasi *Oa* ‖ 3 praeterisse] add. videatur *Oa* | itaque *V* ita non *Oa* ‖ 7 lasciviae] fallaciae *S* ‖ 8–9 quibus scriptum est *om. C* ‖ 9 in] hoc in *V* ‖ 9–10 concupiscentia *S*, Mp.r. *N* concupiscentiis *Oa* ‖ 10 in servitutem *Oa* ‖ 11 ne] *add.* si (!) *W* ‖ 12 luxuriem *C*, (*ex* luxoriem *m2*) *E* | nobis *om. C* ‖ 13 salutem *om. C* | merendae *L* emendae *E* timendae *W* ‖ 13 suae – 14 gratia *om. W* ‖ 15 victus – 16 corporis *in mg. add. m2M, om. N* | suscepit *CEZ* ‖ 17 infirmitatem *C* | nostri corporis *SCOa* corporis nostri *cet.* ‖ 17–18 accepit *L, Mp.r.m2CWE* ‖ 19 portavit] pertulit *S*

---

[227] RAHNER, *Antenna Crucis* 1, 123–152, besonders 131–142 („Versuchung der Sirenen") und 147 („der weise Odysseus"), vgl. Ambrosius, *in Luc.* 4, 2 (CSEL 32/4, 139).
[228] Ambrosius ist hier dem griechischen Konzept der *Paideia* verpflichtet, vgl. JAEGER, *Das frühe Christentum* 51–64.

senden gefangenzunehmen. Von dem griechischen Dichter (sc. Homer) selbst wird auch der Weise (sc. Odysseus) eingeführt, der gewissermaßen mit den Banden seiner Klugheit gefesselt, an diesen Verlockungen vorbeigesegelt sein soll[227]. So ist es kaum für möglich erklärt worden, daß man, und zwar sogar die Standfesten, nicht bereits vor der Ankunft Christi durch die Verlockungen des in die Augen stechenden Genusses gefangen wird.

1.5 Wenn aber dieser Dichter die Verlockung der weltlichen Ausgelassenheit als schädlich für den menschlichen Sinn und als eine solche, die zwangsläufig „Schiffbruch erleiden muß", beurteilt hat, wie müssen wir es einschätzen, wir, für die geschrieben steht: „Laßt die Sorge für den Leib nicht zur Begierde werden" (Röm 13,14*), und an anderer Stelle: „Ich unterwerfe meinen Leib der Zucht und führe ihn in Knechtschaft, damit ich nicht anderen predige und selbst verworfen werde" (1 Kor 9,27*)?

1.6 Christus hat uns nämlich das Heil nicht durch Genußsucht gebracht, sondern durch Fasten, und er hat nicht gefastet, um sich seine Gnade zu verdienen, sondern um unserer Erziehung willen[228]. Und er ist nicht durch die Schwachheit des Leibes besiegt worden, so daß er hungern mußte, sondern im Hungern des angenommenen Leibes verbürgte er sich für den Glauben, so daß er lehrte, daß von ihm nicht nur der Leib, sondern auch die Schwächen unseres Leibes angenommen worden sind[229], so wie geschrieben steht, daß er „unsere Schwachheiten auf sich genommen hat und unsere Krankheiten getragen hat" (Mt 8,17; Jes 53,4).

---

[229] Auch bei ATHANASIUS VON ALEXANDRIEN, *Ar.* 3,31 (PG 26,389), findet sich der Gedanke, Christus habe die Schwächen getragen, damit klar werde, er sei um unseretwillen Mensch geworden. Auch jener Autor zitiert Jes 53,4.

2.7 Corporis est igitur, hoc est nostrum est, quod „esurivit", nostrum est, quod „flevit", quod „tristis" fuit „usque ad mortem". Cur ad divinitatem, quae sunt nostra, referuntur? Corporis est, quod etiam „factus" adseritur; denique sic habes: „Mater Sion, dicet homo, et homo factus est in ea, et ipse fundavit eam altissimus. Homo", inquit, „factus est", non ‚deus factus est'.

2.8 Qui autem idem „altissimus", idem „homo", nisi „mediator dei et hominum, homo Christus Iesus, qui dedit semet ipsum redemp|tionem pro nobis"? Et hoc utique ad incarnationem pertinet; redemptio enim nostra per sanguinem, remissio per potestatem, vita per gratiam. Quasi „altissimus" donat, quasi „homo" precatur: aliud creatoris, aliud redemptoris est. Distincta licet, unius tamen auctoris beneficia sunt; ‚decuit enim, ut ille nos redimeret, qui creavit'.

2.9 Quis autem neget Christum esse ‚altissimum' significatum? Nam qui aliter sentit, deo patri sacramentum incarnationis adscribit. Sed hinc dubitari non potest, quod altissimus Christus sit, cum etiam alibi dixerit de mysterio passionis: „Dedit vocem suam altissimus et mota est terra." Et in evangelio habes: „Et tu, puer, propheta altissimi vo-

---

LVZ SMNCWEO def. R
1–2 esuriit *Oa* | 2 fuit *om. C* ‖ 3 divinitatem] divitem *Sa.c.m2 (corr.* deitatem) ‖ 4 factus] unctus *E* ‖ 5 dicit *SMW, Ea.c.* ‖ 7 non deus factus est *om. V* ‖ 8 nisi *om. V* ‖ 9 iesus christus *S* ‖ 12 altissimus] altitudo *S* | deus *Oa* ‖ 13 praecatur *Sa.c.ME* praedicatur *V* ‖ 16 autem] enim *C* ‖ 16–17 significatum] *add.* quia altissimus dei filius *L (cf. p. 362 l. 2 Z)* ‖ 18 hic *W*

---

[230] „Mittler" bezieht sich auf den Inkarnierten. Dies ist ein breiter Konsens der griechischen Theologie des vierten Jahrhunderts, vgl. ATHANASIUS VON ALEXANDRIEN, *ep. Serap.* 2,7 (PG 26, 620); EPIPHANIUS VON SALAMIS, *anc.* 44,5f (GCS 54f); GREGOR VON NAZIANZ, *or.* 30,14 (FC 22,252); GREGOR VON NYSSA, *Eun.* 3,1,92f (35 JAEGER); vgl. auch SIMONETTI, *La crisi* 480 Anm. 57.

2.7 Es liegt also in der Natur des Leibes, das heißt, es gehört zu unserer Natur, daß er „gehungert hat", es gehört zu unserer Natur, daß er „geweint hat", daß er „betrübt" gewesen ist „bis zum Tode" (Mt 4,2; Joh 11,35; Mt 26,38). Warum wird auf die Gottheit bezogen, was zu unserer Natur gehört? Es liegt in der Natur des Leibes, daß er auch als „geschaffen" bezeichnet wird; schließlich findest du es so: „Mutter Zion, wird der Mensch sagen, und der Mensch ist in ihr geschaffen worden, und der Höchste selbst hat sie gegründet" (Ps 87,5*). „Der Mensch", heißt es, „ist geschaffen", nicht: ‚Gott ist geschaffen worden'.

2.8 Wer kann aber als derselbe der „Höchste" und als derselbe „Mensch" sein, außer „der Mittler[230] zwischen Gott und den Menschen, der Mensch Christus Jesus, der sich selbst zur Erlösung für uns gegeben hat" (1 Tim 2,5f*)? Und das bezieht sich sicher auf die Fleischwerdung. Unsere Erlösung haben wir nämlich durch das Blut, die Vergebung durch die Kraft, das Leben durch die Gnade. Als der „Höchste" gibt er, als „Mensch" bittet er[231]: Das eine ist Amt des Schöpfers, das andere ist Amt des Erlösers. Wenngleich unterschieden, so sind es doch Wohltaten eines einzigen Urhebers — ‚es war nämlich angemessen, daß der uns erlösen sollte, der uns auch geschaffen hat' (vgl. Hebr 2,10).

2.9 Wer aber wollte leugnen, daß Christus als ‚Höchster' bezeichnet wird? Denn wer anderer Ansicht ist, schreibt Gott dem Vater das Geheimnis der Fleischwerdung zu. Aber von daher kann nicht bezweifelt werden, daß Christus der Höchste ist, weil er auch an anderer Stelle über das Geheimnis des Leidens gesagt hat: „Der Höchste hat seine Stimme hören lassen, und die Erde bebt (Ps 45,7.5b*; vgl. Mt 27,50f). Und im Evangelium findest du: „Und du, Kind, wirst Prophet des Höchsten genannt werden; du

---

[231] Vgl. Mt 11,25; 26,39–44; 27,46; Lk 23,46; Joh 17,1f; 2 Kor 5,20 — hier freilich *obsecramus pro Christo*.

caberis; praeibis enim ante faciem domini parare vias eius." Qui altissimus? Dei filius. Ergo quia altissimus, deus Christus.

2.10 Et solus utique cum dicitur ‚deus', non separatur etiam dei filius. Qui enim altissimus, solus, sicut scriptum est: „Cognoscant quoniam dominus nomen est tibi, tu solus altissimus super omnem terram."

2.11 Unde etiam illud explosum est, quod solent ad calumniam derivare, quia de deo scriptum est: „Qui solus habet inmortalitatem et lucem habitat inaccessibilem." De deo enim scriptum est, quod est commune nomen patri et filio.

2.12 Nam | si, ubicumque ‚deum' legunt, negant etiam filium designari, et impii sunt divinitatis potentiam filio denegando et incarnatum patrem Sabelliana impietate adstruere videbuntur. Dicant enim, quomodo illud non impie de patre intellegere possint, quod apostolus ait: „In quo et consurrexistis per fidem operationis dei, qui suscitavit illum a mortuis." Et advertant de sequentibus, quid incurrant; sequitur enim: „Et cum mortui essetis delictis et praeputio carnis vestrae, vivificavit nos cum illo donans nobis omnia delicta, delens quod adversum nos erat chirographum decreti, quod erat contrarium nobis, et ipsum tulit de medio adfigens illud cruci, exuens se carnem."

LVZ SMNCWEO def. R
2 eius] *add. (rubro)* I. Et tu puer propheta Z | qui altissimus *om.* V qui altissimus dei filius *om.* L, M *p.c.(del.),* SEW, Oa ergo quia altissimus dei filius V ergo quia altissimus dei filius ergo quia altissimus Z | quia] quid Oa qui N ‖ 3 deus christus est m deus est et Christus Oa ‖ 4 et solus] et sequitur S ‖ 5 qui] est *(i. r.3 fere litt.)* E quia W ‖ 6 et cognoscant m | nomen tibi dominus m *(Vulg.)* | tu *om.* N ‖ 9 dirivare MN | qui] quia Nm ‖10 habitat] habet *Sa.c.m2* M ‖ 13 deum–etiam *om.* Z ‖ 14 filium] dominum Z ‖ 16 illud *om.* S illud non] non illum** C ‖ 17 quod et E ‖ 18 conresurrexistis S | per fidem per operationem Z | dei *om.* Oa ‖ 22 omnia *om.* Oa | adversus SC *(Vulg.)* adversum nos] contrarium nobis Oa ‖ 23 ipsud SC ‖ 24 intulit E | carnem VZWOa carne *cet.* m

wirst nämlich vor dem Angesicht des Herrn vorausgehen und seine Wege bereiten" (Lk 1,76). Wer ist der Höchste? Der Sohn Gottes. Also, da er der Höchste ist, ist Christus Gott!

2.10 Immer wenn freilich allein ‚Gott' genannt wird, wird davon der Sohn Gottes nicht abgetrennt. Der nämlich ist der Höchste, allein, wie geschrieben steht: „Sie sollen erkennen, daß du den Namen ‚Herr' trägst und du allein der Höchste über der ganzen Erde bist" (Ps 82,19*).

2.11 Von daher ist auch abgelehnt worden, was sie für ihr argumentatives Betrugsmanöver heranzuziehen pflegen, daß über Gott geschrieben steht: „Der allein Unsterblichkeit besitzt und in unzugänglichem Lichte wohnt" (1 Tim 6,16*). Über Gott ist das nämlich geschrieben, weil es einen gemeinsamen Namen für Vater und Sohn gibt.

2.12 Denn wenn sie leugnen, wo immer sie das Wort ‚Gott' lesen, daß damit auch der Sohn bezeichnet wird, sind sie gottlos darin, daß sie dem Sohn die Macht der Gottheit absprechen, und sie werden offensichtlich in sabellianischer Gottlosigkeit[232] einen fleischgewordenen Vater zusammenphantasieren. Sie sollen doch sagen, wie sie das, ohne gottlos daherzureden, als Aussage über den Vater verstehen können, was der Apostel sagt: „In ihm seid ihr auch mitauferstanden durch den Glauben an die Tat Gottes, der ihn auferweckt hat von den Toten" (Kol 2,12*). Und sie sollen ihre Aufmerksamkeit auf die folgenden Passagen richten, worauf sie stoßen, es folgt nämlich: „Und weil ihr tot wart durch die Vergehen und die Unbeschnittenheit eures Fleisches, hat er uns lebendig gemacht mit ihm (*sc.* Christus), indem er uns alle Vergehen vergeben hat, und zerstört hat, was uns feindlich war, den Schuldschein, der gegen uns stand, und ihn weggetan hat, indem er ihn ans Kreuz heftete und sich vom Fleisch befreite" (Kol 2,13f*).

---

[232] Vgl. zu den Sabellianern oben 270f Anm. 158.

Cum Deum Scriptura dicit sine adiectione patris aut filii interdum filium designari

2.13 Ergo si deus pater solus intellegendus est qui „suscitavit" carnem et non etiam filius, cuius „templum" resuscitatum est? Qui „suscitavit", utique et „vivificavit", qui vivificavit, et „delicta donavit", qui delicta donavit, et „chirographum tulit", qui chirographum tulit, „adfixit illud cruci", qui adfixit cruci, „carnem se exuit". Sed pater non se exuit carnem; non enim pater caro factus est, sed „verbum", sicut legimus, „caro factum | est". Videtis ergo quod Arriani, dum separant a patre filium, in id periculum incidant, ut patrem passum esse commemorent.

2.14 Nos autem facile docemus de fili dictum operatione; nam et ipse corpus suum resuscitavit, sicut dixit: „Solvite hoc templum, et in triduo resuscitabo illud." Et ipse „vivificavit" nos cum suo corpore. „Sicut enim pater suscitat mortuos et vivificat, sic et filius, quos vult, vivificat." Et ipse ‚delicta donavit' dicens: „Dimissa sunt tibi peccata tua." Et ipse „chirographum adfixit cruci", qui crucifixus est per corporis passionem. Nec alius ‚carne se exuit' nisi dei filius, qui carne se induit. Ipse ergo significatur deus, qui opus nostrae resurrectionis operatus est.

LVZ SMNCWEO def. R
1–2 *Cum – Designari hic LZ (MNW u.t.), ante de p. 366 l. 6 V, ante cap. 2 (C u.t.), om. SEO* ‖ 2 filium *om. C titulo add. II Z* ‖ 3 si] non *Oam* ‖ 5 est *om. S* ‖ 6 et *pr.*] utique et *Z, Lp.c.m2* | qui delicta donavit *om. SW* ‖ 6 qui – 7 tulit *om. Oa* ‖ 7 et adfixit *L* ‖ 7–8 illum *MN* ‖ 8 adfixit *alt.*] *add.* illud *alt. Oam* | carne *Sp.c.CE* ‖ 8–9 se *alt. om. Ma.c.m3NW* | 9 carnem *alt.*] carne *Sp.c.CE* ‖ 10 ergo] enim *W* ‖ 11 dum] cum *C* | id *om. N* ‖ 12 incidunt *Oa* ‖ 14 sicut ipse dixit *Oam* ‖ 15 templum hoc *Oam* | suscitabo *MN* ‖ 16 vivificat *Lp.c.VZS MNOam* ‖ 19 tua *om. S* ‖ 20 passionem] visionem *C* | carnem se *Sa.c.* (m *exp.*) *L* se carnem *Oam* ‖ 21 ergo] enim *W*

Wenn die Schrift Gott ohne Hinzufügung der Epitheta Vater oder Sohn nennt, dann bezeichnet sie so bisweilen den Sohn

2.13 Also, wenn erkannt werden muß, daß Gott, der Vater, allein der ist, der das Fleisch „auferweckt hat", und nicht auch der Sohn, wessen „Tempel" (Joh 2,19*) ist dann wieder aufgebaut worden? Wer „auferweckt hat", der hat sicherlich auch „lebendig gemacht", wer lebendig gemacht hat, hat auch „die Vergehen vergeben", wer die Vergehen vergeben hat, hat auch „den Schuldschein weggenommen", wer den Schuldschein weggenommen hat, hat „ihn auch ans Kreuz geheftet" und wer ihn ans Kreuz geheftet hat, hat „sich vom Fleisch befreit" (vgl. Kol 2,12–14). Aber der Vater hat sich nicht vom Fleisch befreit, denn der Vater ist nicht Fleisch geworden, sondern das „Wort", wie wir lesen, „ist Fleisch geworden" (Joh 1,14). Ihr seht also, daß die Arianer, indem sie den Sohn vom Vater trennen, in die Gefahr geraten, zu behaupten, daß der Vater gelitten hat.

2.14 Wir aber können leicht nachweisen, daß dies (vgl. Kol 2,12–14) von der Tat des Sohnes gesagt ist, denn auch er selbst hat seinen Leib wiederauferweckt, wie er gesagt hat: „Reißt diesen Tempel nieder, und ich werde ihn in drei Tagen wieder aufbauen" (Joh 2,19). Und er selbst „hat" uns „lebendig gemacht" mit seinem Leib. „Wie nämlich der Vater die Toten auferweckt und lebendig macht, so macht auch der Sohn die lebendig, die er lebendig machen will" (Joh 5,21). Und er selbst ‚hat die Vergehen vergeben', indem er sagte: „Dir sind alle deine Sünden vergeben" (Lk 5,20*). Und er selbst hat „den Schuldschein ans Kreuz" geheftet, der gekreuzigt worden ist durch das Leiden seines Leibes. Und kein anderer als der Sohn Gottes ‚hat sich vom Fleisch befreit', der auch das Fleisch angenommen hat. Der selbst also wird Gott genannt, der das Werk unserer Auferstehung vollbracht hat.

3. 15 Ergo cum legis ‚deum', non separes patrem, non separes filium, quia deitas et patris et fili una eadem que est. Et ideo nec ibi separes, ubi legis quia „beatus et solus potens". De deo enim dictum est, sicut habes: „Praecipio coram deo, qui vivificat omnia." Sed etiam Christus vivificat. Convenit ergo et patri et filio ‚dei' nomen, quando convenit et operationis effectus. Persequamur cetera. „Praecipio", inquit, „coram deo, qui vivificat omnia, et Christo Iesu."

3.16 In ‚deo' hic etiam ‚verbum' est, sicut scriptum est: „In deo laudabo verbum." In | deo „sempiterna" sua „virtus" est. In ‚deo' igitur unitatem divinitatis, in ‚Christi' autem nomine incarnationis testificatus est sacramentum.

3.17 Denique ut de incarnatione Christi se dixisse ostenderet, subdidit: „Qui testimonium reddidit sub Pontio Pilato bonam confessionem, ut serves mandatum sine macula usque in adventum domini nostri Iesu Christi, quem suis temporibus ostendet beatus et solus potens, rex regum et dominus dominantium, qui solus habet inmortalitatem et lucem habitat inaccessibilem, quem vidit hominum nemo, sed nec videre potest." Ergo haec de deo scripta sunt, cuius nominis et dignitas et veritas communis est filio.

3.18 Cur igitur hoc loco filius separatur, cum etiam filio haec cuncta conveniant? Aut si non conveniunt, nega de-

---

LVZ SMNCWEO def. R

1 legis] diligis *La.c.* | non separes patrem *om. Ma.c.m2N* ‖ 2 divinitas *Oa* | et *pr. om. SOa* ‖ 3 solus] summus *S* ‖ 4 de deo] de eo *Oa* ‖ 5 vivificat *pr.*] vivificavit *Oa* | etiam] et *S* ‖ 6 et *pr. om. C* ‖ 7 persequamur et *Cm* prosequamur et *Oa* ‖ 8 praecipio–9 iesu *om. V* ‖ 8 et] *add.* in *N* ‖ 9–10 iesu in deo coniungit *C* ‖ 10 hic *om. ENm* | in deo est etiam verbum *Nm* | et sicut *MN* sicut scriptum est *om. E* ‖ 11 sua *om. S* ‖ 12 est] *add.* iesus *Oam* | divinitatis unitatem *C* ‖ 12–13 in christi autem nomine] in christo autem *Oa* ‖ 13 testatus est *S* ‖ 14 se *om. Z* ‖ 15 ostenderet tibi *W* | subdit *E* ‖ 18 ostendet beatus *om. Ea.c.m2* ostendit *LCW* | et rex *LVZSWE et alt. om. Ea.c.m2V* ‖ 20 quam *C* ‖ 21 nemo hominum vidit *VC* | de deo haec *Oam* ‖ 22 et *pr. om. N* ‖ 25 aut *om. C* | conveniunt] conveniant *Cm*

3.15 Wenn du also das Wort Gott liest, sollst du nicht den Vater und nicht den Sohn abtrennen, weil die Gottheit des Vaters und des Sohnes ein und dieselbe ist. Und deshalb sollst du auch dort nicht trennen, wo du liest: „der Selige und allein Mächtige" (1 Tim 6, 15). Über Gott nämlich ist gesagt, wie du es in der Schrift findest: „Ich befehle dir bei Gott, der alles lebendig macht". Aber auch Christus macht lebendig. Der Name ‚Gott' kommt also sowohl dem Vater als auch dem Sohn zu, zumal auch die Durchführung der Tat beiden zukommt. Wir wollen den übrigen Text weiterverfolgen: „Ich befehle dir", sagt er, „bei Gott, der alles lebendig macht, und bei Jesus Christus" (1 Tim 6, 13).

3.16 In dem Wort ‚Gott' ist hier auch das ‚Wort' enthalten, wie geschrieben steht: „In Gott werde ich das Wort preisen" (Ps 56, 11: Ps 55, 11 LXX). In Gott ist seine „ewige Kraft" (Röm 1, 19). Im Namen ‚Gott' also ist die Einheit der Gottheit[233], im Namen ‚Christus' aber ist das Geheimnis der Fleischwerdung bezeugt.

3.17 Schließlich hat er hinzugefügt, um zu zeigen, daß er über die Fleischwerdung Christi gesprochen hat: „Der als Zeugnis unter Pontius Pilatus sein gutes Bekenntnis abgelegt hat, damit du ohne Makel das Gebot hältst bis zur Ankunft unseres Herrn Jesu Christi, die zu seiner Zeit zeigen wird der Selige und allein Mächtige, der König der Könige und Herr der Herrschenden, der allein Unsterblichkeit besitzt und in einem unzugänglichen Lichte wohnt, den kein Mensch gesehen hat, aber auch nicht sehen kann" (1 Tim 6, 13–16*). Also ist dies über Gott geschrieben, der die Würde und die Wahrheit seines Namens gemeinsam mit dem Sohn hat.

3.18 Warum wird also an dieser Stelle der Sohn abgetrennt, wenn doch auch dem Sohn dies alles zukommt? Oder wenn es ihm nicht zukommt, leugne, daß er Gott ist,

---

[233] Zur *unitas divinitatis* vgl. Ps.-DIDYMUS, *trin.* 3, 16 (PG 39, 865).

um, ut neges, quae deo sunt consequentia! „Beatus" negari non potest, qui beatitudines donat; „beati" enim, „quibus remissae sunt iniquitates. Beatus" negari non potest, qui sanam doctrinam tribuit, sicut scriptum est: „Quae est secundum evangelium claritatis beati dei." „Potens" abnui non potest, de quo pater dicit: „Posui adiutorium super potentem." „Inmortalitatem" autem eius quis audeat diffiteri, cum etiam aliis inmortalitatem ipse largitus sit, sicut scriptum est de sapientia | dei: „Per hanc habebo inmortalitatem."

3.19 Sed alia inmortalitas suae naturae, alia nostrae. Non sunt fragilia conparanda divinis. Una sola substantia divinitatis est, quae mori nescit. Unde et apostolus, cum sciret et animam et angelos inmortales, quod ‚solus deus inmortalitatem habeat' praedicavit. Nam et anima moritur; „anima" enim „quae peccat, ipsa morietur." Nec angelus inmortalis est naturaliter, cuius inmortalitas in voluntate est creatoris.

3.20 Neque ad praeiudicium trahas, quia non moritur Gabrihel, non moritur Raphahel, non moritur Urihel. Et in ipsis enim naturae capacitas vitio obnoxia, sed non ob-

---

LVZ SMNCWEO def. R
1 sicut negas *N* | convenientia *Oam* || 4 doctrinam] disciplinam *S* || 5 dei beati *C* | claritatis. Beatus dei *Oa* || 5–6 iam potens *C* potens abnui non potens (*sic!*) *L* potens abnuit? Non. Potens *Z* || 7 autem *om. Z* || 9 habeo *VCW, Za.c.Oa* || 13 est *om. SEOa, eras. M* | nesciat *S* | et *alt. om. Oa* || 14 animas *C* || 16 peccaverit *VSEOa* || 15–16 moritur *N* || 16 nec et *Oa* || 17–18 in voluntate *om. E* || 19 trahit *S* | quia] quod *Oam* || 20 non moritur urihel *eras. E* | urihel] hurihel *C* orihel *W* uriel *Sa.c.m2* (*corr.* michahel)

---

[234] FALLER, *Ambrosius* 8,115, verweist im Apparat auf PS.-DIDYMUS, *trin.* 3,16 (PG 39, 865), — zwar wird auch dort gesagt, daß Gegner der nicaenischen Trinitätstheologie mit Hilfe der Bibelstelle 1 Tim 6,16 (und anderen Texten) die „orthodoxe" Trinitätslehre zugunsten des μόνος bekämpfen. PS.-DIDYMUS erklärt aber: Das Anliegen der *monarchia* wäre in der θεότης bewahrt, die aus zwei oder drei Hypostasen (865) bestehe.

so daß du leugnest, was logische Folge des Gottesbegriffes ist. Es kann nicht geleugnet werden, daß der „selig" ist, der die Seligkeiten schenkt: „Selig sind" nämlich „die, denen die Ungerechtigkeiten vergeben sind" (Ps 32,1: Ps 31,1*). Es kann nicht geleugnet werden, daß der „selig" ist, der die heilsame Lehre geschenkt hat, wie geschrieben steht: „Das ist gemäß dem Evangelium von dem Glanz des seligen Gottes" (1 Tim 1,11). Es kann nicht abgestritten werden, daß der „mächtig" ist, von dem der Vater sagt: „Ich habe dem Mächtigen einen Helfer zur Seite gestellt" (Ps 89,20*). Wer aber würde wagen, seine „Unsterblichkeit" zu bezweifeln, obwohl er selbst auch anderen „Unsterblichkeit" geschenkt hat, wie über die Weisheit Gottes geschrieben steht: „Durch sie werde ich Unsterblichkeit haben" (Weish 8,13*).

3.19 Aber die Unsterblichkeit seiner Natur ist etwas anderes als die unserer Natur. Vergängliches darf nicht mit Göttlichem verglichen werden. Es gibt eine einzige Substanz der Gottheit, die nicht sterben kann. Daher hat auch der Apostel gepredigt, obwohl er wußte, daß sowohl die Seele als auch die Engel unsterblich sind, daß ‚Gott allein Unsterblichkeit besitzt' (vgl. 1 Tim 6,16). Denn auch die Seele stirbt: „Die Seele" nämlich, „die sündigt, wird sterben" (Ez 18,20*). Und ein Engel ist nicht von Natur aus unsterblich, seine Unsterblichkeit liegt im Willen des Schöpfers[234].

3.20 Und du darfst auch nicht als Gegenbeispiel heranziehen, daß Gabriel nicht stirbt, daß Rafael nicht stirbt, daß Uriel nicht stirbt. Denn auch bei ihnen ist die natürliche Eigenschaft dem durch den Sündenfall verursachten Schaden unterworfen[235], aber nicht unterworfen

---

Besser vergleichbar ist noch die Fortsetzung in *trin.* 3,16 (PG 39, 872f); dort geht es um Gottes Unsterblichkeit und die kreatürliche Unsterblichkeit, vgl. auch DIDYMUS, *De spiritu sancto* 41,194 (SCh 386, 316).
[235] Für entsprechende Belege des Wortes *vitium* vgl. BLAISE, *Dictionnaire* 853, und MICHL, *Engel* 117–119.

noxia disciplina. Omnis enim rationabilis creatura accidentia recipit et subiecta iudicio est, in accidentibus autem et poena iudicii et corruptela est et profectus. Unde et Ecclesiastes ait quoniam „omne opus suum deus adducet in iudicium". Ergo corruptelae et mortis, etiamsi non aut moriatur aut peccet, capax tamen omnis est creatura nec ex inmortali natura habet, sed ex disciplina vel gratia, si se in aliquibus | ad vitia non mutat. Alia ergo inmortalitas, quae donatur, alia, quae sine capacitate mutabilitatis est semper.

3.21 An negatur inmortalis divinitas Christi, quia in carne „pro omnibus mortem gustavit"? Iam ergo melior Gabrihel quam Christus, quia ille non est defunctus, hic mortuus est? Sed „non est servus supra dominum"; alia enim carnis infirmitas, alia divinitatis aeternitas: mors carnis est, inmortalitas potestatis. Quod si divinitas fecit, „ne caro" videret „corruptionem", quae utique corruptelae erat obnoxia per naturam, quomodo mori possit ipsa divinitas?

3.22 Quomodo autem lucem inaccessibilem non habitat filius, cum „in sinu patris" filius sit, lux autem pater, lux etiam ipse sit filius, „quia deus lux est"? Aut si aliam „lucem inaccessibilem" nisi deitatis putamus, numquid melior patre lux est, ut non sit in luce, qui, sicut scriptum est, et ‚apud patrem' est et „in patre"? Non ergo separent filium,

---

LVZ SMNCWEO def. R 14–18: Johannes von Caesarea, Adversus Aphtart. III 1,17,6 (289 Richard); Leontius von Byzanz, Nest. et Eut. II 105 (571 Devreesse)

1 vel disciplina *V* disciplinae *NEm* | enim] etiam *C* | rationalis *Oa* ||
1–2 accedentia *ZS* accedentibus *ZSM* || 3 et *alt.*] ex *E* et *quart. om. N* ||
4 suum] s̃m *C* | adducit *C* || 5 aut *om. SCWO* || 6 moritur *N* |
creatura] natura *V* || 7 mortali *S* | naturam *E* | habet] *add.* inmortalitatem *L* || 7–8 si se] sive *Sa.c.m2* || 8 in aliquibus] aliquid *N* | ad *om. C* ||
inmutat *C* || 9 quam donat *Oa* | mutabilitas (*om.* est) *Sa.c.m2* ||
18 possit *S* posset *cet. am* || 22 divinitatis *Oa* || 23 qui] quia *ZOa* ||
24 et *om. E*

ist ihr Gehorsam gegenüber den göttlichen Geboten. Denn jedes vernünftige Geschöpf wird in zufällige Ereignisse verwickelt und ist darin dem göttlichen Gericht unterworfen. In den zufälligen Ereignissen aber liegen gerichtliche Strafe, Verderben und auch das Davonkommen begründet. Daher sagt auch der Prediger, daß „Gott sein ganzes Werk vors Gericht ziehen wird" (Koh 12,14*). Also trägt dennoch jedes Geschöpf in sich die Anlage zum Verderben und zum Tod, auch wenn es weder stirbt noch sündigt, und es besitzt nichts aufgrund der unsterblichen Natur, sondern nur aufgrund von Gehorsam oder Gnade, wenn es sich nicht in irgendwelchen Hinsichten zum Schlechteren verändert. Die eine Unsterblichkeit ist also diejenige, die geschenkt wird, die andere diejenige, die immer ist ohne Fähigkeit zur Veränderung.

3.21 Oder wird die unsterbliche Gottheit Christi geleugnet, weil er im Fleisch „für alle den Tod geschmeckt hat" (Hebr 2,9)? Ist dann also Gabriel besser als Christus, weil jener nicht verschied, dieser aber gestorben ist? Aber „ein Knecht steht nicht über seinem Herrn" (Mt 10,24*). Das eine ist Schwäche des Fleisches, das andere ist die Ewigkeit der Gottheit. Der Tod ist Zeichen des Fleisches, die Unsterblichkeit der Macht. Wenn aber die Gottheit bewirkt hat, „daß das Fleisch die Verwesung nicht sah" (Apg 2,31), das freilich von Natur aus der Verderbnis unterworfen war, wie könnte dann die Gottheit selbst sterben?

3.22 Wie aber wohnt der Sohn nicht im unzugänglichen Licht, wenn der Sohn „im Schoß des Vaters" ist (Joh 1,18*), das Licht aber der Vater, Licht auch der Sohn selbst ist, „weil Gott Licht ist" (1 Joh 1,5)? Oder wenn wir glauben, daß es ein anderes „unzugängliches Licht" (1 Tim 6,16) außer der Gottheit gibt, gibt es etwa ein besseres Licht als den Vater, so daß der nicht im Licht ist, der, wie geschrieben steht, sowohl ‚beim Vater' als auch „im Vater ist" (Joh 10,38)? Sie sollen also nicht den Sohn abtrennen,

cum legunt „solum deum", nec patrem separent, cum legunt ‚filium solum'.

3.23 In terris filius sine patre non est, et putas quia pater sine filio sit in caelo? In carne est filius — cum dico ‚in carne est' vel ‚in terris', secundum evangelii tempora loquor; „nunc" enim „secundum carnem iam non novimus Christum" — ergo in carne est filius et solus non est, secundum quod scriptum est: „Et non sum solus, quia pater mecum est", et putas quod sit pater solus in luce?

3.24 At ne hoc argumentum putes, accipe | etiam testimonium: „Deum", inquit, „nemo vidit umquam nisi unigenitus filius, qui est in sinu patris, ipse enarravit." Quomodo solus pater, si in sinu patris filius est? Quomodo enarrat, quem non videt? Non ergo solus pater.

3.25 Accipe nunc et solum patrem et solum filium. Solus pater, quia alius pater non est, solus filius, quia alius filius non est, solus deus, quia una divinitas trinitatis est.

4.26 Satis ergo claret et solum deum non esse patrem sine filio, et solum deum non intellegi filium sine patre.

Quia secundum carnem factus legitur Dei filius, non secundum divinam generationem

4.27 In quo autem ‚factus' sit, per os sancti patriarchae locutus adseruit dicens: „Quia repleta est malis anima mea

---

LVZ SMNCWEO def. R

3 in terris] *add.* si *s.l. M,* Oa et *om.* C, *s.l.* L ‖ 4 in caelis L ‖ 5 in terris *om.* S ‖ 5 evangelistae V ‖ 5 evangelii–6 secundum *om.* Oa ‖ 5–6 loquar W ‖ 8 et solus non sum L ‖ 9 sit] sic W ‖ 10 at] hac C, *in mg. m2M, La.c.* ac *Lp.c.* VW at ne] anne ZOa, *om.* Ma.c.m2N | etiam *om.* C ‖ 10–11 testimonium] *add.* domini L ‖ 12 narra*vit S ‖ 13 est] sit Z ‖ 15 accipe] *add.* ergo S ‖ 16 quia *alt.*] qui S | filius *alt. om.* S ‖ 20–21 *Quia–generationem hic* Lm2Z *(add.* cap. III), *(MNWE u.t., m u.t.), p. 374 l. 4* sum V, *l. 23* dicens Lm1, *p. 370 l. 15* infirmitas *(Cu.t.), l. 17* trinitatis est *titul. recent. (cf. Proleg. IV 18)* Oa, *om.* S | Quia] qua C ‖ 21 divinam *om.* E ‖ 23 repleta] plena C

wenn sie lesen „Gott allein" (1 Tim 6, 15f), und auch nicht den Vater abtrennen, wenn sie lesen: ‚der Sohn allein' (vgl. Joh 17,3; 16,32; 8,16.29).

3.23 Auf Erden ist der Sohn nicht ohne den Vater, und du glaubst, daß der Vater ohne den Sohn im Himmel ist? Im Fleisch ist der Sohn — wenn ich sage, ‚er ist im Fleisch' oder ‚auf Erden', rede ich über die Zeiten, die das Evangelium beschreibt; „jetzt" nämlich „kennen wir Christus nicht mehr nach dem Fleisch" (2 Kor 5, 16) — also befindet sich der Sohn im Fleisch und ist nicht allein, entsprechend dem, was geschrieben steht: „Und ich bin nicht allein, weil der Vater bei mir ist" (Joh 16,32), und du glaubst, daß der Vater allein im Licht ist?

3.24 Aber, damit du das nicht für leere Argumentation hältst, vernimm auch einen Schriftbeweis: „Gott", heißt es, „hat nie irgendeiner gesehen außer dem eingeborenen Sohn, der im Schoß des Vaters ist, er selbst hat es verkündet" (Joh 1,18*). Wie kann der Vater allein sein, wenn der Sohn im Schoß des Vaters ist? Wie kann er den verkünden, den er nicht sieht? Also ist der Vater nicht allein.

3.25 Begreife nun, daß sowohl der Vater allein Vater ist als auch der Sohn allein Sohn ist. Allein ist der Vater, weil es keinen anderen Vater gibt, allein ist der Sohn, weil es keinen anderen Sohn gibt, allein ist Gott, weil es eine Gottheit der Trinität gibt.

4.26 Es ist also zur Genüge deutlich, daß der alleinige Gott nicht Vater ohne Sohn ist und der alleinige Gott nicht als Sohn ohne Vater verstanden werden kann.

Daß man lesen kann, daß der Sohn Gottes hinsichtlich seines Fleisches geschaffen ist, aber nicht hinsichtlich der göttlichen Zeugung

4.27 Worin er aber ‚geschaffen' ist, hat er, indem er durch den Mund des heiligen Patriarchen (sc. David) sprach, folgendermaßen bestätigt: „Denn erfüllt von Bösem ist meine Seele

et vita mea in inferno adpropiavit. Aestimatus sum cum descendentibus in lacum. Factus sum sicut homo sine adiutorio inter mortuos liber." Et hic „sicut homo", inquit, non sicut deus „factus sum" et „repleta est malis anima mea", anima utique, non divinitas. ‚Factus' est in eo, in quo erat infernis debitus, ‚factus' est in eo, in quo cum aliis aestimatus est. Divinitas | enim similitudinem conlationis abiurat. Et tamen in ipsa carne morti obnoxia maiestatem adverte divinitatis in Christo: etsi factus est „sicut homo" et sicut caro factus est, factus est tamen „inter mortuos liber" et liber „sine adiutorio".

4.28 Sed quomodo hic „sine adiutorio" fuisse se filius dicit, cum supra dictum sit: „Posui adiutorium super potentem?" Ergo et hic distingue naturas. „Adiutorium" caro habet, divinitas non habet. „Liber" est igitur, quia mortis vincla nescivit, non captus ab inferis, sed qui operatus sit in infernis. „Sine adiutorio" est, quia ‚non per nuntium neque legatum, sed ipse per se dominus salvum fecit populum suum'. Quomodo enim potuit adiutorium sui corporis quaerere suscitandi, qui alios suscitavit?

LVZ SMNCWEO def. R 12–15: *Leontius von Byzanz, Nest. et Eut. I 38* (562 *Devreesse*)
1 in *om.* Z in infernum S | adpropriabit C ad(ap-)propinquavit *VNOam* (*Vulg.*) ‖ 2 discendentibus S | sum *om.* M m ‖ 3 hic] ibi S ‖ 4 deus] ihs̃ W ‖ 5 divinitate *corr.* Sm2 | est] sum C, *om.* L ‖ 6 erat–in quo *om.* S | erit C | in infernis CW | deditus C derelictus W | in eo] in toto *La.c.m2* ‖ 7 aestimatur *SOa* | est *om. LZS, Mp.c.m2WEO* | conlationis] oblationis *Sa.c.m2* ‖ 8 adiurat *Sa.c.* | in *om.* W ‖ 9–10 factus est *tert. om.* C, *La.c.m2, Oa* ‖ 11 et liber *om.* C ‖ 12 se *om.* C ‖ 13 cum] deum (*pro* dum?) C ‖ 14 distinguet (i s. e m2) S ‖ 15 igitur est *Oam* ‖ 16 vincla *LWE* vincula *cet.* (vincula mortis V) | qui] quia *ZE* ‖ 17 inferis *Sp.c.m2* | sed sine *Oa* | est *om.* C ‖ 17–18 non] neque m neque] *add.* per *LZm* ‖ 19 enim] ergo *Oa* | potuit] cum *Sa.c.m2* (*exp.*) ‖ 20 quaereret S quaere** C | suscitaverint *Cm*

---

[236] Oder auch „schuldlos"; der Kontext zeigt allerdings, daß Ambrosius diese Interpretation nicht bevorzugt.

und mein Leben ist dem Totenreich nahegekommen. Ich bin denen gleichgeachtet, die in die Grube fahren. Und ich bin geworden wie ein Mensch ohne Hilfe, zwischen den Toten frei[236]" (Ps 88,4: Ps 87,4f*). Und hier sagt er, „wie ein Mensch" und nicht wie ein Gott „bin ich geworden" und „erfüllt vom Bösen ist meine Seele", die Seele freilich, nicht die Gottheit. ‚Geschaffen' ist er also in dem, worin er dem Totenreich verfallen war (vgl. 1 Petr 3,19), ‚geschaffen' ist er in dem, worin er mit den anderen gleichgeachtet wurde[237]. Die Gottheit läßt nämlich eine Ähnlichkeit, die durch Vergleich festzustellen wäre, nicht zu. Und entdecke trotzdem in diesem, dem Tode unterworfenen Fleisch die Hoheit der Gottheit in Christus: Wenn er auch „wie ein Mensch" und wie Fleisch geworden ist, ist er dennoch „unter den Toten frei geschaffen" und „frei ohne Hilfe".

4.28 Aber wieso sagt der Sohn hier, daß er „ohne Hilfe" gewesen ist, obwohl oben gesagt worden ist: „Ich habe dem Mächtigen einen Helfer zur Seite gestellt" (Ps 89,20*)? Unterscheide also auch hier die Naturen! Das Fleisch besitzt „eine Hilfe", die Gottheit nicht. „Frei" ist er also, weil er die Fesseln des Todes nicht gekannt hat, nicht gefangen war von den unterirdischen Mächten, sondern der ist, der im Totenreich gehandelt hat. „Ohne Hilfe" ist er, weil er ‚nicht durch einen Boten oder Gesandten, sondern selbst durch sich als Herr seinem Volk das Heil verschafft hat' (Jes 63,9*[238]). Wie nämlich konnte der eine Hilfe suchen, um seinen Leib aufzuwecken, der selbst andere auferweckt hat?

---

[237] *Factus* bedeutet „geworden" und „geschaffen", diese einheitliche Bedeutung ist im Deutschen nicht adäquat wiederzugeben.
[238] Vgl. Ambrosius, *fid.* 1,20,133, oben 244f; *epist.* 68[26],16 (CSEL 82/2, 175), und 33[49],5 (CSEL 82/1, 231), wo die Jesaja-Stelle zitiert ist. FALLER, A*mbrosius* 8,118, verweist außerdem auf *exc. Sat.* 2,104 (CSEL 73,306); *epist.* 76[20],21 (CSEL 82/3,120f), sowie *in psalm. 118* 16,37 (CSEL 62,371), und *Ioseph* 12,67 (CSEL 32/2,113f).

4.29 Ac licet homines quoque resuscitaverint mortuum, non in sua tamen virtute fecerunt, sed in Christi nomine. Aliud est rogare, aliud imperare, aliud mereri, aliud donare.

4.30 Helias ergo suscitavit, sed oravit, non imperavit. Helisaeus suscitavit configuratus mortuo, suscitavit ipsius etiam mortui corporis tactu, ut esset typus venturum eum, | qui „missus in similitudine carnis humanae" etiam sepultus mortuos suscitaret.

4.31 Petrus quoque, cum Aenean curaret, ait: „In nomine Iesu Nazareni surge et ambula." Non in suo ait, sed in Christi nomine. „Surge" autem verbum est imperantis, sed fiducia de merito est, non praesumptio de potestate, et de nominis operatione, non de sua virtute praeceptionis auctoritas. Quid igitur Arriani dicunt? In nomine Christi et Petrus imperat, et illi nolunt imperasse dei filium, sed rogasse?

4.32 ‚Sed lectum est quia rogavit.' — Disce distantiam: rogat quasi filius hominis, imperat quasi dei filius. An non defertis hoc dei filio, quod etiam diabolus detulit et vos maiore sacrilegio derogatis? Ille dicit: „Si filius dei es, dic lapidi huic, ut fiat panis." Ille dicit ‚impera', vos dicitis ‚obsecra'! Ille credit quod iubente dei filio elementorum

---

LVZ SMNCWEO def. R

1–2 mortuos *Vm* ‖ 2 tamen in sua *L* ‖ 6 sed configuratus *E* ‖ 6 suscitavit *alt.* – 7 mortui *om. Ma.c.m2N* suscitavit *alt.*] *add.* mortuum *W* ‖ 6 ipsius] eius *W* etiam ipsius *SOam* ‖ 7 tactu *CW* tactus *cet. am* | venturi eius *W* ‖ 8 missus est *L* | in similitudine *VSMWOa* (*graec.*), in similitudinem (*Vulg.*) *cet. m* (*e: in psalm. 118, 6, 21; in psalm. 37, 5; incarn. 60; sed* -em*: paenit. I 3,12; Ioseph 3, 9*) | humanae] peccati *m* | etiam ut *L* ‖ 10 aenean *S* aeneam *cet.* ‖ 11 iesu christi *L* | nazarei *Ea.c.m2W* | ait] *add.* surge *LZ* ‖ 14 de nominis] hominis *N* | suae virtutis *W* ‖ 16 petrus] pater *S* ‖ 19 dei *om. Oa.c.m2* | filius dei *W* ‖ 20 defers (*om.* hoc) *C* | dei filio hoc *Z* ‖ 22 panis fiat *L*

4.29 Und wenngleich auch Menschen einen Toten wiederauferweckten, haben sie es dennoch nicht in eigener Vollmacht getan, sondern im Namen Christi. Eines ist es zu bitten, ein anderes zu befehlen, eines ist es, etwas zu verdienen, ein anderes, etwas zu schenken.

4.30 Elija hat also auferweckt, aber er hat gebetet, nicht befohlen (vgl. 1 Kön 17,21f). Elischa hat auferweckt, als er gleich wie der Tote war (vgl. 2 Kön 4,34f), er hat auferweckt durch die Berührung mit seinem eigenen ebenfalls toten Leib (vgl. 2 Kön 13,21), damit er ein Vorausbild[239] dafür sei, daß der kommen wird, „der in der Ähnlichkeit des menschlichen Fleisches gesandt worden war" (Röm 8,3), selbst auch begraben, die Toten auferwecken sollte.

4.31 Auch Petrus sagte, als er Äneas heilte: „Im Namen Jesu, des Nazareners, steh' auf und wandle" (Apg 3,6*). Er sprach nicht in seinem, sondern in Christi Namen. „Steh' auf" ist aber ein Wort dessen, der befiehlt, das Vertrauen besteht aber aufgrund von Verdienst, ist nicht Anmaßung aufgrund von Macht, und die Vollmacht zu befehlen besteht aufgrund der Wirksamkeit des Namens, nicht aufgrund eigener Kraft. Was also sagen die Arianer? Auch Petrus befiehlt im Namen Christi, und sie wollen nicht, daß der Sohn Gottes befohlen hat, sondern daß er gebeten hat?

4.32 ‚Aber es ist vorgelesen worden, daß er gebeten hat' (vgl. Joh 11,41f). Laß' dir den Unterschied erklären: Er bittet als Sohn eines Menschen, er befiehlt als Sohn Gottes. Oder gesteht ihr das dem Sohn Gottes nicht zu, was auch der Teufel ihm zugestanden hat, und kritisiert ihn aber dadurch mit der größeren Gotteslästerung? Jener sagt: „Wenn du Sohn Gottes bist, dann sag' diesem Stein, daß er zu Brot werde" (Lk 4,3*). Jener sagt: ‚Befichl', ihr aber sagt: ‚Bitte'! Jener glaubt, daß die Natur der

---

[239] Für die typologische Auslegung bei Ambrosius vgl. PIZZOLATO, *La dottrina esegetica* 68–72.

rerumque in adversum natura vertatur, vos creditis quod, nisi roget dei filius, nec voluntas ipsius impleatur; et diabolus de potestate aestimandum putat dei filium, vos de infirmitate. Tolerabiliora temptamenta sunt diaboli quam argumenta sunt Arrii.

4.33 Nec moveat quia „potentem" filium dixit hominis, cum „dominum maiestatis" legeris crucifixum. Quae autem maior | potentia quam supra caelestes „potestates" habere dominatum? Habebat autem qui thronis, dominationibus, angelis imperabat. Nam etsi „erat inter bestias", sicut scriptum est, tamen „angeli ministrabant ei", ut agnoscas aliud incarnationis esse, aliud potestatis. Secundum carnem itaque temptatur a bestiis, secundum divinitatem ab angelis adoratur.

4.34 Didicimus igitur ‚factum' esse hominem et ad hominem hoc esse referendum. Denique et alibi habes: „Qui factus est ex semine David. Secundum carnem utique ex semine David factus est, deus" autem „ante saecula" ex deo natus est.

5.35 Nec semper tamen ‚factum esse' ad creationem refertur. Scriptum est enim: „Domine, refugium factus es

---

LVZ SMNCWEO def. R
1 natura in adversum m | quod *om.* W || 2 ipsius] illius L || 3 aestimandum putat] aestimat C || 4 tolerabilia S | faciliora L | sunt temptamenta O*am* sunt *om.* C || 5 sunt *om.* N m sint *Ep.c.* W | arrianorum L || 6 dixit *om.* N || 8 supra *om.*, celestis potestatis L || 9 habet S || 9–10 dominationis S || 11 ei] ibi W et O*a* || 13 itaque *om.* S || 13–14 divinitatem W dignitatem *cet. am* || 16 ferendum S || 17 est] *add.* ei Mm2O*am* (*Vulg.*) || 18 deus] dei filius C || 18–19 a deo natus C || 21 refugium] *add.* meum S*a.c.* (*exp.*)

---

[240] Das athanasianische Motiv vom Teufel als dem Vater der Arianer (ATHANASIUS VON ALEXANDRIEN, *Ar.* 3,59 [PG 26,445]) wird überboten.
[241] FALLER, *Ambrosius* 8,120, verweist auf eine Passage zum ἐποίησεν bei ATHANASIUS VON ALEXANDRIEN, *Ar.* 2,13 (189f METZLER/SAVVIDIS);

Elemente und Dinge ins Gegenteil verkehrt wird, wenn der Sohn Gottes befiehlt, ihr aber glaubt, daß, wenn der Sohn Gottes nicht bittet, sein Wille auch nicht erfüllt wird. Und der Teufel glaubt, daß der Sohn Gottes von seiner Macht her einzuschätzen ist, ihr aber glaubt, von seiner Schwäche her. Die Versuchungen des Teufels sind erträglicher als die Argumente des Arius[240].

4.33 Und es soll nicht beunruhigen, daß man den Sohn eines Menschen „mächtig" (Ps 89,20: Ps 89,20*) genannt hat, obwohl du gelesen hast, daß der „Herr der Herrlichkeit" gekreuzigt worden ist (1Kor 2,8*). Welche Macht aber kann größer sein, als Herrschaft über die himmlischen „Mächte" zu haben? (vgl. Eph 1,21). Die besaß aber der, der den Thronen, Herrschaften und Engeln befohlen hat (vgl. Kol 1,16). Denn auch wenn „er sich unter den wilden Tieren befand", wie geschrieben steht, „dienten ihm dennoch die Engel" (Mk 1,13*), damit du erkennst, daß das eine in den Bereich der Fleischwerdung gehört, das andere Zeichen der Macht ist. Hinsichtlich dem Fleisch wird er deshalb von den wilden Tieren versucht, hinsichtlich der Gottheit wird er von den Engeln angebetet.

4.34 Wir haben also gelernt, daß er als Mensch ‚geschaffen' ist und daß diese Tatsache auf den Menschen zu beziehen ist. Schließlich findest du auch an anderer Stelle: „Der aus dem Samen Davids geschaffen ist. Hinsichtlich des Fleisches" freilich „ist er aus dem Samen Davids geschaffen, als Gott" (Röm 1,3f) ist er aber „vor den Zeiten" aus Gott geboren worden.

5.35 Dennoch bezieht sich der Ausdruck ‚geschaffen sein' nicht immer auf die Schöpfung[241]. Es steht nämlich geschrieben: „Herr, du bist uns zur Zuflucht geworden"

---

aber der ganze Abschnitt stellt keine direkte Parallele zu den Ausführungen des Ambrosius dar. Das gilt auch für die zweite genannte Stelle in *Ar.* 1,63f (173f METZLER/SAVVIDIS).

nobis" et: „factus es mihi in salutem." Non utique creationis definitio vel editio declaratur, sed „refugium ‚mihi‘ factus et" conversus ‚mihi‘ dicitur ad salutem, sicut et apostolus dixit: „Qui factus est nobis sapientia a deo et iustitia et sanctificatio et redemptio." Nobis ‚factum‘, non ‚creatum ex patre‘ dixit. Denique quomodo dicat „factum nobis esse sapientiam", in posterioribus exposuit dicens: „Sed loquimur dei sapientiam in mysterio, quae abscondita est, quam praedestinavit deus ante | tempora saecularia in gloriam nostram, quam nemo principum huius saeculi cognovit. Si enim cognovissent, numquam dominum maiestatis crucifixissent." Ubi ‚mysterium‘ passionis exprimitur, non utique generationis aeternae series declaratur.

5.36 ‚Sapientia‘ igitur mea crux domini est, redemptio mea mors domini est. „Sanguine" enim „praetioso redempti" sumus, ut apostolus Petrus dixit. Sanguine ergo suo quasi homo dominus nos redemit idemque quasi deus peccata donavit.

5.37 Non ergo in verbis quasdam constituamus insidias et verborum tendiculas aucupemur, ut, quia et aliud secundum impios significare putatur sermo, qui legitur, non id quod sensus exprimat, sed quod littera ostendat,

---

LVZ SMNCWEO def. R
1 et *om. Oa* | in salute *C* ‖ 2–3 factus mihi *Oam* ‖ 4 qui *om. Z* quia *S* | nobis *om. S* | a deo sapientia *N* ‖ 5–6 factus est non creatus *Z* ‖ 6 factam *Sa.c.VZ* ‖ 8 in ministerio *ZN* ‖ 9 praedestinabit *C* | deus] dñs *C* ‖ 11 enim *om. Oa* | numquam utique *S* ‖ 17 ut] et *Sa.c.* | ergo] enim *C* igitur *Oam* ‖ 18 nos *om. N* ‖ 21 aucupemur] occupemur *V* ‖ 22 putetur *S* reputatur *Oa* ‖ 23 id] hic *Z* | ostendit *N*

---

[242] Eine Anspielung auf CICERO, *Caecin.* 23,65 (o.S. CLARK), *aucupia verborum et litterarum tendiculas.* Weitere Anspielungen auf diese CICERO-Stelle sind in der patristischen Literatur zum Beispiel belegt

(Ps 90,1) und: „Du bist mir zum Heil geworden" (Ps 118,14). Es wird hier freilich keine Beschreibung und kein Hinweis auf die Schöpfung vorgenommen, sondern es wird gesagt, daß „er ‚mir' zur Zuflucht geworden" ist und sich ‚mir' zum Heil zugewendet hat (Ps 90,1; 118,14), wie auch der Apostel gesagt hat: „Der für uns geworden ist von Gott zur Weisheit und Gerechtigkeit und Heiligung und Erlösung" (1 Kor 1,30). Er hat gesagt: Für uns ‚geworden', nicht ‚aus dem Vater geschaffen'. Wie er schließlich die Formulierung „für uns zur Weisheit geworden" meint, hat er im folgenden erklärt, indem er sagte: „Aber wir sprechen über die Weisheit Gottes im Geheimnis, welche verborgen ist, die Gott vor den Welt-Zeiten zu unserem Ruhm vorherbestimmt hat und die niemand von den Machthabern dieser Welt erkannt hat. Wenn sie diese nämlich erkannt hätten, hätten sie den Herrn der Herrlichkeit niemals gekreuzigt" (1 Kor 2,7f*). Wo das ‚Geheimnis' des Leidens ausgedrückt wird, wird freilich nicht die Abfolge der ewigen Zeugung verkündet.

5.36 Meine ‚Weisheit' ist also das Kreuz des Herrn, meine Erlösung der Tod des Herrn. „Durch sein kostbares Blut" nämlich sind wir „erlöst" worden, wie der Apostel Petrus gesagt hat (vgl. 1 Petr 1,19). Als ein Mensch hat der Herr uns durch sein Blut also erlöst, und derselbe hat als Gott die Sünden vergeben.

5.37 Wir wollen also nicht in den Worten etliche Fallen stellen und auf Fallstricke der Worte lauern[242], so daß wir nicht das, was der Sinn meint, auslegen, sondern was der Buchstabe zeigt, weil es nach dem Urteil der Ungläubigen möglich ist, daß der Wortlaut, der gelesen wird, auch

---

bei AUGUSTINUS, *in psalm.* 55,10 (CCL 39,685f), oder ARNOBIUS, *adv. nat.* 3,7 (165 MARCHESI); bei Ambrosius noch *in psalm. 118* 22,10 (CSEL 62,493).

interpraetemur. Sic perierunt Iudaei, dum sensuum profunda despiciunt et sequuntur nuda verborum. „Littera enim occidit, spiritus autem vivificat."

5.38 Et tamen inter duo gravia sacrilegia fortasse detestabilius sit ad divinitatem referre, quae carnis sunt, quam ad litteram referre, quae spiritus sunt. Illi timuerunt in deo carnem credere et ideo redemptionis gratiam perdiderunt, quia causam salutis abiurant, isti divinitatis maiestatem usque ad carnis infirma deducunt. Detestandi Iudaei, qui carnem domini crucifixerunt, detestabiliores tamen eos arbitror, qui divinitatem Christi cruci subditam crediderunt. Denique, qui Iudaeis saepe tractabat, „hereticum", inquit, „post unam correptionem devita!"

5.39 Nec tamen sine iniuria patris ‚factum nobis esse sapientiam' ad illam inenarrabilem nec ullis temporibus momentis que obnoxiam Christi generationem sacrilega interpraetatione derivant. Nam praeter id quod fili iniuria patris est contumelia, etiam in patrem sacrilegia ista procedunt, de quo scriptum est: „Fiat autem deus verax, omnis autem homo mendax." Aut si de filio putant dictum, generationi quidem non praeiudicant, deum

---

LVZ SMNCWEO def. R
1 interpraetamur *Sa.c.m2* ‖ 6 litteram] carnem *N* ‖ 7 in dño *C* ‖ 8–9 divinitatem magestatis *C* ‖ 9 usque *om. Oa* | infirmitatem *ZW* ‖ 11 tamen] enim *S* | subdi *S* ‖ 12 qui cum iudaeis *m* ‖ 14 factam *LVZSE* facta *M* ‖ 15 enarabilem *E* ‖ 19 fiat] est *LOa(Vulg.)* ‖ 20 homo autem *Z* ‖ 21 praeiudicant] *add.* et *VZSMNWE* ‖ 21– p. 384 l. 1 deum autem et] quia *Oa*

---

[243] Zu dieser Auseinandersetzung mit der Bibelhermeneutik der Homöer vgl. MARKSCHIES, *Altkirchliche Christologie und Neues Testament* 875–905; für die Hermeneutik des Ambrosius die einprägsame Skizze bei PIZZOLATO, *La dottrina esegetica* 262.
[244] Hier findet sich der zentrale Vorwurf des Ambrosius gegen die Homöer: Sie nehmen die Inkarnation nicht in der ganzen Radikalität von Joh 1,1 an.
[245] Für *tractare* in der Bedeutung „predigen" vgl. Ambrosius, *Noe* 19,70 (CSEL 32/1, 464).

etwas anderes bedeuten kann. So gingen die Juden zugrunde, indem sie die Tiefe der Schriftsinne verachteten und den bloßen Worten folgten. „Der Buchstabe nämlich tötet, der Geist aber macht lebendig" (2 Kor 3,6)[243].

5.38 Und dennoch ist unter den zwei schweren Gotteslästerungen vielleicht die verabscheuungswürdiger, bei der auf die Gottheit bezogen wird, was zum Fleisch gehört, im Gegensatz zu der, die auf den Buchstaben bezieht, was zum Geist gehört. Die einen fürchteten, bei Gott das Fleisch zu glauben[244], und haben daher die Gnade der Erlösung verloren, weil sie den Grund des Heils feierlich verleugnen; die anderen würdigen die Hoheit der Gottheit bis zur Schwäche des Fleisches herab. Die Juden sind zu verachten, die das Fleisch des Herrn gekreuzigt haben, dennoch halte ich die für verachtungswürdiger, die geglaubt haben, daß die Gottheit Christi dem Kreuz unterworfen war. Schließlich hat der, der oft den Juden gepredigt hat[245], gesagt: „Meide den Häretiker nach einer Zurechtweisung" (Tit 3,10*).

5.39 Und trotzdem beziehen sie nicht ohne Unrecht gegen den Vater die Worte ‚er ist uns gemacht als Weisheit' (1 Kor 1,30) auf jene unaussagbare und keiner Zeit und keinem Augenblick unterworfene Zeugung Christi[246] durch gotteslästerliche Auslegung[247]. Denn abgesehen davon, daß Gewalt (in der Auslegung) gegen den Sohn Schande für den Vater bringt, treten dabei auch diese Gotteslästerungen gegen den Vater auf, worüber geschrieben steht: „Es soll sich aber Gott als wahrhaftig erweisen, jeder Mensch aber als ein Lügner" (Röm 3,4*). Oder, wenn sie glauben, daß es über den Sohn gesagt ist, treffen sie tatsächlich keine Vorentscheidung über die Zeugung,

---

[246] Für die Formulierung *ad ... inenarrabilem ... generationem* verweist GRYSON, *Vetus Latina* 12/2, 1312, auf Jes 53,8 ... *generationem eius quis enarrabit* ....
[247] Die von FALLER, *Ambrosius* 8, 122, annotierten ATHANASIUS-Passagen (*Ar.* 1, 16, 7 [126 METZLER/SAVVIDIS], beziehungsweise 63, 1–3 [173 f METZLER/SAVVIDIS]) bieten nur sehr äußerliche Parallelen.

autem et deum verum huius lectionis auctoritate quod abnuunt, confitentur.

5.40 Prolixum est, si velim singula recensere, quotiens ‚factum' legerimus, non utique per naturam, sed per gratiam. Nam et Moyses dicit: „Adiutor et protector factus est mihi in salutem." Et David dicit: „Esto mihi in deum protectorem et in domum refugii, ut salvum facias me." Et Eseias dicit: „Factus est omni civitati humili adiutor." Non utique sancti deo dicunt ‚creatus es', sed ‚protector et adiutor per gratiam tuam factus es nobis'.

6.41 Unde nec illud verendum est, quod solent Arriani scaeva interpraetatione conponere dicentes factum esse dei verbum, quia ‚scriptum est, inquiunt: „Quod factum est in ipso, vita est."' —

6.42 Primum intellegant, si ad substantiam divi|nam referunt „quod factum est", Manichaeorum se quaestionibus inplicari. Obiciunt enim Manichaei: „Si quod in ipso factum est, vita est", est ergo aliquid, quod in ipso factum non sit et mors sit, ut duo impie inducant principia. Sed hoc damnat ecclesia.

6.43 Deinde unde possunt docere sic pronuntiasse evangelistam? Plerique enim docti et fideles sic pronuntiant: „Omnia per ipsum facta sunt, et sine ipso factum est nihil, quod factum est", alii sic: „Omnia per ipsum facta sunt,

---

LVZ SMNCWEO def. R

3 prolixius *Lp.c.Z* | censere *Z* ‖ 5 nam et *om. L* ‖ 6 es *W* ‖ 7 refugi *C* | me facias *VCWO* (f. me: σῶσαί με) ‖ 8 es *Z* ‖ 9–10 adiutor et protector *C* ‖ 10 gratiam] gloriam *Z* | tuam *om. S* | est nobis *W* ‖ 12 saeva *VSp.c.m2CNOam* ‖ 14 vita erat *Oa (Vulg.)* ‖ 16 referant *COam* ‖ 17 si quod] sicut *Sa.c.m2* si quo *C* ‖ 18 est ergo] ergo et *C* ergo *L* | factum *om. S* ‖ 19 non sit et mors sit] est, mors est *C* | sit *alt.*] sic *W* ‖ 21 possum *L* ‖ 22 docti *om. Z* ‖ 24 alii sic – p. 386 l. 1 nihil *om. W*

---

[248] Vgl. Ambrosius, *in psalm.* 26, 35f (CSEL 64, 98), und den Exkurs zur Satzabteilung im johanneischen Vers bei ZAHN, *Das Evangelium des Jo-*

vielmehr bekennen sie Gott und den wahren Gott nach der ursprünglichen Absicht dieser Lesung — das, was sie eigentlich abstreiten.

5.40 Es wäre ein weites Feld, wenn ich die einzelnen Stellen durchgehen wollte, wie oft wir ‚geschaffen' gelesen haben, freilich nicht durch Natur, sondern durch Gnade. Denn auch Mose sagt: „Ein Helfer und Beschützer ist er mir zum Heil geworden" (Ex 15, 2*). Und David sagt: „Sei mir ein beschützender Gott und ein Haus der Zuflucht, so daß du mir Heil verschaffst" (Ps 31, 3: Ps 30, 3 LXX). Und Jesaja sagt: „Er wurde jedem schwachen Volk ein Helfer" (Jes 25, 4*). Die Heiligen sagen zu Gott freilich nicht: ‚Du bist geschaffen worden', sondern ‚du bist uns ein Beschützer und Helfer durch deine Gnade geworden'.

6.41 Daher muß auch das nicht gefürchtet werden, was die Arianer in törichter Auslegung zusammenzufaseln pflegen, indem sie sagen, das Wort Gottes sei geschaffen, weil ‚geschrieben steht — sagen sie —: „Was in ihm geschaffen wurde, ist Leben"' (Joh 1, 3f*)[248]. —

6.42 Zuerst sollen sie einsehen, daß sie sich in Fragestellungen der Manichäer verwickeln, wenn sie, „was geschaffen ist", auf die göttliche Substanz beziehen. Die Manichäer wenden nämlich ein: ‚Wenn das, was in ihm geschaffen ist, Leben ist', gibt es also etwas, das nicht in ihm geschaffen ist, und das sei der Tod, so daß sie gottloserweise zwei ursprüngliche Grundkräfte einführen. Aber das verwirft die Kirche.

6.43 Woher können sie dann lehren, daß der Evangelist es so verkündigt hat? Die meisten nämlich der Gelehrten und Glaubenden verkünden so: „Alles ist durch ihn geschaffen, und ohne ihn ist nichts geschaffen, was geschaffen ist" (Joh 1, 3); andere sagen so: „Alles ist durch ihn ge-

---

hannes 708–711, mit einer Übersicht zur patristischen Bezeugung der Zeilen.

et sine ipso factum est nihil"; deinde pronuntiant „quod factum est" et subiungunt „in ipso", hoc est: Quidquid autem ‚factum' est „in ipso". Quid est ‚in ipso', apostolus docet dicens: „In ipso enim et sumus et vivimus et movemur" et alibi: „Omnia in ipso creata sunt."

6.44 Tamen etiamsi, quemadmodum velint, pronuntient, non possunt hinc calumniari deo verbo, si ad substantiam eius velint referre „quod factum est", quin calumnientur et patri deo, de quo scriptum est: „Qui autem facit veritatem, venit ad lucem, ut manifestentur opera eius, quia in deo sunt facta." Ecce hic opera hominis „in deo facta" legimus et ad substantiam tamen divinam referre non possumus, sed aut „per ipsum facta" cognoscimus, ut est etiam illud apostolicum, quia „omnia per ipsum et in ipso creata sunt et | ipse est ante omnes et omnia in ipso constant", aut, ut docet praesentis lectio testimonii, virtutes, quibus vitae aeternae fructus adquiritur, „in deo factas" aestimare debemus, castitatem, pietatem, religionem, fidem et alia huiusmodi, quae in „voluntate dei" facta sunt.

6.45 Ergo sicut in dei patris, ita etiam in Christi voluntate et virtute facta sunt, sicut legimus: „Creati in Christo in operibus bonis", et in psalmo: „Fiat pax in virtute tua", et alibi: „omnia in sapientia fecisti. In sapientia", inquit,

---

LVZ SMNCWEO def. R

1 deinde] denique m ∥ 1–2 quod factum est pronuntiant *Oam* ∥ 2 hoc est – 3 in ipso *pr. om. W* ∥ 2 quidquid] quid *C* (quidquid *pron. indefin.*: ‚jedes Geschaffene' *cf. in psalm. 118, 7, 6 p. 130, 16 Pe., Kühner-Stegmann II², 199 Anm. 2*) ∥ 3 factum* (ẽ *a.r.?*) *S* | est in ipso *pr.*] in ipso (*add.* est *m2*) *S* | quid] quod *N* | quid est in ipso *om. E* ∥ 4 et *pr. S, om. cet.* m enim et *om. Oa* ∥ 4–5 vibimus et movemur et sumus *C (cf. Vulg.)* ∥ 5 et alibi– sunt *om. SNEOam* ∥ 6 etiam *om. Oa* ∥ 7 hinc *CW* hic *cet.* am ∥ 8 quin et *Oa* ∥ 10 lumen *C* ∥ 11 in deo *pr.*] a deo *MN* ∥ 13 ut *om. W* | etiam *om. Oa* ∥ 14 apostoli *W* ∥ 15 ante] inter *C* ∥ 16 docet et *C* | lectionis testimonium *Nm (cf. adnot. f ont.)* ∥ 17 facta *Z, Sa.c.m2 COa* ∥ 18 caritatem *O* ∥ 19 in *om. S* ∥ 20 ita *om. C* | in *om. S* ∥ 21 et in virtute *LZN*

---

[249] Vgl. Ambrosius, *in psalm.* 36,35f (CSEL 64,98–100), sowie EPI-

schaffen, und ohne ihn ist nichts geschaffen" (Joh 1,3); dann verkünden sie, „was geschaffen ist", und verbinden es mit „in ihm", das heißt: Was auch immer aber ‚geschaffen' wurde, ist „in ihm". Was das heißt: ‚in ihm', lehrt der Apostel, indem er sagt: „In ihm nämlich sind wir und leben wir und bewegen wir uns" (Apg 17,28*), und an anderer Stelle: „Alles ist in ihm geschaffen" (Kol 1,16)[249].

6.44 Dennoch, auch wenn sie behaupten, wie auch immer sie wollen, können sie von daher nicht Gott, das Wort, verleumden, wenn sie auf seine Substanz die Formulierung „was geschaffen ist" beziehen wollen, ohne daß sie gleichzeitig auch Gott den Vater verleumden, über den geschrieben steht: „Der aber die Wahrheit tut, kommt zum Licht, damit seine Werke offenbar werden, daß sie in Gott getan sind" (Joh 3,21). Siehe, wir lesen hier, daß die Werke des Menschen „in Gott geschaffen sind", und können sie dennoch nicht auf die göttliche Substanz beziehen, sondern entweder erkennen wir sie „als durch ihn selbst gemacht" (Joh 1,3), wie auch dieses Apostelwort bezeugt: „Alles ist durch ihn und in ihm geschaffen, und er selbst ist vor allen und alles besteht in ihm" (Kol 1,16f), oder wir müssen, wie es die Lektüre des vorliegenden Schriftzeugnisses lehrt, die Kräfte, durch die die Frucht des ewigen Lebens erworben wird, als „in Gott geschaffen" einschätzen: Enthaltsamkeit, Frömmigkeit, Gottesfurcht, Glaube und anderes dieser Art, das „im Willen Gottes" geschaffen ist.

6.45 Wie sie also in Willen und Kraft Gottes des Vaters geschaffen sind, so sind sie auch in Willen und Kraft Christi geschaffen, wie wir lesen: „Sie sind geschaffen in Christus in guten Werken" (Eph 2,10[250]), und im Psalm: „Es werde Friede in deiner Kraft" (Ps 122,7: Ps 121,7 LXX), und an anderer Stelle: „Alles hast du in Weisheit erschaffen" (Ps 104,24: Ps 103,24 LXX). „In Weisheit", sagt

---

PHANIUS VON SALAMIS, *anc.* 75,2–4 (GCS 94).
[250] Vgl. FREDE, *Vetus Latina* 24/1, 21–23.

„fecisti", non ‚sapientiam fecisti'. Nam cum „omnia in sapientia" facta sint, Christus autem ‚sapientia dei' sit, non accidens utique, sed subsistens et permanens in aeternum, si facta est sapientia, iam deteriore condicione facta est quam omnia, quia sapientia fieri per se ipsa non potuit. Ergo si factum esse frequenter ad aliquid, non ad naturam refertur, etiam creatum esse ad causam refertur.

7.46 Unde intellegimus illud, quod de incarnatione domini scriptum est: „Dominus creavit me principium viarum suarum in opera sua" id significare quod ad redimenda opera | patris dominus Iesus ex virgine sit creatus. Neque enim dubitari potest de incarnationis dictum esse mysterio, cum ‚propter opera sua' a corruptelae servitio liberanda dominus susceperit carnem, „ut illum, qui imperium habebat mortis", per sui corporis „destrueret" passionem. Caro enim Christi propter „opera", divinitas ante opera, quia „ipse ante omnia, et omnia in ipso constant."

7.47 Non ergo divinitas propter opera, sed propter divinitatem opera, sicut apostolus declaravit dicens quia propter filium dei omnia. Sic enim habes: „Decebat autem eum,

---

LVZ SMNCWEO def. R
2 dei sapientia *COam* ‖ 3 accedens *Mp.c.Sa.c.WOa* | nec subsistens sed *W* ‖ 4 iam non *S* | deteriori *N* ‖ 5 quia] eo quod *Oa* | ipsam *Sa.r.CN, Ep.c.m2Oam* ‖ 6 aliquid] aliud *Oa* ‖ 7 etiam – refertur *om. W* | esse *om. VS, Ma.c.NC* | refertur] *add. titulum recent. (cf. Proleg. IV 18) Oa* ‖ 8–9 domini *om. C* ‖ 11 creatus] natus *Cp.c. man. rec.* ‖ 13 a *om. L* ‖ 17 et] sed et *m* ‖ 20 dei *om. W*

---

[251] Wie Weisheit sonst Eigenschaft (= Akzidenz) von etwas ist.
[252] Interessanterweise wird in der ganzen fünfbändigen Untersuchung des Ambrosius die vollständige Bibelstelle Spr 8,22 mit ihrer Formulierung ... *principium viarum suarum in opera sua* nur hier zitiert. Für den Vers vgl. SABATIER, *Vetus Latina* 2,309f (Belege): *Dominus condidit me in initio viarum suarum in opera sua*.
[253] Vgl. dafür die Auslegungen der Bibelstelle bei ATHANASIUS VON ALEXANDRIEN, *Ar.* 2,8,5 – 2,9,6 (185 f METZLER/SAVVIDIS), beziehungsweise 55,2 (231 METZLER/SAVVIDIS); PS.-DIDYMUS, *trin.* 3,3 (PG 39, 805–828);

er, „hast du erschaffen", nicht: ‚die Weisheit hast du erschaffen'. Denn da „alles in Weisheit" geschaffen wurde, Christus aber die ‚Weisheit Gottes' ist, ist sie gewiß keine Eigenschaft[251], sondern besteht und bleibt in Ewigkeit. Wenn aber die Weisheit geschaffen ist, ist sie schon unter einer schlechteren Bedingung geschaffen als alles andere, weil die Weisheit nicht durch sich selbst geschaffen werden konnte. Wenn also ‚geschaffen sein' sich häufig auf irgend etwas (*sc.* eine Eigenschaft), nicht aber auf die Natur bezieht, dann bezieht sich auch ‚erschaffen sein' auf einen Zweck.

7.46 Von daher verstehen wir auch das, was über die Fleischwerdung des Herrn geschrieben ist: „Der Herr hat mich geschaffen für seine Werke als Anfang seiner Wege" (Spr 8,22*)[252]. Das bedeutet, daß der Herr Jesus aus der Jungfrau geschaffen ist, um die Schöpfungswerke des Vaters zu erlösen. Und es ist nämlich nicht möglich, daran zu zweifeln, daß das über das Geheimnis der Fleischwerdung gesagt ist, weil der Herr Fleisch angenommen hat, ‚um seine Werke' von der Knechtschaft der Verderbnis zu befreien, „so daß er den, der die Herrschaft über den Tod hatte", durch das Leiden seines Leibes „zerstörte" (Hebr 2,14)[253]. Das Fleisch Christi nämlich besteht wegen „der Werke", die Gottheit aber vor den Werken, weil „er selbst vor allem und alles in ihm besteht" (Kol 1,17).

7.47 Die Gottheit besteht also nicht wegen der Werke, sondern die Werke wegen der Gottheit, wie der Apostel verkündet hat, als er sagte, daß wegen des Sohnes Gottes alles besteht. So nämlich findest du es: „Es war aber ange-

---

GREGOR VON NYSSA, *Eun.* 3,6,77f (213 JAEGER), sowie SIMONETTI, *Studi* 9–87, und ders., *La crisi* 278.478f. — Die nächste Parallele zu der Argumentation des Ambrosius findet sich bei ATHANASIUS VON ALEXANDRIEN, *decr.* 14,1–5 (12 OPITZ); MORESCHINI, *Ambrosius* 15,215 Anm. 1, weist zur Stelle noch auf HIERONYMUS, *epist.* 140,5 (CSEL 61/1,273f), hin.

per quem omnia et propter quem omnia, multis filiis in gloriam adductis ducem salutis eorum per passionem consummari." Nonne evidenter exposuit quia dei filius, qui propter divinitatem suam omnia creavit, is postea propter populi salutem et carnis susceptionem et mortis adsump- 5 serit passionem?

7.48 Propter quae autem opera sit creatus ex virgine, ipse dominus, cum illum caecum curaret, ostendit dicens: „In illo me oportet operari opera eius, qui me misit." Et addidit, ut de incarnatione dictum crederemus: „Cum in hoc 10 mundo sum, lux sum huius mundi." Etenim quasi homo „in hoc mundo" pro tempore est; nam quasi deus semper est. Denique et alibi ait: „Ecce ego vobiscum sum usque ad consummationem mundi."

7.49 Nec de ‚principio' residet aliquid quaestionis, cum 15 interrogatus in carne „tu qui es?", responderit: „Principium quod et loquor vobis." Quod non solum ad divinitatis aeternitatem | refertur, sed etiam ad documenta virtutum. Ex hoc | 126 enim et deum se probavit aeternum, quia omnium ipse „principium" est, et uniuscuiusque virtutis auctorem, quia ‚eccle- 20 siae caput' est, sicut scriptum est, quia „ipse est caput corporis ecclesiae, qui est principium, primogenitus ex mortuis."

7.50 Liquet igitur et de incarnatione dictum esse „principium viarum suarum", quod ad sacramentum suscepti

---

LVZ SMNCWEO def. R
3 qui *om. C* || 4 propter *om. W* | is] hic *C*, d̃s *W, om. S* || 8 curasset *W* || 9 in illo *om. C* | operari me oportet *L* | misit me *Oam* || 10 ut *om. Sa.c.m2* | de incarnatione eius *Cm* || 10–11 hoc in mundo *N* || 11 mundi huius *M* || 13 et *om. SEOa* || 14 mundi] saeculi *C (Vulg.)* || 15 resedit *S* | aliquid residet *C* || 16 qui *VSMm* quis *cet. (Vulg.)* | respondit *MN* || 17 quod] qui* *N* | vobiscum *S* || 17–18 divinitatis aeternitatem] divinitatis aeternae *M* substantiam divinitatis aeternae *Nm* || 18 defertur *L* || 19 deum] dñm *C* dñs *Z* || 20 auctor *S, Lp.c.Nm* auctor est *Oa* || 21 quia] qui *Z* est *pr. om. Oa* qui] quia *L* || 23 et *om. S*

---

[254] SCHNACKENBURG, *Das Johannesevangelium* 2, 255, nennt den latei-

messen, daß der, durch den alles und dessentwegen alles ist, nachdem viele Söhne zur Herrlichkeit hingeführt worden waren, als Führer zu deren Heil durch das Leiden vollendet wurde" (Hebr 2,10*). Hat er nicht offensichtlich dargelegt, daß der Sohn Gottes, der wegen seiner Gottheit alles geschaffen hat, später wegen der Rettung seines Volkes die Annahme des Fleisches und das Leiden des Todes auf sich genommen hat?

7.48 Wegen welcher Werke aber er aus der Jungfrau geschaffen worden ist, zeigte der Herr selbst, als er den Blinden heilte, indem er sagte: „Es ist notwendig, daß ich an ihm die Werke dessen tue, der mich gesandt hat" (Joh 9,4*). Und er hat hinzugefügt, damit wir glauben, daß es über die Fleischwerdung gesagt ist: „Solange ich in dieser Welt bin, bin ich das Licht der Welt" (Joh 9,5). In der Tat ist er als ein Mensch „in dieser Welt" für eine bestimmte Zeit; denn nur als Gott ist er immer. Schließlich sagte er auch an anderer Stelle: „Siehe, ich bin bei euch bis zur Vollendung der Welt" (Mt 28,20*).

7.49 Und über ‚den Anfang' (sc. aus Spr 8,22) bleibt kein Platz für eine Frage, weil er, wenn er im Fleisch gefragt wurde: „Wer bist du?" (Joh 8,25), geantwortet hat: „Der Anfang, von dem ich auch zu euch rede" (Joh 8,25*)[254]. Das wird nicht nur auf die Ewigkeit der Gottheit bezogen, sondern auch zum Beweis der Kräfte verwendet. Dadurch nämlich erwies er sich auch als ewiger Gott, daß er selbst „Anfang" von allem ist, und als Urheber einer jeden Kraft, dadurch daß er ‚Haupt der Kirche' ist, wie geschrieben steht: „Er selbst ist Haupt des Leibes, nämlich der Kirche, der der Anfang ist, der Erstgeborene aus den Toten" (Kol 1,18).

7.50 Es ist also offensichtlich, daß auch der Ausdruck „Anfang seiner Wege" (Spr 8,22*) über die Fleischwerdung gesagt ist, was anscheinend auf das Geheimnis des an-

---

nischen Text mit seinem *principium quod* „eine sklavische, falsche Übersetzung, bei der principium als Nominativ erscheint, sich mit dem Folgenden schwer verbinden läßt und zu freier Spekulation verleitet".

corporis videtur esse referendum. Ideo enim carnem
suscepit, ut ad caelum nobis sterneret iter. Denique ait:
„Ascendo ad patrem meum et ad patrem vestrum, ad deum
meum et ad deum vestrum." Denique ut scias quod ‚vias
suas' omnipotens pater secundum incarnationem prae-
scripserit filio, habes in Zacharia ad ‚Iesum indutum vestimenta sordida' ab angelo dictum: „Haec dicit dominus
omnipotens: Si in viis meis ambulaveris et praecepta mea
custodieris." Quid est vestimentum illud sordidum nisi
carnis adsumptio?

7.51 ‚Viae' igitur domini velut quidam tramites bonae
vitae sunt, qui diriguntur a Christo, qui ait: „Ego sum via
et veritas et vita." Via ergo superna est ‚dei virtus'; Christus enim via nobis est, et bona via, quae ‚credentibus caeli
regna patefecit'. Viae autem domini „viae rectae sunt",
sicut scriptum est: „Vias tuas, domine, notas fac mihi." Via
castitas, via fides, via est abstinentia. Est namque via virtu-
tis, est et „via iniqui|tatis"; scriptum est enim: „Et vide, si
est via iniquitatis in me."

LVZ SMNCWEO def. R
1 ideo – 4 vestrum *alt. om. VSMNOa, post l. 10* adsumptio *E* ||
3–4 ad *alt., tert., quart. om.* ZWm || 2 denique–10 adsumptio *om. C* de-
nique] et *Lm2Z* || 4 sciatis *W* || 6 ad *om. Oa* || 9 quod *LMNm* ||
11 tramis *Ma.c.m2* trames *N* || 12 qui *pr.*] quae *CNm* || 13 et *pr. om. N* |
dei] deus *E* | dñi *Z* | via *pr. om. S* || 14 nobis via *Oam* | et *om. W* |
bona via est *L* || 15 regnum caeleste *LC* || 17 castitatis *Ma.r.* | est *pr.
om. Oa* || 19 via est *N*

---

[255] Auch die englische Übersetzung versteht *secundum incarnationem*
als „a result of the Incarnation" und überträgt: „... after the Incarnation"
(250 Anm. 2 ROMESTIN).
[256] Die Septuaginta gibt die hebräischen Namen JEHOSCHUA, JOSCHUA
und die jüngere Dissimilation der Kurzform JESCHUA („Gott hilft") ein-
heitlich mit Ἰησοῦς wieder, und die lateinischen Übersetzungen über-
nehmen diese Praxis. Damit entfällt die in deutschen Übersetzungen aufgrund des hebräischen Bibeltextes gewöhnlich vorgenommene Dif-
ferenzierung zwischen MOSES Nachfolger JOSUA, dem im Sacharja-Buch
genannten Hohepriester JESCHUA und JESUS VON NAZARETH. Der Hohe-

genommenen Leibes bezogen werden muß. Daher nämlich hat er das Fleisch angenommen, um für uns einen Weg zum Himmel zu ebnen. Schließlich sagt er: „Ich steige auf zu meinem Vater und zu eurem Vater, zu meinem Gott und zu eurem Gott" (Joh 20,17*). Damit du schließlich weißt, daß der allmächtige Vater dem Sohn nach der Fleischwerdung[255] ‚seine Wege' vorgeschrieben hat, findest du bei Sacharja den Ausspruch, daß zu ‚Jesus[256], der in schmutzige Kleidung gehüllt war', vom Engel gesagt worden war: „Das sagt der allmächtige Herr: Wenn du auf meinen Wegen gewandelt bist und meine Vorschriften beachtet hast" (Sach 3,7*). Was bedeutet jene ‚schmutzige Kleidung', wenn nicht die Annahme des Fleisches?

7.51 ‚Die Wege' des Herrn also sind gleichsam gewisse Pfade des guten Lebens, die von Christus gewiesen werden, der sagt: „Ich bin der Weg, die Wahrheit und das Leben" (Joh 14,6). Der himmlische Weg[257] also ist die ‚Kraft Gottes'; Christus ist nämlich der Weg für uns, und er ist ein guter Weg, der ‚den Glaubenden das Himmelreich geöffnet hat'[258]. Die Wege des Herrn aber „sind gerade Wege"(Dan 3,27*), wie geschrieben steht. „Mache mir deine Wege bekannt, Herr" (Ps 25,4: Ps 24,4*). Der Weg ist Keuschheit, Glaube und Enthaltsamkeit. Denn es gibt einen Weg der Tugend[259], es gibt aber auch einen „Weg der Ungerechtigkeit". Es steht nämlich geschrieben: „Und siehe, ob ein Weg der Ungerechtigkeit in mir ist" (Ps 139,24: Ps 138,24*).

---

priester JESCHUA war der ranghöchste Priester in Juda nach dem Exil und zugleich Enkel des letzten vor dem Exil; vgl. RUDOLPH, *Haggai – Sacharja 1–8*, 30 f.

[257] In 1 Kor 12,31 heißt es: *maiorem viam* oder *supereminentem viam* (nach SABATIER, *Vetus Latina* 3/2, 705).

[258] Vgl. aus dem christologischen Teil des Hymnus *Te Deum: aperuisti credentibus regna coelorum* (vgl. dazu auch KÄHLER, *Studien zum Te Deum* 73 f).

[259] *Virtus* spielt natürlich auch weiter auf 1 Kor 1,24 *Christum ... Dei virtutem* an.

7.52 „Principium" itaque nostrae virtutis est Christus, principium integritatis, qui docuit virgines non viriles expectare concubitus, sed integritatem mentis et corporis sancto magis dicare spiritui quam marito;

principium parsimoniae Christus, qui „pauper factus est, cum dives esset",

principium patientiae Christus, „qui, cum malediceretur, non remaledixit, cum percuteretur, non repercussit",

principium humilitatis Christus, qui „formam servi accepit", cum patrem deum maiestate virtutis aequaret. Ex illo enim accepit virtus unaquaeque principium.

7.53 Et ideo ut haec virtutum genera disceremus, „filius datus est nobis, cuius principium super umeros eius." Principium illud crux domini est, principium fortitudinis, quo via sanctis est reserata martyribus ad sacri certaminis passionem.

8.54 Vidit hoc principium Eseias et ideo ait: „Puer natus est, filius datus est nobis." Viderunt et magi et ideo, cum parvulum in praesepio cernerent, adorarunt dicentes: „Puer natus est", cum stellam conspicerent praedicantes: „Filius datus est nobis." Aliud munus e terris, aliud munus e caelo, et utrumque unus in utroque perfectus et sine mutabilitate divinitatis et sine humanae inminutione na-

---

LVZ SMNCWEO def. R

1 nostrae] non modo *S* | christus] *add.* sed et *Sm2* | christus est *Z* ‖ 3 concubitos *CW* ‖ 4 dicare se *L* | spiritu *W* ‖ 6 esset dives *SOam* dives factus esset *E* ‖ 8 maledixit *Oa* ‖ 10 patri deo *C* ‖ 11 accipit *L p.c.* | unum quodque *N* ‖ 13 umeros *Sa.c.m2* humeros *cet. am* ‖ 15 reservata *W* ‖ 17–18 natus est] *add.* nobis *codd. exc. NW* (*cf.* § 56 ‚alii sic habent' *eqs.*) ‖ 18 et *pr. om. Oa* ‖ 19 parvolum *Sa.c.m2* | praesepio *VS* praesepe *C* praesepi *cet. am* | adorarunt *LVZMW, Ea.c.m2* adoraverunt *cet. am* ‖ 21 est nobis *LVZSWOa* est et nobis *C* | e] est (*bis*) *Oa* ‖ 22 unus] munus *S* ‖ 22 in – p. 396 l. 1 naturae *om. S* ‖ 22 in utrunque *W*

---

[260] Zu dieser Bibelstelle in der patristischen Literatur vgl. jetzt die Tübinger Dissertation von ANGSTENBERGER, *Der reiche und der arme Christus;* sie enthält auch einen Abschnitt zu Ambrosius von Mailand: 243–257.

7.52 Deshalb ist der „Anfang" unserer Tugend Christus, der Anfang der Reinheit, der die Jungfrauen gelehrt hat, nicht das Zusammensein mit Männern zu erhoffen, sondern die Reinheit des Geistes und des Leibes eher dem heiligen Geist als dem Ehemann zu weihen.

Anfang der Einfachheit ist Christus, „der arm geworden ist, obwohl er reich war" (2 Kor 8,9*)[260].

Anfang der Geduld ist Christus, „der, obwohl er verspottet wurde, nicht gleichfalls verspottet hat, obwohl er geschlagen wurde, nicht zurückgeschlagen hat" (1 Petr 2,23*).

Anfang der Demut ist Christus, der „Knechtsgestalt angenommen hat" (Phil 2,7), obwohl er Gott dem Vater in der Hoheit der Tugend gleich war. Aus ihm nämlich hat eine jede Tugend ihren Anfang genommen.

7.53 Und deshalb, damit wir diese Arten von Tugenden lernen, „ist uns ein Sohn gegeben, dessen Anfang auf seinen Schultern liegt" (Jes 9,5). Dieser Anfang ist das Kreuz des Herrn, der Anfang der Stärke, wodurch den heiligen Märtyrern ein Weg eröffnet worden ist zum Bestehen des heiligen Kampfes.

8.54 Jesaja hat diesen Anfang gesehen und sagt daher: „Ein Kind ist geboren, ein Sohn ist uns gegeben" (Jes 9,5). Auch die Weisen haben ihn gesehen und haben ihn daher, als sie das kleine Kind in der Krippe erkannten, angebetet und gesagt: „Ein Kind ist geboren"; als sie den Stern erblickten, verkündeten sie: „Ein Sohn ist uns gegeben". Eines ist Geschenk von der Erde, das andere Geschenk aus dem Himmel, und ein einziger ist beides und in beidem vollkommen ohne Veränderlichkeit der Gottheit und ohne Schmälerung der menschlichen Natur[261]. Einen

---

[261] Ambrosius lehrt — wie später LEO VON ROM — nicht nur die Unversehrtheit der göttlichen, sondern auch die der menschlichen Natur; vgl. ARENS, *Die christologische Sprache Leos des Großen* 337f.

turae. Unum | adoraverunt eidemque munera obtulerunt, | 128
ut ostenderent ipsum esse caeli dominum, qui in praesepibus videretur.

8.55 Distingue singulorum momenta verborum: „Puer natus est, filius datus est nobis." Etsi ex patre ‚natus', non tamen nobis natus sed ‚datus' est, quia non filius propter nos, sed nos propter filium. Neque enim nobis natus est, qui et ante nos natus est et totius est conditor creaturae. Neque nunc primum nascitur, qui erat semper et „erat in principio". Sed illud, quod non erat, nobis nascitur, quod etiam angelus pastoribus cum loqueretur, nobis dixit esse generatum, sicut habes scriptum: „Quia natus est vobis hodie salvator, qui est Christus dominus, in civitate David. Nobis" ergo quod non erat natum est, hoc est „puer" ex virgine, corpus ex Maria; hoc enim post nos, illud ante nos.

8.56 Alii sic habent: „Puer natus est nobis, filius et datus est nobis", hoc est: Qui erat „filius" dei, hic e Maria „puer natus est nobis et datus est nobis". Qui datus sit, audi dicentem profetam: „Et salutare tuum da nobis." Quod enim supra nos est, datur, quod de caelo est, datur, sicut etiam de spiritu legimus quia „caritas dei effusa est in cordibus nostris per spiritum sanctum, qui datus est nobis."

8.57 Sed videte, quemadmodum hic locus multas hereses | extinguat. „Puer natus est nobis", nobis, non Iu- | 129
daeis, nobis, non Manichaeis, nobis, non Marcionitis.

LVZ SMNCWEO def. R

1 idemque *Sa.c.m2* et idemque *C* ‖ 2 dominum] dm̃ *W* ‖ 5 natus] datus *C* | est *pr.*] *add.* nobis *codd. exc. MN* (nobis *falso: cf. ll. 11sq., 21sq.*) | datus] natus *CV om. Oa* ‖ 6 sed datus est *om. Oa* | est *om. L* ‖ 8 qui et] quia *Z* | est *pr.* eras. *S* ‖ 10 quod *alt.* – 14 natum est *om. SMNOa* ‖ 11 nobis *om.* m ‖ 12 est *om. L* | vobis] nobis *VW* ‖ 14 ergo] autem *C* | natus *W* ‖ 16 alii] *add.* codices m | natus] datus *C* | et (υἱὸς καὶ ἐδόθη ἡμῖν) *SWE om. cet.* ‖ 17 hoc – 18 nobis *alt. om. Oa* ‖ 17 et Mariae *N* ‖ 18 natus] datus *C* ‖ 18 et–sit *om. C* | et datus est nobis *om. S* | qui] quia m ‖ 19 profetam dicentem *WOa*m ‖ 20 est *alt. s.l. Mm2, om. N* ‖ 21 etiam] *add.* alibi *Oa* | quia] quod *Oa*m ‖ 23 vide** *M* vide *Oa* | hic locus *om. N* ‖ 24 nobis *alt.* om. *LZNWOa*m ‖ 24–25 nobis *tert. om. C*

einzigen haben sie angebetet und demselben Geschenke dargebracht, um zu zeigen, daß er, der in der Krippe zu sehen war, Herr des Himmels ist.

8.55 Unterscheide die Bedeutungen der einzelnen Worte: „Ein Kind ist geboren, ein Sohn ist uns gegeben" (Jes 9,5*). Wenn er auch aus dem Vater ‚geboren' ist, ist er trotzdem nicht uns geboren, sondern ‚uns gegeben', weil nicht der Sohn unseretwegen, sondern wir wegen des Sohnes existieren. Und er ist nämlich nicht erst ‚uns' geboren, der schon vor uns geboren ist und Schöpfer der ganzen Schöpfung ist. Auch ist er jetzt nicht zum ersten Mal geboren, der immer war und „am Anfang war" (Joh 1,1f). Sondern das, was nicht war, ist uns geboren, weil auch der Engel, als er mit den Hirten sprach, gesagt hat, daß er für uns gezeugt worden ist, wie du es geschrieben findest: „Denn euch ist heute der Heiland geboren, der Christus, der Herr ist, in der Stadt Davids" (Lk 2,11). „Uns" also ist geboren, was nicht war, das heißt, „das Kind" aus der Jungfrau, der Leib aus Maria; das nämlich ist nach uns, jenes vor uns.

8.56 Andere Handschriften bieten den Vers so: „Ein Kind ist uns geboren, ein Sohn, und ist uns gegeben" (Jes 9,5*[262]), das heißt: Derjenige, der „Sohn" Gottes war, der ist „uns" aus Maria „als Kind geboren worden und ist uns gegeben worden". Höre den Propheten, wenn er von dem redet, der uns gegeben ist: „Und gib uns dein Heil" (Ps 85,5: Ps 84,5 LXX). Was nämlich über uns ist, wird gegeben, was vom Himmel ist, wird gegeben, wie wir auch über den Geist lesen: „Die Liebe Gottes ist in unsere Herzen ausgegossen durch den heiligen Geist, der uns gegeben ist" (Röm 5,5*).

8.57 Aber seht, auf welche Weise diese Bibelstelle viele Häresien auslöscht[263]: „Ein Kind ist uns geboren", uns, nicht den Juden, uns, nicht den Manichäern, uns, nicht den

---

[262] Vgl. dafür die Belege bei GRYSON, *Vetus Latina* 12, 288–292.
[263] Die Reihenfolge des Kataloges (Manichäer, Marcioniten, Photinianer, Sabellianer und Arianer) ist nicht chronologisch.

Propheta dicit „nobis", hoc est ‚„credentibus", non incredulis'. Et ille quidem misericordia sua omnibus natus est, sed perfidia hereticorum fecit, ut non omnibus nasceretur, qui omnibus natus est. Nam et lumen diei „oriri" iubetur „super bonos et malos", sed oriri non videntibus non videtur.

8.58 Sicut ergo „puer" non omnibus „natus est", sed fidelibus, sic „filius" non infidelibus „datus est", sed fidelibus.

Nobis datus est, non Fotinianis; illi enim non datum nobis dei filium dicunt esse, sed ab initio inter nos natum. Non Sabellianis; illi enim nolunt filium datum, eundem adserentes patrem esse quem filium.

Nobis, non Arrianis; et ipsi enim non habent filium pro salute datum, sed pro infirmitate transmissum. Non habent ‚consiliarium', quem putant futura nescisse, non habent filium, quem sempiternum non putant, cum scriptum sit de verbo dei „quod erat in principio" et alibi „in principio erat verbum". Denique, ut ad propositum revertamur exemplum: „In principio", inquit, „antequam terram faceret, antequam abyssos faceret, antequam procederent fontes aquarum, ante omnes colles genuit me."

9.59 Fortasse dices, quomodo de incarnatione Christi | dictum esse memoraverim „dominus creavit me", cum ante incarnationem Christi creatura sit mundi. Sed considera quia moris est scripturis divinis et futura pro prae-

---

LVZ SMNCWEO def. R
1 propheta dicit *om. LVZCW* ‖ 2 quidem non *Oa* ‖ 2 sed perfidia – 4 natus est *om. Oa* ‖ 4 iubetur *om. V* ‖ 5 non *pr. om. S* ‖ 6 sicut] si *Oa* ‖ 6–7 est *alt. om. V* ‖ 9 fotiniacis *V, Sa.c.CWE* ‖ 10 natum] *add.* nobis *Oa, add.* nobis datus est *Nm* ‖ 11 datum] natum *C* ‖ 13 filium *om. W* ‖ 15 nescire *C* ‖ 16 non putant sempiternum *LSMN* sempiternum quem non *E* ‖ 18 ut *om. CV* ‖ 20 antequam abyssos faceret *om. Oa* abyssus constitueret *W* | antequam *alt.*] priusquam *W* et antequam *Oam* ‖ 20–21 produceret *Oam* producerentur *W* ‖ 21 fontes (*om.* aquarum)] *add.* sub caelo et antequam montes collocarentur et *W* ‖ 22 dicis *SCZ* | incarnatione] **carne (in *eras.*, ne *i.r.*) *L* ‖ 23 memoraverit *V* memoraveris *W* ‖ 24 sed *om. E* ‖ 25 moris] mos *Ep.c.*

Marcioniten. Der Prophet sagt „uns", das heißt ,„den Glaubenden", nicht den Ungläubigen'. Und er ist freilich aufgrund seiner Barmherzigkeit für alle geboren worden, aber der Unglaube der Häretiker hat bewirkt, daß der, der für alle geboren ist, doch nicht für alle geboren ist. Denn er läßt auch das Licht des Tages „über Gute und Böse aufgehen" (Mt 5, 45), aber es scheint nicht für diejenigen, die nicht sehen können, aufzugehen.

8.58 Wie also das „Kind" nicht für alle „geboren ist", sondern nur für die Glaubenden, so „ist der Sohn" nicht den Ungläubigen „gegeben", sondern nur den Glaubenden.

Uns ist er gegeben, nicht den Photinianern; sie nämlich sagen, daß der Sohn Gottes nicht uns gegeben, sondern von Anfang an unter uns geboren ist. Nicht den Sabellianern; sie nämlich wollen nicht, daß der Sohn gegeben ist, weil sie behaupten, daß der Vater derselbe ist wie der Sohn.

Uns, nicht den Arianern; auch sie halten den Sohn nicht für den, der als Heiland gegeben worden ist, sondern als schwacher Mensch von Gott geschickt worden ist. Sie haben den nicht als ‚Ratgeber' (Jes 9, 5), von dem sie glauben, daß er Zukünftiges nicht kannte, sie haben den nicht als Sohn, von dem sie nicht glauben, daß er ewig ist, obwohl über das Wort Gottes geschrieben steht: „Dies war im Anfang" (1 Joh 1, 1*) und an anderer Stelle: „Im Anfang war das Wort" (Joh 1, 1). Um schließlich zum angeführten Beispiel zurückzukehren: „Am Anfang", heißt es, „bevor er die Erde schuf, bevor er die Abgründe schuf, bevor die Wasser-Quellen hervorsprudelten, vor allen Hügeln, hat er mich" gezeugt (Spr 8, 23–25*).

9.59 Vielleicht wirst du fragen, wie ich erwähnen konnte, daß die Formulierung „der Herr hat mich geschaffen" (Spr 8, 22*) über die Fleischwerdung Christi gesagt ist, obwohl vor der Fleischwerdung Christi die Schöpfung der Welt liegt. Aber bedenke, daß die göttlichen Schriften gewöhnlich zukünftige Ereignisse anstelle der vergan-

teritis dicere et geminam in Christo significare substantiam, divinitatis et carnis, ne quis aut divinitatem neget eius aut carnem.

9.60 Nam sicut in Eseia habes: "Puer natus est nobis, filius datus est nobis", ita hic quoque ante praemisit creaturam carnis et subtexuit adsertionem divinitatis, ut scires non duos Christos, sed unum esse, qui et ante saecula generatus ex patre sit et ultimis temporibus creatus ex virgine, hoc est: ‚Ego sum ille creatus ex homine, creatus ad causam, qui sum generatus ante saecula.'

9.61 Denique dicturus "dominus creavit me" praemisit: "Commemorabo, quae a saeculo sunt", dicturus "genuit" praemisit: "In principio antequam terram faceret, ante omnes colles genuit me. Ante" cum dicitur, in infinitum retro sine aliqua definitione porrigitur. Denique "ante Abraham", inquit, "ego sum", non utique ‚post Adam', et "ante luciferum", non utique ‚post angelos'. Sed "ante" cum dicit, non se intra aliquem, sed omnia intra se dixit. Sic enim moris est aeternitatem dei scripturis significare

---

LVZ SMNCWEO def. R
4 nam *om. Z* | in *om.* S | esaias *Sp.c.m2* | habet S ‖ 5 et filius *Cm* | ante *om. CW* ‖ 7–8 et *pr. om. S, Ma.c.m3N* ‖ 8 generatus – 10 saecula *om. W* ‖ 8 genitus *S* | sit ex patre *Oam* ‖ a (*add. m2*) patre sit *S* ‖ 9 ego *om.* S ‖ 9–10 ex causa *S* ‖ 10 genitus *S* ‖ 11 dicturus – 12 sunt *om. Ma.c.m3* ‖ 14 ante cum] antequam *N* ‖ 16 adam] *add.* sed *W*

---

[264] Vgl. für die Formulierung *geminam substantiam* aus dem Hymnus *Intende, qui regis Israel* (beziehungsweise *Veni, redemptor gentium*) die fünfte (beziehungsweise vierte) Strophe: *Procedat e thalamo suo, / pudoris aula regia, / geminae gigas substantiae / alacris ut currat viam* (275 FONTAINE; vgl. den Kommentar 291: Es handelt sich wohl um eine christliche Deutung von Gen 6,1f, so auch HARL, *La Bible d'Alexandrie. La Genèse* 125f).
[265] Für die Formulierung *ante saecula generatus* vgl. Ambrosius, *spir.* 3,22,168 (CSEL 79,221: *quia non alter Christus, sed unus est et ante saecula ex patre ut Dei filius natus*), sowie *exc. Sat.* 1,12 (CSEL 73,215: ‚*Factus*' *ex matre,* ‚*natus*' *ex patre*). Der Ausdruck *ultimis temporibus* meint

genen nennen und die zweifache Substanz in Christus[264] anzeigen, die der Gottheit und die des Fleisches, damit keiner seine Gottheit oder sein Fleisch leugnet.

9.60 Denn wie du es bei Jesaja findest: „Ein Kind ist uns geboren, ein Sohn ist uns gegeben" (Jes 9,5*), so hat er hier auch zuerst die Erschaffung des Fleisches genannt und den Hinweis auf die Gottheit angefügt, damit du weißt, daß es nicht zwei Christi gibt, sondern nur einen, der sowohl vor den Zeiten aus dem Vater gezeugt als auch in den letzten Zeiten[265] aus der Jungfrau geschaffen ist. Das heißt: ‚Ich bin der, der aus einem Menschen geschaffen ist, geschaffen zu einem Zweck, ich, der ich schon vor Zeiten gezeugt worden bin'[266].

9.61 Schließlich hat er, bevor er sagte: „Der Herr hat mich geschaffen", vorausgeschickt: „Ich werde erwähnen, was von Ewigkeit her ist" (Spr 8,21a*). Bevor er sagte: „Er hat mich gezeugt", hat er vorausgeschickt: „Am Anfang, bevor er die Erde machte, vor allen Hügeln hat er mich gezeugt" (Spr 8,25*). Wenn „vor" gesagt wird, erstreckt sich die Zeitspanne rückwärts in Ewigkeit ohne irgendeine Begrenzung. Schließlich hat er gesagt: „Vor Abraham bin ich" (Joh 8,58), gerade nicht: ‚nach Adam', und „vor dem Morgenstern" (Ps 110,3: Ps 109,3 LXX), gerade nicht ‚nach den Engeln'. Aber wenn er „vor" sagt, dann hat er nicht gesagt, daß er sich innerhalb von jemand befindet, sondern daß alles in ihm ist. So nämlich zeigen die göttlichen Schriften gewöhnlich die Ewigkeit Gottes

---

hier wohl nicht: „in jüngster Zeit", vgl. auch Ambrosius, *Ioseph* 14,84 (CSEL 32/1,122); *in Luc.* 7,164 (CCL 14, 271); 9,28 (CCL14,340f); *fid.* 5,2,31, unten 610f, und *epist. extra coll.* 14[65],58 (CSEL 82/3,265). Vgl. dafür auch 1 Petr 1,20 *novissimis temporibus* (3/2,947 SABATIER).

[266] FALLER, *Ambrosius* 8,130, verweist auf ATHANASIUS VON ALEXANDRIEN, *Ar.* 2,56,1–6 (232f METZLER/SAVVIDIS), hier verläuft allerdings die Argumentation anders: Die Menschen wurden in Christus geschaffen, und die Werke sind Grund der Schöpfung.

divinis; denique alibi habes: | „Priusquam fierent montes et | 131
formaretur orbis terrae, a saeculo usque in saeculum
tu es."

9.62 Ante omnia ergo generatio, inter omnia et propter
omnia creatura, natus ex patre supra legem, ‚factus ex 5
Maria sub lege'.

De eo quod scriptum est: „Post me venit vir, qui ante me factus est"

10.63 Sed scriptum est: „Post me venit vir, qui ante me
factus est, quia prior me erat." Unde dicunt: ‚Ecce qui erat, 10
factus est!'

Ipsa verba pendamus. „Post me", inquit, „venit vir. Vir"
ergo est, qui „venit", ipse, „qui factus est". Vir autem
nomen est sexus. Sexus autem non utique divinitati, sed
naturae deputatur humanae. 15

10.64 Possem ergo dicere: „Erat" in praecognitione
quidem corporis, sed aeternitate virtutis. Nam et ecclesia
erat, ‚et sancti erant praedestinati' „ante saecula". Sed non
id hoc loco dico, sed illud adsero: ‚factum esse' non ad
divinitatem, sed ad incarnationis pertinere naturam, sicut 20
| ipse Iohannes dixit: „Hic est, de quo dixi: Post me venit | 132
vir, qui ante me factus est."

LVZ SMNCWEO def. R

1 montes fierent *Oam* | et] aut *Oa* ‖ 2 firmaretur *LSCE* | et usque *Oam* ‖ 3 tu es deus *L* ‖ 4 generatio] generatus *W* ‖ 5 ex *alt.*] est *Sa.c.m2* ‖ Maria] matre *C* ‖ 7 *De eo* – 8 *Factus est hic Lm2 (add.* cap. IIII), *Z (add.* IIII), *(CW u.t.), l. 9* scriptum est *V (M u.t.); titul. recent. hic Oa om. SEN* ‖ 7 me *pr.] add.* inquid *C* ‖ 9 sed] sicut *N* | sed–est *om. Z* | sed scriptum de eo est *La.c.m2* ‖ 9 post me – 10 est *cancell. M* ‖ 11 est *om.S* ‖ 12 pendamus *LVZ MW, Ea.c.* ponenda *S* perpendamus *NC, E.p.c. Oam* | venit *om. Oa* ‖ 13 est *pr. om. Oa* ‖ 14 divinitatis *LVZSMC* ‖ 16 possim *V* post me *E* | precogitatione *Oa* ‖ 17 et *om. VMN* ‖ 18 et *om. C* ‖ 19 id] in *SCW* | loco hoc *Oa* | dico *om. S* | sed] at *m* ‖ 20 divinitatis *S*

an. Schließlich findest du an anderer Stelle: „Bevor die Berge wurden und der Erdkreis gestaltet wurde, bist du von Ewigkeit zu Ewigkeit" (Ps 90,2: Ps 89,2*).

9.62 Vor allem also ist die Zeugung, inmitten von allem und wegen allem die Erschaffung, geboren aus dem Vater über dem Gesetz, ‚geschaffen aus Maria unter dem Gesetz' (Gal 4,4[267]).

Darüber, daß geschrieben steht: „Nach mir kommt ein Mann, der vor mir geschaffen worden ist"

10.63 Aber es steht geschrieben: „Nach mir kommt ein Mann, der vor mir geschaffen worden ist, weil er vor mir war" (Joh 1,30). Von daher sagen sie (sc. die Arianer): ‚Siehe, der war, ist geschaffen worden'.

Wir wollen die Worte selbst abwägen. „Nach mir", sagte Johannes der Täufer, „kommt ein Mann". Ein „Mann" also ist es, der „kommt", er, „der geschaffen ist". Mann aber ist die Bezeichnung des Geschlechtes. Das Geschlecht aber wird freilich nicht der Gottheit, sondern der menschlichen Natur zugerechnet.

10.64 Ich könnte also sagen: „Er war", das heißt zwar im Vorherwissen des Leibes, aber in der Ewigkeit der Kraft. Denn auch die Kirche war, ‚und die Heiligen waren vorherbestimmt' „vor allen Zeiten" (vgl. Röm 8,28–30; 1 Kor 2,7). Aber das sage ich an dieser Stelle nicht, sondern ich behaupte daraufhin, daß die Worte ‚geschaffen sein' sich nicht auf die Gottheit, sondern auf die Natur der Fleischwerdung beziehen, wie Johannes selbst gesagt hat: „Dieser ist es, über den ich gesagt habe: Nach mir kommt ein Mann, der vor mir geschaffen ist" (Joh 1,30).

---

[267] Gal 4,4: *natus ex patre; factus ex Maria*.

10.65 Itaque cum geminam, sicut supra dixi, in Christo substantiam proposuisset, ut utramque intellegas, et divinitatis et carnis, hoc loco coepit a carne. Est enim scripturis promiscua consuetudo divinis, ut interdum a divinitate Christi incipiant et ad incarnationis sacramenta descendant, interdum ab humilitate incarnationis exordium sumant et ad gloriam divinitatis adsurgant, ut in prophetis et evangelistis frequenter et Paulo. Ergo et hic iuxta memoratam consuetudinem ab incarnatione domini coepit de eius divinitate dicturus, non ut confunderet humana atque divina, sed ut distingueret. Verum Arriani velut iudaici caupones miscent aquam cum vino, quia divinam generationem humanamque confundunt, ad deitatem referentes, quod de carne sit dictum.

10.66 Nec metuo, quod obiecturi videntur, quia in superioribus non habet ‚virum'. Sic enim habet: „Qui post me venit." Sed videant et ibi, quid praemiserit. Verbum, inquit, caro factum est, et ideo non addidit ‚virum', quia ‚carnem' dixerat, per carnem autem istic virum intellegimus et per virum carnem. Ergo quia dixerat „verbum caro factum est", virum hoc loco nominare superfluum fuit, quem iam carnis | expressione signaverat.

LVZ SMNCWEO def. R

1 cum] *add.* ibi *Oa* ‖ 2 proposuit *Oa* | ut *om. VCW* et ut *M* utrumque *VNW* ‖ 5 sacramentum *S* ‖ 6 incarnationis] ad incarnationem *S* et incarnationis *W* ‖ 8 et *pr.*] et in *CM* et *alt.*] et in *m* | et Paulo frequenter (*add.* reperitur) *Z* et Paulo] *add.* reperitur *Lm2* ‖ 9 dei *L* ‖ 10 ut non *Oa* ‖ 11 ut *om. W* | verum] vitium *Sa.c.m2* ‖ 12 quia] qui *C* | divinitatem *Oa* ‖ 16 sicut enim *Z* ‖ 17 et ibi quid] ante quid ibi *L* ibi] hic *S* ‖ 18 vir *S* ‖ 19 istic *om. Oa* ‖ 20 quia] qui *C, Ma. c.m2* ‖ 22 significaverat *Oa*

---

[268] *Fid.* 3,9,59, oben 398–401 mit Anm. 264.
[269] Für die Formulierung *ad gloriam divinitatis adsurgant* und das Motiv des „Aufstieges" vgl. PLATO, *R.* 519d (o.S. BURNET) καὶ ἀναβῆναι ἐκείνην τὴν ἀνάβασιν, καὶ ἐπειδὰν ἀναβάντες ἱκανῶς ἴδωσι, und ebd. 515 (BURNET) διὰ τραχείας τῆς ἀναβάσεως .
[270] Dieses antijüdische Bild könnte Ambrosius von ATHANASIUS VON

10.65 Deshalb begann die Schrift an dieser Stelle mit dem Fleisch, weil sie die zweifache Substanz in Christus hatte zeigen wollen, wie ich oben gesagt habe[268], damit du beide Substanzen erkennst, die der Gottheit und die des Fleisches. Die göttlichen Schriften haben nämlich ohne Unterschied die Gewohnheit, daß sie bisweilen mit der Gottheit Christi beginnen und zu den Geheimnissen der Fleischwerdung absteigen, bisweilen bei der Niedrigkeit der Fleischwerdung ihren Anfang nehmen und zur Herrlichkeit der Gottheit aufsteigen[269], wie es bei den Propheten, häufig bei den Evangelisten und bei Paulus der Fall ist. Also hat auch er, nämlich Johannes, gemäß der erwähnten Gewohnheit mit der Fleischwerdung des Herrn begonnen, als er über seine Gottheit reden wollte, nicht um Menschliches und Göttliches zu vermischen, sondern um es zu unterscheiden. In der Tat „vermischen" die Arianer, „wie jüdische Schankwirte, Wasser mit Wein" (vgl. Jes 1,22*)[270], weil sie göttliche und menschliche Zeugung vermischen, indem sie auf die Gottheit beziehen, was über das Fleisch gesagt ist.

10.66 Und ich fürchte nicht, was sie anscheinend entgegnen werden: Es steht in den oben erwähnten biblischen Worten nicht die Bezeichnung ‚Mann'. So nämlich findet es sich: „Der nach mir kommt" (Joh 1,15). Aber sie sollen auch dort beachten, was er vorausgeschickt hat. „Das Wort", sagt er, „ist Fleisch geworden" (Joh 1,14), und deshalb hat er nicht das Wort ‚Mann' hinzugefügt, weil er ‚Fleisch' gesagt hatte, durch das Fleisch aber erkennen wir dort den Mann und durch den Mann das Fleisch. Da er also gesagt hatte, „das Wort ist Fleisch geworden", war es überflüssig, an dieser Stelle die Bezeichnung ‚Mann' zu nennen, die er schon durch den Ausdruck ‚Fleisch' angezeigt hatte.

ALEXANDRIEN übernommen haben (*Ar.* 3,35 [PG 26,397], und *ep. Aeg. Lib.* 17,3 [57 HANSEN/SAVVIDIS]).

10.67 Quo exemplo in posterioribus quoque et ‚agnum‘ praemisit, ‚qui tolleret peccatum mundi‘, et ut incarnatum intellegeres, quem ante memoraverat, ait: „Hic est, de quo ante dixi: Post me venit vir, qui ante me factus est", hoc est: ‚Virum‘ dixi, non deum ‚factum‘. Sed ut ipsum incarnatum declararet esse, qui „ante saecula" erat, ne duos filios crederemus, ait: „Quia prior me erat." Nam si „factus est" ad divinam generationem rettulisset, quid opus fuerat, ut adhuc adderet tertium atque iteraret, quod supra dixerat? Sed quia ante de incarnatione tantum dixerat „post me venit vir, qui ante me factus est", ideo addidit: „Quia prior me erat", quoniam divinitatis aeternitas fuerat exprimenda. Et haec est causa praelationis, ut merito antelatus videatur, qui proprii patris „sempiterna virtus" est.

10.68 Dat tamen intellectus spiritalis ubertas, ut excurrere et evagari ad concludendos libeat Arrianos, qui volunt ‚factum‘ hoc loco non ad ‚virum‘, sed ad divinitatem referre. Quid est enim, tenere quod possint, cum dixerit baptista: „Post me venit, qui ante me factus est", hoc est supra meritum meum factus, supra meam gratiam, tempore carnis ‚posterior‘, divinitatis honore venerabilis? „Post me" enim „venit" temporis est, „prior me erat" aeternitatis, „ante me factus" est honoris, quia etiam incarnationis mysterium supra humanam est gratiam.

LVZ SMNCWEO def. R
2 tollit W | peccata m ‖ 3 memoravit Oa ‖ 4 post–vir om. Oa | veniet C ‖ 5 deum om. N ‖ 8 opus erat m ‖ 9 adhuc om. C | tertio E ‖ 11 ideoque Z | addit Cp.r.m2 | quia] qui E ‖ 15 intellectum C ‖ 16 lubeat L ‖ 18 quod tenere C | possint] posuit Oa | cum] quod S ‖ 18–19 iohannes baptista C ‖ 19 venit vir VW, Ma.r. | super S ‖ 21 venerabilior W ‖ 22 est pr.] add. posterior W ‖ 23 honoris] add. gloria W, add. est Oa | quia] qui CW quod Oa ‖ 24 gratiam est C | est om. V

10.67 In diesem Zusammenhang (vgl. Joh 1,15) hat er auch in späteren Passagen den Satz ‚das Lamm, das „die Sünden der Welt" hinwegnehmen soll', vorausgeschickt (Joh 1,29), und, damit du den Fleischgewordenen erkennst, den er vorher erwähnt hatte, gesagt: „Dieser ist es, über den ich" vorher „gesagt habe: Nach mir kommt ein Mann, der vor mir gemacht worden ist" (Joh 1,30*), das heißt: Ich habe gesagt, daß ein ‚Mann', nicht Gott ‚gemacht worden ist'. Aber um zu zeigen, daß der selbst Fleisch geworden war, der „vor den Zeiten" war, hat er gesagt, damit wir nicht glauben, daß es zwei Söhne gibt: „weil er vor mir war" (Joh 1,30*). Denn wenn er die Formulierung „er ist gemacht worden" auf die göttliche Zeugung bezogen hätte, was wäre es nötig gewesen, daß er noch ein Drittes hinzufügte und wiederholte, was er oben gesagt hatte? Aber da er zuvor über die Fleischwerdung nur gesagt hatte: „Nach mir kommt ein Mann, der vor mir gemacht worden ist", daher hat er hinzugefügt: „weil er vor mir war", um die Ewigkeit der Gottheit auszudrücken werden. Und das ist der Grund für das ‚Vorziehen', daß der mit Recht höhergestellt zu sein scheint, der die „ewige Kraft" (Röm 1,20) seines eigenen Vaters ist.

10.68 Dennoch gewährt die Fülle der geistlichen Erkenntnis, daß man gern ausholt und abschweift, um die Arianer durch Beweise zu fangen, die an dieser Stelle ‚gemacht' nicht auf den ‚Mann', sondern auf die Gottheit beziehen wollen. Denn was gibt es noch für eine Meinung, die sie vertreten können, da doch der Täufer gesagt hat: „Nach mir kommt, der vor mir gemacht worden ist", das heißt, er ist über mein Verdienst hinaus gemacht worden, über meine Gnade hinaus, aufgrund der Zeit der fleischlichen Existenz ‚später' als Johannes, aufgrund der Ehre der Gottheit verehrungswürdig? Denn „nach mir kommt er" weist auf die Zeit hin, „er war vor mir" auf die Ewigkeit, „er ist vor mir gemacht worden" auf die Ehre, weil auch das Geheimnis der Fleischwerdung über der menschlichen Gnade steht.

10.69 Denique in inferioribus, quid supra contexuisset,
| expressit dicens: „Post me venit vir, cuius non sum dignus
calciamenta portare", praestantiam utique dignitatis,
non aeternitatem divinae generationis exponens. Quod
eo usque ad incarnationem pertinet, ut typum in hominibus mystici calciamenti ante praemiserit. Lege enim
proximo defuncti vel fratri copula deferebatur eius uxoris,
ut semen fratris vel proximi resuscitaret. Unde quia Ruth,
licet ipsa alienigena, tamen quia maritum habuerat ex
Iudaeis, qui reliquerat superstitem proximum, eamque
colligentem manipulos suae messis, quibus alebat et so-
crum, Booz vidit et amavit, non aliter eam accepit uxorem,
nisi calciamentum eius ante solvisset, cui uxor debebatur
ex lege.

10.70 Historia simplex, sed alta mysteria; aliud enim
gerebatur, aliud figurabatur. Nam si secundum litteram
sensum torqueamus, prope quidam pudor et horror in verbo est, si ad commixtionis corporeae consuetudinem sententiam intellectumque referamus. Designabatur autem futurus ex Iudaeis, „ex quibus Christus secundum carnem",

---

LVZ SMNCWEO def. R
2 cuius] cui *V* || 3 dignitatis] divinitatis *N* || 8 quia] quod *Oam* ||
10 relinqueret *S* || 11–12 se et socrum *N* et se et socrum *m* || 12 booth *C*
boos *LMW*, *SEa.c.* || 17 quidem *MN* | pudor] add. est *Oa* honor
Sa.c. || 18 admixtionis *Ma.c.N* || 19 autem *om. N* || 20 ex *pr.*] a *W*

---

[271] Eine andere Übersetzung der Bibelstelle in *fid.* 5,19,229, unten 766–769.
[272] Vgl. dafür ORIGENES, *Jo.* 6,35,174 (GCS 144): Εἰ δὲ μυστικὸς ὁ περὶ τῶν ὑποδημάτων τόπος, οὐδὲ τοῦτον παρελθετέον.
[273] Wörtlich: „damit der Samen des Bruders oder Verwandten wieder zum Leben erweckt wird".
[274] Ambrosius gibt hier die Gesetze wieder, wie sie nach Dtn 25,5–22 im Rahmen der Leviratsehe hätten stattfinden müssen. In Rut 4,7 steht der Schuh allerdings in einem anderen Kontext; vgl. Ambrosius, *in Luc.* 3,32 (CCL 14,93). Dort verweist der Bischof auf die Behandlung in *fid.*

10.69 Schließlich hat der Evangelist weiter unten ausgedrückt, was er oben schon zusammengestellt hatte, indem er sagte: „Nach mir kommt ein Mann, dessen Schuhe zu tragen ich nicht würdig bin" (Joh 1,27[271]), und hat damit gewiß den Vorzug der Würde, nicht die Ewigkeit der göttlichen Zeugung herausgestellt. Das bezieht sich so weit auf die Fleischwerdung, daß er unter den Menschen ein Bild für die Bedeutung der geheimnisvollen Schuhe vorausgeschickt hat[272]. Durch das Gesetz nämlich wurde dem nächsten Verwandten eines Verstorbenen oder seinem Bruder die Ehe mit seiner Gattin übertragen, damit er dessen Nachkommen für seinen Bruder oder Verwandten wieder zum Leben erstehen lasse (vgl. Dtn 25,5–10[273]). Daher war es auch so bei Rut, weil sie, wenngleich selbst Ausländerin, dennoch einen Ehemann aus dem Volk der Juden gehabt hatte, der einen Verwandten zurückgelassen hatte, der ihn überlebt hat. Boas hat sie gesehen, als sie die Garben seiner Ernte zusammensammelte, mit denen sie auch die Schwiegermutter ernährte, und hat sie geliebt und hätte sie nur zur Frau nehmen können, wenn sie zuvor dem Bruder ihres verstorbenen Mannes, dessen Gattin sie eigentlich nach dem Gesetz hätte werden müssen, die Schuhe ausgezogen hätte[274].

10.70 Die Geschichte ist einfach, tief aber das Geheimnis; das eine trug sich wirklich zu, das andere wurde sinnbildlich gestaltet. Denn wenn wir nach der buchstäblichen Bedeutung dem Sinn Gewalt antun, liegt beinahe eine gewisse Scham und Schrecken im Wortlaut, wenn wir Bedeutung und Sinn der Geschichte von Rut und Boas auf die Gewohnheit der Ehegemeinschaft beziehen. Er wurde aber als der Kommende aus dem Volk der Juden bezeichnet, „aus dem Christus dem Fleische nach stammt" (Röm

---

3,10,69: *quod brevius hic dicimus, quia plenius in libris digressimus quos de fide scripsi*; in *in Luc.* 2,81 (CCL 14,66f) findet sich eine etwas andere Erklärung.

qui proximi sui, hoc est populi mortui semen doctrinae caelestis semine resuscitaret, cui calciamentum nuptiale ecclesiae copulandae praescripta legis spiritalia deferebant.

10.71 Non Moyses sponsus; illi enim dicitur: „Solve calciamentum | pedum tuorum", ut domino suo cedat, non Iesus, Nave filius, sponsus; nam et ipsi dicitur: „Solve calciamentum pedum tuorum", ne ex similitudine nominis sponsus ecclesiae crederetur, non alius sponsus, sed solus Christus est sponsus, de quo dixit Iohannes: „Qui habet sponsam, sponsus est." Illis igitur calciamentum solvitur, huic solvi non potest, sicut dixit Iohannes: „Non sum dignus solvere corrigiam calciamenti eius."

10.72 Solus ergo Christus est sponsus, cui illa veniens ex gentibus sponsa ante inops atque ieiuna, sed iam Christi messe dives innubat, quae manipulos fecundae segetis verbique reliquias gremio legat mentis interno, ut exhaustam illam viduam morte fili atque inopem defuncti populi matrem novis pascat alimentis, non relinquens destitutam viduam et novos quaerens.

10.73 Solus ergo sponsus est Christus, qui nec synagogae ipsi manipulos suae messis invideat. Utinam se non ipsa excluderet! Habuit quos per se colligeret, sed quia populus eius est mortuus, quasi filio egena defuncto per ecclesiam manipulos, quibus viveret, colligebat. Quos

---

LVZ SMNCWEO def. R
1 semina S ‖ 2 restauraret S suscitaret N ‖ 3 spiritualia C ‖ 6 iesu E, Mp.c.m2 | filius nave C ‖ 10 est] et Oa ‖ 11 illius SW | igitur] etiam Oa ‖ 14 est om. L ‖ 15 iam] etiam Oa ‖ 16 messem Sa.c. ‖ 17 verbi S | ligat LS ‖ 18 mortem V morte – 20 viduam om. N ‖ 21 christus est sponsus Oam ‖ 22 invidebat Oa ‖ 22–23 non ipsa se L se non ex ipsa V se ipsam non Oa se non ipsam E ‖ 23 colligere MN ‖ 24 egenae L egeno Oa indigena S

---

[275] Ambrosius bezieht sich auf die Vorstellung vom inneren Menschen, dem in der metaphorischen Rede spätestens seit ORIGENES alle Glieder

9,5), der den Samen seines Verwandten, das heißt des toten Volkes durch den Samen himmlischer Lehre wieder lebendig machen sollte. Diesem übergaben die geistlichen Vorschriften des Gesetzes Hochzeitsschuhe als Zeichen für die Verbindung mit der Kirche.

10.71 Mose war kein Bräutigam. Ihm wird nämlich gesagt: „Zieh' die Schuhe von deinen Füßen" (Ex 3,5), damit er seinem Herrn weicht. Josua, der Sohn Nuns, war kein Bräutigam; denn auch ihm wird gesagt: „Zieh' die Schuhe von deinen Füßen" (Jos 5,15*), damit er nicht wegen der Ähnlichkeit des Namens (sc. Jesus/Josua) für den Bräutigam der Kirche gehalten wird. Es gibt keinen anderen Bräutigam, sondern allein Christus ist der Bräutigam, über den Johannes gesagt hat: „Wer eine Braut hat, der ist Bräutigam" (Joh 3,29). Jenen werden also die Schuhe ausgezogen, diesem können sie nicht ausgezogen werden, wie Johannes gesagt hat: „Ich bin nicht würdig, die Sandalenriemen seines Schuhwerkes zu lösen" (Joh 1,27*).

10.72 Christus also ist allein Bräutigam, dem jene aus den Heiden kommende Braut vermählt wurde, die vorher arm und hungrig, aber durch die Ernte Christi schon reich war, die ja die Garben der fruchtbaren Saat und die Überreste des Wortes in den innerlichen Schoß[275] ihres Geistes liest, um jene durch den Tod des Sohnes erschöpfte Witwe und die arme Mutter des verstorbenen Volkes mit neuer Nahrung zu speisen; sie läßt so keine verlassene Witwe zurück und sucht gleichzeitig neue Völker zu gewinnen.

10.73 Alleiniger Bräutigam ist also Christus, der nicht einmal der Synagoge die Garben seiner Ernte mißgönnt. Wenn sie sich doch nicht selbst ausschlösse! Sie hatte, was sie von sich aus sammelte, aber da ihr Volk tot ist, sammelte sie — gewissermaßen arm, weil der Sohn verstorben ist, — durch die Kirche die Garben, von denen sie lebte. Diese

---

des äußeren Menschen beigelegt werden konnten (MARKSCHIES, *Innerer Mensch* 304f).

„venientes in exultatione" portabunt, sicut scriptum est: „Venientes autem venient in exultatione tollentes manipulos suos."

10.74 Quis enim sibi alius sponsam audeat ecclesiam vindicare, quam „a Libano" unus et solus vocavit dicens: „Ades huc a Libano, sponsa, ades huc a Libano." Aut de quo alio potuit ecclesia dicere: „Fauces eius dulcedines et totus desiderium?" Et quia de calciamento pedum tractatum sumpsimus, cui alii nisi | verbo dei incarnato convenit dici: „Crura eius columnae marmoreae fundatae super bases aureas?" Solus enim Christus inambulat animis et graditur in mente sanctorum, in quibus velut aureis basibus fundamentisque praetiosis solidata vestigia verbi caelestis haeserunt.

10.75 Claret igitur et virum et typum ad incarnationis spectare mysterium.

11.76 Non ergo ad substantiam divinitatis, sed ad incarnationem saepe, nonnumquam etiam ad causam pertinet, cum dicitur ‚factus'. Nam si ad divinitatem refers, ergo et in obprobrium deus factus est; sic enim habes: „Tu autem

---

LVZ SMNCWEO def. R
4 quis] qui W | ecclesiam sponsam audeat C | sponsam] sponsus Z || 6 ades–sponsa *om. Oa* || 7 dulcedinis *LMCWE* (dulcedines: γλυκασμοί) || 8 totius N || 10 dici] dictum m | crus S | fundata es W fundatae** E || 11 supra Oa || 11–12 in animis E in mentes *Ea.c.* in monte Oa || 13 vasibus *Sa.c.C* || 15 et virum] hinc (!) Oa || 17 ergo *om. Oa* || 19 et *om. WE* || 20 autem] enim E

---

[276] Vgl. die Auslegung dieses Verses auf die Trennung der Seele vom Körper bei Ambrosius, *Isaac* 5,47 (CSEL 32/1,671). Nach MORESCHINI, *Ambrosius* 15,229 Anm. 6, stammt diese Exegese aus ORIGENES' *Canticum*-Kommentar und zeigt, daß der Bischof bereits in seiner Frühphase ORIGENES rezipiert hatte. Allerdings finden sich zu Hld 4,6 (nach BIBLIA PATRISTICA 3,212) keine einschlägigen Auslegungen im Werk des ORIGENES; Hld 5,15 wird in der Übersetzung des Römer-Kommentars

DE FIDE 3,10,73 – 3,11,76

Garben werden die, „die jubelnd kommen", tragen, wie geschrieben steht: „Diejenigen, die kommen, werden aber jubelnd kommen und ihre Garben tragen" (Ps 126,6: Ps 125,6 LXX).

10.74 Welcher andere nämlich würde wohl wagen, die Kirche für sich als Braut zu beanspruchen, die er einzig und allein „vom Libanon" gerufen hat, indem er sagte[276]: „Komm vom Libanon her, Braut, komm vom Libanon her" (Hld 4,8*). Oder über welchen anderen konnte die Kirche sagen: „Sein Mund ist Süße und er ganz Verlangen" (Hld 5,16*)[277]. Und da wir eine kleine Abhandlung über das Schuhwerk der Füße zu schreiben unternommen haben, welchem anderen außer dem fleischgewordenen Wort Gottes kommt es zu, darüber zu sagen: „Seine Schenkel sind Marmorsäulen, gegründet auf Goldsockeln" (Hld 5,15*). Allein Christus nämlich wandelt in den Seelen und schreitet im Geist der Heiligen, in denen wie auf Goldsockeln und kostbaren Fundamenten befestigt die Fußspuren des himmlischen Wortes eingeprägt sind.

10.75 Es ist also offensichtlich, daß sowohl der Mann als auch das Abbild auf das Geheimnis der Fleischwerdung ausgerichtet sind[278].

11.76 Wenn ‚gemacht' gesagt worden ist, bezieht es sich also nicht auf die Substanz der Gottheit, sondern oft auf die Fleischwerdung, bisweilen auch auf deren Grund. Denn wenn du es auf die Gottheit beziehst, ist Gott also auch zum Gespött gemacht worden; so nämlich findest du es: „Du aber

---

(comm. in Rom. 8,5 zu Röm 10,14f [FC 2/4, 222]) auf die Füße der Evangelisten bezogen; Hld 5,16 ist nur hinsichtlich der Authentizität problematischen Katenenmaterials (PG 12,809) ausgelegt, ebenso noch einmal 5,15 (PG 12,1500).
[277] Vgl. die abweichende Auslegung in Ambrosius, *Isaac* 7,61 (CSEL 32/1,686).
[278] Vgl. auch die Auslegung von Joh 1,30 in *fid.* 3,10,69, oben 408f.

reppulisti et ad nihilum redegisti, dispulisti Christum tuum", et infra: „Factus est in obprobrium vicinis suis. Vicinis", inquit, non ‚civibus', non ‚domesticis', non ‚adhaerentibus', quoniam „qui adhaeret domino, unus spiritus est", qui vicinus est, non adhaeret. Et „factus est in obprobrium", quia crux domini „Iudaeis scandalum, Graecis" stultitia. Nam sapientibus per eandem crucem „excellentior factus" est „caelis", excellentior „angelis", et „melioris testamenti factus est sponsor" ipse, qui erat ‚prioris'.

11.77 Vide, quam non refugiam ista, ut etiam congeram. Sed quomodo ‚„factus" sit, considera!

11.78 Primum quia | „purificatione facta consedit in dextera magnitudinis in excelsis, tanto melior factus angelis." Ubi purificatio, hostia, ubi hostia, corpus, ubi corpus, oblatio, ubi munus oblationis, ibi sacrificium passionis.

11.79 Deinde „sponsor melioris testamenti": Ubi testamentum, mors necesse est praecedat testatoris, sicut subter est scriptum. Mors autem non ad divinitatis aeternitatem, sed ad fragilitatem refertur humanam.

11.80 „Excelsior" quoque „caelis factus" quomodo sit, ostenditur. „Inmaculatus", inquit, „segregatus a pecca-

---

LVZ SMNCWEO def. R

1 redigisti *MW Oa* | dispulisti *om. V* distulisti *W* ‖ 2 et factus *m* factum *Sa.c.* | suis] *add.* et *Oa* ‖ 4 deo *LC* ‖ 5 est *pr.*] et *V* | et *om. Oam* ‖ 7 stultitiam *LC*, *WEa.c.* | nam *om. N* ‖ 8 excelsior *SOam* | factus-excellentior *alt. om. Ma.c.m2C* | caelis excellentior *om. V* excelsior *SOam* ‖ 9 factus] fructus *Z* ‖ 11 defugiam *Vm* | ut] sed *C* ‖ 12 sed *om. S* ‖ 13 quia] quod *Oam* | considet *VMNm* ‖ 14 dexteram *LMC* | factus est *ZCW* ‖ 18 intercedat *C* | testatoriis *V* ‖ 18–19 super *S*

---

[279] Zur Psalmstelle Ps 89,39* vgl. auch *fid.* 4,14,121. Zur Anstößigkeit des Kreuzes für Juden und andere Nichtchristen vgl. HENGEL, ‚*Mors turpissima crucis'* 125–184.

[280] Ambrosius, *in Luc.* 7,183 (CCL 14,277), ist ein Zitat dieser Stelle, keine Parallele.

[281] Oder „zum Bürgen des besseren Bundes" (so auch LUTHER in seiner

hast zurückgestoßen und auf nichts herabgesetzt, du hast vertrieben deinen Christus" (Ps 89,39*), und weiter unten: „Er ist seinen Nachbarn zum Gespött gemacht worden" (Ps 89,42*). „Nachbarn", heißt es, nicht ‚Bürgern', nicht ‚Hausgenossen', nicht ‚Anhängern', da „wer dem Herrn anhängt, ein Geist mit ihm ist" (1 Kor 6,17), wer Nachbar ist, ihm nicht anhängt. Und „er wurde zum Gespött", weil das Kreuz des Herrn „den Juden ein Anstoß, den Griechen" eine Torheit ist (1 Kor 1,23).[279] Denn für die Weisen ist er durch dasselbe Kreuz „erhabener gemacht worden als die Himmel" (Hebr 7,26)[280], erhabener „als die Engel" (Hebr 1,4), und er selbst ist zum „Bürgen des besseren Testamentes gemacht worden"[281], der auch Bürge des ‚früheren' Testamentes war (vgl. Hebr 7,22; 9,15).

11.77 Sieh, daß ich diesen Textstellen so wenig ausweiche, daß ich sie im Gegenteil sogar zusammenstelle. Aber bedenke, auf welche Weise er „gemacht worden ist"!

11.78 Erstens: „Nachdem er die Reinigung vollbracht hatte, hat er sich zur Rechten der Hoheit in der Höhe gesetzt, ist um so viel besser gemacht als die Engel" (Hebr 1,3f*). Wo Reinigung ist, da ist Opfer, wo Opfer ist, ist der Leib, wo der Leib ist, ist die Hingabe, wo das Geschenk der Hingabe ist, dort ist das Opfer des Leidens.

11.79 Zweitens: „Er ist der Bürge des besseren Testamentes" (Hebr 7,22[282]): Wo ein Testament ist, geht notwendigerweise der Tod des Erblassers voraus, wie unten geschrieben steht (vgl. Hebr 9,17*). Der Tod bezieht sich aber nicht auf die Ewigkeit der Gottheit, sondern auf die menschliche Hinfälligkeit.

11.80 Es wird gezeigt, was darunter zu verstehen ist, daß er auch „erhabener als die Himmel gemacht ist" (Hebr 7,26). „Unbefleckt", heißt es, „abgesondert von den Sün-

---

Übersetzung).
[282] Vgl. die voraufgehende Anmerkung.

toribus et excelsior caelis factus, qui non habet cottidie
necessitatem sicut summi sacerdotes prius pro suis delictis
hostiam offerre, deinde pro populi. Hoc enim fecit semel
se offerendo", sicut scriptum est. Nemo „excelsior factus"
dicitur, nisi qui in aliquo fuerit humilior. In eo igitur
„excelsior factus" est ‚sedendo ad dexteram patris', in quo
se ‚minor angelis factus obtulit passioni'.

11.81 Postremo ipse apostolus ad Philippenses ait quia
„in similitudine hominis factus et specie inventus ut homo
humiliavit semet ipsum factus oboediens usque ad mortem." Vide ubi „factus" sit! „In similitudine", inquit, „hominis", non in potestate dei, et „factus oboediens usque ad
mortem", ut oboedientiam quidem hominis habuerit,
regnum divinitatis.

11.82 Quantis igitur adhuc utemur exemplis ad incar-
na|tionem vel ad aliquid referendum esse, quod „factus
est"? Quod autem factum est, idem est et creatum. „Dixit"
enim „et facta sunt, mandavit et creata sunt."

„*Dominus creavit me*" *secundum carnem dictum*

‚Creatum' quoque supra ostendimus in libro primo de incarnatione dictum videri.

LVZ SMNCWEO def. R
1 et *om. MN* | exceltior *N* | caeli *W* ‖ 2 necessitates *C*, claritatem *S* |
summi sacerdotes (ἀρχιερεῖς) *LVZCN* | sacerdotes *cet. am* (*Vulg.*) ‖
3 pro *om. LM, Sa.c.m2E* | pro populis *W* pro populo *V* | fecit] esse *S* ‖
4 exceltior *N* ‖ 6 excellentior *Oa* ‖ 7 ab angelis *N* ‖ 8 ipse] de ipso
L ‖ 9 similitudinem *Sa.c.CEOa* hominum *C* | et] est *CWOa* est et
Lp.c.m2 ‖ 10 obaudiens *S* ‖ 11 similitudinem *V* ‖ 12 potestate dei et]
potestatem habet *W* | obaudiens *S* ‖ 13 ut per *V* ‖ 15 utimur *SWN,
Ma.c.Ep.c.* | ad *om. Ma.c.m2EOa* ‖ 16 quo factum *N* quod factum
E ‖ 17 autem et *ZSNOam* | est *alt. om. V* ‖ 18 ipse mandavit *Vm* ‖
19 *Dominus – Dictum hic Lm2* (*MN u.t.*) *VZ* (*m u.t.*), *l. 10–11* mortem (*C
u.t.*), *l. 17* creatum *La.c.m2, p. 418 l.4* lectum (*WE u.t.*), *om. SO add.* III *V
add. V Z* ‖ 21 videbat ipse (*sic iungit*) *S*

dern und hervorragender als die Himmel gemacht ist er, der nicht täglich wie die Hohenpriester zuerst für die eigenen Vergehen, dann für die des Volkes ein Opfer darbringen muß. Das hat er nämlich ein für allemal getan, indem er sich selbst darbrachte" (Hebr 7,26f), wie geschrieben steht. Niemand wird „erhabener gemacht" genannt, außer demjenigen, der einmal in etwas geringer gewesen ist. Darin also, ‚daß er zur Rechten des Vaters sitzt', „ist er erhabener gemacht", worin er sich, ‚geringer geworden als die Engel, dem Leiden ausgesetzt hat', nämlich in seiner menschlichen Natur.

11.81 Schließlich hat der Apostel selbst zu den Philippern gesagt: „Im Aussehen einem Menschen ähnlich gemacht und in der Gestalt wie ein Mensch erfunden, erniedrigte er sich selbst und wurde gehorsam bis zum Tode" (Phil 2,7f*). Sieh, worin er „gemacht" worden ist! „Im Aussehen ähnlich einem Menschen", heißt es, nicht in der Macht Gottes, und er „wurde gehorsam bis zum Tod", so daß er freilich den Gehorsam eines Menschen hatte, aber die Herrschaft einer Gottheit.

11.82 Wieviele Beispiele müssen wir also noch verwenden dafür, daß auf die Fleischwerdung (oder überhaupt auf irgend etwas anderes) bezogen werden muß, daß er „gemacht" worden ist. Was aber gemacht ist, dasselbe ist auch geschaffen. „Er hat" nämlich „gesprochen und die Dinge wurden gemacht, er hat angeordnet und sie wurden geschaffen" (Ps 148,5*).

„Der Herr hat mich geschaffen" ist nach dem Fleisch gesagt

Wir haben oben im ersten Buch gezeigt[283], daß auch die Formulierung ‚geschaffen' über die Fleischwerdung gesagt scheint.

---

[283] Vgl. *fid.* 1,15,96–99, oben 216–221, beziehungsweise Ambrosius, *spir.* 2,6,51 (CSEL 79,106).

11.83 Ipse etiam apostolus adserendo ‚serviendum non esse creaturae' significavit ex deo filium non creatum esse, sed genitum. Tamen etiam alibi, ut manifestaret, quomodo in Solomone sit lectum: „Dominus creavit me", quid in Christo creatum esset ostendit.

11.84 Itaque totius seriem capitis recenseamus. Sic enim habes: „Ergo quia filii participes sunt sanguinis et carnis, et ipse similiter particeps factus est eorundem, ut per mortem destrueret hunc, qui imperium habebat mortis." Quis ergo est, qui nos participes suae voluit esse carnis et sanguinis? Utique dei filius. Quomodo nisi per carnem particeps factus est noster aut per quam nisi per corporis mortem vincla dissolvit? Morti enim mors facta est susceptio mortis in Christo. Ergo de incarnatione proposuit.

11.85 Videamus sequentia! | „Nec enim statim angelos", inquit, „adsumpsit, sed semen Abrahae. Unde habuit per omnia fratribus similari, ut misericors fieret et fidelis princeps sacerdos a deo, ut expiaret peccata populi. In quo enim passus est, ipse temptatus, potest et temptatos iuvare. Propter quod, fratres sanctissimi, vocationis caelestis participes intuemini apostolum et principem sacerdotum

---

LVZ SMNCWEO def. R

4 solomone *Sa.c.m2* sal. *cet.* | dominus creavit me *ut pars tituli in WE (cf. p. 420 l. 19)* | quid] qui *C* ‖ 5 esse *VWOa* ‖ 7 habemus *S* | ergo *om. C* | fili *LC* | carnis et sanguinis *m* ‖ 9 mortis habebat imperium *Oam* ‖ 10 est ergo *L* | esse voluit suae *C* ‖ 13 vincla *LZMNCE* vincula *cet.* | resolvit *Z* | morti] mortis *m* ‖ 14 proposui *Z* preposuit *C* ‖ 17 similare *ZMC WE* similaret *Sa.c.m2* similis esse *LV* | et] ut *W om. S* ‖ 18 sacerdos *om. C* sacerdotum *Lp.c.m2* | ad deum *m (Vulg.)* ad deo *V* a deo (πρὸς τοῦ θεοῦ? *cf. Hebr. 2,17) cet. a* ‖ 19 et temptatus *CEOam* temptatus] *add.* in quo enim ipse temptatus *W* ‖ potest] potens *V*

---

[284] Vgl. für die Übersetzung von *series capitis* unten 616 mit Anm. 495.
[285] Ambrosius wechselt plötzlich die Perspektive.

11.83 Auch der Apostel selbst hat mit der Bemerkung, daß einem Geschöpf nicht gedient werden darf (vgl. Röm 1,25), gezeigt, daß der Sohn nicht aus Gott geschaffen, sondern gezeugt ist. Dennoch hat er auch an anderer Stelle klargelegt, was in Christus geschaffen war, um deutlich zu machen, wie bei Salomo gelesen worden ist: „Der Herr hat mich geschaffen" (Spr 8,22*).

11.84 Deshalb wollen wir den ganzen Abschnitt der Reihe nach[284] durchgehen. So nämlich findest du es: „Da also die Menschenkinder Anteil haben an Blut und Fleisch, wurde auch er in ähnlicher Weise derselben teilhaftig gemacht, damit er durch den Tod den zerstörte, der die Herrschaft über den Tod hatte" (Hebr 2,14*). Wer also ist derjenige, der wollte, daß wir[285] an seinem Fleisch und Blut Anteil haben? Der Sohn Gottes natürlich. Wie außer durch das Fleisch ist er Teilhaber unserer Natur geworden oder wodurch, außer durch den Tod des Leibes, hat er die Fesseln gelöst? Die Annahme des Todes in Christus ist nämlich als Tod für den Tod geschehen[286]. Also hat der Apostel über die Fleischwerdung geredet.

11.85 Wir wollen das Folgende besehen! „Er hat nämlich nicht sofort die Engel angenommen", sagt er, „sondern den Samen Abrahams. Daher mußte er in allem seinen Brüdern gleichgemacht werden, damit er ein barmherziger und treuer Hohepriester vor Gott wurde, um die Sünden des Volkes zu sühnen. Worin er nämlich gelitten hat und selbst versucht worden ist, darin kann er auch den Versuchten helfen: in der menschlichen Natur. Deswegen, heiligste Brüder, die ihr Anteil habt an der himmlischen Berufung, beachtet, daß der Apostel und Hohepriester

---

[286] ATHANASIUS VON ALEXANDRIEN erklärt in *Ar.* 2,8,3–6 (185 METZLER/SAVVIDIS) die Formulierung „geworden und gemacht" so, daß Christus zuerst den Leib anzog und später noch Hohepriester wurde.

confessionis nostrae Iesum fidelem esse creatori suo, sicut et Moyses in domo eius"; haec nempe verba sunt apostoli.

11.86 Videtis, in quo ‚creatum' dicat? In quo „adsumpsit", inquit, „semen Abrahae", corporalem utique generationem adserit. In quo autem nisi in corpore ‚expiavit populi peccata'? „in quo passus est" nisi in corpore, sicut et supra diximus: „Christo passo secundum carnem"? in quo „sacerdos" nisi in eo, quod sacerdotali adsumpsit ex genere?

11.87 Et sacerdos enim aliquid debet offerre et secundum legem in sancta intrare per sanguinem. Ergo quia ‚sanguinem taurorum hircorumque' repudiaverat deus, hunc utique sacerdotem „per suum sanguinem", sicut legisti, „in sancta" sanctorum ‚caeli summa penetrantem' oportebat intrare, ut ‚aeterna nostrorum esset oblatio peccatorum'. Idem igitur sacerdos, idem hostia. Et sacerdotium tamen et sacrificium humanae condicionis offi|cium est. Nam et „agnus ad immolandum ductus est et sacerdos erat secundum ordinem Melchisedech."

11.88 Nemo igitur, ubi ordinem cernit humanae condicionis, ibi ius divinitatis adscribat. Nam et illum Melchisedech, per quem Abraham hostias suas obtulit, non angelum utique secundum iudaica ludibria intellegit ecclesia,

---

LVZ SMNCWEO def. R

2 et *om. Oa* | eius] *add.* adserit *codd. exc. N, Sp.c.m2 (exp.) cf. l. 5* adserit! || 5 expiavit – 6 corpore *om. SWE* || 7 in christo *E* christum passum *L* || 8 quod] quo *CV* || 9 et *pr. om. m* || 10 introire *S* intra *W* | quia] qui *V* || 11 et (*m2*) hircorum *S* || 12 utique] itaque *Z* | suum *om. E* || 14 introire *S* | oblatio *ZMNm* oblutio *V* ablutio *LSWEOa* abolitio *C* || 15 igitur] ergo *Oam* | idem et hostia *Oam* || 15–16 sacerdotium] sacerdotale *S* || 16 tamen] autem *C* | et *om. S* || 17 et sicut agnus *C* agnos *W* || 18 erat] est *Ma.c.Nm* || 20 adscribat] adserat *Nm* | ille *S* illut *C* || 21 hostiam (*om.* 82 suas) *E* || 22 intellegit ecclesia *om. C*

---

[287] Vgl. *fid.* 2,7,57, oben 286–289.
[288] Die Arianer zogen das Priesteramt Christi zur Gottheit: EPIPHANIUS VON SALAMIS, *haer.* 69, 37,5 f (GCS 185f), und EUSEBIUS VON EMESA, *De fide adversus Sabellium* (PG 24,1048); vgl. auch ders., *serm.* 1 (81 f BUYTAERT).

unseres Bekenntnisses, Jesus, seinem Schöpfer treu ist, wie auch Mose in seinem Haus" (Hebr 2,16 – 3,2*). Dies sind wirklich die Worte des Apostels.

11.86 Seht ihr, in welcher Natur er ihn ‚geschaffen' nennt? In der Natur, in der „er den Samen Abrahams angenommen hat", redet er gewiß auch von der körperlichen Zeugung. Worin aber außer im Leib ‚hat er die Sünden des Volkes gesühnt'? „Worin hat er gelitten", wenn nicht im Leib, wie wir auch oben[287] gesagt haben: „Christus hat nach dem Fleisch gelitten" (1 Petr 4,1*)? Worin war er „Priester", wenn nicht in dem, was er aus priesterlichem Geschlecht angenommen hat?[288]

11.87 Der Priester muß nämlich etwas opfern und nach dem Gesetz ins Allerheiligste[289] durch das Blut eintreten. Da also Gott das ‚Blut von Stieren und Ziegenböcken' verschmäht hatte, war es nötig, daß gewiß dieser Priester „durch sein eigenes Blut", wie du gelesen hast, „in das Allerheiligste" (vgl. Hebr 9,12f.24.28) eintrat, indem er ‚die höchsten Bereiche des Himmels durchschritt' (Hebr 4,14), damit ‚er das ewige Opfer für unsere Sünden wäre' (Hebr 10,14). Derselbe ist also Priester, derselbe Opfer. Und dennoch sind Priestertum und Opfervollzug ein Amt unter menschlichen Bedingungen. Denn er ist sowohl als „Lamm zur Opferung geführt worden" (Jes 53,7*) als auch „Priester nach der Ordnung Melchisedeks" (Hebr 5,6) gewesen.

11.88 Niemand also soll dort das Recht der Gottheit anführen, wo er eine Ordnung unter menschlichen Bedingungen sieht. Denn auch jenen Melchisedek, durch den Abraham seine Opfer darbrachte, sieht die Kirche durchaus nicht als Engel entsprechend dem jüdischen Spott[290],

---

[289] Sancta (sc. sanctorum) nach BLAISE, Dictionnaire 737.
[290] HIERONYMUS, epist. 73,2 (CSEL 55,14f), berichtet, ORIGENES habe MELCHISEDEK einen Engel genannt (was sich in den erhaltenen Genesis-Homilien so nicht findet) und DIDYMUS wie auch viele andere seien ihm gefolgt. Für die jüdische Tradition vgl. beispielsweise den Melchisedek-Midrasch aus Qumran (11Q 13) und STEGEMANN, Die Essener 167–169.

sed virum sanctum et sacerdotem dei, qui typum domini gerens et „sine patre et sine matre et sine generationis enarratione" et ‚sine initio et sine fine' describitur, ut ostenderet sempiternum filium dei in hunc mundum esse venturum, qui et „sine patre" secundum incarnationem natus est et „sine matre" secundum divinam generationem et „sine enarratione generationis", quia scriptum est: „Generationem autem eius quis enarrabit"?

11.89 Ergo illum Melchisedech in Christi typo sacerdotem dei accepimus, sed illum in typo, hunc in veritate — typus autem umbra est veritatis —, illum in nomine unius civitatis, hunc regem in reconciliatione totius mundi, quia scriptum est: „Deus erat in Christo mundum reconcilians sibi", hoc est „sempiterna divinitas". Aut si pater in filio sicut filius in patre, et substantiae utique et operationis unitas non negatur.

11.90 Quomodo autem negare merito possunt, etiamsi velint, cum scriptum sit: „Pater autem, qui in me manet, ipse | loquitur, et opera quae ego facio, ipse facit?" Non dixit ‚et ipse facit', ne similitudinem magis quam unitatem operis aestimares. Sed dicendo „quae ego facio, ipse facit" manifestum reliquit quod unum opus patris et fili credere debeamus.

LVZ SMNCWEO def. R

1 et] ac *Oam* ‖ 1–2 gerens domini *Oam* ‖ 5 natus – 6 generationem *om. N* ‖ 7 narratione *L* | quia] et quia *W* ‖ 8 enarravit *VZSC, Ea.c.* ‖ 9 in christo typo *V* ‖ 10 accipimus *Lp.c.NCW, Ep.c.Oa* | sed *om. S* ‖ 11 et typus autem *C* ‖ 12 reconciliationem *L*, (*om.* totius) *C* ‖ 15 substantia *L* ‖ 18 qui–manet] in me manens *Oa* (*Vulg.*) ‖ 19–20 loquitur] facit opera *m* (*Vulg.*) | et *pr. om. C* | ipse *pr.*] et ipse (!) *V* ‖ 19 non – 20 facit *om. C* ‖ 20 faciet *VW*

---

[291] Vgl. Ambrosius, *sacr.* 4,3,12 (FC 3,140); 5,1,1 (FC 3,156); vgl. BARDY, *Melchisédec dans la tradition patristique* 496–509.25–45, sowie SIMON, *Melchisédec dans la polémique* 58–93.

sondern als heiligen Mann und Priester Gottes, der ein
Abbild des Herrn vorstellt, „ohne Vater und ohne Mutter,
ohne daß von einer Zeugung erzählt wird" (Hebr 7,3*)
und ‚ohne Anfang und Ende' beschrieben wird, damit er
zeige, daß der ewige Sohn Gottes in diese Welt kommen
wird, der auch „ohne Vater" entsprechend seiner Fleischwerdung geboren ist und „ohne Mutter" entsprechend
seiner göttlichen Zeugung und „ohne daß von einer Zeugung erzählt wird", weil geschrieben steht: „Wer aber
wird seine Zeugung erzählen" (Jes 53,8)[291]?

11.89 Also verstehen wir jenen Melchisedek in Abbil-
dung Christi als Priester Gottes, aber jenen nur in Abbil-
dung, diesen in Wahrheit — ein Abbild aber ist Schatten
der Wahrheit — wir verstehen jenen in Verbindung mit
dem Namen einer einzigen Stadt[292], diesen als König in
Verbindung mit der Versöhnung der ganzen Welt, weil geschrieben steht: „Gott war in Christus und versöhnte die
Welt mit sich" (2 Kor 5,19), das heißt „die ewige Gottheit"
(Röm 1,20) war in Christus. Oder, wenn der Vater im Sohn
wie der Sohn im Vater ist, wird gewiß weder die Einheit
der Substanz noch die Einheit der Handlung geleugnet.

11.90 Wie aber können sie das mit Recht leugnen, auch
wenn sie es wollten, obwohl doch geschrieben steht: „Der
Vater aber, der in mir bleibt, spricht selbst, und die Werke,
die ich tue, tut er selbst"? (Joh 14,10*[293]). Er hat nicht
gesagt ‚auch er selbst tut sie', damit du es nicht eher für
eine Ähnlichkeit als für eine Einheit des Werkes hältst,
sondern indem er sagt, „was ich tue, tut er selbst", bleibt es
offensichtlich, daß wir an ein Werk des Vaters und des Sohnes glauben müssen.

---

[292] Nämlich dem Namen der Stadt Salem: „Melchisedek, der König von Salem" (Gen 14,18).
[293] Vgl. *fid.* 1,3,22, oben 154f.

11.91 Denique ubi similitudinem operum, non unitatem voluit intellegi, „qui credit", inquit, „in me, opera quae ego facio, et ipse faciet". Bene hic „et" interponendo et similitudinem nobis donavit, tamen unitatem naturalem negavit. Unum est igitur opus patris et fili, etiamsi non placeat Arrianis.

12.92 Quaero autem, quomodo regnum velint patris et fili esse divisum, cum dominus dixerit, ut supra ostendimus: „Omne regnum inter se divisum facile destruetur."

12.93 Et ideo ad excludendum Arrianae sacrilegium scaevitatis, unum imperium patris et fili etiam Petrus sanctus adseruit dicens: „Quapropter, fratres, satis agite certam vocationem et collectionem facere. Haec enim facientes non errabitis. Sic enim abundantius ministrabitur introitus in aeternum imperium dei et domini nostri conservatoris Iesu Christi."

12.94 Aut si quis de Christi tantum imperio dictum putat et hoc ideo sic accipit, ut patrem | filiumque potestate secernat, is tamen et regnum fili fatebitur et aeternum. Itaque non solum duo inducent regna divisa, ut obnoxia sint defectui, sed etiam, cum regna conparabilia nulla sint dei regno, quod fili esse etiamsi velint negare non possunt, aut contra suam sententiam redibunt, ut idem patris et fili

---

LVZ SMNCWEO def. R

1 ubi] ut *Oa* ibi *Ep.c.* | unitatem] *add.* voluntatis (is *i.r.*) *E* || 3 ipse *om. Oa* || facit *LZSMNOa* | et *pr. om. Ea.c.m2*, *WOa* | et *alt. om.* м etsi *LM* || 4 tamen] ubi *Oa* et tamen м || 5 fili] *add.* indivisum *C* | etiamsi – 8 fili *om. C* || 5 placet *LV*, *Wa.r.Oa* || 8 esse divisum *om. C* || 9 inter] in *NC* | distruitur *L* destruere *W* || 11 saevitatis *NWOam* civitatis *C* || 12 satis agite fratres *Oa* (*Vulg.*) satagite fratres м (*cf. Vulg.*) || 13 vocationem vestram *C* collectionem (συλλογήν?) *codd. omnes a* electionem (ἐκλογήν) м, *Vulg.* (*cf. Proleg. III 1*) || 14 sic] si *N* || 14–15 ministrabitur vobis м (*Vulg.*) || 15 domini et dei *L* || 16 conservaturis *Ma.c.N* creatoris *S* || 17 quis *om. S* quisquam *C* si quis] qui *N* || 18 hoc *om. Ma.c.m2Oa* | sic] si *Lp.c.Z* || 19 is *om. C* his *E* | et *om. Z* | et *om. ZS* || 20 regna dei divisa *LZ* || 21 sint *om. S* | sed *om. S* || 22 vellent *W* || 23 ridebunt *EOa* | ut *om. S*

11.91 Wo er schließlich wollte, daß die Ähnlichkeit der Werke und nicht die Einheit eingesehen werden soll, sagte er, „wer an mich glaubt, wird auch selbst die Werke tun, die ich tue" (Joh 14,12). Indem er hier das Wort „auch" zutreffend einfügt, hat er uns die Ähnlichkeit geschenkt und trotzdem die Einheit der Natur geleugnet. Ein einziges ist also das Werk des Vaters und des Sohnes, auch wenn es den Arianern nicht gefällt.

12.92 Ich frage aber, wie sie wollen, daß das Reich des Vaters und des Sohnes geteilt ist, obwohl der Herr gesagt hat, wie wir oben gezeigt haben[294]: „Jedes Reich, das in sich geteilt ist, wird leicht zerstört werden" (Mt 12,25*).

12.93 Und daher hat auch der heilige Petrus versichert, daß die Herrschaft des Vaters und des Sohnes eine einzige ist, um den Frevel der arianischen Torheit auszuschließen, indem er sagte: „Deswegen, Brüder, bemüht euch eifrig darum, eure Berufung und Erwählung sicher zu machen. Wenn ihr das nämlich tut, werdet ihr nicht irregehen. So nämlich wird reichlicher Zugang gewährt werden zur ewigen Herrschaft Gottes und unseres Herrn, des Retters, Jesu Christi" (2 Petr 1,10f*).

12.94 Oder wenn irgend jemand glaubt, daß dies nur von der Herrschaft Christi gesagt ist, und es daher so auffaßt, daß er den Vater und den Sohn hinsichtlich der Macht trennt, wird er trotzdem das Reich des Sohnes bekennen und daß es auch ewig ist. Daher werden sie nicht nur zwei geteilte Reiche einführen, so daß diese einem Mangel unterworfen sind[295], sondern auch — denn es gibt keine dem Reich Gottes vergleichbaren Reiche, von welchem sie nicht leugnen können, auch wenn sie es wollten, daß es dem Sohn gehört — sich entweder gegen ihre eigene Ansicht dazu bekehren, daß sie bekennen, daß das Reich des

---

[294] Vgl. *fid.* 1,1,11, oben 148f mit Anm. 18.
[295] Ambrosius möchte ausdrücken, daß zwei geteilte Größen kleiner und mangelhafter geraten als ein ungeteiltes Ganzes.

regnum esse fateantur, aut, quod sacrilegum est dicere, ius patri regni minoris adscribent, aut, quod contrarium est, quem minorem divinitate impie memorant, eius regnum fatebuntur aequale.

12.95 Sed hoc non quadrat, non congruit, non cohaeret. Dicant igitur unum esse regnum, sicut nos dicimus et probamus. Probamus autem non nostris, sed caelestibus testimoniis.

De uno eodemque regno patris et fili

12.96 Primum enim etiam aliis exemplis disce regnum caelorum regnum etiam fili esse. Ipse enim dixit: „Amen, amen dico vobis, quoniam sunt aliqui de istis adstantibus, qui non gustabunt mortem, donec videant filium hominis venientem in regnum suum." Dubitari ergo non potest quod sit regnum fili dei.

12.97 Sed accipe ipsum esse regnum fili, quod patris est: „Amen dico vobis, quod sunt quidam circumstantium, qui non | gustabunt mortem, donec videant regnum dei veniens in virtute." Eo usque enim unum regnum est, ut unum sit praemium, idem homines, eadem merita, idem sponsor.

12.98 Quomodo non idem regnum, cum praesertim ipse de se filius dixerit: „Tunc iusti fulgebunt sicut sol in regno patris sui"? Quod enim patris est per maiestatis proprietatem,

---

LVZ SMNCWEO def. R
1 esse *om. C* | sacrilegium *EOam* ‖ 3 impii *SWE* ‖ 6 igitur] enim *C* ‖ 9 *De uno – fili hic* (*M u.t.*) *N, l. 4* aequale *La.r. V, l. 7* probamus *pr.* (*W u.t.*), *l. 14* suum *Z, l. 19* virtute *C; titul. recent. ante § 92 Oa titul. om. SE add.* IIII *V add.* VI *Z* | regno eodemque *C* ‖ 10 enim *om. C* ‖ 11 etiam *om. Oa* ‖ 12 de istis sunt adstantibus (*om.* aliqui) *Z* | istis] his *N* | hic *m* (*Vulg.*) ‖ 14 dubitare *VN* | non potest] noli *N* ‖ 16 ipsud *Sa.c.m2* | filii dei *C* ‖ 17 amen amen *W* | de circumstantium *C* ‖ 18 regnum] filium *i. r.* (*sed* veniens) *E* | venientis *ZOa* ‖ 19 enim usque *Oam* enim *om. C* unum *pr. om. Oa* ‖ 19–20 sit praemium] sempiternum *Oa* ‖ 20 homines] heres *Oam, om. C* ‖ 23 sui *codd.* (αὐτῶν), mei *m*

Vaters und des Sohnes dasselbe ist, oder — was auszusprechen eine Gotteslästerung ist — dem Vater den Besitz eines geringeren Reiches zuschreiben oder — was das Gegenteil ist — von dem bekennen, den sie gottloserweise der Gottheit nach geringer nennen, daß sein Reich gleich ist.

12.95 Aber das paßt nicht, das stimmt nicht überein, das hängt nicht zusammen. Sie sollen also sagen, daß es ein einziges Reich ist, wie wir sagen und beweisen. Wir beweisen es aber nicht mit unseren, sondern mit himmlischen Zeugnissen.

Davon, daß das Reich des Vaters und des Sohnes ein und dasselbe ist

12.96 Lerne nämlich zuerst auch aus anderen Beispielen, daß das Himmelreich auch das Reich des Sohnes ist. Er selbst nämlich hat gesagt: „Amen, amen, ich sage euch, daß einige unter den Anwesenden sind, die den Tod nicht schmecken werden, bis sie den Menschensohn in sein Reich kommen sehen" (Mt 16,28*). Es kann also nicht bezweifelt werden, daß es ein Reich des Sohnes Gottes gibt.

12.97 Aber sieh ein, daß es das Reich des Sohnes selbst ist, das auch das des Vaters ist: „Amen, ich sage euch, daß es einige unter denen, die hier dabeistehen, gibt, die den Tod nicht schmecken werden, bis sie das Reich Gottes, das in Kraft kommt, sehen" (Mk 9,1*). In solchem Maße nämlich ist es ein einziges Reich, daß es einen einzigen Lohn gibt, dieselben Menschen, dieselben Verdienste, denselben Bürgen (vgl. Hebr 7,22).

12.98 Wie kann es nicht dasselbe Reich sein, da doch der Sohn selbst von sich gesagt hat: „Dann werden die Gerechten leuchten wie die Sonne im Reich ihres Vaters" (Mt 13,43*)? Was nämlich Eigenschaft des Vaters durch die Eigentümlichkeit der Hoheit ist, das ist auch

id etiam fili est per eiusdem claritudinis unitatem. Ergo et patris regnum scriptura dixit et fili.

12.99 Accipe nunc, quia ubi regnum dei dicit, nec patris nec fili separat potestatem, quia et paternum et fili regnum uno dei nomine conpraehendit, sicut habes: „Cum videritis Abraham et Isaac et Iacob et omnes prophetas in regno dei." An negamus in regno fili prophetas esse, cum et latroni dicenti „memento mei, cum veneris in regnum tuum" responderit dominus: „Amen dico tibi, hodie mecum eris in paradiso"? Aut quid est esse in dei regno nisi aeternam nescire mortem? Qui autem nesciunt mortem aeternam, ‚vident filium hominis venientem in regnum suum'.

12.100 Quomodo ergo potest non in potestate habere, quod donat dicens: „Tibi dabo claves regni caelorum"? Et video distantiam: servus aperit, dominus largitur, iste per se, ille per Christum. Famulus claves accipit, dominus ordinat potestates: aliud ius donantis, aliud dispensantis obsequium est.

12.101 Accipe adhuc unum regnum, unum imperium esse patris et fili. Habes ad Timotheum: „Paulus, apostolus Iesu Christi secundum imperium dei salvatoris nostri et Iesu Christi, spei nostrae." Unum igitur patris et fili regnum evidenter est declaratum, sicut et apostolus Paulus

---

LVZ SMNCWEO def. R

1 eiusdem *om. C* | claritatis *CE* ‖ 3 dei regnum *LV* dei *om. SE* ‖ 4 paternum] patris unum *Oa* ‖ 5–6 videris *COa* ‖ 6 et *pr. om. Oa* ‖ 7 fili] dei *Oa* ‖ 9 amen amen *La.r.VZ, Mp.c.m2N, Ca.r. WEOa* ‖ 10 esse *om. C* | in regno dei *EOam* ‖ 11–12 aeternam mortem *LOam* ‖ 14 potest] posuit *Sa.c.m2* (*corr.* potuit) ‖ 16 videte *VW, Ep.c.m2* | aperit] ascendit *S* | iste] *om. Sa.c.m2,* dominus *Sm2* ‖ 17 accepit *LMW* ‖ 18 potestatẽ *S* ‖ 20 accipe – 23 nostrae *om. SMNOa* ‖ 20 regnum] *add.* caelorum *C* ‖ 22 salutaris *La.c.* ‖ 23 christi iesu *m* ‖ 24 sic *Oa* | et *om. EN* | paulus *om. C*

Eigenschaft des Sohnes durch die Einheit desselben Glanzes. Also hat die Schrift sowohl von einem Reich des Vaters als auch des Sohnes gesprochen.

12.99 Sieh nun ein, daß die Schrift, wo sie Reich Gottes sagt, weder die Macht des Vaters noch die des Sohnes abtrennt, weil sie das Reich des Vaters und des Sohnes unter dem einen Namen Gott ausdrückt, wie du in ihr findest: „Wenn ihr Abraham und Isaak und Jakob und alle Propheten im Reich Gottes seht" (Lk 13,28). Oder leugnen wir, daß sich im Reich des Sohnes die Propheten befinden, obwohl der Herr auch dem Räuber, der sagte: „Erinnere dich meiner, wenn du in dein Reich kommst", geantwortet hat: „Amen, ich sage dir, heute wirst du mit mir im Paradies sein" (Lk 23,43)? Oder was heißt es, im Reich Gottes zu sein, außer, den ewigen Tod nicht zu kennen? Diejenigen aber, die den ewigen Tod nicht kennen, ‚sehen den Menschensohn kommen in sein Reich' (Mt 16,28*).

12.100 Wie kann er also nicht in seiner Macht haben, was er schenkt, wenn er sagt: „Ich werde dir die Schlüssel des Himmelreiches geben" (Mt 16,19)? Und sieh den Unterschied: Der Knecht öffnet, der Herr schenkt, dieser von sich aus, jener durch Christus. Der Diener empfängt die Schlüssel, der Herr verteilt die Gewalten: Das eine ist das Recht dessen, der schenkt, das andere der Gehorsam dessen, der verwaltet.

12.101 Sieh außerdem noch ein, daß es ein einziges Reich, eine einzige Herrschaft des Vaters und des Sohnes gibt. Du findest im Brief an Timotheus: „Paulus, Apostel Jesu Christi gemäß der Herrschaft Gottes[296], unseres Heilands, und Jesu Christi, unserer Hoffnung" (1 Tim 1,1*). Daß also das Reich des Vaters und des Sohnes eines ist, ist offensichtlich klargelegt worden, wie auch der Apostel Paulus

---

[296] Im Interesse seiner Argumentation wählt Ambrosius eine besondere Interpretation des *secundum imperium dei,* das das griechische κατ' ἐπιταγὴν θεοῦ übersetzt (FREDE, *Vetus Latina* 25/1, 392).

adseruit dicens: „Hoc enim scitote quod omnis inpudicus aut avarus aut inmundus, quod est idolatria, non habet hereditatem in regno Christi et dei." Ergo unum regnum et una divinitas.

12.102 Unam divinitatem lex probavit, quae dicit unum deum, probavit et apostolus dicendo de Christo: „In quo habitat omnis plenitudo divinitatis corporaliter." Si enim iuxta apostolum omnis corporaliter plenitudo divinitatis in Christo est, aut unius divinitatis patrem et filium fatebuntur aut, si patris et fili divinitatem cupiunt separare, cum omnem plenitudinem divinitatis corporaliter filius habeat, quid est, quod patri existimant amplius reservandum, cum amplius nihil sit plenitudine et plenitudo perfectio sit? Ergo una divinitas.

13.103 Imaginem autem unam et similitudinem unam supra diximus. Superest, ut unius quoque maiestatis patrem filiumque doceamus.

De unitate maiestatis

145

Nec longe aberit. Cum enim ipse dixerit de se filius: „Cum autem venerit filius hominis in maiestate sua et omnes angeli cum eo, tunc sedebit super sedem maiestatis suae", ecce fili expressa maiestas est. Quid ei deest, cuius increatam maiestatem negare non possunt? Est ergo fili maiestas.

LVZ SMNCWEO def. R
2 aut inmundus aut avarus *Oam* | idololatria *S* idolatra *N* idolorum *W* ‖ 5 quae – 6 probavit *om. Ma.c.N* ‖ 7 plenitudo omnis corporaliter *Oam* ‖ 9 est *om. SW* ‖ 9–10 fabuntur *E* ‖ 10 divinitatem] dignitatem *S* ‖ 12 patri *om. m* | aestimant *Oa* ‖ 12–13 reservandum] ascribendum *Oa* ‖ 13–14 et plenitudo perfectio (refectio C) sit *codd.*] perfectionis (!) *m* ‖ 15 unam *pr.*] vim *S* ‖ 18 *De – maiestatis hic LVZ; l. 19* filius *N* (*post cancell.*), (*M u.t.*), (*add. titul. seq.*) *C; l. 20* maiestatis suae (*W u.t.*)*; titul. recent. Oa om. SE add.* V *V, add.* VII *Z* ‖ 19 dixerit ipse *O* | de se] dei *LZ* ‖ 19 cum – 20 filius *om. S* ‖ 20 autem *om. m* ‖ 22 est maiestas *Oa* ‖ 22 quid – 23 maiestas *om. Oa* ‖ 23 maiestatem *om. C* | fili] filius *S*

bestätigte, indem er sagte: „Dies nämlich wißt, daß keiner, der schamlos oder geizig oder unrein ist, was natürlich Götzendienst ist, ein Erbe im Reich Christi und Gottes hat" (Eph 5, 5*). Also ist es ein einziges Reich und eine einzige Gottheit.

12.102 Das Gesetz, das von einem einzigen Gott redet, hat eine einzige Gottheit bestätigt, und auch der Apostel hat es bestätigt, indem er über Christus sagte: „In ihm wohnt die ganze Fülle der Gottheit leibhaftig" (Kol 2, 9*). Wenn nämlich nach dem Apostel die ganze Fülle der Gottheit leibhaftig in Christus ist, werden sie entweder bekennen, daß Vater und Sohn eine einzige Gottheit haben, oder wenn sie die Gottheit des Vaters und des Sohnes trennen wollen, obwohl der Sohn die ganze Fülle der Gottheit leibhaftig besitzt, warum meinen sie, daß es mehr für den Vater vorbehalten sein muß, obwohl nichts mehr sein kann als die Fülle und Fülle Vollkommenheit ist? Also gibt es eine einzige Gottheit.

13.103 Wir haben aber oben[297] das eine einzige Bild und die eine einzige Ähnlichkeit des Vaters und des Sohnes besprochen. Es bleibt, daß wir lehren, daß Vater und Sohn auch eine einzige Hoheit haben.

Über die Einheit der Hoheit[298]

Und der Beweis dafür wird nicht lange ausbleiben, weil nämlich der Sohn über sich gesagt hat: „Wenn aber der Menschensohn in seiner Hoheit kommt und alle Engel mit ihm, dann wird er auf dem Thron seiner Hoheit sitzen" (Mt 25,31). Siehe, damit ist die Hoheit des Sohnes beschrieben. Was fehlt ihm, dessen ungeschaffene Hoheit sie nicht leugnen können? Also gibt es die Hoheit des Sohnes.

---

[297] Vgl. *fid.* 1,6,43 – 1,7,53, oben 168–181.
[298] Da an dieser Stelle die Kohärenz des Textes durch die Überschrift erheblich gestört wird, dürften die Überschriften erst nachträglich in den Zusammenhang eingefügt worden sein.

13.104 Accipiant nunc, unde dubitare non possint, quod patris et fili una maiestas sit. Ipse enim dominus dixit: „Nam qui me erubuerit et meos sermones, hunc filius hominis erubescet, cum venerit in maiestate sua et patris et sanctorum angelorum." Quid est „et sanctorum angelorum", nisi quia honorantur et servi domini dignitate?

13.105 Dignitatem suam ergo ad filium et patrem rettulit, non ut angeli habeant cum patre et filio aequale consortium, sed ut praeminentem gloriam dei cernant. Neque enim suam maiestatem angeli habent, sicut lectum est de filio: „Cum sederit in sede maiestatis suae", sed adsistunt, ut patris et fili gratiam videant, quibus aut possunt aut merentur aspectibus.

13.106 Denique ipsa se explanant verba divina, ut intellegas illam gloriam patris et fili cum angelis non esse communem. Sic enim habes: „Cum autem venerit filius hominis in maiestate sua et omnes | angeli cum eo"; et ut doceret unam maiestatem et unam gloriam esse patris et suam, ipse in alio libro ait: „Et filius hominis confundetur eum, cum venerit in gloria patris sui cum angelis sanctis."

LVZ SMNCWEO def. R
1 unde] ut *LVZWEOam*, om. *Sa.c.m2* | possunt *CW* ǁ 2 quod] ut *S* ǁ 4 hominis *om. S* ǁ 5 quid – 6 angelorum *om. S* ǁ 6 nisi quod honorant *Oa* ǁ 7 dignitate *om. LVZMWEOa* domini dignitate] dignitate domini sui *Nm* dignitatem *om. S* dignitatem suam *om. VNC* dignitate sua *Z* dignitatem suam *iungunt cum praec. sententia Oa* dignitatem ergo suam *m* ǁ 9 praeminentem *LSMN* praeeminentem *cet.* ǁ 11 sedem *CWE* ǁ 12 gratiam] gloriam *m* ǁ 14 se *om. L* ǁ 19 suam] sui *N* | ipse et *L* | confundet *CEOam* confitebitur *N* ǁ 20 eum *om. S* | in gloriam *Sa.c. WZ* ǁ 20 sui – sanctis *om. Z* | 20 cum *alt.*] et *W*

---

[299] Eine knappe Polemik gegen die Engelverehrung, die auch im vierten Jahrhundert wohl noch gelegentlich zum Inventar der Volksfrömmigkeit zählte, vgl. auch den *Tomus Damasi* 24 (EOMJA 1/2, 1, 293): *quia in Patre et Filio et Spiritu Sancto solum baptizamur et non in archangelorum nominibus aut angelorum, quomodo haeretici, aut Iudaei, aut etiam pagani dementes.*

13.104 Sie sollen nun einsehen, warum sie nicht bezweifeln können, daß es eine einzige Hoheit des Vaters und des Sohnes gibt. Der Herr hat nämlich selbst gesagt: „Denn wer sich meiner und meiner Reden schämt, dessen wird sich auch der Menschensohn schämen, wenn er in seiner Hoheit kommt und in der des Vaters und der der heiligen Engel" (Lk 9,26). Was heißt „und der heiligen Engel", außer daß auch die Knechte durch die Würde des Herrn geehrt werden?

13.105 Er hat seine Würde also auf den Sohn und den Vater zurückgeführt, nicht, daß die Engel mit dem Vater und dem Sohn eine gleichwertige Gemeinschaft haben[299], sondern daß sie die herausragende Herrlichkeit Gottes sehen. Und die Engel haben nämlich nicht ihre eigene Hoheit, wie über den Sohn vorgelesen wurde: „Wenn er auf dem Thron seiner Hoheit sitzen wird" (Mt 19,28), sondern sie stehen dabei, damit sie die Gnade des Vaters und des Sohnes sehen, die sie entweder sehen können oder zu sehen verdienen.

13.106 Schließlich erläutern sich die göttlichen Schriften selbst[300], damit du verstehst, daß diese Herrlichkeit des Vaters und des Sohnes keine ist, die sie mit den Engeln gemeinsam haben. So nämlich findest du es: „Wenn aber der Menschensohn kommt in seiner Hoheit und alle Engel mit ihm" (Mt 25,31). Und um zu lehren, daß er und der Vater eine einzige Hoheit und Herrlichkeit haben, hat er selbst in einem anderen Buch gesagt: „Und der Menschensohn wird sich seiner schämen[301], wenn er kommt in der Herrlichkeit seines Vaters mit den heiligen Engeln" (Mk 8,38).

---

[300] Hier handelt es sich sozusagen um eine interessante antike Variante des reformatorischen Prinzips *sacra scriptura ipsius interpres;* vgl. die Bemerkungen zur Schrifthermeneutik des Ambrosius in der Einleitung, oben 83–86.

[301] Das *confundetur* ist in der *Vetus Latina* Variante zu dem auch in der Überlieferung unseres Textes handschriftlich bezeugten *confundet: Itala* (2,74 JÜLICHER/MATZKOW).

Illi in obsequio, hic in gloria, illi in comitatu, iste in suggestu, illi stant, hic sedet. Ut verbo tamen usus utamur humani, hic iudicat, hi ministrant.

13.107 Divine autem non praemisit maiestatem patris et subdidit suam et angelorum, ne de superioribus ad inferiora fecisse gradum quendam et ordinem videretur. Sed quia pater inferior videri non poterat, praemisit ‚maiestatem suam' et addidit „patris et angelorum", ne se medium inter patrem et angelos nominando aut ab angelis ad patrem per sui quoque incrementa fecisse quendam videretur ascensum, aut a patre rursus ad angelos per ordinem cum sui etiam deminutione crederetur fecisse descensum. Namque nos, qui unam divinitatem patris et fili confitemur, diversum ut Arriani ordinem non putamus.

Quod unius sit filius cum patre substantiae

14.108 De substantia autem, imperator auguste, quid | loquar unius filium cum patre esse substantiae, cum ‚imaginem paternae substantiae' filium legerimus, ut in nullo secundum divinitatem a patre intellegas discrepare?

LVZ SMNCWEO def. R
1 in gloriam L | iste] hic m ‖ 1–2 suggesto N ‖ 2 verbi V | usu V ‖ 3 hi *VZMNEOam* | hii *Sa.c.CW* | ii L (*cf. ThesLL.* VI 3,2717,14–60) ‖ 4 divinae *SWE* divinam *VNm* | patrem *Sa.c.m2* ‖ 5 et suam *LE* | ne *om. Sa.c.m2* ‖ 6 graduum *Oa* | et *om. Oa* ‖ 7 potuit C ‖ 8 suam *om. Ca.c.m2* ‖ 9 et – 10 patrem *om.* E ‖ 11 aut] ut *Oa* | rursum S ‖ 12 diminutione *NZW* deminutionem C ‖ 13 nam *SMNWEOa* | et fili *om. Oa* ‖ 14 diversam S | arrii *Sa.c.m2* | ordine *Sp.c.m2* ordinem *om. Oa* ‖ 15 *Quod – substantiae hic* (*Wu.t.*) *Z; 13, 39* descensum *LV* (*Mu.t.*), (*post. cancell.*) *N; 13, 1* (*titul. cum praeced. coniunct.*) *C; titul. recent. ante 13, 1 Oa om. titul. SE add.* VIII *Lm2Z add.* VI V

---

[302] Die folgende Argumentation richtet sich gegen die Vorbehalte, die homöische Theologien gegen den Begriff οὐσία geltend machten; vgl. zunächst das sogenannte ‚datierte Credo' vom 22. Mai 359 (ATHANA-

Jene in Gehorsam, dieser in Herrlichkeit, jene im Gefolge, dieser auf dem Ehrenplatz, jene stehen, dieser sitzt. Um dennoch ein Wort menschlicher Sprachgewohnheit zu verwenden: Dieser richtet, diese dienen.

13.107 Auf göttliche Weise hat er aber nicht die Hoheit des Vaters zuerst genannt und seine und die der Engel am Schluß hinzugefügt, damit es nicht so schien, als habe er vom Höheren zum Niedrigeren eine gewisse Abstufung und eine hierarchische Reihung vorgenommen. Aber da der Vater nicht geringer erscheinen konnte, hat er ‚seine eigene Hoheit' zuerst genannt und die „des Vaters und der Engel" hinzugefügt, damit man nicht den Eindruck gewinnt, er habe, wenn er sich als Mitte zwischen dem Vater und den Engeln nennt, entweder scheinbar auch durch sein eigenes Wachstum einen gewissen Aufstieg von den Engeln zum Vater vollzogen, oder glauben könnte, er habe durch die hierarchische Reihung auch mit seiner eigenen Erniedrigung vom Vater wiederum einen Abstieg zu den Engeln vollzogen. Denn auch wir, die wir eine einzige Gottheit des Vaters und des Sohnes bekennen, glauben nicht an eine unterschiedliche hierarchische Reihung der Gottheit wie die Arianer.

Daß der Sohn mit dem Vater von einer einzigen Substanz ist

14.108 Warum soll ich über die Substanz[302] aber noch betonen, erhabener Kaiser, daß der Sohn mit dem Vater einer Substanz ist, weil wir doch gelesen haben, daß ‚der Sohn das Bild der väterlichen Substanz ist' (vgl. Hebr 1,3; Kol 1,15; Weish 7,26), damit man einsieht, daß er sich in keinem Punkt hinsichtlich der Gottheit vom Vater unterscheidet?

SIUS VON ALEXANDRIEN, *syn.* 8,3–7 [235f OPITZ]); Literatur bei MARK-SCHIES, *Ambrosius von Mailand und die Trinitätstheologie* 191 Anm. 586.

14.109 Iuxta hanc imaginem dixit: „Omnia quae pater habet, mea sunt." Ergo nec substantiam in deo possumus denegare. Neque enim insubstantivus est, qui aliis dedit habere substantiam, licet alia sit substantia dei, alia creaturae, nec possit insubstantivus filius dei esse, ‚per quem cuncta subsistunt'.

14.110 Et ideo ait: „Non est absconditum os meum, quae fecisti in abscondito, et substantia mea in inferioribus terrae." ‚Virtuti' enim et ‚divinitati' ea, quae „ante constitutionem mundi" vel inperspicabili maiestate sunt gesta, abscondita esse non poterant. Legimus ergo substantiam.

14.111 Sed dices de incarnatione dictam esse substantiam. — Interim nomen substantiae lectum probavi et lectum non pro patrimoniis, ut dicitis. Iam, si placet, accipiamus secundum mysterium „in inferioribus" Christi fuisse substantiam. Etenim ut defunctorum animas in sui corporis anima liberaret, vincla mortis solveret, peccata donaret, operatus est in inferno.

LVZ SMNCWEO def. R
3 insubstantibus *S* | qui] quod *Oa* | alius *Oa* ‖ 4 licet–substantia *om. W* ‖ 5 nec posset *m* | insubstantiabus *S* | dei] deus *E* ‖ 7 absconditum] occultatum *Em (Vulg.)* ‖ 8 quae] quod *Sm2NWm (Vulg.; cf. apol. Dav. I 13, 60, p. 342, 9 Sch.; Rob. Weber, Le Psautier Romain, Collect. Bibl. X ad Ps.138,15)* ‖ 10 inperspicabilem *C* ‖ 12 dicis *LZMCW* dicens *V* | dictam] dictum *E* ‖ 14 pro *om. ZW* ‖ 15–16 fuisse christi *C* ‖ 17 vincla *LZMW, Ea.c.m2* vincula *cet. am* ‖ 18 donaret et (*om. est*) *Z W*

---

[303] Zu diesem Begriff *insubstantivus* vgl. das achte Anathema des *Tomus Damasi* (EOMJA 1/2, 1, 286): Man verwirft die Aussagen, daß der Sohn Gottes *extensio* beziehungsweise *collectio* ist, separiert vom Vater, substanzlos ist und ein Ende haben wird. Vgl. auch RUFIN VON AQUILEIA, *symb.* 7f (CCL 29, 143f); Bemerkungen zum ἀνούσιος auch bei BASILIUS VON CAESAREA, *Eun.* 5 (PG 29, 749).

[304] Das Psalm-Zitat ist eine sehr wörtliche Übersetzung der Bibelstelle nach der LXX (Ps 138, 15): οὐκ ἐκρύβη τὸ ὀστοῦν μου ἀπὸ σου, ὃ ἐποίησας ἐν κρυφῇ καὶ ἡ ὑπόστασις μου ἐν τοῖς κατωτάτοις τῆς γῆς.

[305] Mit der Begründung, daß dem nicht so sei, hatte vor allem auf Drän-

14.109 Entsprechend seiner Funktion als Bild hat er gesagt: „Alles, was dem Vater gehört, ist mein" (Joh 16,15*). Also können wir auch nicht leugnen, daß eine Substanz in Gott ist. Weder ist nämlich der ohne Substanz, der anderen verliehen hat, Substanz zu haben, obwohl die Substanz Gottes etwas anderes ist als die Substanz eines Geschöpfes, noch kann der Sohn Gottes ohne Substanz sein[303], ‚durch den alles existiert' (vgl. Kol 1,16f).

14.110 Und daher hat er gesagt: „Mein Gebein ist dir nicht verborgen und meine Substanz in der Unterwelt, die du im Verborgenen gemacht hast" (Ps 138,15*)[304]. ‚Der Kraft' nämlich und ‚der Gottheit' konnte das, was „vor der Erschaffung der Welt" (vgl. Röm 1,20) wohl durch die undurchschaubare Hoheit bewirkt worden ist, nicht verborgen sein. Wir lesen also in der Heiligen Schrift das Wort Substanz[305].

14.111 Aber du wirst sagen, daß Substanz lediglich von seiner Fleischwerdung gesagt worden ist. — Inzwischen habe ich bewiesen, daß der Begriff ‚Substanz' in der Schrift zu lesen ist, aber nicht für das, was er vom Vater ererbt hat, wie ihr sagt[306]. Wir wollen, wenn es gefällt, nunmehr einsehen, daß entsprechend des geheimnisvollen Geschehens der Inkarnation die Substanz Christi „in der Unterwelt" gewesen war. Denn, um die Seelen der Toten durch die Seele seines eigenen Leibes zu befreien, die Fesseln des Todes zu lösen, die Sünden zu vergeben, hat er in der Unterwelt gewirkt[307].

---

gen der Bischöfe URSACIUS und VALENS das ‚datierte Credo', die vierte sirmische Formel, vom 22. Mai 359 den Gebrauch des „unbiblischen" Wortes ὁμοούσιος untersagt; man solle nicht mehr von οὐσία reden, es genüge die Formel ὁμοίως κατὰ πάντα (Text der Formel bei ATHANASIUS VON ALEXANDRIEN, syn. 8 [236 OPITZ; weitere Belege der Formel im Apparat bei FALLER, Ambrosius 8,147]).
[306] Vgl. fid. 3,14,108, oben 434f.
[307] Vgl. GRILLMEIER, Der Gottessohn im Totenreich 76–174.

14.112 Et tamen quid obstat, quominus illam | divinam intellegas esse substantiam, cum deus ita ubique sit, ut ei dictum sit: „Si ascendero in caelum, tu ibi es, si descendero in infernum, ades"?

14.113 Denique ad substantiam divinam derivandum esse intellectum sequentibus declaravit dicens: „Inoperatum meum viderunt oculi tui", eo quod non operis factura sit filius, sed verbum genitum potestatis aeternae. Ἀκατέργαστον enim dixit, hoc est „inoperatum" atque increatum, verbum sine alicuius creaturae testimonio ex patre natum. Et tamen abundamus aliis substantiae testimoniis. Sit ista hoc loco substantia corporalis, dummodo non opus dei filium, sed inoperatam eius divinitatem et ipse fatearis.

14.114 Scio autem aliquos dicere „inoperatum" etiam incarnationis esse mysterium, quod non sit virilis copulae usus operatus, quia partus est virginis. Si ergo plerique hoc loco nec Mariae partum opus esse dixerunt, tu, Arriane, opus putas esse dei verbum?

14.115 At hic tantum substantiam legimus? Nonne et alibi dixit: „Portae civitatum fractae sunt, montes ceciderunt et revelata est substantia"? Numquid hic quoque

---

LVZ SMNCWEO def. R
2 esse *om. Oa* || 3 ibi] illic *Oam* | si *alt.*] et si *S* || 4 in] ad *CVm* || 5–6 dirivandum *VW* | in sequentibus *C* || 7 operis] oculis *S* in operis *Oa* || 9 acatorgaston *M* acastergaston *L* ιεργαστον *O* | enim *om. C* || 11 substantiae] ad substantiam *Oa* || 13 inoperatum *Oa* | et *om. W* || 15 scio autem] sciatis *S* | inoperatum esse *LOam* || 18 partus *Nm* | opus *alt.*] *add.* tu *N* || 19 putas esse] adseris *C* || 20 at *LZSMOa* an *C* ut *W* aut *cet. M* | elegimus *Sa.c.* | et *om. MN* || 21 civitatum *om. SMNE Oa* | effractae *ZSam* factae *N* || 22 relevata *W* | quoque] et *Oa*

---

[308] BLAISE, *Dictionnaire* 451, nennt diese Stelle, aber vgl. auch Ambrosius, *incarn.* 9, 95 (CSEL 79, 270).
[309] LAMPE, *A patristic Greek Lexicon* 60, nennt keine weiteren relevanten Stellen aus der patristischen Literatur.

14.112 Und was hindert dich trotzdem daran, einzusehen, daß es die göttliche Substanz ist, da doch Gott so überall ist, daß man zu ihm gesagt hat: „Wenn ich in den Himmel aufsteige, bist du dort, wenn ich in die Unterwelt hinabsteige, bist du da" (Ps 138,8*)?

14.113 Er hat mit folgenden Worten erklärt und gesagt, daß der Sinn des Begriffs schließlich auf die göttliche Substanz bezogen werden muß: „Deine Augen haben mich unbearbeitet[308] gesehen" (Ps 138,16*), darum daß der Sohn nicht das Geschöpf eines Werkes ist, sondern das gezeugte Wort der ewigen Macht. Er hat nämlich ἀκατέργαστον[309] gesagt, das heißt „unbearbeitet" und ungeschaffen, ohne Hinweis auf irgendeinen Schöpfungsakt ist das Wort aus dem Vater geboren. Und dennoch haben wir im Überfluß andere Hinweise auf die Substanz. An dieser Stelle mag es die körperliche Substanz sein, wenn nur du auch selbst den Sohn Gottes nicht als Werk, sondern seine ungeschaffene Gottheit bekennst.

14.114 Ich weiß aber, daß einige sagen, daß auch das Geheimnis der Fleischwerdung „ungeschaffen" ist, daß es ja nicht durch die gewöhnliche Art eines Zusammenseins mit einem Mann geschehen ist, da es eine Geburt aus der Jungfrau ist. Wenn also die meisten an dieser Stelle gesagt haben, daß auch die Geburt aus Maria kein Werk war, glaubst du, mein lieber Arianer, daß das Wort Gottes ein Werk ist?

14.115 Aber lesen wir nur hier das Wort Substanz? Hat er nicht auch an anderer Stelle gesagt: „Die Tore der Städte sind zerbrochen, die Berge sind gefallen, und die Substanz ist offenbart" (Nah 2,7f*[310]). Wird etwa auch hier Ge-

---

[310] Nah 2,7f nach LXX, völlig anders Vg.: πύλαι τῶν ποταμῶν διηνοίχθησαν, καὶ τὰ βασίλεια διέπεσεν, καὶ ἡ ὑπόστασις ἀπεκαλύφθη; die kritische Ausgabe in der Göttinger LXX (13,256 ZIEGLER) nennt οὐσία nicht als handschriftliche Variante (dagegen der altlateinische Text nach SABATIER, Vetus Latina 2,958, übereinstimmend: et substantia revelata est).

creatura signatur? Solent enim aliqui dicere ‚pecuniariam' esse ‚substantiam'. Ergo si ad sensum refers, ideo „ceciderunt montes", ut pecuniarium patrimonium cerneretur?

14.116 Sed meminerimus, qui montes | ceciderunt! Illi utique, de quibus dictum est: „Si habueritis fidem sicut granum sinapis, dicetis huic monti ‚tollere et iactare in mare'". Montes ergo sunt altitudines se extollentes.

14.117 Denique in Graeco „regna ceciderunt" habetur. Quae regna nisi satanae, de quo dixit dominus: „Quomodo stabit regnum eius?" Ipsos ergo legimus montes, quae regna sunt diaboli. Ideoque istis cadentibus regnis de corde fidelium revelatum est paternae dei filium Christum esse substantiae. Qui sunt etiam illi „montes aerei", de quorum medio „quattuor currus" procedunt?

14.118 Advertimus „altitudinem" illam „extollentem se adversus scientiam dei" verbo domini conruisse, cum diceret dei filius: „Obmutesce et exi, inmunde spiritus." De quo et in propheta dixit: „Ecce ego ad te, mons corrupte."

14.119 Isti ergo „ceciderunt montes", et ‚revelatum est' quia esset in Christo divina „substantia", dicentibus his

---

LVZ SMNCWEO def. R
1 significatur *Oa* || 2 ad hunc sensum *Oam* | referas *Lp.c.m2Z* || 2–3 occiderunt *VZMm* || 3 pecuniarum *Oa* || 4 sed] *add.* si *codd. a* | ceciderint *ZSMNWE* || 5 sicut] ut *S* quasi *C* || 6 tolle te et iacta te *V* iactari *C* || 7 montes – 13 substantiae *om. S, Ma.c.N* || 8 habet *LVMC* habes *Z* habent *W* || 10 eius] ipsius *Oam om. W* | quae] quia *EP.c.* || 12 fidelibus *V* || 13 qui sunt] et qui sint *SNW* | etiam *om. SNW* | illi] ipsi *m* vel illi et ipsi *Oa* || 14 cursus *SZ* || 15 advertemus *WE* | illam et *Oa* || 17 in *om. Ma.c.Nm* || 20 his] iis *m*

---

[311] Vgl. AUGUSTINUS, *bapt.* 1,9,12 (CSEL 51,158): *scimus qui sis —, si dispertiant etiam ipsi substantiam suam pauperibus, sicut multi non solum in catholica sed in diversis haeresibus faciunt, si aliqua ingruente persecutione tradant ad flammas nobis cum corpus suum pro fide quam pariter confitentur?.*

schöpfliches bezeichnet? Einige pflegen nämlich zu sagen, daß ‚Substanz' ‚Vermögen'³¹¹ meint. Wenn du es also auf diesen Sinn beziehst: Sind daher „die Berge gefallen", damit man das Erbe als solches erkennt, das mit Vermögen zu tun hat?

14.116 Aber wir wollen uns daran erinnern, welche Berge gefallen sind. Die freilich, über die gesagt worden ist: „Wenn ihr Glauben habt wie ein Senfkorn so groß, werdet ihr diesem Berg sagen: ‚Erhebe dich und spring ins Meer'" (vgl. Mt 17,20; 21,21). Berge also sind Höhen, die sich erheben.

14.117 Schließlich findet man im griechischen Text: „Die Reiche sind gefallen" (Nah 2,7* LXX). Welche Reiche, wenn nicht die des Teufels, über den der Herr gesagt hat: „Auf welche Weise wird sein Reich bestehen?" (Mt 12,26). Wir lesen also gerade über die Berge, die die Reiche des Teufels sind. Und daher ist, wenn diese Reiche vom Herz der Glaubenden abfallen, offenbar, daß Christus, der Sohn Gottes, von der Substanz des Vaters ist. Was sind auch noch jene „ehernen Berge", aus deren Mitte „vier Wagen" hervorkommen (Sach 6,1)?

14.118 Wir erkennen, daß jene „Höhe sich gegen die Erkenntnis Gottes erhoben hat" (2 Kor 10,5), durch das Wort des Herrn zusammengestürzt ist, als der Sohn Gottes sagte: „Verstumme und fahre aus, unreiner Geist!" (Mk 1,25*; 5,8). Über ihn hat er auch beim Propheten gesagt: „Siehe, ich gehe gegen dich vor, du verdorbener Berg"³¹².

14.119 Diese „Berge" also „sind gefallen" (Jer 28,25*), und ‚es ist offenbart worden', daß in Christus die göttliche „Substanz" war, als diejenigen, die zugeschaut hatten,

---

³¹² Jer 28,25 LXX: Jer 51,25 Vg.; diese Auslegung ist vorgebildet bei ORIGENES, *hom. in Jer.* 28,25 f (*fr.* 41 aus der Prophetenkatene [GCS 219]: ὁ διάβολος ὄρος ὀνόμασθαι).

qui viderant: „Vere filius dei est." Non enim humana, sed
divina potestate daemoniis imperabat. Hieremias quoque
dicit: „Super montes accipite luctum et super semitas
desertas planctum, quia defecerunt, eo quod non sint homines, non acceperunt vocem substantiae, a volatilibus
usque ad iumenta expaverunt et perierunt."

14.120 Nec praeterit etiam alibi, cum fragilitates ex-
poneret condicionis humanae, ut susceptam a se infirmitatem carnis et adfectum nostrae mentis ostenderet, dixisse dominum per prophetam: „Memento, domine, quae est
substantia mea", quia in natura fragilitatis humanae dei
filius loquebatur.

14.121 De quo supra, ut incarnationis mysteria reve-
laret, ait: „Tu vero reppulisti, domine, et pro nihilo dispulisti Christum tuum, avertisti testamentum servi tui,
profanasti in terra sanctitatem eius." In quo utique ‚servum' dixit nisi in carne? Quia „non rapinam arbitratus est
esse se aequalem deo, sed semet ipsum exinanivit formam

LVZ SMNCWEO def. R
1 viderunt *Oa* | dei filius *WE* ‖ 3 lectum *Z* ‖ 4 planctus *Sa.c.* ‖ 5 ac-
cepi *S* ‖ 6 perierunt] defecerunt *m* ‖ 7 praeteriit *m* | fragilitatis *V* ‖
10 domino *Oa* | est *om. L* ‖ 13 incarnatione *N* | mysterium *COa* ‖
14 domino *Oa* | nihilo] *add.* habuisti *m* ‖ 15 avertisti *LVMNC* (*cf. Rob.
Weber, Le Psautier Romain, Collect. Bibl. X, ad Ps. 88, 40*) evertisti *cet. am
(Vulg.)* ‖ 16 in terram *L (Vulg.)* ‖ 16–17 servum tuum *V* ‖ 18 se *om.
C* ‖ 18 – p. 444 l. 1 servi formam *Oa* ‖

---

[313] Eine ähnliche Schriftargumentation auch bei ATHANASIUS VON ALE-
XANDRIEN, *ep. Afr.* 4 (PG 26, 1036). Allerdings identifiziert der Autor
trotz seiner Aussagen im sogenannten ‚*Tomus ad Antiochenos*' von 362
hier sieben Jahre später ὕπαρξις mit ὑπόστασις und diese mit οὐσία.
Ambrosius folgt dem Text der LXX von Jer 9, 9: Ἐπὶ τὰ ὄρη λάβετε
κοπετὸν καὶ ἐπὶ τὰς τρίβους τῆς ἐρήμου θρῆνον, ὅτι ἐξέλιπον παρὰ τὸ
μὴ εἶναι ἀνθρώπους· οὐκ ἤκουσαν φωνὴν ὑπάρξεως· ἀπὸ πετεινῶν
τοῦ οὐρανοῦ καὶ ἕως κτηνῶν ἐξέστησαν, ᾤχοντο. Er interpretiert dabei
allerdings die gewöhnliche altlateinische Übersetzung von φωνὴ ὑπ-
άρξεως mit *vox substantiae* (SABATIER, *Vetus Latina* 2, 661; Vg.: *vox pos-
sidentis*) im Sinne von οὐσία.

sagten: „Er ist wahrhaftig Gottes Sohn" (Mt 14,33*). Er hat nämlich nicht mit menschlicher, sondern mit göttlicher Vollmacht den Dämonen befohlen. Auch Jeremia sagt: „Vernehmt über den Bergen die Trauer und über den verlassenen Pfaden das Wehklagen, weil sie sie verlassen haben, da keine Menschen da sind; sie haben keine Stimme der Substanz vernommen, von den Vögeln bis zum Vieh haben sie sich entsetzt und sind verschwunden" (Jer 9,9*)[313].

14.120 Und es entgeht uns auch an anderer Stelle nicht, daß der Herr, als er die Hinfälligkeiten des menschlichen Seins herausstellt, um zu zeigen, daß von ihm die Schwachheit des Fleisches und der Zustand unseres Geistes[314] angenommen worden ist, durch den Propheten gesagt hat: „Gedenke, Herr, was meine Substanz ist" (Ps 89,48: Ps 88,48*), weil der Sohn Gottes in der Natur der menschlichen Hinfälligkeit gesprochen hat.

14.121 Darüber hat er auch weiter vorn im selben Psalm[315], um die Geheimnisse der Fleischwerdung zu offenbaren, gesagt: „Du aber hast zurückgestoßen, Herr, und wegen nichts[316] deinen Christus vertrieben, du hast den Bund mit deinem Knecht für ungültig erklärt, seine Heiligkeit auf der Erde zunichte gemacht" (Ps 89,39f: Ps 88,39f*). Worin nun hat er ihn ‚Knecht' genannt, wenn nicht im Fleisch? Da „er es nicht für einen Raub hielt, Gott gleich zu sein, sondern sich selbst entäußerte und die Ge-

---

[314] Die Verbindung *adfectum nostrae mentis* ist gegenüber dem Streitpunkt in der apolinaristischen Kontroverse, der *mens Christi,* noch vergleichsweise unpräzise.
[315] Vgl. aber auch *fid.* 3,11,76, oben 412–415.
[316] Man könnte erwägen, durch die Einfügung eines *redegisti* das Zitat mit der in *fid.* 3,11,76, oben 414f, gebotenen Textform von Ps 88,39f: Ps 89,39*f auszugleichen („auf nichts herabgesetzt und"). Da die Angleichung beider Zitate aber nur unvollkommen gelingt (vgl. die Unterschiede: *pro nihilo / ad nihilum*), sollte der lateinische Text ohne diese Konjektur verstanden werden.

servi accipiens, in similitudine hominum factus et specie inventus ut homo." Mea ergo susceptione ‚servus', sua ‚dominus' potestate est.

14.122 Quid illud quod habes: „Quoniam quis stetit in substantia domini?" et alibi: „Et si stetissent in substantia mea et audissent verba mea et si docuissent plebem meam, avertissem eos a nequitiis et conventionibus suis?"

15.123 Quomodo negant dei esse substantiam? Quomodo verbum substantiae, quod creberrimum in scripturis est, putant esse vitandum, cum ipsi ‚ex alia substantia' — hoc est eterousion — dicendo filium substantiam tamen in deo | esse non abnuant? | 151

15.124 Non igitur verbum, sed vim verbi fugiunt, quia nolunt verum esse dei filium. Nam licet humano verbo non possit divinae generationis series conpraehendi, tamen iudicarunt patres fidem suam tali proprie contra eterousion sermone signandam, auctoritatem secuti prophetae qui ait: „Quis stetit in substantia domini et vidit verbum eius?"

LVZ SMNCWEO def. R
1 accepit *S* | in similitudine *LZ* in similitudinem *cet.* (*Vulg.*) *cf. fid. III 81* | et] est *ZC om. Oa* ‖ 3 potestas *Cp.c.m2* | est *om.* m ‖ 4 quis] qui *Sa.c.m2Oa* ‖ 5 et *alt. om. V* ‖ 6 verba mea] *add.* et si docuissent verba mea *MOa* | si] sic *L* ‖ 7 a *om. V* | nequitia *V* | adinventionibus *Em* ‖ 10 est *om. C* | vitam *Oa* ‖ 10 ipsi – 11 tamen *om. Oa* ‖ 11 eterousion *LZSM* etherousion *N* eterusion *VW* eterausion *C* homousion *Ep.r.m2* ‖ 12 abnuant] *add.* iam tamen *V* ‖ 13 verum] verbum *Z* ‖ 15 possint *Z* | conpraehendere *Z* ‖ 16 proprio *L* | contra eterousion] et ἐπιούσιον *Oa* ‖ 16 eterousion *LZSMC* etherousion *N* eterusion *V* eusion *W* homousion *Ep.r.m2* ‖ 17 sermonem *LVZW* | signandum *N* ‖ 18 quis] qui *COa* | substantiam *C* | dei *LZSMCOa*

---

[317] Das *quoniam* gehört als kausale Verbindung zum Zitat. Vgl. die griechischen Versionen der zitierten Bibelverse: ὅτι τις ἔστη ἐν ὑποστήματι κυρίου (Jer 23,18) beziehungsweise καὶ ἔστησαν ἐν τῇ ὑποστάσει μου (Jer 23,22), die Göttinger LXX notiert in beiden Fällen nicht die Abweichung οὐσία im Apparat (15,265f ZIEGLER).
[318] Vgl. zum Begriff *substantia* oben 242Anm. 121.

stalt eines Knechtes annahm, im Aussehen einem Menschen ähnlich gemacht und der Gestalt nach wie ein Mensch erfunden wurde" (Phil 2,6f*). Durch die Annahme meines Seins also ist er ‚Knecht', durch seine Macht ist er ‚Herr'.

14.122 Was heißt das, was du in der Bibel findest: „Wer stand in der Substanz des Herrn"? (Jer 23,18)[317]. Und an anderer Stelle: „Und wenn sie in meiner Substanz gestanden und meine Worte gehört hätten und wenn sie mein Volk gelehrt hätten, hätte ich sie von ihren Nichtsnutzigkeiten und Verbindungen abgebracht" (Jer 23,22*)?

15.123 Wie leugnen sie, daß es eine Substanz Gottes gibt? Wie kommen sie auf die Idee, daß das Wort Substanz, das sehr häufig in den Schriften vorkommt[318], zu vermeiden ist, obwohl sie selbst, indem sie sagen, daß der Sohn „aus einer anderen Substanz" — das heißt ἑτεροούσιον[319] — ist, nicht leugnen, daß dennoch Substanz in Gott ist?

15.124 Sie fliehen also nicht das Wort, sondern die Aussagekraft des Wortes, weil sie nicht wollen, daß er wahrer Sohn Gottes ist. Denn obwohl der Vorgang der göttlichen Zeugung nicht durch ein menschliches Wort erfaßt werden kann, haben die Väter dennoch die Ansicht vertreten, daß ihr Glaube durch eine solche Rede speziell gegen das ἑτεροούσιον bezeichnet werden muß, indem sie der Autorität des Propheten gefolgt sind, der sagt: „Wer stand in der Substanz des Herrn und hat sein Wort gesehen?"

---

[319] Für die Verwendung des Begriffs zur Bezeichnung des Unterschiedes zwischen Gott und Menschen vgl. APOLINARIS VON LAODICEA, fr. 126 (LIETZMANN).

Secundum impietatem igitur suam positum substantiae verbum recipiunt Arriani, secundum pietatem autem fidelium conprobatum repudiant et refutant.

15.125 Nam quid est aliud, cur homousion patri nolint filium dici, nisi quia nolunt verum dei filium confiteri? Sicut auctor ipsorum Eusebius Nicomedensis epistula sua prodidit scribens: „Si verum", inquit, „dei filium et increatum dicimus, homousion cum patre incipimus confiteri." Haec cum lecta esset epistula in concilio Nicaeno, hoc verbum in tractatu fidei posuerunt patres, quod viderunt adversariis esse formidini, ut tamquam evaginato ab ipsis gladio ipsorum caput nefandae heresis amputarent.

15.126 Frustra autem verbum istud propter Sabellianos decli|nare se dicunt et in eo suam imperitiam produnt. Homousion enim aliud alii, non ipsum est sibi. Recte ergo homousion patri filium dicimus, quia verbo eo et personarum distinctio et naturae unitas significatur.

LVZ SMNCWEO def. R
1 positam *N* propositum *Oa* ‖ 2 autem *om. N* ‖ 4 homousion *La.r. ZNCWOa* omousion *Lp.r.SME* omusion *V* ὁμοούσιν *m* | patri *om. C* | nolint] nolunt *C* nolit *V* ‖ 5 dici] dei *V* | verum] verbum *Z*, iterum *Oa* | deum *S* ‖ 6 actor *N* | eorum *C* | nicomedensis *Sa.c.m2 LVZ* nichomedensis *N* nicodensis *W* nicomediensis *cet. am* ‖ 7 scribens] dicens *Oa* | deum *L* ‖ 8 homousion] *cf. l. 4* ‖ 9 in *om. W* ‖ 10 tractatum *SC* tractatus *W* | posuerunt] pudore *S* | quod] id *Nm* ‖ 12 nefandae caput *Oam* | haereseos *m* ‖ 13 frustra – 17 significatur *om. S* ‖ 15 homousion *cf. l. 4* | non in ipsum *W* ‖ 16 patris *N*

---

[320] Gemeint ist das eine Bekenntnis des EUSEBIUS VON NICOMEDIEN auf der Synode von Nicaea 325, das auch THEODORET VON CYRRHUS erwähnt (*h. e.* 1,8,1 [GCS 34]; vgl. auch EUSTATHIUS VON ANTIOCHIEN, *fr.* 32 [SPANNEUT]; Urkunde 21 [OPITZ]). Zu dieser Passage vgl. die ausführliche Diskussion der Forschungspositionen und die Literaturnachweise bei MARKSCHIES, *Ambrosius von Mailand und die Trinitätstheologie* 185–188, beziehungsweise ders., *Theologische Diskussionen zur Zeit Konstantins* 153f mit Anm. 188.
[321] Diese Erläuterung entspricht dem gegenwärtigen Forschungskonsens über die Bedeutung des Wortes ὁμοούσιος im Bekenntnis von

(Jer 23,18*). Das entsprechend ihrem Unglauben verwendete Wort Substanz also nehmen die Arianer auf, aber das entsprechend der Frömmigkeit der Glaubenden für gut Befundene weisen sie zurück und verschmähen sie.

15.125 Denn was gibt es für einen anderen Grund, warum sie nicht wollen, daß der Sohn dem Vater ὁμοούσιος genannt wird, außer daß sie ihn nicht als wahren Sohn Gottes bekennen wollen? Wie Eusebius von Nikomedien, ihr Anführer, mit seinem Brief verraten hat, indem er schreibt: „Wenn wir ihn wahren Sohn Gottes und unerschaffen nennen, beginnen wir ihn als ὁμοούσιος mit dem Vater zu bekennen"[320]. Als dieser Brief auf dem Konzil von Nicaea verlesen worden war, haben die Väter dieses Wort in das Glaubensbekenntnis eingesetzt, weil sie gesehen haben, daß es den Gegnern ein Schrecken war, so daß sie sozusagen mit dem von ihnen selbst gezogenen Schwert das Haupt der gottlosen Häresie abschlugen (vgl. Ps 151,7 LXX)[321].

15.126 Vergeblich aber behaupten sie, daß sie dieses Wort wegen der Sabellianer meiden, und verraten darin ihre eigene Unkenntnis[322]. ὁμοούσιος ist etwas einem anderen gegenüber, nicht sich selbst gegenüber. Mit Recht nennen wir den Sohn dem Vater ὁμοούσιος, weil mit diesem Wort sowohl die Unterscheidung der Personen als auch die Einheit der Natur bezeichnet wird[323].

Nicaea; vgl. etwa STEAD, *Homousios* 409–412.
[322] Vgl. dazu SIMONETTI, *La crisi* 91–95, sowie CANTALAMESSA, *Sant' Ambrogio* 524f.
[323] Vgl. die ausgefaltete Terminologie des griechischen Neunicaenismus: BASILIUS VON CAESAREA sagt (*ep.* 52,3 [135f COURTONNE]), es sei sabellianisch, die ταυτότης der Hypostasen (= Personen) zu lehren. Der Begriff ὁμοούσιος hebe die ταυτότης auf, denn es könne nicht etwas mit sich selbst ὁμοούσιος sein, sondern etwas mit etwas anderem. Man sieht deutlich, daß Ambrosius hier genau dasselbe mit anderen Worten ausdrückt: *persona* steht an der Stelle von Hypostasis, *natura* an der Stelle von *substantia* (dazu ausführlich MARKSCHIES, *Ambrosius von Mailand und die Trinitätstheologie* 25–38).

15.127 An negare possunt usian lectam, cum et „panem epiusion" dominus dixerit et Moyses scripserit: Ὑμεῖς ἔσεσθέ μοι λαὸς περιούσιος? Aut quid est οὐσία vel unde dicta, nisi ἀεί οὖσα, quod semper maneat? Qui enim est et est semper, deus est, et ideo manens semper οὐσία dicitur divina substantia. Et propterea epiusios panis, quod ex verbi substantia substantiam virtutis manentis cordi et animae subministret; scriptum est enim: „Et panis confirmat cor hominis."

15.128 Servemus igitur praecepta maiorum nec hereditaria signacula ausi rudis temeritate violemus. „Librum signatum" illum propheticum non seniores, non potestates, non angeli, non archangeli aperire ausi sunt, soli Christo explanandi eius | praerogativa servata est. Librum sacerdotalem quis nostrum designare audeat, signatum a confessoribus et multorum iam martyrio consecratum? Quem qui designare coacti sunt, postea tamen damnata

---

LVZ SMNCWEO def. R

1 usian *S* usiam *cet. a* οὐσίαν m | lectum *La.c.Z* | et *om. SOa* ‖ 2 ἐπιούσιο *Oam* eoiustion *Wa.c.*, epiustion *p.c.* moision *C* ‖ 2 ὑμεῖς – 3 περιούσιος] MICECTEMOYΛΑΟC ΠΕΡΙΟΥCΙΟΥC *S* YMEICE OECOMOIA AOMERIOYEIOC *W* YMICECE COMMO IAAOMEPIOYCIOC *Z*, *Lp.c.m2 corruptius cet.* ‖ 3 usia *LVZSWE* ‖ 4 οὖσα ἀεὶ m | AEIUSA (I *s.l.m2?*) *S* AIOYCA *V* aiusa *E* AIOYTA *W, similiter LZ corruptius cet.* | qui] quod *N* cui *Oa* ‖ 4–5 est et est] esse est *Oa* et est *om. C* ‖ 6 substantia *om. Oa* | et *om. Nm* | epiusius *C* epiosios *W* ἐπιούσιος *Oam* ‖ 7 verbis *COa* | virtutis *om. Oa* virtus *Sa.c. m2* | manentis *om. E* | cordis *W* cordi et animae] cot*idie (d *eras.*) *La. c.m2* ‖ 8 subministrent *S* subministraret *Z* ‖ 8–9 cor hominis confirmat *C* ‖ 10 igitur] enim *C* ‖ 11 ausi (*subst.*) *LZEOam* aut si *Sa.c.m2CVW*, *Mp.c.m2* aut *Mm1* ut *N* ac si *Sm2* | rudes *La.c.Z, Sp.c.m2N* | temeritas *Sa.c.* ‖ 14 reservata *C* est servata *Oam* ‖ 15 designare (dissignare *ME*) *codd. a (cf. l. 11* signacula violare*!)* resignare m ‖ 16 iam *om. L* | martyrum (*add.* sanguine *m2*) *S* ‖ 17 qui] igitur *Oa* | designare (dissignare *ME*) *codd. a* resignare m | conati sunt *Oa*

---

[324] Also vom täglichem Brot; vgl. zu dieser Passage MARKSCHIES, *Was bedeutet* οὐσία? 75–82.
[325] Eine Lexikondefinition, vgl. die Nachweise aus dem oben genannten

15.127 Oder können sie leugnen, daß οὐσία vorgelesen worden ist, da der Herr auch vom *panem epiusion* (Mt 6,11)[324] gesprochen hat und Mose geschrieben hat: Ihr werdet mir ein auserwähltes Volk sein (Ex 19,5*: λαὸς περιούσιος)? Oder was heißt οὐσία oder woher kommt es, wenn nicht von ἀεὶ οὖσα (*sc.* „immer seiend"), weil es immer bleibt?[325] Derjenige nämlich, der ist und immer ist, ist Gott, und daher wird die immer bleibende οὐσία göttliche Substanz genannt. Und deswegen heißt es *epiusios panis*[326], weil es aus der Substanz des Wortes die Substanz der bleibenden Kraft dem Herz und der Seele verschafft; es steht nämlich geschrieben: „Und das Brot stärkt das Herz des Menschen" (Ps 104,15: Ps 103,15*).

15.128 Wir wollen die Vorschriften der Vorfahren bewahren und nicht die ererbten Zeichen durch die Leichtfertigkeit eines laienhaften Vorgehens beschädigen. Jenes „versiegelte prophetische Buch" haben weder Älteste noch Mächte noch Engel noch Erzengel zu öffnen gewagt, das Vorrecht, es auszulegen, ist allein für Christus bewahrt worden. Wer von uns wagte wohl, das priesterliche Buch[327] zu entsiegeln, das von den Bekennern versiegelt und schon durch das Martyrium vieler geheiligt worden ist? Diejenigen, die gezwungen worden sind, es zu entsiegeln, haben es später, indem sie den

---

Aufsatz MARKSCHIES, *Was bedeutet οὐσία?* 77 Anm. 90, besonders für das *Etymologicum Gudianum*.
[326] Vgl. die Erläuterung der entsprechenden Vater-Unser-Passage in Ambrosius, *sacr.* 5,4,24 (FC 3,172f).
[327] *Sc.* das Nicaenum, vgl. *fid.* 3,15,125, oben 447f, *tractatus fidei*. Die „Bekenner" sind die auf der Synode anwesenden Märtyrer (dazu MARKSCHIES, *Theologische Diskussionen zur Zeit Konstantins* 149f mit Anm. 173); die Märtyrer, die unter CONSTANTIUS exilierten und dort verstorbenen Bischöfe, die den reichskirchlichen Kurs des Kaisers nicht mittrugen.

fraude signarunt, qui violare non ausi sunt, confessores et martyres extiterunt. Quomodo fidem eorum possumus denegare, quorum victoriam praedicamus.

16.129 Nemo metuat, nemo formidet. Plus confert fidelibus qui minatur. Venenatae sunt blanditiae perfidorum, tunc cavendae, cum id quod negant, praedicare se simulant. Sic decepti sunt et ante, qui facile crediderunt, ut ibi perfidiae laqueos inciderent, ubi fidem esse credebant.

16.130 „Qui dicit", inquiunt, „Christum creaturam secundum | ceteras creaturas, anathema sit." Audierunt simplices et crediderunt. „Innocens" enim, sicut scriptum est, „credit omni verbo". Audierunt ergo et crediderunt primo decepti sono ac velut aves intenti ad escam fidei extentum sibi laqueum non caverunt. Ita dum fidem sequuntur, hamum nefandae fraudis adtrectaverunt. Et ideo „estote", inquit, „astuti sicut serpentes et simplices sicut columbae": praemittitur astutia, ut sit tuta simplicitas.

16.131 Sunt enim serpentes evangelici, qui exuunt veterem usum, ut induant novos mores, sicut scriptum est:

LVZ SMNCWEO def. R
1 designarunt *W* signatur *Z* | volare *C* || 4 conferet *L* || 6 cum] *add.* actuarium me constituit dominus erogare diurnam annonam militibus futuris martyribus *S* || 7 ibi] hic *S, La.c.m2* || 8 inciderunt *Sa.c.* inciderint *W* || 9 dicunt *S* inquit *COa* || 10 sint *Sp.c.m2* || 11 enim *om. L* || 12 et] *add.* mox (ox *m2*) *S* | primi *Oa* || 13 sono] sunt (*ex* suno?) *corr. Sm2* somno *Oa* | intentae *W* extensum *L* || 14–15 amum *MCE* || 15 attractaverunt *WOa* || 16 sicut *pr.*] ut *S* | et *om. LZMCE* || 17 astutus *S* || 18 evangelii *Z* || 19 inducant *S* ||

---

[328] Mit *fraus* ist vermutlich der „Betrug von Rimini" gemeint, das heißt der Widerruf der pronicaenischen Synodalerklärung durch die Annahme der Formel von Nike (10. Oktober 359); vgl. *fid.* 1,18,122, oben 236f, mit den kommentierenden Anm. 115 und 116.

[329] An dieser Stelle deutet sich ein Motiv für das Handeln des Ambrosius auf dem Konzil von Aquileia (381 n. Chr.) an, wo er seine Gegner durch juristische Mittel bekämpfte: Homöer simulieren ihre Theologie (vgl. MARKSCHIES, *Ambrosius von Mailand und die Trinitätstheologie* 192–197.213–215).

Betrug[328] verurteilten, dennoch versiegelt, diejenigen, die nicht gewagt haben, es zu verletzen, sind als Bekenner und Märtyrer aufgetreten. Wie können wir den Glauben derjenigen verleugnen, deren Sieg wir predigen?

16.129 Niemand soll sich fürchten, niemand soll erschrecken. Mehr nützt den Glaubenden, wer droht. Vergiftet sind die Schmeicheleien der Ungläubigen, daher muß man sich vor ihnen hüten, sooft sie vorgeben, das zu predigen, was sie leugnen. So sind diejenigen auch früher schon getäuscht worden, die leichtfertig geglaubt haben, so daß sie dort in Fallen des Unglaubens[329] gerieten, wo sie glaubten, daß es Glaube sei.

16.130 „Wer sagt", sagen sie, „daß Christus ein Geschöpf wie die anderen Geschöpfe ist, der sei verdammt"[330]. Die Einfältigen haben es gehört und geglaubt. „Der Unschuldige" nämlich, wie geschrieben steht (Spr 14,15), „glaubt jedem Wort". Sie haben es also gehört und, vom ersten Klang getäuscht, geglaubt und haben sich wie Vögel, die sich auf den Köder des Glaubens stürzen, vor der für sie aufgestellten Falle nicht in acht genommen. Während sie so dem Glauben folgten, haben sie nach dem Angelhaken des gottlosen Betruges geschnappt. Und daher sagt Christus: „Seid klug wie die Schlangen und einfältig wie die Tauben" (Mt 10,16*): Die Klugheit wird zuerst genannt, damit die Einfältigkeit sicher ist.[331]

16.131 Es sind Evangeliums-Schlangen, die die alte Gewohnheit abstreifen, um neue Sitten anzuziehen, wie ge-

---

[330] So fast wörtlich VALENS zu den Bischöfen in Rimini; das wird entkräftet durch die Aussage, Christus sei ähnlich (HIERONYMUS, *Lucif.* [PL 23,172]; HILARIUS VON POITIERS, *coll. antiar.* B VIII 2,2 [CSEL 65,176]; SULPICIUS SEVERUS, *chron.* 2,44,7 [CSEL 1,97†: *occultus dolus* des VALENS]); vgl. die ausführlichere Diskussion bei MARKSCHIES, *Ambrosius von Mailand und die Trinitätstheologie* 189f mit Anm. 576f.

[331] Die positive Bewertung der Schlangen, die mit der Exegese von Mt 10,16 verknüpft ist, kommt auch bereits im *Physiologus* 11 (36–44 SBORDONE) vor.

„Expoliantes veterem hominem cum actibus eius et induentes novum secundum imaginem eius, qui creavit eum." Discamus ergo depositis vetusti hominis exuviis evangelicorum serpentium vias, ut more serpentium servare caput, fraudem cavere norimus.

16.132 Satis fuerat dicere: ‚Qui dicit creaturam Christum, anathema sit'. Cur bonae confessioni, Arriane, venena permisces, ut totum corpus contamines? Addendo enim ‚secundum ceteras creaturas' non creaturam Christum negas, sed creaturam dicis esse dissimilem. Creaturam enim dicis, etsi praestantiorem ceteris adseras creaturis. Denique Arrius, | huius impietatis magister, dei filium „creaturam" dixit esse „perfectam, sed non sicut ceteras creaturas." Vides igitur hereditario patris vestri vos usos esse sermone. Sat est creaturam negare; quid opus fuit addere „sed non sicut ceteras creaturas"? Recide quod putruit, ne serpat contagio: venenum habet, mortem adfert.

LVZ SMNCWEO def. R
1 eius] suis *Oa* ‖ 2 induite *C* ‖ 3 depositis] de adversantis *S* depositi *C* | veteris *S* ‖ 4 more] merito *S* | serpentium *alt.*] serpentum *VS* serpentium est *L* ‖ 5 noverimus *VEOa* noscamus *m* ‖ 7 bono confessionis *NEm* | arriane *N* arriana *CV* ‖ 8 permiscet *C* | conmacules *S* ‖ 9–10 negas christum *N* ‖ 11–12 adseras ceteris *C* ‖ 14 videtis *NC* ‖ 16 decide *Oa* ‖ 17 serpat] subrepat *S* *erpiat *C* | contagium *S* ‖ 18 afferet *W* infert *Ep.c.m2*

---

[332] Hier referiert Ambrosius vollkommen zutreffend die Ansichten des ARIUS vor dem Konzil von Nicaea (das heißt, er verschweigt dessen Widerrufe 327 und 333): Die Formulierung κτίσμα τοῦ θεοῦ stammt aus einem Brief an den Ortsbischof ALEXANDER (Urkunde 6,3 [OPITZ]). Im Brief des EUSEBIUS an ALEXANDER (Urkunde 7 [OPITZ]) findet sich eine Klarstellung und der Hinweis auf οὐχ ὡς ἕν τῶν κτισμάτων. Ambrosius konnte das Zitat in dieser Form finden bei ATHANASIUS VON ALEXANDRIEN, *syn.* 16,2 (243 OPITZ), beziehungsweise HILARIUS VON POITIERS,

schrieben steht: „Sie legen den alten Menschen mit seinen Taten ab und ziehen den neuen an, entsprechend dem Bild dessen, der ihn geschaffen hat" (Kol 3,9f*). Wir wollen also die Methoden der Evangeliums-Schlangen erlernen, nachdem wir die Haut des alten Menschen abgelegt haben, so daß wir nach Art der Schlangen das Haupt zu bewahren und den Betrug zu verhüten wissen.

16.132 Es war genug gewesen, (sc. auf der Synode von Rimini) zu sagen: ‚Wer sagt, daß Christus ein Geschöpf ist, der sei verdammt': Warum vermischst du, mein lieber Arianer, Gift mit dem guten Bekenntnis, so daß du den ganzen Inhalt verdirbst? Indem du nämlich die Formulierung ‚wie die übrigen Geschöpfe' hinzufügst, leugnest du nicht, daß Christus ein Geschöpf ist, sondern sagst, daß er ein den übrigen Geschöpfen unähnliches Geschöpf ist. Du nennst ihn nämlich ein Geschöpf, auch wenn du behauptest, daß er hervorragender als alle übrigen Geschöpfe ist. Schließlich hat Arius, der Lehrmeister dieser Gottlosigkeit, gesagt, daß der Sohn Gottes „ein vollkommenes Geschöpf" sei, „aber nicht wie die übrigen Geschöpfe"[332]. Du siehst also, daß ihr euch der von eurem Vater ererbten Rede bedient habt. Es ist genug, zu bestreiten, daß er ein Geschöpf ist, wozu war es nötig, die Formulierung hinzuzufügen „aber nicht wie die übrigen Geschöpfe"? Schneide weg, was verfault ist, damit die Seuche sich nicht ausbreitet: Es enthält Gift und bringt den Tod.[333]

---

trin. 4,12 (CCL 62,113), und 6,5 (CCL 62,200). Meist wird es freilich leicht, aber entscheidend verändert wiedergegeben als κτίσμα ἀλλ' οὐχ ὡς ἕν τῶν κτισμάτων (so ATHANASIUS VON ALEXANDRIEN, Ar. 2,19,1 [195 METZLER/SAVVIDIS], oder EPIPHANIUS VON SALAMIS, haer. 69,16,2 [GCS 165], beziehungsweise 73,2,4 [GCS 268]).
[333] Dieser Satz klingt wie eine Sentenz aus einem medizinischen Lehrbuch.

16.133 Deinde dicis interdum deum Christum. Sed ita dic deum, ut deum verum, ut ‚plenitudinem ei paternae divinitatis' adsignes. „Sunt" enim „qui dicantur dii sive in caelo sive in terra." Non ergo perfunctorie nuncupandus deus, sed ita ut eandem divinitatem praedices in filio, quam pater habet, sicut scriptum est: „Sicut enim pater vitam habet in semet ipso, sic dedit et filio vitam habere in semet ipso." Dedit utique quasi filio per generationem, non quasi inopi per gratiam.

16.134 „Et potestatem dedit ei iudicium facere, quoniam filius hominis est." Vide quid addidit, ne tu calumnieris ex verbo: filium hominis legis et accipientem arguis? Negas ergo deum, si non omnia filio, quae dei sunt, deferuntur. Cum enim dixerit: „Omnia, | quae pater habet, mea sunt", cur tu non omnia, quae divinae naturae sunt, etiam in filio confiteris? Nam qui dicit: „Omnia quae pater habet, mea sunt", quid excipit, quod non habet?

16.135 Quid est, quod enfatico quam fideli magis sermone conmemoras quia mortuos suscitaverit, maria pede transmiserit, infirmitates hominum curaverit? Haec

---

LVZ SMNCWEO def. R

2 deum *pr.*] verum *C* | ut deum *om. Ma.c.N, m* ‖ 3 dicuntur *NCWm* ‖ 4 ergo] enim *Oa* ‖ 5 ita] id *Ep.c.m2* ‖ 7 habet vitam *ZC (Vulg.)* | et *om. CE* | habere vitam *C (Vulg.)* ‖ 10–11 quoniam] quia *NOam (Vulg.)* ‖ 11 addit *C* | tu] te *N* ‖ 13 nega *VWm* ‖ 13–14 deferantur *S* ‖ 14 habet pater *C (Vulg.)* ‖ 15 sunt *om. W* ‖ 16–17 habet pater *C (Vulg.)* ‖ 17 excepit *LZMCE* ‖ 18 enfatico *LVZE* ΕΝΦΑΤΙΚΩ *S, sim. Oa* enfaticon *MN* limfatico *C* facit eo *W* ἐμφατικῶς *m* ‖ 19 commemores *Oam* | quia] quod *Oam* ‖ 20 pede *codd.* pedes *m* | transmeaverit *C* | transierit *Lp.c.m2ZOa* ‖ 20 – p. 456 l. 1 haec enim etiam *m*

---

[334] Hier lag in der Tat eine grundsätzliche eusebianische Unterscheidung zwischen Vater und Sohn, die auf ORIGENES zurückging und die ARIUS teilte: ARIUS spricht vom θεὸς μονογενὴς ἀναλλοίωτος (Urkunde 1,4

16.133 Dann nennst du Christus bisweilen Gott. Aber nenne ihn so Gott, daß du ihn als wahren Gott bezeichnest, so daß du ihm ‚die Fülle der väterlichen Gottheit' zuschreibst³³⁴. „Es gibt" nämlich „solche, die — sei es im Himmel, sei es auf Erden — Götter genannt werden" (1 Kor 8, 5). Er darf also nicht leichthin Gott genannt werden, sondern so, daß du im Sohn dieselbe Gottheit verkündigst, die der Vater hat, wie geschrieben steht: „Wie nämlich der Vater Leben hat in sich selbst, so hat er es auch dem Sohn verliehen, Leben zu haben in sich selbst" (Joh 5, 26*). Er hat es ihm freilich verliehen als Sohn durch die Zeugung, nicht als Bedürftigem durch die Gnade.

16.134 „Und er hat ihm Macht gegeben, Gericht zu halten, da er der Menschensohn ist" (Joh 5, 27*). Sieh, was hat er denn hier hinzugefügt, damit du nicht aus dem Wortlaut böswillig falsche Schlüsse ziehst und verbreitest? Du liest Menschensohn und behauptest, er sei nur Empfänger der Gnade? Du leugnest also, daß er Gott ist, wenn dem Sohn nicht alles übertragen wird, was zu Gott gehört. Wenn er nämlich gesagt hat: „Alles, was dem Vater gehört, ist mein" (Joh 16, 15*), warum bekennst du dennoch nicht, daß alles, was zur göttlichen Natur gehört, auch im Sohn ist? Denn wer sagt: „Alles, was der Vater hat, ist mein", was spart er aus, das er nicht hat?

16.135 Was heißt das, daß du mehr mit exaltierter als mit einer dem Glauben angemessenen Redeweise erwähnst, daß er die Toten auferweckt hat (vgl. Mt 9, 23–26), den See zu Fuß überschritten hat (vgl. Mk 6, 45–52), die Krankheiten der Menschen geheilt hat? (vgl. Mt 8, 1–22;

[OPITZ]); EUSEBIUS VON CAESAREA sagt οὐκ ἀληθινὸς θεός (Urkunde 3, 3 [OPITZ]).

etiam servulis suis praestitit. Plus ista miror in hominibus, quod „tantam" dederit „potestatem hominibus". Aliquid de Christo audire desidero, quod speciale sit Christi, quod cum his quae creata sunt, non possit esse commune: quia ‚genitus', quia ‚unicus' est dei filius, quia ‚deus verus ex 5 deo vero', quia „ad dexteram patris sedet".

16.136 Ubique lego consessum patris et fili, semper „ad dexteram" filius sedet. ‚Numquid melior filius patre?' Non hoc dicimus. Sed caritas dei honorat, humana iniquitas derogat. Scivit pater serendas esse de filio quaestiones, 10 praebuit nobis, quod sequeremur, pietatis exemplum, ne filio derogemus.

17.137 Uno tantum loco ‚stantem ad dexteram dei Iesum' Stephanus vidisse se dixit. Et hoc disce, ne quam hinc moveas quaestionem. Cur enim ubique ad dexteram 15 sedere ostenditur, uno legitur in loco stare? Sedet quasi iudex vivorum et mortuorum, stat quasi advocatus suorum. Stabat ergo quasi | sacerdos, quando patri hostiam | 157 boni martyris offerebat, stabat quasi bono luctatori bravium tanti praesul certaminis redditurus. 20

17.138 Accipe et tu spiritum dei, ut ista distinguas, sicut accepit et Stephanus, et dicas sicut dixit et martyr: „Ecce video caelos apertos et filium hominis stantem ad dexteram dei." Qui „caelos apertos" habet, „Iesum ad dexteram dei" cernit, qui clausos oculos habet mentis, „Iesum 25 ad dexteram dei" non videt. Confiteamur ergo „Iesum

---

LVZ SMNCWEO def. R
1 in hominibus *om. Oa* ‖ 2 tantam eis (*om.* hominibus) *m* ‖ 4 his] iis *m* ‖ 5 verus] *add.* quod deus *Oa* ‖ 5–6 quia *alt.*] qui *Oa* | dei patris *C* ‖ 7 ubique (*i.q.* ubicumque; *cf.* quisque *i.q.* quicumque)] ubicumque *Mp.c.* (cum *s. l.*), *Nm* ‖ 9 sed] *add.* quem *Nm* | honorat] ignorat *Oa* ‖ 10 de filio serendas esse *C* ‖ 13 tantummodo *S* tamen *Oa* | stantem *bis S* ‖ 14 se *om. O* | disce] dixit *Oa* ‖ 15 hinc] hic *Oa* | enim] *add.* qui *Em2* ‖ 18 sacerdos quasi *W* ‖ 19–20 brabium *C, Ea.c.* brachium *V* ‖ 21 et *om. C* ‖ 22 et accepit et *VC* | et *pr. om. LZ* | et *tert. om. E* ‖ 23 videt et *C*

9,1–8. 27–31) Das hat er auch seinen Jüngern verliehen. So etwas bewundere ich mehr bei Menschen, weil er „den Menschen eine so große Macht" (Mt 9,8) gegeben hat. Ich wünsche etwas über Christus zu hören, was eine Besonderheit Christi ist, das nicht mit dem, was geschaffen ist, gemeinsam sein kann: daß er ‚gezeugt' ist, daß er der ‚einzigartige' Sohn Gottes ist, daß er ‚wahrer Gott aus wahrem Gott' ist, daß er zur Rechten des Vaters sitzt (vgl. Ps 110,1: Ps 109,1 LXX).

16.136 Ich lese überall von einer Throngemeinschaft des Vaters und des Sohnes, immer sitzt der Sohn „zur Rechten". ‚Ist der Sohn etwa besser als der Vater?' Das sagen wir nicht. Aber die Liebe Gottes ehrt, die menschliche Bosheit erniedrigt. Der Vater hat gewußt, daß Fragen über den Sohn aufgeworfen werden müssen, aber er hat uns ein Beispiel der Liebe geboten, dem wir folgen sollten, um den Sohn nicht herabzuwürdigen.

17.137 Nur an einer einzigen Stelle hat Stephanus gesagt, daß er Jesus ‚stehend zur Rechten Gottes' (Apg 7,56*) gesehen hat. Und lerne das, damit du nicht von daher irgendeine Frage aufwirfst. Warum wird nämlich überall darauf verwiesen, daß er zur Rechten sitzt, an einer einzigen Stelle aber gelesen, daß er steht? Er sitzt als Richter der Lebenden und der Toten, er steht als Anwalt der Seinen. Er stand also als Priester, als er dem Vater das Opfer eines guten Märtyrers darbrachte, er stand als Ausrichter eines so großen Wettkampfes, um dem guten Ringer den Kampfpreis zu geben.

17.138 Empfange auch du den Geist Gottes, wie ihn auch Stephanus empfangen hat, damit du dies unterscheidest und sagst, wie auch der Märtyrer gesagt hat: „Siehe, ich sehe die Himmel geöffnet und den Menschensohn stehend zur Rechten Gottes" (Apg 7,55*). Wer „die Himmel geöffnet" hat, sieht „Jesus zur Rechten", wer die Augen des Geistes geschlossen hat, sieht „Jesus" nicht „zur Rechten Gottes". Wir wollen also bekennen, daß „Jesus"

ad dexteram", ut caelum et nobis aperiatur; claudunt sibi caelum, qui aliter confitentur.

17.139 Quod si qui obiciunt quia filius stabat, ostendant hoc loco quia pater sedebat. Nam licet filium hominis stare dixerit, tamen hoc loco nec patrem sedere memoravit.

17.140 Ut autem evidentius cognosceretur nulla esse stantis iniuria, sed potestas, filium Stephanus obsecrabat, ut se amplius commendaret patri, dicens: „Domine Iesu, recipe spiritum meum." Et ut eandem patris et fili potestatem esse ostenderet, repetivit dicens: „Domine, ne statuas illis hoc peccatum." Hoc dominus in passione propria quasi filius hominis patri dicit, hoc et Stephanus filium dei in suo martyrio deprecatur. Cum eadem gratia a patre filioque deposcitur, eadem potentia declaratur.

17.141 Aut si volunt Stephanum patri dixisse, videant, quid propria testificatione significent. Licet nos ista non moveant, advertant tamen, qui totum in littera constituunt et in ordine, quod prius filius sit rogatus. Nos autem | et secundum eorum interpraetationem ostendimus unitatem paternae maiestatis et fili; nam cum et pater rogatur et filius, aequalitas precationis operationis indicat unitatem. Si autem non illis placet filio dictum „domine", videmus quod etiam dominum eum negare conantur.

17.142 Sed iam, quia martyris tanti corona processit, studia certaminis relaxemus, ferias hodierni ser-

---

LVZ SMNCWEO def. R
1 et *om.* S | cludunt W || 3 quia] quod *Oam* | filius dei *Lp.c.m2* || 4 quia] quod *Oam* || 5 memoraverit *M* commemoravit *Nm* || 6 ut] quod *MN* | nulla esse] quod nulla est *C* || 6–7 nullam esse ... iniuriam sed potestatem (tem *ex* s *corr. m2*) *S* || 7 obsecrat *Oa* || 11 ad peccatum *C* || 13 deprecabatur *S* || 16–17 ista non moveant nos *N* || 17 in *om.* *N* || 18 filius prius *m* || 20 et *alt. om.* *NWm* || 22 illis non *Oam* | filium *Oa* || 23 quia iam *LZC* || 24–25 praecessit *LC*

sich „zur Rechten Gottes" befindet, so daß der Himmel auch für uns geöffnet wird; diejenigen, die anders bekennen, verschließen sich den Himmel.

17.139 Wenn aber doch diejenigen, die uns vorhalten, daß der Sohn stand, zeigen können, daß an dieser Stelle der Vater gesessen hat! Denn obwohl er gesagt hat, daß der Menschensohn stand, hat der trotzdem an dieser Stelle nicht auch erwähnt, daß der Vater saß.

17.140 Damit man aber deutlicher erkennt, daß es keine Entehrung für denjenigen bedeutet, der steht, sondern Macht, hat Stephanus den Sohn gebeten, daß er ihn darüberhinaus dem Vater anvertraut, indem er sagte: „Herr Jesus, empfange meinen Geist" (Apg 7,59*). Und um zu zeigen, daß die Macht des Vaters und des Sohnes dieselbe ist, hat er wiederholt und gesagt: „Herr, rechne ihnen diese Sünde nicht an" (Apg 7,60). Das sagt der Herr dem Vater in seinem eigenen Leiden als Menschensohn (vgl. Lk 23,34), das erbittet auch Stephanus vom Sohn Gottes in seinem Martyrium. Da dieselbe Gnade vom Vater und vom Sohn erbeten wird, wird auch dieselbe Macht verkündet.

17.141 Oder, wenn sie wollen, daß Stephanus es dem Vater gesagt hat, sollen sie sehen, was sie mit ihrem eigenen Zeugnis anzeigen. Obwohl uns diese Fragen nicht bewegen, sollen dennoch diejenigen, die das Ganze am Buchstaben und an der Reihenfolge festmachen, beachten, daß der Sohn zuerst gebeten worden ist. Wir zeigen aber, daß auch gemäß ihrer Auslegung eine Einheit der Hoheit des Vaters und des Sohnes besteht; denn da sowohl der Vater als auch der Sohn gebeten werden, zeigt die Gleichheit des Bittens die Einheit des Wirkens an. Wenn es ihnen aber nicht gefällt, daß der Sohn „Herr" angeredet worden ist, sehen wir, daß sie auch versuchen, ihn als Herrn zu leugnen.

17.142 Aber wir wollen jetzt in den Anstrengungen des Wettkampfs nachlassen, da die Krone eines so großen Märtyrers in Erscheinung getreten ist, und wollen von

monis habeamus. Prosequamur sanctum martyrem laudibus, sicut post magna decebat certamina, vulneribus quidem adversarii cruentatum, sed Christi praemiis coronatum.

LVZ SMNCWEO def. R
1 habemus C ‖ 1–2 prosequamur–laudibus *om.* C ‖ 2 sicut et W | decebat *om.* N ‖ 2–3 quidam C ‖ 3 cruentum W coronatum] *add. libri V, §§ 107 – 112 S (cf. Proleg. IV 12).*

Explicit Liber III Incipit Liber IIII *L, VC, (add.* deo gratias) *E,* (-cipit – IIII *abscissum) M,* (incipit – IIII *om.) N* Explicit de fide liber III (*a. l. sequuntur, sine inscriptione, tituli libri IIII de quibus vide Proleg. VI 7; deinde:*) Incipit lib. IIII. lege in xp̄ o. Z Explicit Lib. III. Incipiunt Capitula libri IIII (*sequuntur iidem fere tituli, qui in Z, numeris praepositis*) *W. – Post libri V, §§ 107–112, quas ut partem libri III adiunxit:* Explicit Liber III. Incipit Liber IIII. Feliciter. Beatus qui legit. Amen. Lege beatu*s. S*

Explicit liber tertius *O* Sancti Ambrosii episcopi liber tertius de fide ad Gratianum Augustum Explicit *a* Capitulorum libri quarti de fide ad Gratianum Augustum recollecta annotatio *Oa (sequuntur septem capitula prorsus nova, de quibus cf. Prolegom. IV 18; deinde.)* Incipit liber quartus unde supra *O* Sancti Ambrosii episcopi liber quartus de fide ad Gratianum Augustum feliciter incipit *a*

der heutigen Unterredung[335] ausruhen. Laßt uns dem heiligen Märtyrer mit Lobpreisungen folgen, wie es nach großen Wettkämpfen angebracht war, ihm, der zwar durch die Wunden des Gegners blutbeschmiert, aber mit dem Lohn Christi gekrönt ist.

[335] Möglicherweise auch „Predigt"; dann wäre dieses Wort ein Hinweis, daß auch dieser Passus zunächst von Ambrosius mündlich in gottesdienstlichem Rahmen vorgetragen wurde.

Liber Quartus

1.1 Consideranti mihi, imperator auguste, qua ratione sic erraverit hominum genus, ut de dei filio plerique, vae mihi, | diversa sequerentur, nequaquam satis mirum videtur quia | 159 erravit humana scientia de supernis, sed quia scripturis 5 non detulit oboedientiam.

1.2 Quid enim mirum, si ‚mysterium' „dei patris domini Iesu Christi, in quo sunt omnes thensauri sapientiae et scientiae absconditi", per „sapientiam mundi" non potuerunt homines conpraehendere, quod „nec angeli" 10 cognoscere nisi ex revelatione potuerunt?

1.3 Quis enim potuit opinione magis quam fide sequi dominum Iesum, nunc „de" caeli „altissimis" ‚inferna penetrantem', nunc ab inferis ad caelestia resurgentem, subito ‚exinanitum', ut ‚habitaret' „in nobis", nec um- 15 quam inminutum, cum semper filius in patre et in filio pater esset?

1.4 Dubitavit in eo ipse praenuntius, licet per synagogae typum, dubitavit ipse „ante domini faciem" destinatus. Denique missis discipulis interrogat: „Tu es qui venturus 20 es, an alium expectamus?"

LVZ SMNCWEO def. R
2 mihi *om. Oa* ‖ 3 genus hominum *Nm* humanum genus *MOa* | ut *om. Oa* | vae *om.* ZC, *Ep.r.* ve *L* vae mihi] ve in *Oa* | mihi *om. Ep.r.* ‖ 4 sequentem *Sa.c.m2* (*corr.* sequeretur) ‖ 5 quia] quod *Oam* ‖ 7 die *om. Sa.c.m2* | et domini *VCWOam* domini nostri *LVZCW* ‖ 8 thensauri *La.c.Ea.r.* (instrumenti *Sa.c.m2*) thesauri *cet.* ‖ 13 caelis *LZ, Ma.r.NE* ‖ 14 in inferna *W* ‖ 18 ipse] ipsius *La.c.* | per synagogam et typum *Oa* ‖ 19 et dubitavit *Oa* | ipse] *add.* praenuntius *C* | domini *om. La.c.m2* | faciem domini *V*

Viertes Buch

1.1 Mir scheint es, wenn ich nachdenke, erhabener Kaiser, auf welche Weise das menschliche Geschlecht sich so geirrt hat, daß die meisten Menschen über den Sohn Gottes, weh mir, verschiedenen Lehren folgen, keineswegs sehr verwunderlich, daß menschliches Wissen hinsichtlich der überirdischen Dinge in die Irre gegangen ist, sondern, daß es nicht der Schrift Gehorsam geleistet hat.

1.2 Was ist es nämlich verwunderlich, wenn ‚das Geheimnis' „Gottes, des Vaters des Herrn Jesu Christi, in dem alle Schätze der Weisheit und des Wissens verborgen sind" (Kol 2,2f*), die Menschen durch die „Weisheit der Welt" (1 Kor 1,20f) nicht begreifen konnten, das „nicht einmal die Engel" (Mt 24,36) anders als durch Offenbarung hätten verstehen können?

1.3 Wer nämlich hätte durch seine eigene Überzeugung mehr als durch den Glauben dem Herrn Jesus folgen können, der bald „von den Höhen" des Himmels ‚in die Unterwelt eindrang', bald von der Unterwelt in den Himmel aufstieg, ‚sich' plötzlich ‚entäußert hat', damit er „in uns" ‚wohne' (Sir 24,8.45 Vg.), und doch niemals verringert worden ist, da der Sohn immer im Vater und der Vater immer im Sohn ist?

1.4 Selbst der Vorbote (*sc.* Johannes) hat an ihm gezweifelt, freilich nur insofern, als er ein Abbild der Synagoge[336] war, hat er gezweifelt, obwohl er selbst „vor dem Angesicht des Herrn" zu gehen (Lk 1,76) bestimmt war. Schließlich läßt er seine Schüler, die er geschickt hatte, fragen: „Bist Du der, der kommen soll, oder warten wir auf einen anderen?" (Mt 11,2f).

---

[336] Die „Synagoge" steht hier nach neutestamentlichem Vorbild *pars pro toto* für den jüdischen Glauben (vgl. zum Beispiel Mt 13,54–58).

1.5 Obstipuerunt et angeli caeleste mysterium. Unde cum resurgeret dominus atque illum, quem dudum secundum carnem angustus sepulcri locus texerat, resurgentem ab inferis caeli alta sustinere non possent, haeserunt etiam caelestia opinionis incerto.

1.6 Veniebat enim novis victor redimitus exuviis „dominus in templo sancto suo", praeibant angeli et archangeli mirantes spolium ex morte | quaesitum. Et quamvis scirent nihil deo accedere ex carne potuisse, quia infra deum omnia sunt, tamen tropea crucis, „cuius principium super umeros eius", et triumphatoris aeterni manubias intuentes, quasi eum, quem emiserant, caeli portae capere non possent, licet numquam eius capiant maiestatem, maiorem viam quaerebant aliquam revertenti: adeo nihil ‚exinanitus' amiserat.

1.7 Debuit tamen novo victori novum iter parari; semper enim victor tamquam maior et praecelsior aestimatur. Sed quia aeternae sunt „iustitiae portae" eaedemque novi et veteris testamenti, quibus caelum aperitur, non mutantur utique, sed elevantur, quia non unus homo, sed totus in omnium redemptore mundus intrabat.

LVZ SMNCWEO def. R
1 obstupuerunt *Lp.c.ZOam* | et *om. Z* ‖ 4 possint *LZMW* | haeserunt] exerunt *C* | 5 incerta *N* | 6 novis] nobis *LZMNCW* ‖ 9 accidere *Sa.c.m2* | ex carne] externe *Oa* ‖ 10 supra *C* ‖ 12 quem] quae *V* ‖ 14 reventi *Sa.c.V* | adeo] ex eo *Sa.c.m2* a deo *Oa* ‖ 17 tamquam maior *om. Oa* | praeceltior *N* praecellentior *V* ‖ 17–18 aestimatur] est *Ma. c.m2Nm* ‖ 18 eademque *VMN, S a.c.m2CW* ‖ 21 omni *Oa* | redemptorem *LZMC*

---

[337] Ähnlich in Ambrosius, *myst.* 7,36 (FC 3,230–232): *dubitaverunt enim etiam angeli, cum resurgeret Christus, dubitaverunt potestates caelorum videntes, quod caro in caelum ascenderet.*
[338] Die altlateinischen Überlieferungen geben das griechische ἀρχή aus Jes 9,6 im Gegensatz zur Vulgata, die *principatus* übersetzt, mit *principium*, aber auch mit *imperium, initium* oder *potestas* wieder (GRYSON, *Vetus Latina* 12,288). Ambrosius scheint, wenn die Dokumentation bei

1.5 Auch die Engel gerieten über das himmlische Geheimnis in Erstaunen[337]. Als der Herr auferstand und die Höhen des Himmels den von den Toten Auferstandenen, den kurz zuvor noch — was jedenfalls den Leib betrifft — die Enge des Grabes verdeckt hatte, nicht fassen konnten, waren daher auch die Himmel unsicher darüber, was sie denken sollten.

1.6 „Der Herr" kam nämlich als Sieger mit einer neuen Rüstung umgürtet „in seinen heiligen Tempel" (Ps 11,4; Ps 10,5 LXX), die Engel und Erzengel gingen voran und wunderten sich über die Beute, die er aus dem Tode erworben hatte. Und obwohl sie wußten, daß zu Gott nichts aus dem Fleisch hatte hinzukommen können, weil alles geringer als Gott ist, betrachteten sie trotzdem das Siegeszeichen des Kreuzes, „dessen Vorrang[338] auf seinen Schultern" liegt (Jes 9,6*), und die Beutestücke des ewigen Siegers, als ob die Pforten des Himmels den nicht aufnehmen könnten, den sie ausgesandt hatten, und obwohl sie seine Hoheit niemals erfassen können, suchten sie nach irgendeinem breiteren Weg für den Zurückkehrenden: Überhaupt nichts hatte der, der sich ‚entäußert hatte' (vgl. Phil 2,7), eingebüßt.

1.7 Es war aber dennoch notwendig, dem neuen Sieger einen neuen Weg zu bereiten, denn der Sieger wird gleichsam immer als größer und hervorragender eingeschätzt. Aber weil die „Pforten der Gerechtigkeit" (Ps 118,19: Ps 117,19 LXX) ewig sind und dieselben für den neuen und den alten Bund, durch die man den Himmel öffnet, werden sie freilich nicht verändert, sondern hochgehoben, weil nicht ein einziger Mensch, sondern die ganze Welt im Erlöser aller eintrat.

GRYSON jeweils den ursprünglichen Text bietet (*Vetus Latina* 12,286–290), zumindest neben der Übersetzung *principium* auch einmal *initium* verwendet zu haben: *Iob* 4,17 (CSEL 32/2,279).

1.8 Translatus erat Enoch, raptus Helias, sed „non est servus supra dominum". „Nullus" enim „ascendit in caelum nisi qui descendit e caelo." Nam et Moysen, licet corpus eius non apparuerit in terris, nusquam tamen in gloria caelesti legimus, nisi posteaquam dominus resurrectionis suae pignore vincula solvit inferni et piorum animas elevavit. Translatus ergo Enoch, raptus Helias, ambo ‚famuli', ambo cum corpore, sed non post resurrectionem, non cum ‚manubiis mortis' et triumpho crucis viderant illos angeli.

1.9 Et ideo dominum omnium | primum ac solum de morte triumphantem venire cernentes tolli portas principibus imperabant cum admiratione dicentes: „Tollite portas, principes vestri, et elevamini, portae aeternales, et introibit rex gloriae."

1.10 Erant tamen adhuc et in caelestibus, qui stuperent, qui admirarentur novam pompam, novam gloriam, et ideo requirebant: „Quis est iste rex gloriae"? Sed quia et angeli processus habent scientiae et capacitatem profectus, habent utique discretionem virtutis atque prudentiae. Solus enim sine processu deus, quia in omni perfectione semper aeternus est.

LVZ SMNCWEO def. R
3 de caelo *LNCOam* de caelo descendit *Z* || 4 apparuit *ZOa* || 5 caelestis legitur *W* || 6 vinculum *S* vincla *C* || 7 helia *W* | non] iam *N* || 11 ac] et *Oa* || 12 tollere *Ep.c.m2* tollite *ZC* || 14 principis *La.c. VSMCWE* (principes vestri = οἱ ἄρχοντες ὑμῶν; *cf. in psalm. 118 12, 14 p. 259, 18 Pe; in psalm. 37, 35 p. 164, 12 Pe.: codd. BC*) | vestras *Lp.c.Oa (Vulg.)* || 15 introivit *SEa.c.C* || 16 adhuc *om. Oa* | et *om. N* || 17 admirarent *Oa* || 19 habent] *add.* et *S* || 20 habent *bis SMEOa* | discriptionem *W* || 21 enim *om. Oa* enim populorum *N* | quia] et *Oa*

---

[339] FALLER, *Ambrosius* 8, 16, verweist zu dieser Auslegung auf ORIGENES-Stellen, besonders *Jo.* 6, 56 (GCS 164f) und (PS.-?)ORIGENES, *in psalm.* 15 (PG 12, 1216f); ausführlich hat die folgende Passage besprochen STUDER, *Die anti-arianische Auslegung* 91–119.

1.8 Henoch war fortgenommen worden (vgl. Hebr 11,5; Gen 5,24), Elija entrückt (vgl. 2 Kön 2,11), aber „der Knecht steht nicht über seinem Herrn" (Mt 10,24). „Keiner" nämlich „steigt in den Himmel hinauf, außer dem, der vom Himmel herabgestiegen ist" (Joh 3,13*). Denn auch von Mose, wenn auch sein Leib nicht wieder auf der Erde erschienen ist, lesen wir trotzdem nirgendwo, daß er sich in der himmlischen Herrlichkeit befand, außer nachdem der Herr durch das Pfand seiner Auferstehung die Fesseln der Unterwelt gelöst hatte und die Seelen der Frommen emporgehoben hatte. Henoch war also fortgenommen worden, Elija entrückt, beide als ‚Knechte', beide mit dem Körper, aber die Engel hatten sie nicht nach einer Auferstehung, nicht mit einer ‚Beute des Todes' und einem Triumph des Kreuzes gesehen.

1.9 Und daher befahlen sie, als sie den Herrn aller, der als erster und allein über den Tod triumphierte, kommen sahen, den Fürsten der Engel, die Tore des Himmels weitzumachen, und sagten mit Bewunderung: „Macht die Tore weit, eure Fürstlichkeiten, und öffnet euch, ewige Pforten, und der König der Herrlichkeit wird eintreten" (Ps 23,7*: Ps 24,7 LXX)[339].

1.10 Es gab trotzdem auch bei den Himmlischen noch solche, die staunten, die die neue Pracht[340], die neue Herrlichkeit bewunderten, und daher fragten: „Wer ist dieser König der Herrlichkeit"? Aber weil auch die Engel einen Wissensfortschritt machen können und die Fähigkeit vorwärtszukommen besitzen, verfügen sie natürlich auch über einen Unterschied zwischen Kraft und Klugheit. Allein Gott ist nämlich ohne solchen Fortschritt, weil er in aller Vollkommenheit immer ewig ist.

---

[340] Für die „Triumphalsprache" des Mailänder Bischofs an dieser Stelle vgl. STUDER, *Die anti-arianische Auslegung* 111, und Ambrosisus, *in Luc.* 10,107–112 (CCL 14,376f).

1.11 Dicebant alii, illi utique qui adfuerant resurgenti, illi qui viderant vel iam cognoverant: „Dominus fortis et potens, dominus fortis in proelio."

1.12 Iterum multitudo angelorum triumphali agmine praecinebant: „Tollite portas, principes vestri, et elevamini, portae aeternales, et introibit rex gloriae."

1.13 Rursus alii stupentes dicebant: „Quis est iste rex gloriae?" „Vidimus eum: non habebat speciem neque decorem." Si ergo ipse non est, „quis est iste rex gloriae?"

1.14 Respondetur a scientibus: „Dominus virtutum ipse est rex gloriae." Ergo „dominus virtutum" est filius. Et quomodo infirmum Arriani dicunt, quem „dominum virtutum" sicut et patrem credimus? | Quomodo Arriani discretionem faciunt potestatis, cum „dominum sabaoth" patrem, „dominum sabaoth" filium legerimus? Nam et hic sic positum plerique codices habent quod „dominus sabaoth ipse" sit „rex gloriae", „sabaoth" autem interpraetes alicubi „dominum virtutum", alicubi „regem", alicubi „omnipotentem" interpraetati sunt. Ergo quoniam, qui ascendit, filius est, qui ascendit autem, dominus est sabaoth, omnipotens utique dei filius est.

LVZ SMNCWEO def. R
3 fortis *alt.*] potens *ZWEOam* (*Vulg.*) || 4 triumphantium *S* || 5 praecedebant *V* praecinebat *LNp.r.ZS* | principis *LVZSMCWE* (*cf. p. 466 l. 14*) | vestras *NOa* (*Vulg.*) || 6 introivit *Sa.c.m2* || 7 alii–dicebant *om. S* | iste *om. N* || 8 eum] enim *V* | habentem *COam* habet *S* (habebat = εἶχεν) || 10 respondetur – 11 gloriae *om. CE* || 10 ab *LMW* || 11 virtutum] *add.* ipse *Oam* || 15 pater *L* | patrem dum sabaoth *om. S* | legimus *W* | hic] hoc *Oa* || 17 interpretatur *S* || 18 dominum–alicubi *alt. om. Ma.c.m2 N* || 20 autem *om. L*, in mg. *M* || 21 utique] igitur *W*

---

[341] Nach EPIPHANIUS VON SALAMIS, *haer.* 26, 10, 12 (GCS 288), übersetzt AQUILA „Adonai Sabaoth" als κύριος στρατῶν; vgl. auch Ambrosius, *spir.* 3, 21, 164 (CSEL 79, 219).
[342] STUDER, *Die anti-arianische Auslegung* 98, verweist auf den Vorwurf des PALLADIUS VON RATHIARIA, *c. Ambr.* 83 (fol. 345ᵛ, 11–34 [CCL 87, 190]): *tres sempiternos, tres aequales, tres veros, tres cooperarios, tres*

1.11 Die anderen sagten — diejenigen natürlich, die bei dem Auferstehenden gewesen waren, diejenigen, die gesehen und schon verstanden hatten: „Der Herr, stark und mächtig, der Herr, stark im Streite" (Ps 23, 8*: Ps 24, 8 LXX).

1.12 Wiederum sang der Chor der Engel im Triumphzug vor: „Macht die Tore weit, eure Fürstlichkeiten, und öffnet euch, ewige Pforten, und der König der Herrlichkeit wird eintreten" (Ps 23, 9*: Ps 23, 9 LXX).

1.13 Wiederum sagten andere, die sich wunderten: „Wer ist dieser König der Herrlichkeit?" „Wir haben ihn gesehen, er hatte weder Pracht noch Zierde" (Jes 53, 2*). Wenn er selbst es also nicht ist, „wer ist dieser König der Herrlichkeit?"

1.14 Von denen, die es wissen, wird geantwortet: „Der Herr der Kräfte selbst ist König der Herrlichkeit" (Ps 24, 10). Also ist der „Herr der Heerscharen" der Sohn. Und wieso nennen die Arianer denjenigen schwach, den wir ebenso wie auch den Vater für den „Herrn der Heerscharen" halten? Wieso nehmen die Arianer eine Unterscheidung der Macht vor, obwohl wir gelesen haben, daß der Vater „Herr Zebaoth" und daß auch der Sohn „Herr Zebaoth" ist? Denn auch hier bieten die meisten Handschriften die Stelle so, daß der „Herr Zebaoth selbst" „König der Herrlichkeit" ist, die Übersetzer haben aber „Zebaoth" bald als „Herr der Kräfte", bald als König, als „Allmächtiger" wiedergegeben[341]. Weil also derjenige, der aufgestiegen ist, der Sohn ist, derjenige aber, der aufgestiegen ist, der Herr Zebaoth ist, ist der Sohn Gottes natürlich allmächtig[342].

---

consessores, tres indifferentes, tres inresolutos, tres nihil impossibilitates habentes. Der Bischof von Rathiaria nannte nur Gott Vater *principialiter omnipotens, c. Ambr.* 84 (fol. 346ʳ, 2f [CCL 87, 190]), und Christus soweit allmächtig, wie es ihm die „ihn schaffende höchste Autorität" zumißt, c. Ambr. 84 (fol. 346ʳ, 4f [CCL 87, 190]). STUDER, *Die anti-arianische Auslegung* 98, versteht von daher den Anfang des vierten Buches als Predigt gegen PALLADIUS VON RATHIARIA und dokumentiert trotzdem, daß die „arianische" (= homöische) Zurückhaltung gegenüber dem „Pantokrator"-Titel (*Die anti-arianische Auslegung* 99f) verbreiteter ist.

2.14a Quid igitur agemus? Quomodo ascendemus ad caelum? Sunt illic dispositae potestates, ordinati principes, qui caeli ianuas servant, qui ascendentem interrogant. Quis me admittet, nisi omnipotentem adnuntiem Christum? Clausae sunt portae, non cuicumque aperiuntur, non quicumque vult, nisi qui fideliter credat, ingreditur. Custoditur aula imperialis.

2.15 Sed esto, indignus obrepserit, latuerit principes portarum caelestium, discubuerit in cena domini! Ingressus est dominus convivii: ‚Videns' „non indutum nuptiale" fidei „vestimentum" proiciet eum „in tenebras exteriores", ubi sit „fletus et stridor dentium", si fidem pacemque non servet.

2.16 Servemus igitur „nuptiale" quod accepimus „vestimentum" nec | Christo propria denegemus, quem omnipotentem adnuntiant angeli, profetae significant, apostoli testificantur, sicut iam supra ostendimus.

2.17 Et fortasse non de istius tantummodo caeli portis propheta dixerit quod praeteribit. Et alios enim ‚caelos' dei verbum ‚penetrat', de quibus dictum est: „Habemus" enim „sacerdotem magnum principem sacerdotum, qui pertransivit caelos, Iesum, filium dei". Qui sunt isti caeli nisi et hi, de quibus dicit propheta: „Caeli enarrant gloriam dei?"

LVZ SMNCWEO def. R
1 quid] quae *Oa* | agimus *LVZC* | ascendimus *LZW* ‖ 2 potestati *Sa.c.m2* | ornati *Sa.c.* ‖ 3 ascendentes *L* ‖ 4 admittit *VZW* ‖ 6 credit *NOam* credunt *C* ‖ 7 ingreditur *om. (spat. vac. rel.) C* ingredietur m ‖ 8 esto] si *W* | obsederit *E* ‖ 9 discubuit *C* ‖ 10 est *om. Oam* ‖ 11 proiciat *N* proicit *W* ‖ 12 ibi *Oa* ‖ 15 nec] ne *C* ‖ 17 testantur *S* | iam et *Z* etiam *C* ‖ 18 tantum *S* | porta *S* ‖ 19 praeterivit *VE* | alius *V* ‖ 22 pertransibit *L, Sa.c.m2* penetravit *Oa (Vulg.)* ‖ 23 et *om. LVC* | hii *LMWE* his *C*

---

[343] Vgl. für die Bezeichnung des Himmels als *aula imperialis* („Kaiserpalast") jetzt MORONI, *Lessico teologico* 360–363.
[344] Ergänzung gegenüber dem Bibeltext.

2.14a Was werden wir also tun? Auf welche Weise werden wir in den Himmel aufsteigen? Es sind dort Mächte aufgestellt, Fürsten eingesetzt worden, die die Eingänge des Himmels bewachen, die den Aufsteigenden befragen. Wer wird mich einlassen, wenn ich nicht bekenne, daß Christus allmächtig ist? Verschlossen sind die Pforten, nicht jedem werden sie geöffnet, nicht jeder, der will, geht hinein, es sei denn, daß er fest glaubt. Der herrscherliche Palast wird bewacht[343].

2.15 Aber stell' Dir vor, ein Unwürdiger könnte sich sonst heranschleichen, bliebe den Fürsten der himmlischen Pforten verborgen, läge beim Mahl des Herrn zu Tische! Dann tritt der Herr des Festmahles ein, ‚wenn er aber sieht', „daß er nicht gekleidet ist mit dem hochzeitlichen Gewand" des Glaubens[344], wird er ihn „in die äußere Finsternis" werfen, wo „Heulen und Zähneklappern" ist (Mt 22, 11–13*), wenn er Glauben und Frieden nicht bewahrt.

2.16 Laßt uns also das „hochzeitliche Gewand", das wir empfangen haben, bewahren und Christus nicht seine Eigentümlichkeiten abstreiten, den die Engel als Allmächtigen verkünden, auf den die Propheten hinweisen, den die Apostel bezeugen, wie wir schon oben[345] gezeigt haben.

2.17 Und vielleicht hat der Prophet nicht nur von den Pforten jenes Himmels gesprochen, welcher vergehen wird[346]. Auch andere ‚Himmel durchdringt' nämlich das Wort Gottes, von denen gesagt ist: „Wir haben" nämlich „einen Hohepriester, den Fürst der Priester, der die Himmel durchschritten hat, Jesus, den Sohn Gottes" (Hebr 4, 14*). Welche sind diese Himmel, wenn nicht gerade die, von denen der Prophet sagt: „Die Himmel erzählen die Herrlichkeit Gottes" (Ps 19, 2: Ps 18, 2 LXX)?

---

[345] „Oben": Vgl. *fid.* 2, 4, 34 – 2, 7, 57, oben 272–289.
[346] STUDER, *Die anti-arianische Auslegung* 95, verweist auf die dreifache Exegese: *sensus naturalis, mysticus et moralis* (vgl. PIZZOLATO, *La Explanatio Psalmorum XII* 94–97).

2.18 Stat enim Christus ad ianuam mentis tuae. Audi eum dicentem: „Ecce, steti ad ianuam et pulso. Si quis mihi aperuerit, ingrediar ad eum et cenabo cum eo et ipse mecum." Et ecclesia de eo dicit: „Vox fraterni mei pulsat ad ianuam."

2.19 Ergo secundum superius exemplum stat, et non solus stat, sed praecedunt eum angeli, qui dicunt: „Tollite portas, principes vestri." Quas portas? Illas utique, de quibus et alibi dicit: „Aperite mihi portas iustitiae." Aperi ergo Christo portas tuas, ut ingrediatur in te, aperi portas iustitiae, aperi portas pudicitiae, aperi portas fortitudinis atque sapientiae.

2.20 Crede angelis dicentibus: „Et elevamini, portae aeternales", ut introeat in te „rex gloriae, dominus sabaoth." Porta tua vocis fidelis canora confessio est, porta tua ostium verbi est, quam | sibi apostolus optat aperiri dicens: „Ut" aperiatur „mihi ostium verbi ad eloquendum mysterium Christi."

2.21 ‚Aperiatur' igitur Christo porta tua, nec solum aperiatur, sed etiam ‚elevetur', si tamen ‚aeternalis' est, non caduca; scriptum est enim: „Et elevamini, portae aeternales. Elevatum est superlimen" Eseiae, quando „serafin labia eius tetigit et" vidit „regem dominum sabaoth."

2.22 Tuae ergo portae elevabuntur, si sempiternum, si omnipotentem, si inaestimabilem, si inconpraehensibilem, si eum qui et praeterita omnia et futura noverit, filium dei

---

LVZ SMNCWEO def. R

1 ianuas *S* | audivi *S* | eum] tu *Oa* ‖ 2 steti (ἕστηκα) *VZSME* sto *cet. am (Vulg.)* | ianuam] *add.* mentis tuae *E* ‖ 2–3 aperuit *L* ‖ 3 eum] illum *Oam* ‖ 4 et *alt.* – 5 exemplum *om. Ma.c.m2NSW* ‖ 4 de eo] deo *E* domino *Oa* | fraterni (ἀδελφιδοῦ) *Lp.c.m2VZ* fratris *cet. am* ‖ 5 ergo–exemplum *exp. C man. rec., om.* m | stat *om. Mm2Oa,* sicut *V; add.* ergo *Ma.r.* (stat ergo *eras.*), *NSW*m ‖ 5–6 et solus non *V* ‖ 7 principis *LZSMCE (cap. 1, 47.58)* | vestras *VOa* ‖ 8 portas tuas christo *L* ‖ 9–10 aperi portas iustitiae *om. C* | aperite *Sa.c.* ‖ 9 aperi – 10 sapientiae *om. N* ‖ 13 ut–te] et introibit m ‖ 16 aperire *W* | loquendum *C* ‖ 17 martyrium *N* ‖ 18 igitur *om. W* ‖ 19 elevatum est] (est *exp.*) elevare *S* ‖ 21 seraphim *E* sarafin *Sa.c.m2 (corr.* saraphim) ‖ 22 labia] linguam *S* | et] ut *S* ‖ 25 futura] *add.* omnia *Oa*

2.18 Christus steht nämlich an dem Eingang Deines Herzens. Höre ihn sagen: „Siehe, ich stehe vor der Tür und klopfe. Wenn jemand mir öffnet, werde ich zu ihm eintreten und mit ihm speisen und er selbst mit mir" (Offb 3,20*). Und die Kirche sagt über ihn: „Die Stimme meines Freundes klopft an der Tür" (Hld 5,2*).

2.19 Also steht er dem obigen Beispiel entsprechend vor der Tür, und er steht nicht allein, sondern es gehen ihm die Engel voran, die sagen: „Macht die Tore weit, eure Fürstlichkeiten" (Ps 24,7: Ps 23,7*). Welche Tore? Die natürlich, von denen er auch an anderer Stelle sagt: „Öffnet mir die Tore der Gerechtigkeit" (Ps 118,19: Ps 117,19 LXX). Öffne also Christus Deine Tore, daß er in Dich eingehe, öffne die Tore der Gerechtigkeit, öffne die Tore der Schamhaftigkeit, öffne die Tore der Stärke und der Weisheit.

2.20 Glaube den Engeln, die sagen: „Und öffnet euch, ewige Pforten" (Ps 24,7: Ps 23,7 LXX), damit" in Dich „einziehe der König der Herrlichkeit, der Herr Zebaoth" (vgl. Ps 24,10: Ps 23,10 LXX). Deine Pforte ist das wohlklingende Bekenntnis einer glaubenden Stimme, Deine Pforte ist die Tür des Wortes, von der der Apostel wünscht, daß sie ihm geöffnet wird, indem er sagt: „Daß mir" geöffnet werde „eine Tür für das Wort, um das Geheimnis Christi auszusprechen" (Kol 4,3*).

2.21 ‚Geöffnet werde' also für Christus Deine Tür, und sie werde nicht nur geöffnet, sondern geradezu ‚erhoben', vorausgesetzt, sie ist ‚ewig', nicht ‚vergänglich'; es steht nämlich geschrieben: „Und öffnet euch, ewige Pforten" (Ps 24,7.9: Ps 23,7.9 LXX). „Es wurde geöffnet die Tür" des Jesaja, als „der Seraph" seine „Lippen berührte" und er „den König, den Herrn Zebaoth" sah (Jes 6,4–7*).

2.22 Deine Pforten werden sich also öffnen, wenn Du glaubst, daß der Sohn Gottes immerwährend, allmächtig, unvergleichlich, unbegreiflich ist und der, der alles Vergangene wie alles Zukünftige kennt. Wenn Du aber

credas. Quod si praefinitae potestatis et scientiae subiectumque opinere, non ‚elevas portas aeternales.'

2.23 Eleventur ergo portae tuae, ut non Arriano sensu parvulus, non pusillus, non subditus ad te Christus introeat, sed intret „in dei forma", intret cum patre, intret talis qualis est, et ‚caelum et omnia supergressus' ‚emittat tibi spiritum sanctum'. Expedit tibi, ut credas quia ‚ascendit' „et sedet ad dexteram patris". Nam si eum inter creaturas et terrena impia cogitatione detineas, si non tibi abeat, non tibi ascendat, nec paraclitus ad te veniet, sicut ipse dixit: „Nam si ego non abiero, paraclitus non veniet ad vos; si autem abiero, mittam illum ad vos."

2.24 Quod si inter terrena eum requiras, sicut Magdalena Maria requirebat, cave ne et tibi dicat: „Noli me tangere, nondum enim ascendi ad | patrem." ‚Portae enim tuae angustae sunt, capere me non queunt, elevari non queunt, intrare non possum.'

2.25 „Vade" ergo „ad fratres meos", hoc est ad illas ‚portas aeternales', quae cum Iesum viderint, ‚elevantur'. ‚Aeternalis porta' est Petrus, cui „portae inferni non praevalebunt", ‚aeternales portae' Iohannes et Iacobus utpote „filii tonitrui", ‚aeternales portae' sunt

---

LVZ SMNCWEO def. R
2 opinere *LZ, Ma.c.m2N, Ea.c.m2, SWOa* opineris *Em2* opinare *V* opinabere *C* opinaris *cet. m* || 4 ad] a *Oa* || 6 et *om. C* || 6–7 emittat] et mittat *LSWEOa* || 13 inter] in *VSMNE* | terra *N* || 13–14 maria magdalene *Oam* || 14 requirebant *N* | et *om. S* et ne *LE* || 15 patrem meum *SOam* || 16 tuae] quae *V* | capere] *add.* enim *Lp.c.m2Z* | capere me non queunt *om. C* | elevare *V* || 16–17 elevari non queunt *om. L* || 18 hoc est *om. L* || 19 illas] alias *Oa* || 20 inferni *L* (ᾅδου: *cf. bon. mort. 10, 45 p. 742, 1sq. Sch.* Ἅιδην ..., quem locum latine infernum dicimus; *12, 56 p. 751, 22* portae inferni); inferi *cet.* || 21 portae *alt.*] *add.* sunt *Z* | iohannis *Sa.c.m2* || 22 utpote] ut porte *COa* utpute *V* | fili *Sa.c.m2CE*

meinst, daß er einer vorher festgelegten Macht und vorher festgelegtem Wissen unterworfen ist, öffnest Du nicht ‚die ewigen Pforten' (Ps 24,7.9: Ps 23,7.9 LXX).

2.23 Deine Pforten sollen sich also öffnen, damit Christus nicht im arianischen Sinne klein, winzig und unterworfen zu Dir einzieht, sondern eintrete in der „Gestalt Gottes" (Phil 2,6), eintrete mit dem Vater, so eintrete, wie er ist, und nachdem er über den ‚Himmel und alles hinausgegangen ist' (vgl. Hebr 7,26; Eph 4,10), ‚Dir den heiligen Geist sende'. Es ist für Dich vorteilhaft, daß Du glaubst, daß er ‚aufgestiegen ist' „und zur Rechten des Vaters sitzt" (vgl. Mk 16,19; Eph 1,20)[347]. Denn wenn Du ihn durch eine gottlose Überlegung inmitten von Geschöpfen und Irdischem festhältst, wenn er für Dich nicht weggeht, für Dich nicht aufsteigt, wird er auch nicht als Paraklet zu Dir kommen, wie er selbst gesagt hat: „Denn wenn ich nicht weggehe, wird der Paraklet nicht zu euch kommen; wenn ich aber weggegangen bin, werde ich ihn zu euch senden" (Joh 16,7*).

2.24 Wenn Du ihn aber unter Irdischem suchst, wie Maria Magdalena ihn suchte, hüte Dich, daß er nicht auch zu Dir sagt: „Berühre mich nicht, denn ich bin noch nicht aufgestiegen zum Vater" (Joh 20,17). ‚Deine Pforten sind nämlich eng, sie können mich nicht fassen, können nicht geöffnet werden, ich kann nicht eintreten' (vgl. Mt 7,13f; Lk 13,24).

2.25 „Gehe" also „zu meinen Brüdern", das heißt zu jenen ‚ewigen Pforten', die, nachdem sie Jesus gesehen haben, geöffnet sein werden. ‚Ewige Pforte' ist Petrus, über den „die Pforten der Hölle nicht Macht haben werden" (Mt 16,18), ‚ewige Pforten' sind Johannes und Jakobus, da sie ja „Donner-Söhne" (Mk 3,17) sind, ‚ewige Pforten' sind die Kirchen, wo der Prophet, der das Lob Christi

---

[347] Für die Verwendung der Vorstellung vom „Sitzen" Christi vgl. Ambrosisus, *symb.* 5 (CSEL 79,7f), sowie MARKSCHIES, „*Sessio ad Dexteram*" 1–69.

ecclesiae, ubi laudes Christi adnuntiare propheta desiderans dicit: „Ut adnuntiem omnes laudes tuas in portis filiae Sion."

2.26 Grande ergo „mysterium Christi", quod stupuerunt et angeli; et ideo venerari debes et domino famulus derogare non debes. Ignorare non licet; propterea enim descendit, ut credas. Si non credis, non descendit tibi, non tibi passus est. „Si non venissem", inquit, „et locutus fuissem his, peccatum non haberent, nunc autem excusationem non habent de peccato. Qui me odit, et patrem meum odit." Quis igitur odit Christum, nisi qui derogat? Sicut enim amoris est deferre, ita est odii derogare. Qui odit, quaestiones movet, qui amat, reverentiam defert.

De eo quod scriptum est: omnis viri caput Christus est, caput autem mulieris vir, caput Christi Deus

3.27 Itaque discutiamus eorum alias quaestiones. ‚Scriptum est, inquiunt': „Omnis viri caput Christus est, caput autem mulieris vir, caput autem Christi deus." —

LVZ SMNCWEO def. R
2 ut] et *C* | laudes *LZSME* laudationes *cet. am (Vulg.)* ‖ 4 ergo] enim *L* | christus *S* ‖ 5 et *alt.* – 6 non debes *om. C* ‖ 5 domini *LZ, Ep.c.Oa* | famulos *ZEOa* famulis *L* ‖ 6 rogare *Z* | ignorare] *add.* enim *L* ‖ 7 ut–descendit *om. N* | credis] credas *L* ‖ 8 non fuissem *m* ‖ 9 autem *om. Z* ‖ 10 de peccato suo *VOam* ‖ 11 igitur *om. L* ‖ 12 odii est *Oam* est et odii *Z* ‖ 13 movet et *CMN* ‖ 15 *De* – 16 *Deus hic (M u.t.) NZ (W u. t.), l. 17* quaestiones *C, l. 18* inquiunt *L, om. SVE* ‖ 17 itaque *om. W* | discutias *S* ‖ 18 inquid *S*

---

[348] Vgl. dafür HIERONYMUS, *Mich.* 2,7 (CCL 76, 511): *honoremus episcopum, presbytero deferamus, assurgamus diacono.*
[349] Vgl. dazu Ambrosius, *symb.* 5 (CSEL 75,8): *Qui amat, nihil derogat* (mit weiteren Sätzen).
[350] Die sogenannte ἔκθεσις μακρόστιχος (*sc.* langzeiliges Bekenntnis) der Eusebianer von 344 n. Chr. begründet die Vorstellung von einem

ankündigen will, sagt: „Daß ich ankündige all Dein Lob in den Pforten der Tochter Zion" (Ps 9,15).

2.26 Groß ist also „das Geheimnis Christi" (Kol 4,3), über das sogar die Engel staunten; und daher sollst Du ihn verehren und sollst nicht als ein Knecht den Herrn herabwürdigen. Es ist nicht gestattet, ihn zu mißachten. Deswegen nämlich ist er herabgestiegen, damit Du glaubst. Wenn Du nicht an ihn glaubst, ist er nicht für Dich herabgestiegen, hat er nicht für Dich gelitten. Er sagt: „Wenn ich nicht gekommen wäre und nicht zu ihnen gesprochen hätte, hätten sie keine Sünde, nun aber haben sie keine Entschuldigung für ihre Sünde. Wer mich haßt, haßt auch meinen Vater" (Joh 15,22f*). Wer also haßt Christus, wenn nicht der, der ihn herabwürdigt? Wie es nämlich Zeichen der Liebe ist, zu ehren[348], so ist es Zeichen des Hasses, jemanden herabzuwürdigen. Wer haßt, bringt Fragen auf, wer liebt, zeigt Ehrerbietung[349].

Darüber, daß geschrieben steht: „Das Haupt jeden Mannes ist Christus, das Haupt aber der Frau ist der Mann, das Haupt Christi ist Gott" (1 Kor 11,3)

3.27 Daher wollen wir andere Fragen von ihnen untersuchen. ‚Es steht geschrieben, sagen sie': „Das Haupt jeden Mannes ist Christus, das Haupt aber der Frau ist der Mann, das Haupt Christi aber ist Gott" (1 Kor 11,3[350]).

„Anfang" des Sohnes und damit seinen Unterschied vom Vater mit der Paulus-Stelle 1 Kor 1,13 (ATHANASISUS VON ALEXANDRIEN, *syn.* 26,3,3 [252 OPITZ]), ebenso erklären ähnliche Kreise auf der Synode von Sirmium 351, es gebe nicht zwei anfangslose Wesen (ATHANASISUS VON ALEXANDRIEN, *syn.* 27,26 [256 OPITZ]). Nach MORESCHINI, *Ambrosius* 15, 267 Anm. 1, wurde diese Exegese außerdem vertreten von radikalen Arianern wie EUDOXIUS, MARTIRIUS und MACEDONIUS VON KILIKIEN beziehungsweise auch durch PHOTIN.

Qua in quaestione dicant velim, utrum coniungere an dividere haec quattuor velint. Si enim coniungere, atque ita dicunt deum caput esse Christi, sicut est vir mulieris caput, videte quid incidant. Nam si haec tamquam ex paribus sumpta est conparatio et haec quattuor, id est mulier, vir, Christus et deus, quasi ex unius atque eiusdem naturae similitudine conparantur, ergo mulier et deus unius incipient esse naturae.

3.28 Quod si hoc displicet, quia sacrilegum est dicere, ut volunt, dividant. Itaque si Christum apud deum patrem ita volunt esse, sicut est mulier apud virum, unius utique Christum et deum dicunt esse substantiae, quoniam mulier et vir unius sunt in carne naturae; nam quod distat, in sexu est; cum vero inter Christum et deum patrem sexus non interveniat, quod unum inter filium et patrem in natura est, fatebuntur, quod diversum in sexu est, denegabunt.

3.29 Placetne haec divisio? An mulierem virum et Christum unius volunt esse substantiae et patrem separant? Haecine igitur divisio placet? Si ita est, videte, quid incidant. Aut enim non solum Arrianos, sed etiam Fotinianos se necesse est confiteantur, quia Christum hominem tantum fatentur, quem humanae tantummodo naturae ae-

---

LVZ SMNCWEO def. R

1 dicunt *Sp.c.m2W* | dicant mihi м | velim] velim scire *S* velint *NOa* ‖ 2–3 atque ut ita dicant *Oa* ‖ 3 vir est *Oam* ‖ 3–4 est mulieris caput vir *MN* ‖ 4 indicant *V* ‖ 5 sumpta est *om. C* ‖ 6 et vir *C* | ex] ad (similitudinem) *S* | atque ex *LVZW* ‖ 7–8 unus *Sa.c.m2* ‖ 8 incipiunt *V* ‖ 9 sacrilegum] unum *S* sacrilegium *ZW* ‖ 10 si *om. O* | 10 apud – 12 christum *om. S* ‖ 13 unum *Oa* | nam *om. W* | quod] qui *Oa* | distant *Z* ‖ 14 deum *om. Nм* ‖ 18 haec] ista *LZM Oam* ‖ 19 christum et patrem *W* ‖ 20 placet et *LVZ* ‖ 21 sed etiam] et *Oa* ‖ 21–22 fotiniacos *SE* fotiniacus *W* ‖ 23 tantum *om. Z*

---

[351] Sc. Gott, Christus, Mann und Frau.

Mögen sie doch bei dieser Frage sagen, ob sie diese vier³⁵¹ verbinden oder trennen wollen. Wenn sie nämlich verbinden wollen und sagen, daß Gott das Haupt Christi so sei wie der Mann das Haupt der Frau — seht, in was für Abgründe sie hineingeraten: Denn wenn dieser Vergleich gewissermaßen aufgrund von gleichen Elementen vorgenommen wird und diese vier, das heißt Frau, Mann, Christus und Gott, gleichsam aufgrund der Ähnlichkeit ein und derselben Natur verglichen werden, werden also die Frau und Gott beginnen, von einer einzigen Natur zu sein.

3.28 Wenn dies aber mißfällt, weil es gotteslästerlich ist, so zu sprechen, wie sie wollen, sollen sie trennen³⁵². Wenn sie daher wollen, daß Christus so bei Gott dem Vater ist, wie die Frau beim Mann ist, sagen sie deshalb natürlich, daß Christus und Gott von einer Substanz sind, weil ja Frau und Mann im Fleisch eine Natur haben, denn der Unterschied besteht im Geschlecht. Weil aber zwischen Christus und Gott das Geschlecht nicht als etwas Trennendes tritt, werden sie bekennen, daß eine Einheit zwischen Vater und Sohn in der Natur besteht, aber leugnen, daß die Verschiedenheit im Geschlecht liegt.

3.29 Gefällt diese Trennung? Oder wollen sie, daß Frau, Mann und Christus von einer Substanz sind, und davon den Vater abtrennen? Gefällt ihnen also diese Trennung? Wenn es so ist, seht, in was für Abgründe sie hineingeraten. Entweder ist es nämlich notwendig, daß sie sich nicht allein als Arianer, sondern auch als Photinianer zu erkennen geben, weil sie Christus nur als Menschen bekennen, von dem sie meinen, daß er nur mit der menschlichen Natur verbunden werden darf,

---

³⁵² Nicht: „Sollen sie teilen, wie sie wollen"?.

stimant copulandum, aut vel invitos adquiescere par
est nostrae sententiae, per quam id quod impie cogitarunt,
pie religioseque defendimus, ut sit Christus quidem
secundum generationem divinam „dei virtus", secundum
adsumptionem autem carnis unius cum omnibus hominibus in carne substantiae, salva tamen incarnationis suae
gloria, quia veritatem suscepit, non imaginem carnis.

3.30 Sit ergo iuxta humanam condicionem „caput
Christi deus." Non enim dixit ‚caput Christi pater',
sed „caput Christi deus", quia divinitas, utpote creatrix,
caput est creaturae. Et bene dixit „caput Christi deus",
ut et divinitatem Christi significaret et carnem, hoc est
incarnationem, in Christi nomine, in deo autem unitatem
divinitatis et magnitudinem potestatis.

3.31 Eo usque autem „caput Christi deus" secundum
incarnationem dictum est, ut et „caput viri Christus"
secundum incarnationem verbi dictum sit, quod alibi
apostolus evidenter exposuit dicens: „Quoniam vir caput
est mulieris, sicut et Christus caput est ecclesiae."
Et in consequentibus addidit: qui „se tradidit pro ea."
Secundum incarnationem igitur caput viri Christus, quia
secundum incarnationem facta traditio est.

LVZ SMNCWEO def. R
1 par] pars *LN* || 2 inpiae *Sa.c.M* || 3 et (*s.l. m2*) religiose *L* | sit *om.*
Z || 5 autem adsumptionem *L* || 7 quia veritatem] qui auctoritatem
Oa | veritas *S* || 9 sit] si *NOa* || 10 non – 11 deus *om. W* || 10 dixit]
add. deus *Z* || 11 quia – 12 deus *om. Ma.c.m2N, S* || 14–15 divinitatis
unitatem *C* || 17 dictum – 18 incarnationem *om. Ma.c.m2N* || 19 di-
cens *om. Ma.c.N* || 20 et *om. E* | caput est *om. Oa* | est *om. MNWEm* ||
21 qui se tradidit *om. W*

---

[353] Gedacht ist offenbar an die Bewahrung der Herrlichkeit durch die
Sündlosigkeit Jesu; vgl. dazu im Lehrtomus des römischen Papstes

oder es ist angemessen, daß sie wohl widerwillig unserer Meinung beipflichten, mit der wir das, was sie gottlos gedacht haben, fromm und gottesfürchtig verteidigen, nämlich, damit Christus zwar göttlicher Zeugung entsprechend „Gottes Kraft" ist (1 Kor 1,24), der Annahme des Fleisches entsprechend aber von einer einzigen Substanz im Fleisch mit allen Menschen ist, dennoch die Herrlichkeit seiner Fleischwerdung unversehrt bestehen bleibt[353], weil er tatsächlich — nicht nur scheinbar — Fleisch angenommen hat.

3.30 Es ist also unter der menschlichen Bedingung „Gott das Haupt Christi". Paulus hat nämlich nicht gesagt: ‚Haupt Christi ist der Vater', sondern „Haupt Christi ist Gott", weil die Gottheit als Schöpferin natürlich Haupt der Schöpfung ist. Und treffend hat er gesagt, „das Haupt Christi ist Gott", um sowohl auf die Gottheit Christi hinzuweisen als auch auf das Fleisch, das meint die Fleischwerdung mit der Nennung des Begriffs ‚Christus', mit der Nennung des Begriffs ‚Gott' aber die Einheit der Gottheit und die Größe der Macht.

3.31 So weitgehend aber ist der Satz „Gott ist das Haupt Christi" mit Blick auf die Fleischwerdung gesagt worden, daß auch der Satz „Christus ist das Haupt des Mannes" mit Blick auf die Fleischwerdung des Wortes gesagt werden kann, was der Apostel offensichtlich an anderer Stelle herausgestellt hat, indem er sagte: „Weil der Mann das Haupt der Frau ist, so wie auch Christus Haupt der Kirche ist" (Eph 5,23*). Und im Folgenden hat er hinzugefügt: der „sich selbst für sie dahingegeben hat" (Eph 5,25*). Der Fleischwerdung entsprechend also ist Christus das Haupt des Mannes, weil seine Selbsthingabe im Zusammenhang der Fleischwerdung geschah.

LEO an Bischof FLAVIAN VON KONSTANTINOPEL vom 13. Juni 449: *salva igitur proprietate utriusque naturae* (2/2,1,27 SCHWARTZ).

3.32 Est ergo „caput Christi deus", ubi servi, hoc est
hominis, non „dei forma" tractatur. Sed nihil praeiudicat
dei filio, si secundum carnis veritatem ‚similis sit hominibus', qui divinitate ‚cum patre „unum" est'. Non enim
potestas hac interpraetatione minuitur, sed misericordia
praedicatur.

*De eo quod scriptum est: ut sint unum sicut et nos unum
sumus ego in his et tu in me*

3.33 Quis autem unam divinitatem patris et fili pie abne-
get, cum ipse dominus consummaturus praecepta discipulis suis dixerit: „Ut sint unum, sicut et nos unum sumus"?
Pro testimonio enim fidei positum est, licet ab Arrianis
ad argumentum perfidiae derivetur. Etenim quoniam
totiens lectam negare non queunt unitatem, extenuare
conantur, ut talis videatur divinitatis unitas inter patrem
et filium, qualis est inter homines unitas devotionis et
fidei, licet etiam inter ipsos homines in suo unitas naturae
sit ex communitate naturae.

LVZ SMNCWEO def. R
1 est *pr.*] etsi *C om. W* | ergo] *add.* viri caput christus *Oa* ‖ 2 sed *om.
L* ‖ 3 dei filio *om. C* | carnis *om. C* ‖ 3–4 hominibus] omnibus *Ma.
c.m2Np.r.* ‖ 4 in divinitate *m* | unus *Sp.c.m2* ‖ 5 huius interpraeta-
tionem *S* | sed] si *Oa* ‖ 7 *De eo* – 8 *Et tu in me hic posui; p. 480 l. 19* ec-
clesiae *C, l. 11* dixerit (*LMW u.t.*)*N*, (*add.* II.) *Z*; *om. SVE* ‖ 9 unam *om.
S* | impie *C* ‖ 10 consumpturus *S* consumaturus *W* ‖ 10–11 discipulis
suis dixerit *post titulum repetit W* ‖ 13 dirivetur *Ea.c.m2WN* ‖ 14 to-
ties *W* | lectum *SN* ‖ 16 est et *L* | homines] *add.* ipsos homines *C* ‖
17 fides *C* | in suo *om. Oam* in suo genere *C* ‖ 18 communione *C*

---

[354] Diese Formulierung spielt an auf Joh 17,4 *opus consummavi quod
dedisti mihi ut faciam*. Dieser Bezug ist in den bisherigen Ausgaben nicht
nachgewiesen worden. Daher treffen die englische und italienische
Übersetzung hier nicht den von Ambrosius intendierten Sinn.

3.32 Es ist also „Gott das Haupt Christi", wo von der Knechtsgestalt gehandelt wird, also der eines Menschen, nicht „von der Gestalt Gottes". Aber damit ist nichts entschieden gegen den Sohn Gottes, wenn er, der durch die Gottheit „eins' ‚mit dem Vater ist', entsprechend der Realität des Fleisches „den Menschen ähnlich" ist. Durch diese Deutung wird nämlich nicht die Macht gemindert, sondern das Erbarmen Gottes verkündigt.

Darüber, daß geschrieben steht: „Auf daß sie eins seien, wie auch wir eins sind, ich in ihnen und Du in mir"

3.33 Wer aber leugnet wohl frommerweise die eine Gottheit des Vaters und Sohnes, obwohl der Herr selbst, als er vollenden wollte, was ihm aufgetragen war[354], seinen Jüngern gesagt hat: „Daß sie eins seien, wie auch wir eins sind" (Joh 17,22f*)? Zum Zeugnis für den Glauben ist dies nämlich angeführt worden, wenngleich es durch die Arianer zu einem Beleg des Unglaubens verkehrt wird. In der Tat versuchen sie, weil sie die Einheit, von der wir so oft lesen, nicht leugnen können, sie abzuschwächen[355], so daß die Einheit der Gottheit zwischen Vater und Sohn so beschaffen zu sein scheint, wie die Einheit in Verehrung und Glauben zwischen Menschen ist, obwohl auch gerade unter Menschen in ihrer Art[356] die Einheit der Natur[357] aus der Gemeinsamkeit der Natur kommt.

---

[355] Vgl. die Argumentation des ATHANASIUS VON ALEXANDRIEN, *Ar.* 3,17 (PG 26,36: μία φύσις, κοινὸν ὄνομα), der ebenfalls Joh 17,11 gegen „Arianer" wendet und menschliche Einheit als Maßstab göttlicher Einheit nimmt.
[356] Wir lesen mit dem *Codex Casinensis* 4(c) *in suo genere*, weil es die sprachlich und sachlich sinnvolle Lesart ist.
[357] HILARIUS VON POITIERS, *trin.* 8,5 (CCL 62,318), bezieht „Einheit" auf die Einheit des Willens (*unitas voluntatis* / ὅμοιος κατ' βούλησιν).

3.34 Unde et illud apertissime solvitur, quod ad extenuationem dominicae unitatis obicere consuerunt, quia scriptum est: „Qui autem plantat et qui rigat, unum sunt." Hoc Arriani, si saperent, non obicerent. Quomodo enim negare conantur quia ‚pater et filius unum sunt', cum Paulus et Apollo et natura unum sint et fide? Sed tamen per omnia unum esse non possunt, quia nequeunt conparari humana divinis.

3.35 Inseparabilis ergo deus pater verbo, inseparabilis virtutis, inseparabilis sapientiae per divinae unitatem substantiae, et est in filio, sicut frequenter est scriptum, est vero non ut egentem sanctificans nec ut vacuum inplens, quia ‚non vacua' „dei virtus". Nec enim virtus virtute augetur, quia non duae virtutes, sed una virtus, nec divinitas divinitatem accipit, quia non duae divinitates, sed una divinitas. Nos autem per acceptam et inhabitantem in nobis virtutem unum erimus in Christo.

3.36 Communis ergo littera, sed discrepans divina humanaque substantia. Nos unum erimus, pater et filius unum sunt, nos secundum gratiam, filius secundum substantiam. Alia autem per coniunctionem, alia per naturam unitas. | Denique vide, quid ante praemiserit: „Ut omnes unum sint, sicut tu, pater, in me et ego in te."

LVZ SMNCWEO def. R
1 ad *s.l. M om. N* (extenuatione) ad] in *C* || 4 hoc – 5 sunt *om. C* || 5 enim *om. Oa* || 6 et *tert.*] in *V* || 7 omnia] nomina *C* | quia] et *Oa* || 9 inseparabilis ergo deus *om. S* || 9–10 inseparabilis virtute *ante* inseparabilis *pr. Ca.c.* (*signis appos. del.?*) || 10 virtute *La.c.NCOa* m virtuti *Lp.c.m2MVZWE* | sapientia *La.c.NCm* || 11 scriptum est *Oa* || 11–12 est *tert. om. Z* | vero] verum *Z, Lp.c.m2* enim *C om. E* | significans *Oa* || 13–14 non *alt.*] nec *E* || 15 accipiat *W* accepit *CV* || 16 per acceptam] precepta *C* percepta *N* | inhabitante *N* || 21 per *pr.*] in *S*

---

[358] Auch ATHANASIUS VON ALEXANDRIEN kombiniert in *Ar.* 3,21 (PG 26, 368) das paulinische Bild und die johanneische Passage: Wir

3.34 Daher wird auch das auf ganz besonders offenkundige Weise erklärt, was sie zur Schmälerung der Einheit des Herrn einzuwenden pflegen, daß geschrieben steht: „Der aber, der pflanzt, und der, der bewässert, sind eins" (1 Kor 3,8)[358]. Dies würden die Arianer nicht entgegnen, wenn sie Verstand hätten. Wie nämlich versuchen sie zu leugnen, daß ‚der Vater und der Sohn eins sind', obwohl Paulus und Apollos sowohl durch die Natur als auch durch den Glauben eins sind (vgl. 1 Kor 3,5.8)? Aber dennoch können sie nicht in allem eins sein, weil Menschliches nicht mit Göttlichem verglichen werden kann.

3.35 Untrennbar ist also Gott, der Vater, vom Wort, von untrennbarer Kraft, untrennbarer Weisheit durch die Einheit der göttlichen Substanz, und er ist im Sohn, wie häufig geschrieben steht (vgl. zum Beispiel Joh 8,16; 10,30). Er ist wahrhaftig in ihm, nicht wie einer, der jemanden heiligt, der es nötig hat, auch nicht wie einer, der etwas Leeres auffüllt, weil die „Kraft Gottes" (vgl. 1 Kor 1,24; Röm 1,20) ‚nicht leer' (vgl. 1 Kor 15,10) ist. Denn Kraft wird nicht durch Kraft vermehrt, weil es nicht zwei Kräfte, sondern nur eine Kraft gibt, und die Gottheit empfängt keine weitere Gottheit, weil es nicht zwei Gottheiten, sondern nur eine Gottheit gibt. Wir aber werden durch die angenommene und in uns wohnende Kraft eins in Christus sein.

3.36 Lediglich der Begriff „Substanz" ist gemeinsam, aber die göttliche und die menschliche Substanz sind verschieden. Wir werden eins sein, der Vater und der Sohn sind eins, wir aufgrund von Gnade, der Sohn aufgrund der Substanz. Die eine Einheit aber besteht infolge einer Verbindung, die andere von Natur aus. Sieh' schließlich, was er zuvor gesagt hat: „Auf daß alle eins seien, wie Du, Vater, in mir und ich in Dir" (Joh 17,21).

---

sollen „von Natur und Wahrheit aus eins" werden, freilich nicht im Sinne einer ταυτότης.

3.37 Considera ergo quia non dixit ‚tu in nobis et nos in te‛, sed „tu in me et ego in te", ut se a creaturis separaret. Et addidit: „Et isti in nobis", ut etiam hic suam potentiam et patris a nobis secerneret, ut quod nos in patre et filio sumus, non naturae videatur esse, sed gratiae, quod autem filius et pater unum sunt, non hoc filius accepisse per gratiam, sed naturaliter ut filius possidere credatur.

De eo quod scriptum est: non potest filius a se facere quicquam nisi quod viderit facientem patrem

4.38 Aliud rursus obiciunt adserentes unam atque eandem potestatem fili et patris esse non posse, quia ipse dixit: „Amen, amen dico vobis, non potest filius facere a se quicquam, nisi quod viderit patrem facientem." Itaque nihil ex se fecisse filium dicunt nec facere posse, nisi quod viderit facientem patrem.

4.39 O praescia dei sapientia infidelium argumentorum, quae subiecit, quo solveret quaestionem, addendo quod | sequitur: „Quia quaecumque ille fecerit, eadem et filius facit similiter"; hoc nempe sequitur. Cur ergo scriptum est „eadem" facit filius et non ‚talia‛,

---

LVZ SMNCWEO def. R
1 consideremus ergo *S* ‖ 3 et *pr. om. W* | etiam et *W* ‖ 4 et *om. E* | ut] et *S* | filio] *add.* unum *NVm* ‖ 5 videatur esse *om. W* ‖ 6 sunt unum *W* ‖ 8 *De eo* – 9 *Facientem patrem hic posui; l. 11* dixit (*om.* De–Scriptum est) (*u.t. L, Ma.c.*), *Z; l.* 12 vobis (*totum titulum*) *C* ‖ 8 *Non* – 9 *Patrem exp. M; om. NVSWE; titul. recentem: Oa* ‖ 11 patris et fili *L* | esse *om. V* ‖ 12 a se facere *V* ‖ 13 facientem patrem *S* | nihil *om. S* ‖ 13–14 ex se *om. Oa* ‖ 14 fecisse *om. W* | dicunt] dic *S* | nec *om. W* ‖ 16 dei *Mp.c.m2S om. cet. am* ‖ 16–17 infidelis argumentorum (*sed exp.*) *S* (*cf. ad l.sq.*) ‖ 17 quo *SW* quod *cet.* | quaestionem] *add.* infidelem argumentatorum (*!*) *Sm2* ‖ 20 cur] quare *W* | talia] alia *Lp.r.NZ*

---

[359] Die Übersetzung der Bibelstelle nach dem Griechischen (ἀμὴν, ἀμὴν λέγω ὑμῖν, οὐ δύναται ὁ υἱὸς ποιεῖν ἀφ' ἑαυτοῦ οὐδὲν ἐὰν μή τι βλέπῃ τὸν πατέρα ποιοῦντα); die altlateinischen Überlieferungen bieten

3.37 Bedenke also, daß er nicht gesagt hat ‚Du in uns und wir in dir', sondern „Du in mir und ich in Dir", um sich von den Geschöpfen abzutrennen. Und er fügte hinzu: „Und sie in uns", um auch hier seine Macht und die des Vaters von uns zu trennen, damit die Tatsache, daß wir im Vater und im Sohn sind, nicht eine Sache der Natur, sondern der Gnade zu sein scheint, damit man glaubt, daß der Sohn die Tatsache, daß Sohn aber und Vater eins sind, nicht gnadenhalber empfangen hat, sondern von Natur aus eben wie ein Sohn besitzt.

Darüber, daß geschrieben steht: „Der Sohn kann nichts von sich aus tun, außer er hat den Vater etwas tun sehen" (Joh 5, 19*)

4.38 Noch etwas anderes entgegnen sie, indem sie behaupten, daß der Vater und der Sohn nicht ein und dieselbe Macht haben können, weil er selbst gesagt hat: „Amen, Amen, ich sage euch: Der Sohn kann nichts von sich aus tun, außer er hat den Vater etwas tun sehen" (Joh 5, 19*)[359]. Deshalb sagen sie, daß der Sohn nichts aus sich heraus getan habe und tun könne, außer er hat den Vater etwas tun sehen.

4.39 Du, Weisheit Gottes, die die Schlußfolgerungen der Ungläubigen im voraus weiß; sie hat einen Zusatz gemacht, um auf diese Weise die Frage zu lösen, indem sie hinzufügte, was folgt[360]: „Weil alles, was jener tut, dasselbe auch der Sohn in gleicher Weise tut". Warum also ist geschrieben, „dasselbe" tut der Sohn und nicht ‚solches'?

---

gelegentlich für *viderit* auch *videat*, siehe *Itala* (446 JÜLICHER/MATZKOW/ALAND). Vergleichbar ist die Argumentation mit dieser Bibelstelle bei HILARIUS VON POITIERS, *trin.* 7,17 (CCL 62,278); der Autor weist auf die Identität der Handlungen hin (ebenso in *trin.* 9,44 [CCL 62,420]).
[360] *Sc.* in Joh 5,19b.

nisi ut in filio unitatem, non imitationem paterni operis aestimares?

4.40 Sed tamen, ut illorum quoque argumenta discutiamus, quaero ut respondeant, utrum videat filius opera patris. Videt itaque an non? — Si videt, ergo et facit. Si facit, desinant omnipotentem negare, quem omnia posse facere, quae „patrem facientem" viderit, confitentur.

4.41 Quid est autem „viderit"? Corporaliumne aliqui usus oculorum est? Sed si hoc de filio velint dicere, corporalis etiam in patre usum operationis ostendent, ut facientem videat, quod ipse facturus est.

4.42 Quid est autem „non potest filius facere a se quicquam"? Hoc interrogemus, hoc consideremus. Est ergo aliquid inpossibile ‚dei virtuti' atque ‚sapientiae'? Hoc est enim dei filius, qui utique non alienam accepit fortitudinem, sed quemadmodum „vita" est, non aliena vivificatione subnixus, sed alios vivificans, quia ipse vita est, ita etiam ‚sapientia' est, non quasi insipiens accipiens sapientiam, sed qui de suo alios faciat esse sapientes, ita etiam ‚virtus' est, non quasi per infirmitatem consecutus incrementa virtutis, sed ipse virtus, qui virtutem fortibus largiatur.

LVZ SMNCWEO def. R
1 in *om. W* ‖ 3 quoque *om. S* ‖ 4 utrum] *add.* et *C* | filius *om. S* ‖ 5 si *pr. om. N* | et] testem (!) *S* ‖ 8 aliquis *N, M p.c., SEp.c.m2 Woam* ‖ 9 visus *N* | dicere velint *L* ‖ 9–10 corporalis] *add.* est *Sm2* ‖ 10 usum] visus *N* | ostendunt *LC* ostendat *Ea.c.* ostendit *Oa* ‖ 12 a se filius facere *V* a se facere *LZC* ‖ 14 aliquid] aliud *Oa* ‖ 15 est *om. C* | accipit *MZOa* ‖ 16 aliena] alia *Oa* ‖ 18 insipiens – 20 quasi *om. C* ‖ 19 esse *om. S* ‖ 21 virtutis] veritatis *W* ‖ 22 largitur *Lp.c.m2ZMa.c.Oa*

---

[361] Die Vorstellung von der *imitatio* wird ähnlich abgelehnt bei Ambrosius, *spir.* 2,13,135f (CSEL 79,139f); *hex.* 2,5,18 (CSEL 32/1,57), und *in psalm. 118* 20,32,2f (CSEL 62,460), mit Zitat von Ps 103,24: *omnia in sapientia fecisti.*

Doch nur, damit Du beim Sohn die Einheit mit dem väterlichen Werk, nicht dessen Nachahmung erkennst[361].

4.40 Um auch ihre Schlußfolgerungen zu untersuchen, bitte ich aber dennoch darum, daß sie antworten, ob der Sohn die Werke des Vaters sieht. Sieht er sie nun oder nicht? Wenn er sie sieht, tut er sie also auch. Wenn er sie tut, sollen sie aufhören, den als Allmächtigen zu leugnen, von dem sie bekennen, daß er alles das tun kann, was er „den Vater" hat „tun" sehen.

4.41 Was heißt aber „er hat gesehen"? Gibt es da irgendeinen Gebrauch von Augen, wie sie der Körper hat? Aber wenn sie dies über den Sohn sagen wollen, sollen sie auch die Ausübung einer körperlichen Handlung im Vater zeigen, so daß er ihn das tun sieht, was er selbst tun wird.

4.42 Was heißt aber „der Sohn kann nichts von sich aus tun"? Das wollen wir fragen, das wollen wir erwägen. Ist also ‚der Kraft Gottes' und ‚der Weisheit' (1 Kor 1,24) irgend etwas unmöglich? Das ist nämlich der Sohn Gottes: Er hat keine fremde Stärke[362] angenommen, sondern so, wie er „das Leben" ist und nicht davon abhängig ist, von außen lebendig gemacht zu werden, sondern andere lebendig macht, weil er selbst Leben ist, so ist er auch ‚die Weisheit', indem er nicht wie ein Törichter Weisheit empfängt, sondern derjenige ist, der aus sich heraus andere zu Weisen macht, so ist er auch ‚die Kraft', nicht indem er gewissermaßen aus Schwäche einen Zuwachs an Kraft angestrebt hat, sondern selbst die Kraft ist, er, der den Starken Kraft schenkt.

---

[362] Vgl. aus den Belegen bei GRIMM, *Deutsches Wörterbuch* 17,889: „‚Das mach mir nach', sprach der Riese, ‚wenn du Stärke hast'", und zum Thema außerdem GREGOR VON NAZIANZ, *or.* 30,11 (SCh 250,244–248).

4.43 Quomodo ergo virtus quasi cum iuris iurandi adtestatione dicit: „Amen, amen | dico vobis", quod est: ‚Fideliter, fideliter dico'? Fideliter ergo dicis, domine Iesu, et cum sacramenti quadam repetitione confirmas quod nihil facere potes, „nisi quod facientem patrem" videris. Fecisti mundum: numquid alterum mundum pater tuus fecit, quem quasi ad exemplar acceperis? Ergo necesse est fateantur impii aut duos aut certe multos esse mundos, quod philosophi adserunt, ut se etiam in hoc errore gentilitatis involvant. Aut si volunt verum sequi, dicant sine exemplari te fecisse, quod feceris.

4.44 Dic mihi, domine, quando in mari patrem incarnatum videris ambulantem — ego enim nescio, ego hoc de patre credere sacrilegum puto, qui te solum carnem adsumpsisse cognovi —, quando videris in nuptiis patrem aquam in vina vertentem. Sed solum te ‚unigenitum filium' legi ‚ex patre natum', solum te ‚ex spiritu sancto' accepi ‚et virgine' secundum incarnationis sacramenta generatum.

LVZ SMNCWEO def. R
1 virtus *i.r. Cm2* || 2 cum *om. Ma.c.N* || 1–2 obtestatione *S* || 2–3 fideliter *alt. om. W* || 3 domine iesu] deum *Oa* | iesu *om. C* || 4 et *om. E* | sacramentum *E* || 7 quem *om. Z* | ad exemplarem *V, Sa.c.MW, Ea.r. a* || 9 erroribus *VC* || 10 velint *Oam* | verum] vitium *S* || 11 exemplario *V* exemplar *W* || 13 enim] hoc *Z* || 14 sacrilegum *LVZMNWm* sacrilegium *cet. a* || 15 agnovi *C* || 16 vinum *W* || 17 legi *om. C* || 18 et] ex *C* et ex *LVZ*

---

[363] Für die wörtliche Bedeutung des Ausdrucks *sacramentum* bei christlichen Schriftstellern vgl. BLAISE, *Dictionnaire* 729 f, und zur Stelle jetzt MORONI, *Lessico teologico* 351.
[364] Ambrosius von Mailand distanziert sich an dieser Stelle sehr deutlich von der platonischen Ideenlehre und ihrer Anwendung auf die biblische Schöpfungserzählung, die erstmals im hellenistischen Judentum vorgenommen wurde (KANNENGIESSER, *Philon et les pères* 277–296). Über Ideen hat sich der Mailänder Bischof auch noch in *hex.* 1,1,1 (CSEL 32/1, 3) geäußert; vgl. jetzt BALTES, *Idee* 238 f, und LENOX-CONYNGHAM,

4.43 Wie also spricht die Kraft gleichsam verbunden mit der Bestätigung durch einen Eid: „Amen, amen, ich sage euch", das ist: ‚Wahrlich, wahrlich, ich sage'? Wahrlich also sprichst du, Herr Jesus, und mit einer Art von Wiederholung des Eideswortes[363] bekräftigst du, daß du nichts tun kannst, „außer du hast den Vater etwas tun sehen". Du hast die Welt erschaffen: Hat Dein Vater etwa eine andere Welt erschaffen, die du gewissermaßen als Vorbild benutzen konntest? Also müssen die Gottlosen bekennen, daß es entweder zwei oder gar viele Welten gibt, was die Philosophen behaupten, so daß sie auch in diesen Irrtum der Heiden verfallen[364]. Oder wenn sie der Wahrheit folgen wollen, sollen sie sagen, daß du ohne Vorbild geschaffen hast, was du geschaffen hast.

4.44 Sag mir, Herr, wann Du den fleischgewordenen Vater auf dem See[365] wandeln gesehen hast (vgl. aber Mt 14,25f). Ich weiß es nämlich nicht, ich halte es für eine Gotteslästerung, das vom Vater zu glauben, ich, der ich weiß, daß Du allein Fleisch angenommen hast. Wann hast Du den Vater auf einer Hochzeit Wasser in Wein verwandeln gesehen (vgl. Joh 2,9–11)? Dagegen habe ich gelesen, daß Du allein, ‚der eingeborene Sohn', ‚aus dem Vater geboren' bist, ich habe gelernt, daß Du allein ‚aus dem heiligen Geist' ‚und aus der Jungfrau' entsprechend den Geheimnissen der Fleischwerdung gezeugt worden bist[366].

Ambrose and Philosophy 119–123, mit MADEC, *Saint Ambroise et la Philosophie* 175, beziehungsweise aus dessen Testimoniensammlung, ebd. 349f Nr. 1 (*hex.* 1,1,1); 364 Nr. 56 (*fug. saec.* 527), sowie 388 Nr. 144 (*fid.* 4,4,46).
[365] Ambrosius von Mailand bezeichnet mit der lateinischen Tradition den See Genezareth als *mare Galilaeae* (BLAISE, *Dictionnaire* 516).
[366] Vgl. für *ex spiritu sancto et virgine* die abweichende Formulierung aus dem nicaenischen Glaubensbekenntnis von 325: *natum ex Patre unigenitum, ...* beziehungsweise aus dem Mailänder Symbol *natus de spiritu sancto ex Maria virgine* (*symb.* 6 [CSEL 73,10; vgl. FALLER, *Ambrosius* 7,10]).

Ergo ista, quae memoravimus a te gesta, non fecit pater, sed sine exemplari paterni operis ad redimendam tuo sanguine mundi salutem inmaculatus ex alvo virginis processisti.

4.45 Ac ne forte incarnationis tantummodo putent sequestrandum esse mysterium — licet, cum dicunt: „Non potest | filius a se facere quicquam", nihil excipiant, ita ut et quidam impius dixerit: ‚Nec culicem facere potest', tam temerario ausu petulantique sermone maiestatem supernae virtutis inridens — dic, domine Iesu, quam terram sine te pater fecerit. Caelum enim sine te non fecit, quia scriptum est: „Verbo domini caeli firmati sunt."

4.46 Sed nec terram sine te fecit, quia scriptum est: „Omnia per ipsum facta sunt, et sine ipso factum est nihil." Nam si aliquid sine te, deo verbo, pater fecit, non ergo „omnia facta" per verbum, et evangelista mentitur. Quod si „omnia facta" per verbum et omnia per te coeperunt esse, quae non erant, utique quae non vidisti a patre facta, a te ipse fecisti. Nisi forte philosophicas tibi ideas Platonica illa disputatione praestituunt, quas ab ipsis tamen philosophis scimus inrisas. Si autem ex te ipse fecisti,

---

LVZ SMNCWEO def. R

2 exemplari] exempla *Sa.c.m2*, *MW* exemplo *Sm2 Oa* | redimendum *MNW* redimenda *V* ‖ 3 mundum *N* | salutem] solus *N* salutem mundi solus m salutem mundi *Oa* ‖ 5 ac] an *Oa* ‖ 6 dicant *ZOa* ‖ 7 facere a se quicquam *LS* facere quicquam a se *V* ‖ 8 et *om. ZWOa* ‖ 15 fecit pater *Z* ‖ 19 ipso *C* ‖ 19–20 platonicas *Na.r.*

---

[367] Zur philosophischen Kritik an PLATONS Ideenlehre vgl. jetzt BALTES, *Idee* 222f (*Aristoteles*), beziehungsweise 226f (*Akademie und übrige Philosophenschulen*). Ob Ambrosius hier an einen konkreten Philosophen (zum Beispiel ARISTOTELES: so offenbar FALLER, *Ambrosius* 8, 173, und MORESCHINI, *Ambrosius* 15, 279 Anm. 7) denkt, bleibt unklar. ARISTOTELES nennt er in seinem erhaltenen Werk jedenfalls nicht als Kritiker der Ideenlehre (vgl. die dreizehn Erwähnungen in *hex.* 1, 1, 1 [CSEL 32/1, 3]; 1, 1, 2 [CSEL 32/1, 4]; *Noe* 25, 92 [CSEL 32/1, 478]; *Abr.* 2, 10, 70

Also hat diese Handlungen, die wir als Handlungen, die Du getan hast, in Erinnerung gebracht haben, nicht der Vater getan, sondern Du bist ohne das Vorbild eines väterlichen Werkes unbefleckt aus dem Schoß der Jungfrau hervorgegangen, um durch Dein Blut das Heil der Welt zu erkaufen.

4.45 Und damit sie nicht etwa glauben, daß nur das Geheimnis der Fleischwerdung auszunehmen sei — wenngleich sie, wenn sie sagen: „Der Sohn kann nichts von sich aus tun", auch nichts auslassen, so daß auch irgendein Gottloser sagen könnte: „Nicht einmal eine Mücke kann er erschaffen", und so mit unbesonnenem Tun und mit mutwilliger Rede die Hoheit der himmlischen Kraft verlachen könnten, sag, Herr Jesus, welche Erde der Vater ohne dich geschaffen hat. Den Himmel nämlich schuf er nicht ohne dich, weil geschrieben steht: „Durch das Wort des Herrn sind die Himmel befestigt worden" (Ps 33,6).

4.46 Aber auch die Erde schuf er nicht ohne Dich, weil geschrieben steht: „Alles ist durch ihn geschaffen worden, und ohne ihn ist nichts geschaffen worden" (Joh 1,3). Denn wenn der Vater irgend etwas ohne Dich, Gott, das Wort, geschaffen hat, ist also nicht „alles" durch das Wort „geschaffen", und der Evangelist lügt. Wenn aber „alles" durch das Wort „geschaffen ist" und alles, was zuvor nicht war, durch Dich begonnen hat zu sein, hast Du freilich das, bei dem Du nicht gesehen hast, daß es vom Vater gemacht worden ist, selbst von Dir aus gemacht. Es sei denn, daß sie Dir mit jener platonischen Debatte die philosophischen ‚Ideen' vorschreiben, von denen wir jedoch wissen, daß sie von den Philosophen selbst lächerlich gemacht worden sind[367]. Wenn Du aber selbst aus Dir heraus geschaffen hast,

---

[CSEL 32/1,625]; *in psalm. 118* 11,19 [CSEL 62,245]; 22,10 [CSEL 62,492]; *off.* 1,10,31 [1,110 TESTARD]; 1,13,48.50 [1,118f TESTARD]; 1,36,180 [1,183 TESTARD], sowie 2,2,4.6 [2,12 TESTARD], und *epist.* 21[34],1 [CSEL 82/1,154]).

vana est adsertio perfidorum, quae auctori omnium, cui suppetit ex se faciendi magisterium, tribuit discendi profectum.

4.47 Quod si per te negant caelum factum esse vel terram, considerent impii, quo se suo furore praecipitent, cum scriptum sit: „Dii, qui non fecerunt caelum et terram, pereant." Peribit ergo, o Arriani, qui, „quod perierat", et repperit et redemit?

5.48 Sed ad proposita revertamur. Quomodo „non potest filius facere a se quicquam"? Quaeramus quid sit, quod facere | non possit. Multae sunt inpossibilitatum differentiae. Est aliquid natura inpossibile et est aliquid, quod est possibile per naturam, inpossibile per infirmitatem, est etiam tertium, quod sit possibile per corporis et animi firmitatem, inpossibile per inperitiam aut inpotentiam, est etiam, quod per definitionem inmutabilis propositi et constantis perseverantiam voluntatis adque amicitiae fidem sit inpossibile mutari.

5.49 Sed ut haec evidentius possimus advertere, per exempla nobis disputatio dirigatur. Inpossibile est, ut avis sapientiae disciplinam aliquam adsequatur aut artem; inpossibile est et lapidem prodire quoquam; inpossibile

---

LVZ SMNCWEO def. R

4 esse factum *Oam* ‖ 7 pereunt *W* peribunt *L* | peribit] perdit *E* | o *om. VM, Ep.r.m* | arriane *CWOa* arrianos (o *ex* u) *E* | praeterierat *La.c.* ‖ 8 redimit *V* ‖ 9 propositum *S* ‖ 10 a se facere *V* ‖ 12 naturae *Lp.c.ZC* natura *om. V* | et *om. Z* | possibile est *L* ‖ 13 naturam – 14 per *om. Oa* ‖ 14 est *om. S* | est–tertium *om. C* | sit] est *V* ‖ 15 animae *Oa* ‖ 16 indefinitionem *Sa.c.* (in *exp.*), divinitionem *C* fidei definitionem *V* ‖ 17–18 atque ad *C* ‖ 18 in possibilem vitari *S* ‖ 19 haec ut *Vm* ut *s.l. Sm2* ‖ 21 aut] ut *O* ‖ 22 prodere *Sa.c.Ep.c.*

---

[368] MORESCHINI, *Ambrosius* 15, 279 Anm. 1, weist in seiner Übersetzung darauf hin, daß dieses Problem der Handlungsvollmacht Jesu im selben Jahr in Konstantinopel von GREGOR VON NAZIANZ anhand eben derselben Bibelstelle diskutiert wurde (GREGOR VON NAZIANZ, *or.* 30, 10f [FC 22, 240–244]). Wenn man die theologischen Reden (mit GALLAY, *Gregor*

ist die Behauptung der Ungläubigen nichtig, die dem Urheber aller Dinge, dem das Amt, das Schaffen aus sich selbst heraus zu lehren, in reicher Fülle zur Verfügung steht, einen Fortschritt im Lernen zugeschrieben hat.

4.47 Wenn sie aber leugnen, daß durch Dich Himmel und Erde geschaffen worden sind, dann sollen die Gottlosen bedenken, wohin sie in ihrem Wahnsinn stürzen, weil ja geschrieben steht: „Die Götter, die nicht Himmel und Erde gemacht haben, sollen zugrunde gehen" (Jer 10,11*). Wird also derjenige zugrunde gehen, meine lieben Arianer, der das, „was zugrunde gegangen war" (Lk 19,10), sowohl wiedergefunden als auch losgekauft hat?

5.48 Aber wir wollen zum Thema zurückkehren[368]. Wie „kann der Sohn nichts von sich aus tun" (Joh 5,19)? Wir wollen fragen, was es ist, was er nicht tun kann. Es gibt viele unterschiedliche Arten von Unmöglichkeiten. Es gibt erstens etwas, was von Natur aus unmöglich ist, und zweitens etwas, was von Natur aus möglich ist, unmöglich aber durch Schwäche, drittens auch das, was durch Stärke des Körpers und der Seele wohl möglich ist, aber durch Unerfahrenheit und Machtlosigkeit unmöglich ist, es gibt schließlich viertens auch, was durch die Begrenzung eines unveränderbaren Vorsatzes und durch Beharrlichkeit eines unverrückbaren Willens und durch Treue einer Freundschaft unmöglich ist, verändert zu werden.

5.49 Aber damit wir das noch klarer wahrnehmen können, soll uns die Untersuchung durch Beispiele gelenkt werden. Es ist unmöglich, daß ein Vogel irgendeine Kenntnis der Weisheit oder Kunstfertigkeit erlangt; es ist unmöglich, daß auch ein Stein irgendwohin vorangeht;

---

von Nazianz 11–13) grob auf die Jahre 379–381 datiert, könnte die Passage tatsächlich in dem Jahr vorgetragen worden sein, in dem Ambrosius *De fide* schrieb (380 n. Chr., vgl. MARKSCHIES, *Ambrosius von Mailand und die Trinitätstheologie* 173).

est enim lapidem moveri, nisi motu moveatur alterius: non potest ergo lapis per se ipsum moveri et transire de loco; non potest etiam aquila humanis imbui disciplinis. Habes unam speciem, cui inpossibilitatis causa natura est.

5.50 Inpossibile est et debili facere opera robusti. Sed huic alia inpossibilitatis est causa; quod enim per naturam facere potest, per infirmitatem non potest. Causa igitur huic quoque inpossibilitatis infirmitas. Alia ergo inpossibilitatis haec species, quoniam a faciendi possibilitate corporis infirmitate revocatur.

5.51 Tertia quoque inpossibilitatis est causa, quia etiamsi per naturam quis et firmitatem corporis facere aliquid possit, non potest tamen facere per inperitiam vel inpotentiam, ut aut indoctus aut servus.

5.52 Quas igitur harum, quas enumeravimus, inpossibilitatum causas — ut quartam interim sequestremus — filio dei existimas convenire? Numquid insensibilis per naturam et inmobilis sicut lapis? „Lapis" quidem est, impiis „in ruinam", fidelibus ‚angularis'. Sed non insensibilis, supra quem sensibilium populorum fideles aedificantur adfectus, non inmobilis petra: „Bibebant" enim

---

LVZ SMNCWEO def. R
1 enim] etiam et C | lapidem] *add.* se *Em2* | movere *Ep.c. m2* ‖ 2 semet S ‖ 3 habet S habens *Ea.r.* ‖ 4 cuius C ‖ 5 debilem W ‖ 6 causa est *Oam* ‖ 6–7 facere potest per naturam *Oam* ‖ 8 inpossibilitati *Nm (iunge: causa inpossibilitatis huic quoque, i. e. debili, infirmitas)* | infirmitas est L ‖ 9 a *om.* C, ad (possibilitatem) *Oa* ‖ 11 tertio C | inpossibilitas *Sa.c.* | quia] qua *Sp.c. m* ‖ 12 infirmitatem *Ma.r.S* ‖ 13 posset W | tamen] *add.* eam V, *add.* quid Z ‖ 15 enarravimus S ‖ 17 estimas W ‖ 18 et] aut V | inmobilis] mutabilis S ‖ 19 in ruina N ‖ 20 sensibilium] insensibilium C | fidelis V

---

[369] Das entsprach der ersten Art von Unvermögen nach *fid.* 4,5,48, oben 494f.
[370] Nämlich die zweite nach der Aufstellung in *fid.* 4,5,48, oben 494f.
[371] Vgl. dazu KLEIN, *Die Sklaverei* 10–16.
[372] Das lateinische Wort *insensibilis* kann sowohl mit „unvernünftig"

es ist nämlich unmöglich, daß sich ein Stein bewegt, wenn er nicht durch die Bewegung eines anderen bewegt wird: Ein Stein kann sich selbst nicht bewegen und von einem Ort weggehen; auch kann ein Adler nicht in menschliche Kenntnisse eingeweiht werden. Du hast hier also eine Art von Unmöglichkeit, für die der Grund der Unmöglichkeit die Naturgegebenheit ist[369].

5.50 Es ist auch für einen schwächlichen Menschen unmöglich, die Werke eines starken zu tun. Aber für diesen ist der Grund der Unmöglichkeit ein anderer: Was er nämlich von Natur aus tun kann, kann er wegen seiner Schwäche nicht tun. Der Grund also der Unmöglichkeit ist auch für diesen Menschen seine Schwäche. Das ist also eine andere Art der Unmöglichkeit[370], weil er von der Möglichkeit, etwas zu tun, durch die Schwäche des Körpers abgehalten wird.

5.51 Es gibt aber auch einen dritten Grund der Unmöglichkeit, weil, selbst wenn irgend jemand von Natur aus und wegen der Stärke seines Körpers etwas tun könnte, er es aber trotzdem nicht tun kann wegen Unerfahrenheit oder Machtlosigkeit, wie zum Beispiel ein Ungelehrter oder ein Sklave[371].

5.52 Welche also von diesen Gründen der Unmöglichkeiten, die wir aufgezählt haben, um den vierten einstweilen beiseite zulassen — meinst du, kommt dem Sohn Gottes zu? Ist er etwa von Natur aus unvernünftig[372] und unbeweglich wie ein Stein? „Ein Stein"[373] ist er zwar, für die Unfrommen „zum Fall", für die Glaubenden als ‚Eckstein'. Aber der ist nicht unvernünftig, auf den die frommen Gefühle der vernünftigen Völker gebaut werden, nicht ein unbeweglicher Fels: „Sie tranken" nämlich

---

(ἀνόητος) als auch mit dem Ausdruck „ohne Wahrnehmung" (ἀναίσθητος) übersetzt werden (vgl. die Belege bei BLAISE, *Dictionnaire* 453). Wie die Fortsetzung *sensibilium populorum fideles ... adfectus* zeigt, sind hier beide Aspekte gemeint.
[373] Vgl. Eph 2,20; Lk 2,34 und 1 Petr 2,6–8.

„ex consequenti petra, petra autem erat Christus." Non ergo paternum opus per naturae distantiam inpossibile Christo.

5.53 Numquid forte per debilitatem inpossibile ei aliquid aestimamus? Sed non ille debilis, qui aliorum debilitates imperiali sermone sanabat. An debilis videbatur, cum paralytico praecipiens „tolle grabattum tuum et ambula" sanitatis iam mandabat officium, cum adhuc ille remedium debilitatis oraret? Num debilis „dominus virtutum", cum inluminaret caecos, inclinatos erigeret, mortuos suscitaret, votis nostris medicina praecurreret effectus, orantes curaret et fimbria, mundaret et tactus?

LVZ SMNCWEO def. R
4 ei *s.l. M, om. E,* et *W* ‖ 5 extimamus *M* existimamus *VNm* | qui] quia *C* ‖ 6 an] unde *C* ‖ 7 grabattum *S* gravatum *CW, Ea.c.* grabatum *cet. (cf. ThesLL. VI 2127, 80–2128, 8)* ‖ 9 remedium *om. S* | numquid *L* | debilis] debilitatus *Sp.c.m2* ‖ 10 virtutum *om. C* | ceco *W* ‖ 11 medicinae *Wm (cf. adnot. font.)* ‖ 12 effectus–curaret *om. L* | orantis *CMN, Turon. 265* orans *Oa* oratis *SW* egrotis (e *s.l.*) *V* | fimbriae *NWm* ‖ 13 et tactus *LV, Mp.c.SEO* et tactu *Z* et tactum *C* attactus *Nm* tactus *Ma.c.W*

---

[374] Wörtlich: „der aufgrund unserer Gebete mit seiner Medizin ihrer Erfüllung vorauseilte". Zum Gegensatzpaar *votum* („Wunsch") / *effectus* („Erfüllung") vgl. Ambrosius, *exhort. virg.* 3, 15 (210 GORI). Die Stelle Ambrosius, *in psalm. 118* 21, 22 (CSEL 62, 487), bietet eine passende Parallele für die Junktur *praecurrere effectus* („der Erfüllung vorangehen"). — Zu *medicina* im Sinne von „heilendes Wort" vgl. Ambrosius, *in psalm.* 45, 3, 3.4, 2 (CSEL 64, 331 f); *in Luc.* 5, 1, 42 (CSEL 32/4, 198). Ambrosius spielt an auf die Geschichte von der Heilung des Sohnes eines könig-lichen Beamten in Galiläa (Joh 4, 37–47). Der Clou dieser Episode besteht darin, daß der Zeitpunkt der Heilung des todkranken Sohnes mit dem Zeitpunkt der vorgetragenen Bitte zusammenfällt, wie der Vater später durch die Befragung seiner Diener erfährt. Der Glaube des Vaters wird gewissermaßen im voraus belohnt.

„aus dem Felsen, der sie begleitete. Der Felsen aber war Christus" (1 Kor 10,4*). Christus ist es also nicht unmöglich, wegen einer Verschiedenheit der Natur das väterliche Werk zu tun.

5.53 Meinen wir etwa, es sei ihm vielleicht durch Schwäche irgend etwas unmöglich? Aber es ist doch der nicht schwächlich, der die Gebrechen der anderen durch herrscherliche Rede heilte. Oder erschien er schwächlich, als er dem Gichtbrüchigen, indem er ihn anwies: „Nimm Dein Bett und wandle" (Mk 2,9), schon eine Aufgabe wie einem Geheilten stellte, als jener noch um ein Heilmittel für seine Gebrechlichkeit bat? War „der Herr der Kräfte" (Ps 24,10: Ps 23,10 LXX) etwa schwächlich, obwohl er die Blinden sehen ließ, die Gebeugten aufrichtete, die Toten auferweckte, der durch sein heilendes Wort die Erfüllung unserer Gebete vorwegnahm[374], die Bittenden durch den Saum seines Gewandes heilte und auch reinigte, wenn er nur berührt wurde[375]?

---

[375] Das Wort *fimbria* bezeichnet eigentlich die ציצית, die nach Num 15,38–40 und Dtn 22,12 vorgeschriebenen „Schaufäden", die an den Gesetzesgehorsam erinnern sollen. Ambrosius dürfte allerdings der jüdische Hintergrund nicht mehr vertraut gewesen sein, daher ist hier *fimbria* mit dem Wort „Gewandsaum" übersetzt. Angespielt ist auf die Geschichte von der „Heilung der blutflüssigen Frau" in Mk 5,28f; Lk 8,44; Mt 9,20; 14,36, und zwar in der markinischen oder lukanischen Fassung, weil hier gleichsam die Schaufäden beziehungsweise über sie geleitete magische Kraft Jesu für die Heilung „verantwortlich" sind: *et tetigit vestimentum eius. Dicebat enim: Quia si vel vestimentum eius tetigero, salva ero. Et confestim siccatus est fons sanguinis eius* (Mk 5,27f). Ambrosius verwendet das Bild gern: Vgl. *bon. mort.* 12,57 (CSEL 32/1,752); *patr.* 9,38 (CSEL 32/2,146: *cuius inopia ditat, sanat fimbria*); *in psalm.* 48,2,1 (CSEL 64,362: *si tetigero fimbriam eius, salva ero*); 48,2,2 (CSEL 64,362); *in psalm. 118* 10,24 (CSEL 62,218); 19,5 (CSEL 62,424); *in Luc.* 6,17 (CCL 14,180); 6,56.58f (CSEL 14,193f); *paenit.* 1,7,31 (CSEL 73,134), sowie *epist.* 10,77,17 (CSEL 82/3,137).

5.54 Nisi forte debilitatem illam impii putabatis, quando vulnera videbatis. Erant qui|dem illa corporis vulnera, sed non erat vulneris illius ulla debilitas, ex quo vita omnium profluebat. Unde et propheta dixit: „Livore eius nos sanati sumus." An qui in vulnere debilis non erat, erat in maiestate? Quomodo, quaero. Cum daemoniis imperaret et reis peccata dimitteret? An cum rogaret patrem?

5.55 Quo loco fortasse dicant: Quomodo pater et filius „unum" sunt, si filius nunc imperat, nunc precatur? — Et „unum" sunt et imperat et precatur, sed neque cum imperat, solus, nec cum precatur, infirmus. ‚Solus non est', quia ‚quaecumque filius facit, pater facit', infirmus non est, quia etsi in carne „infirmatus est propter peccata nostra", tamen illa „nostrae erat in eo pacis eruditio", sicut scriptum est, non suae maiestatis infirmitas.

5.56 Denique ut scias quia secundum hominem rogat, divinitate imperat, habes in evangelio quia Petro dixit: „Rogavi pro te, ut non deficiat fides tua." Eidem autem supra dicenti „tu es Christus, filius dei vivi", respondit: „Tu es Petrus et super hanc petram aedificabo ecclesiam meam,

---

LVZ SMNCWEO def. R

1 inputabatis (*om.* impii) *C* putabitis *S, Copl. II p. 83,31* videbitis *S* ‖ 2 vulnera corporis *N* | erant vulnera *W* | ulla] illa *C* ‖ 4 omnium vita *m* | dicit *Copl. II p. 83,33* ‖ 5 nos *om. Copl. l. c.* | sanati sumus nos *Z* | in *om. Copl. II p. 83,34* | erat *alt.*] *add.* autem *M* ‖ 6 quaeso *W, Copl. II l. c.* ‖ 7 peccatum *V* | an] aut *Oa* ‖ 9 praecatur (*semper a. c.*) *S* ‖ 11 solus *pr.*] *add.* est *Copl. II p. 83,37* | infirmus] *add.* est *Copl. II p. 83,38* ‖ 12 filius facit pater facit] pater facit eadem similiter et filius facit *Nm* agit pater et filius facit *M* ‖ 14 in illa *C* illud *Oam* | nostrae *L, Sp.c.m2Vm* nostra *cet.* ‖ 16 rogat] precatur *Sm2s.l.* rogat et *Oa* ‖ 17 divinitatem *L* | quia] quod et *Oa* ‖ 19 vivi *om. N*

---

[376] Der Text von *fid.* 4,5,54f wird in den Akten des Konzils von Konstantinopel 553 zitiert (4/2,83 SCHWARTZ); vgl. IRMSCHER, *Ambrosius in Byzanz* 298–311.

[377] Angespielt wird auf die Seitenwunde Christi; vgl. BURDACH, *Der Gral* 54–66.

5.54³⁷⁶ Es sei denn, ihr Ungläubigen hieltet jenes für eine Schwäche, als ihr seine Wunden saht. Es gab zwar jene Wunden des Körpers, aber an dieser Wunde, aus der ja das Leben aller floß, war überhaupt keine Schwäche³⁷⁷. Daher hat auch der Prophet gesagt: „Durch seine Striemen sind wir geheilt" (Jes 53,5*). Oder war derjenige, der in seiner Wunde nicht schwach war, schwach in der Hoheit? Wie, frage ich. Weil er den Dämonen befahl und den Angeklagten die Sünden vergab? Oder weil er den Vater bat?

5.55 An dieser Stelle könnten sie vielleicht sagen: Wie sind der Vater und der Sohn „eins", wenn der Sohn bald befiehlt, bald bittet? — Sie sind „eins", und ebenso befiehlt und bittet er, aber weder ist er allein, wenn er befiehlt, noch schwach, wenn er bittet. ‚Er ist nicht allein', weil ‚was auch immer der Sohn tut, auch der Vater tut' (Joh 5,19b; vgl. Joh 14,10)³⁷⁸; er ist nicht schwach, weil, auch wenn er im Fleisch „geschwächt ist wegen unserer Sünden" (Jes 53,5*), trotzdem „jene Züchtigung, die uns Frieden brachte, auf ihm lag", wie geschrieben steht (Jes 53,5*³⁷⁹), das aber keine Schwäche seiner Hoheit war.

5.56 Damit Du schließlich weißt, daß er aufgrund seiner menschlichen Natur bittet, aufgrund seiner Gottheit befiehlt, findest Du im Evangelium, daß er Petrus gesagt hat: „Ich habe für dich gebetet, daß dein Glaube nicht aufhört" (Lk 22,32). Demselben aber, der zuvor sagte: „Du bist Christus, der Sohn des lebendigen Gottes" (Mt 16,16), hat er geantwortet: „Du bist Petrus, und auf diesem Fels werde ich meine Kirche erbauen,

---

[378] Vgl. *fid.* 1,3,22, oben 154f.
[379] Das lateinische *eruditio* übersetzt wörtlich das griechische παιδεία, andere Fassungen übersetzen mit *doctrina* oder *disciplina* (GRYSON, *Vetus Latina* 12/2, 1298).

et tibi dabo claves regni caelorum." Ergo cui propria auctoritate regnum dabat, huius fidem firmare non poterat? Quem cum „petram" dicit, ,firmamentum ecclesiae' | iudicavit. Quando igitur roget, quando imperet, considera: rogat, quando passurus ostenditur, imperat, quando „filius dei" creditur.

5.57 Duas igitur species inpossibilitatis vacare iam cernimus, quod neque insensibilis neque infirma potest esse ,dei virtus'. Numquid tertium profertis in medium, quod quasi inperitus sine magistro facere nihil possit aut servus sine domino? Ergo mentitus es, domine Iesu, qui te et „magistrum et dominum" ipse dixisti, et fefellisti discipulos tuos dicens: „Vos vocatis me magistrum et dominum, et bene facitis, sum enim"? — Sed non falleres, veritas, eos praesertim, quos ,amicos' vocasti.

5.58 Tamen si ut inperitum te ab artifice secernunt, videro, utrum tibi, hoc est ,dei sapientiae', dicant peritiam defuisse. Unitatem tamen substantiae inter te et patrem separare non possunt; artificem namque ab inperito inprudentia, non natura secernit. Sed non in patre artificium neque in te insipientia; non est enim insipiens sapientia.

LVZ SMNCWEO def. R

1 cui] tibi *Oa* ‖ 4 iudicavit *SEm* indicavit *cet.* | roget et *V* ‖ 4–5 considerent *Z, Lp.c.m2* ‖ 10 inperitus] in principatu *S* | magisterio *S* ‖ 11 aut] ut *N* ‖ 12 magistrum] *add.* esse *C* | et dominum *om. Ca.c.m2* | ipse *om. C* ‖ 13–14 magister et domine *COa* (*Vulg.*) ‖ 14 facitis] dicitis *m* (*Vulg.*) | etenim *Lm2VZNCEm2m* (*Vulg.*) | sed *om. S* ‖ 14–15 falleris *MVW* ‖ 16 tametsi *L* | si ut] sibi *Sa.c.* (b *exp.*) ut si *W* sicut *V* | secernunt *om. Oa* ‖ 17 viderint *Oam* | utrum] ut *COam* ‖ 18 unitatem] unus est *Sa.c.m2* (*corr.* unius est)

---

[380] Zur Auslegung dieser Stelle bei Ambrosius vgl. *fid.* 3,12,100, oben 428f, sowie *spir.* 2,13,158 (CSEL 79,149), beziehungsweise

und ich werde dir die Schlüssel des Königreiches der Himmel geben" (Mt 16,18f[380]). Dem also, dem er aus eigener Vollmacht das Königreich gab, dessen Glauben konnte er nicht festigen? Dadurch, daß er diesen „Felsen" nannte, hat er ihn zur ‚Stütze der Kirche' erklärt. Bedenke also, wann er bittet, wann er befiehlt: Er bittet, wenn gezeigt wird, daß er leiden wird; er befiehlt, wenn er als „Sohn Gottes" geglaubt wird.

5.57 Wir sehen also schon, daß zwei Arten der Unmöglichkeit ausscheiden, weil die ‚Kraft Gottes' weder gefühllos noch schwach sein kann. Bringt ihr etwa als Drittes ins Gespräch, daß er, Jesus, wie ein Unerfahrener ohne Lehrer nichts tun kann oder wie ein Knecht ohne seinen Herrn? Also hast Du gelogen, Herr Jesus, der Du Dich selbst sowohl „Lehrer als auch Herr" genannt hast (Joh 13,13*) und hast Deine Schüler getäuscht, als Du sagtest: „Ihr nennt mich Lehrer und Herr, und ihr tut gut daran, denn ich bin es"? — Aber Du würdest nicht täuschen, ‚Wahrheit', besonders die nicht, die Du ‚Freunde' genannt hast (vgl. Joh 14,6; 15,15).

5.58 Wenn sie Dich trotzdem als Unerfahrenen vom Schöpfer sondern, wird sich für mich herausgestellt haben, ob sie sagen, daß Dir, das heißt ‚Gottes Weisheit', die Erfahrung gefehlt habe. Sie können die Einheit der Substanz zwischen Dir und dem Vater trotzdem nicht trennen; denn auch den Schöpfer trennt vom Unerfahrenen dessen Unkenntnis[381], nicht die Natur. Aber es ist nicht so, daß es im Vater Kunstfertigkeit gibt und in Dir dagegen Unverstand, die Weisheit ist nämlich nicht unverständig.

3,17,123 (CSEL 79, 202).
[381] Jedenfalls nach Ansicht der homöischen Gegner!.

5.59 Ergo si neque insensibilis in filio natura neque debilitas neque inperitia neque servitus potest esse, considerent quod et per naturam et maiestatem „unum" sit cum patre filius et per operationem non discrepet a patre virtus, cum „omnia, quae pater fecerit, eadem et filius" faciat „similiter". Neque enim „similiter" potest quisquam facere idem opus, quod alius fecerit, | nisi qui et inaequalitatem non habeat operationis et naturae eiusdem habeat unitatem.

5.60 Adhuc tamen requiro, quid sit, quod non possit „facere a se filius, nisi viderit facientem patrem". Et insipienter aliqua de vilioribus exempla propono; „factus sum" enim „insipiens, vos me coegistis". Nam quid insipientius quam de maiestate dei argumenta discutere, „quae quaestiones magis praestant quam aedificationem dei, quae est in fide"? Sed argumentis argumenta respondeant, illis verba, nobis „caritas", quae est „de corde puro et conscientia bona et fide non ficta". Ergo ad infirmationem tam ineptae propositionis non piget etiam ridicula derivare.

5.61 Quomodo ergo ‚videt' filius patrem? Videt equus picturam, quam per naturam imitari non potest. Non utique sic videt filius. Videt parvolus viri opera maioris, sed imitari non potest. Nec sic utique videt filius.

LVZ SMNCWEO def. R

5 fecit *C* | et *om. Mm* || 6 facit *VW* || 8 natura *C* || 10 non possit a se facere *VZ* a se facere n. p. *S* || 11 nisi quae *N* | facientem viderit *V* || 12 de vilioribus] debilioribus *Ma.c.NV* || 13 enim *om. m* enim sum *LVC* || 14 argumentis *C* || 15 praestant magis *C* || 16 in fidem *Sa.c.* || 17 quae] *add.* in deo *Oam* | de puro corde *N* || 19 tam] tuam *Ma.r.* tuae *N* || 20 dirivare *N* || 21 videt equus] videte cuius *C* videt quis *Sp.c.m2, Turon.* videt equis *Sm1M* videt quidem *N* videte quomodo in *W* || 22 imitare *C* || 23 filius] quomodo *W* | parvolus *Sa.c.m2* || 24 utique sic *Oam* | dei filius *m*

5.59 Wenn also weder eine Natur ohne Wahrnehmung im Sohn sein kann noch Schwäche, noch Unerfahrenheit, noch Knechtschaft, sollen sie bedenken, daß der Sohn sowohl durch die Natur und Hoheit „eins" mit dem Vater ist, als auch seine Kraft sich in der Tätigkeit nicht vom Vater unterscheidet, weil „alles, was der Vater getan hat, dasselbe der Sohn auch in gleicher Weise" tut (Joh 5,19*). Und es kann natürlich keiner dasselbe Werk, das ein anderer getan hat, auf gleiche Weise tun, außer dem, der keine Ungleichheit der Handlung aufweist und die Einheit derselben Natur besitzt.

5.60 Trotzdem suche ich immer noch, warum es „der Sohn nicht von sich aus tun kann, außer, wenn er es den Vater hat tun sehen" (Joh 5,19*). Und ich lege töricht irgendwelche Beispiele von unwesentlichen Dingen vor; „ich bin" nämlich „ein törichter Mensch geworden, ihr habt mich gezwungen" (2 Kor 12,11). Denn was ist törichter, als Beweisgänge über die Hoheit Gottes zu untersuchen, „die eher Fragen aufwerfen, als der Auferbauung von Gott her nützen, die im Glauben besteht"[382]. Aber einem Beweisgang soll ein anderer Beweisgang antworten, jenen Worte, uns „die Liebe", die „aus reinem Herzen, gutem Gewissen und ungeheucheltem Glauben stammt" (1 Tim 1,5*). Ich schäme mich also nicht, zur Entkräftung einer so unpassenden These auch in Lächerlichkeiten abzugleiten.

5.61 Wie ‚sieht' also der Sohn den Vater? Ein Pferd sieht ein Bild, das es von Natur aus nicht nachahmen kann. So sieht freilich der Sohn nicht. Ein kleiner Junge sieht die Werke eines älteren Mannes, aber er kann sie nicht nachahmen. Der Sohn sieht freilich auch nicht so.

---

[382] 1 Tim 1,4; vgl. *fid.* 2,15,133, oben 342–345.

5.62 Ergo si filius et per eiusdem cum patre arcanum commune naturae invisibiliter et videre et facere potest, et per „plenitudinem divinitatis", quod voluerit, exsequi, quid superest, nisi ut per unitatem inseparabilem potestatis nihil credamus filium facere, „nisi quod viderit facientem patrem", quia per inconparabilem caritatem nihil a se facit filius, quoniam nihil vult, quod pater nolit? Quod utique non infirmitatis, sed unitatis est.

6.63 Ergo nec contumax filius, ut etiam de quarta propositione dicamus; nihil enim „consiliarius" filius facit, quod cum patris non conveniat voluntate. Denique „vidit" pater, quae fecit filius, et probavit, „quia bona valde". Sic enim habes in Genesi: „Et dixit deus: ‚fiat lux', et facta est lux, et vidit deus lucem quia bona est."

6.64 Numquid hic dixit pater: Fiat talis lux, qualem ipse feci? — Sed „fiat lux", quae ante non fuerat! — Aut filius, qualem faceret, interrogavit? — Sed fecit, ut voluit, qualem pater eo usque voluit, ut probaret. Ergo novum opus fili est.

6.65 Deinde si repraehenditur in filio secundum interpraetationes Arrianorum, quia „quod viderit" facit, — qui utique secundum scripturas, quod non vidit, et fecit, et dedit esse, quae non erant —, quid dicunt de

---

LVZ SMNCWEO def. R
1 filius et per] faceret filius et pater *C* | et *om. m* ‖ 2 commune *om. S* ‖ 3 sequi *Z* ‖ 4 inseparabilis *W* ‖ 5–6 patrem facientem *COam (Vulg.)* ‖ 6 inseparabilem unitatem *Oa* ‖ 8 unitatis] divinitatis *Lp.c.m2 Z* ‖ 10 filius *om. C* ‖ 11 fecit *NCE* | quae] quod *Oa* ‖ 12–13 valde bona *ZM* bona valde erant *L* ‖ 13 in genesi *om. S* ‖ 14 quia] quod *Oa* ‖ 15 hic] hoc *N* | lux *pr. om. C* ‖ 16 fecisti *L* facit *N* | sed] aut *Nm om. W* (‚sed' *post interrogat. i. q.* ‚non! sed': *cf. exam. I 8, 30 p. 29, 15 sq. Sch., et passim*) ‖ 18 usque eo *Oam* | et probavit *Oa* ‖ 19 deinde] denique *Oa* | filium *W* ‖ 20 quia quod] quodque *Oa* | fecit *Vm* ‖ 21 quod non erat *L* ‖ 22 qui dicunt *L*

---

[383] Für *invisibiliter* („unsichtbar") vgl. Ambrosius, *hex.* 2,5,18 (CSEL 32/1, 54).
[384] Vgl. *fid.* 4,5,48, oben 494f: unmöglich „durch die Begrenzung eines unveränderbaren Vorsatzes und durch Beharrlichkeit eines unverrück-

5.62 Wenn also der Sohn durch das mit dem Vater gemeinsame Geheimnis derselben Natur unsichtbar[383] sehen und unsichtbar schaffen kann, und durch die „Fülle der Gottheit" (Kol 2,9) ausführen kann was er wollte, was bleibt uns übrig, außer daß wir glauben, daß der Sohn durch die untrennbare Einheit der Macht nichts tut, „außer, er hat den Vater etwas tun sehen", weil aufgrund der unvergleichlichen Liebe der Sohn nichts von sich aus tut, da er nichts will, was der Vater nicht will! Das ist freilich nicht ein Zeichen von Schwäche, sondern Zeichen der Einheit.

6.63 Also ist der Sohn auch nicht starrsinnig, um auch von der vierten Vorstellung von Unmöglichkeit zu sprechen[384], nichts nämlich tut der Sohn, „der Ratgeber" (Jes 9,5[385]), das nicht mit dem Willen des Vaters übereinstimmt. Schließlich „hat" der Vater „gesehen", was der Sohn getan hat, und er hat bestätigt, „daß es sehr gut war" (vgl. Gen 1,31). So findest Du es nämlich im Buch Genesis: „Und Gott sprach: ‚Es werde Licht', und es ward Licht, und Gott sah das Licht, daß es gut war" (Gen 1,3f*).

6.64 Oder hat der Vater hier etwa gesagt: Es werde ein solches Licht, wie ich es selbst vorher geschaffen habe? — Nein, sondern: „Es werde Licht", das zuvor nicht gewesen war! — Oder hat der Sohn gefragt, was für ein Licht er machen solle? — Nein, sondern er schuf, wie er wollte und wie der Vater es so wollte, daß er zufrieden war. Also ist es ein neues Werk des Sohnes.

6.65 Weiter: Wenn am Sohn nach der Auslegung der Arianer getadelt wird, daß er tut, „was er gesehen hat", — der freilich nach den biblischen Schriften auch getan hat, was er nicht gesehen hat, und den Dingen Dasein gegeben hat, die vorher nicht existiert haben[386], — was sagen sie über den

---

baren Willens und durch Treue einer Freundschaft".
[385] Für die Bibelstelle vgl. Ambrosius, *in psalm. 118* 13,7,2 (CSEL 62, 286), sowie *in Luc.* 3,8 (CCL 14, 80).
[386] Ambrosius argumentiert nochmals mit der *creatio ex nihilo*, der Schöpfung ohne ein vorgängiges Modell, siehe *fid.* 4,5,48, oben 494f.

patre, qui quod viderat, praedicavit, quasi ea, quae facienda forent, non potuerit praevidere?

6.66 Similiter ergo videt filius patris opus, sicut pater opus fili, nec quasi alienum laudat, sed quasi proprium recognoscit. „Quaecumque enim pater fecerit, eadem et filius facit similiter", ut idem opus patris filii que sentires. Nihil ergo facit filius, nisi quod pater probet, pater laudet, pater velit, quia ex patre totus est, non ut creatura, quae multa committit, dum studio lapsuque peccati voluntatem frequenter offendit auctoris. Nihil ergo filius facit, nisi quod | placeat patri, quia una voluntas, una sententia est, una est vera caritas, unus operationis effectus.

6.67 Denique ut scias caritatis esse, quod „non potest filius a se facere quicquam, nisi quod viderit facientem patrem", cum praemisisset: „Quaecumque", inquit, „ille fecerit, eadem et filius facit similiter", subiecit: „Pater enim diligit filium." Ergo quod dixit scriptura quia „non potest", ad inseparabilis et individuae caritatis rettulit unitatem.

6.68 Quod si naturaliter est, ut vere est, inseparabilis caritas, inseparabilis utique est etiam operatio naturaliter, et inpossibile, ut opus fili cum patria non conveniat voluntate, quando id, quod filius operatur,

---

LVZ SMNCWEO def. R
1 quod non viderit C ‖ 4 alienum opus C ‖ 6 et om. MNm | filique C ‖ 7 probat MN laudat N ‖ 11 una est om. S ‖ 12 unus SCW unius cet. am ‖ 14 a se filius VW ‖ 14–15 patrem viderit facientem S facientem om. C ‖ 15 inquit om. m, enim Oa ‖ 16 ille fecerit inquit N ‖ 18 inseparabilem S | et om. C ‖ 20 ut] et Oa ‖ 21 etiam om. Z | operationis L ‖ 22 paterna (n i. r.) E patris CN ‖ 23 id] hic V

---

[387] Vgl. für die *operatio inseparabilis* folgende Formulierungen bei AUGUSTINUS, *epist.* 164,6 (CSEL 44,537): *sed quid facit filius sine spiritu sancto vel sine patre, cum inseparabilia sint omnia opera trinitatis?*; *serm.* 213 (446 MORIN): *sed carnem filii tota trinitas fecit: inseparabilia enim sunt opera trinitatis; enchir.* 12,38 (CCL 46,71): *sed cum illam creaturam quam virgo concepit et peperit, quamvis ad solam personam filii pertinen-*

Vater, der verkündigt hat, was er gesehen hatte, als ob er das, was gemacht werden sollte, nicht hat vorhersehen können?

6.66 In gleicher Weise also sieht der Sohn das Werk des Vaters wie der Vater das Werk des Sohnes und lobt es nicht wie ein fremdes, sondern erkennt es als sein eigenes an: „Was auch immer nämlich der Vater getan hat, dasselbe tut auch der Sohn auf gleiche Weise" (Joh 5,19*), damit Du das Werk des Vaters und des Sohnes als dasselbe erkennst. Nichts also tut der Sohn außer dem, was der Vater billigt, der Vater lobt und der Vater will, weil er ganz aus dem Vater ist, nicht wie ein Geschöpf, das vieles tut, indem es durch Begierde und Fehltritt der Sünde den Willen des Schöpfers oft verletzt. Nichts also tut der Sohn außer dem, was dem Vater gefällt, weil ein einziger Wille, eine einzige Meinung besteht, es eine einzige wahre Liebe, eine einzige Wirkung der Handlung gibt.

6.67 Damit Du schließlich weißt, daß es ein Zeichen der Liebe ist, daß „der Sohn nichts von sich aus tun kann, außer wenn er den Vater etwas hat tun sehen" (Joh 5,19), hat er, nachdem er vorher gesagt hatte: „Was auch immer jener getan hat, dasselbe tut auch der Sohn auf gleiche Weise" (Joh 5,19b*), hinzugefügt: „Der Vater liebt nämlich den Sohn" (Joh 5,20). Daß also die Schrift gesagt hat: „Er kann nicht", hat sich auf die Einheit der untrennbaren und unteilbaren Liebe bezogen.

6.68 Wenn aber die Liebe von Natur aus untrennbar ist, wie es in der Tat ist, ist gewiß auch von Natur aus das göttliche Wirken untrennbar[387], und es ist unmöglich, daß das Werk des Sohnes nicht mit dem väterlichen Willen übereinstimmt, wenn das, was der Sohn

---

tem, tota trinitas fecerit — neque enim separabilia sunt opera trinitatis — cur in ea facienda solus spiritus sanctus nominatus est?; sowie Ps.-AUGUSTINUS, *c. Arian.* 4 (PL 42,686), und 11 (PL 42,691): *inseparabilia quippe sunt opera trinitatis.*

operatur et pater, et quod pater operatur, operatur et filius, et quod loquitur filius, loquitur et pater, sicut scriptum est: „Pater meus, qui in me manet, ipse loquitur et opera, quae ego facio, ipse facit." Nihil enim pater sine virtute adque sapientia sua condidit, quia „omnia in sapientia" fecit, sicut scriptum est: „Omnia in sapientia fecisti." Nihil etiam deus verbum sine patre fecit.

6.69 Non operatur sine patre, non sine patria voluntate sacrosanctae illi se obtulit salutaris mundi totius hostia passioni, non sine patria voluntate mortuos suscitavit. Denique Lazarum suscitaturus „levavit oculos sursum et dixit: ‚Pater, gratias tibi ago, quia audisti me. Et ego sciebam quia semper me | audis, sed propter turbam, quae circumstat, dixi, ut credant quia tu me misisti'", ut quamvis ex persona hominis, in carnis susceptione loqueretur, unitatem tamen paternae voluntatis et operationis exprimeret, quia pater omnia audit, omnia videt, quae vult filius. Videt ergo et pater facientem filium, audit volentem; denique non rogavit et exauditum esse se dixit.

6.70 Nec aestimari potest quia non audit pater, quod velit filius. Et ut scias quia semper auditur a patre, non quasi servus nec quasi propheta, sed quasi filius: „Et ego", inquit,

---

LVZ SMNCWEO def. R
1–2 operatur *alt. om.* Z || 2 et *alt. om.* L || 3 ipse *alt.*] ille *N* et ipse *Oa* (*cf. fid. III 90!*) || 4 faciet *C* | enim *om.* N || 5 sua *om.* L | quia] qui *Oa* | omnia *pr. om.* C || 6 fecit] condidit *C* || 7 dei verbum *LZ CW* | fecit *om.* S facit *Lp.c.m2ZMC* || 8 non operatur sine patre *om.* S || 9 hostiam S || 10 patria] patris *C* || 12 ago tibi *LOam* (*Vulg.*) tibi *om.* C || 12–13 ego inquit *LZ* || 14 circum me stat *E* circumstant (n *exp.*) *S* | dixit *Z* | credat *Oa* || 15 ut] et *V* | personae *Wm* | in carnis] incarnati *Vm* (*cf. fid. II 61*) || 17 audit et omnia *Lp.c.m2Z* || 18 videt *alt. om.* E | et *om.* C | et audit *C* || 19 voluntatem *Mp.c.m2, Ea.c., Oa* | et] sed *L* | se esse *ZWOam* se *om.* L || 20 existimari *m* || 21 non – 22 servus *om. Oa* || 22 profetae *Sp.c.m2*

wirkt, auch der Vater wirkt und das, was der Vater wirkt, auch der Sohn wirkt und das, was der Sohn spricht, auch der Vater spricht, wie geschrieben steht: „Mein Vater, der in mir bleibt, spricht selbst und die Werke, die ich tue, tut er selbst" (Joh 14,10*). Nichts nämlich schuf der Vater ohne seine Kraft und Weisheit, denn er hat „alles in Weisheit geschaffen", wie geschrieben steht: „Alles hast Du in Weisheit" geschaffen (Ps 104,24: Ps 103,24 LXX). Nichts hat auch Gott, das Wort, ohne den Vater geschaffen.

6.69 Er wirkt nicht ohne den Vater, er setzte sich nicht ohne den väterlichen Willen jenem hochheiligen Leiden als heilsames Opfer für die ganze Welt aus und hat nicht ohne den väterlichen Willen die Toten auferweckt. Schließlich „hat er", als er Lazarus gerade auferwecken wollte, „seine Augen himmelwärts erhoben und gesagt: ,Vater, ich sage dir Dank, weil du mich erhört hast. Und ich wußte, daß du mich immer hörst, aber wegen der Menge, die herumsteht, habe ich es gesagt, damit sie glauben, daß du mich gesandt hast'" (Joh 11,41f*), so daß er, obwohl er in der Person eines Menschen[388] und im Zustand der Annahme des Fleisches sprach[389], trotzdem die Einheit mit dem väterlichen Willen und Wirken zum Ausdruck brachte, weil der Vater alles hört und alles sieht, was der Sohn will. Der Vater sieht also auch, was der Sohn tut, und hört, was der Sohn will. Schließlich hat er nicht gebeten und trotzdem gesagt, daß er erhört worden sei.

6.70 Und man kann nicht meinen, daß der Vater nicht hört, was der Sohn will. Und damit Du weißt, daß er immer vom Vater gehört wird, nicht wie ein Knecht und nicht wie ein Prophet, sondern wie ein Sohn, sagt er: „Und ich

---

[388] Vgl. dafür *fid.* 2,8,61, oben 290f Anm. 168.
[389] Anders der *Vat. bibl. ant.* 267, dem die Mauriner folgten: *incarnati susceptione.*

„sciebam quia semper me audis, sed propter turbam, quae circumstat, dixi, ut credant quia tu me misisti."

6.71 Propter nos igitur gratias agit, ne eundem patrem eundemque filium esse credamus, cum idem opus patris audimus et fili. Nam ut cognosceres non quasi infirmum gratias egisse, sed quasi dei filium semper sibi divinam potentiam vindicare, „clamavit: ‚Lazare, veni foras'". Imperantis utique vox ista est, non precantis.

7.72 Sed ut ad superiora redeamus et proposita concludamus, facit quasi verbum filius voluntatem patris. Verbum hoc nostrum utique prolativum est, syllabae sunt, sonus est, et tamen a sensu nostro et mente non discrepat, et quae interiore tenemus adfectu, ea tamquam operantis verbi testi|ficatione signamus. Sed non sermo noster operatur. Solum est verbum dei, quod nec prolativum est nec quod ἐνδιάθετον dicunt, sed quod operatur et vivit et sanat.

7.73 Vis scire, quale verbum? Audi dicentem: „Vivum enim verbum dei et validum adque operatorium et acutum

---

LVZ SMNCWEO def. R
2 circumstant *W* ∥ 3 egit *Oa* | ne] nec *SWOa* ∥ 5 audivimus *N, Ma.c.* ∥ 8 utique *om. C* | precantis] rogantis *L* ∥ 12–13 et tert. *om. C* ∥ 13 interius *C* interiora *V* interiori *m* | retinemus *C* | ea] et *C* | operantis] imperantis *C* ∥ 14 testatione *S* | significatione *C* | ut *om. COa* ∥ 15–16 quod *alt. om. Oa* ∥ 16 ΕΝΔΙΑΤΗΤΩΝ *S* endiaΘΕΤΟΝ *M* endiatheon *Z* endiathecon *L* ΕΛΙΑΘΕΤΑΝ *E corruptius cet.* | dicitur *C* ∥ 18 vivum est *Oam* ∥ 19 operatorum *Sa.c.m2* | acutior *C*

---

[390] Damit wird gegen jene Form von Identifikationstheologie argumentiert, die man SABELLIUS zuschrieb, vgl. aber BIENERT, *Sabellius und Sabellianismus* 124–139.
[391] Diese Argumentation könnte Ambrosius von ATHANASIUS VON ALEXANDRIEN übernommen haben, vgl. dessen Ausführungen in *Ar.* 2,35,3 (212 METZLER/SAVVIDIS): Das menschliche Wort lebt nicht, das göttliche ist kein reiner προφορικὸς λόγος. Die stoische Unterscheidung von λόγος ἐνδιάθετος (innerer Logos) und λόγος προφορικός (geisterfülltes Wort) ist zunächst in der jüdisch-hellenistischen und christlichen

wußte, daß du mich immer hörst, aber wegen der Menge, die herumsteht, habe ich es gesagt, damit sie glauben, daß du mich gesandt hast" (Joh 11,42*).

6.71 Unseretwegen also dankt er, damit wir nicht glauben, daß derselbe Vater und eben derselbe Sohn ist[390], wenn wir hören, daß das Werk des Vaters und des Sohnes dasselbe ist. Damit Du nämlich erkennst, daß er nicht, als ob er schwach wäre, gedankt hat, sondern als Sohn Gottes immer für sich die göttliche Macht in Anspruch nimmt, „hat er gerufen: ‚Lazarus, komm heraus'" (Joh 11,43). Dies freilich ist die Stimme eines Befehlenden, nicht die eines Bittenden.

7.72 Damit wir aber zu den vorigen Problemen zurückkehren und das Vorhaben abschließen, sage ich: Der Sohn tut gleichsam als Wort des Vaters den Willen des Vaters. Dieses unser Wort jedenfalls geht aus dem Mund hervor, besteht aus Silben, ist ein Laut, und trotzdem steht es nicht in einem Widerspruch zu unserem Sinn und Verstand. Und das, was wir durch innere Wahrnehmung erfassen, bezeichnen wir durch das Aussprechen eines Wortes, als ob dieses selbst wirke. Aber unser Wort wirkt nicht. Allein das Wort Gottes ist das, was weder aus dem Mund hervorgeht (λόγος προφορικός), noch, was man „innewohnendes Wort" (λόγος ἐνδιάθετος) nennt, sondern, was wirkt und lebt und heilt[391].

7.73 Willst Du wissen, wie das Wort beschaffen ist? Höre den Apostel, der sagt: „Denn das Wort Gottes ist lebendig, kräftig, wirkend und dringt scharf wie je-

---

Theologie rezipiert, dann aber im vierten Jahrhundert von ATHANASIUS VON ALEXANDRIEN als unpassend zurückgewiesen worden und von der Synode von Sirmium 351 n. Chr. anathematisiert worden (ATHANASIUS, *syn.* 27 [2,255 OPITZ], beziehungsweise HILARIUS VON POITIERS, *syn.* 37 [PL 10,510]); weitere Belege bei MÜHL, *Der λόγος ἐνδιάθετος und προφορικός* 7–56, sowie SZABÓ, *Le Christ créateur* 43f).

et omni gladio acutissimo penetrans usque ad divisionem animae et spiritus artuum que et medullarum."

7.74 Verbum igitur audis dei filium, et a patria voluntate et potestate secernis? Audis quia vivit, audis quia sanat, noli ergo nostro conparare verbo. Si enim verbum nostrum, quae non obtutu viderit, non auditu audierit, loquitur, et loquitur tamen cognita per quaedam naturae humanae interna mysteria, quomodo non impius, qui secundum divinitatem in dei verbo et obtutum quendam corporeum exigit et auditum, et putat quod ‚non possit' „a se quicquam facere filius, nisi quod patrem facientem viderit", cum per unitatem, ut diximus, eiusdem substantiae idem velle adque idem nolle et idem posse et in patre sit et in filio et in spiritu sancto?

7.75 Quod si homines plerumque sensuum qualitate discreti tamen unius propositi intentione concordant, quid de patre nos et dei filio congruit aestimare, cum id, quod humana imitatur caritas, substantia divina possideat?

7.76 Ponamus tamen, sicut ipsi volunt, quia quasi in exemplari „quod viderit patrem facientem", filius faciat. Et hoc | utique eiusdem substantiae est. Nullus enim potest alterius imitationem operationis inplere, nisi qui eiusdem naturae habeat unitatem.

LVZ SMNCWEO def. R

1–2 et *tert.*] est *W om. LC, add.* penetrabilius *m* (*cf. Vulg.*) | acutissimum *Om* || 2 et *alt. om. V* | medullatorum *C* malarum (*!*) *S* || 4 et a potestate *Z* || 5 si] sic *S* || 6 quae] quos *Oa* || 7 et loquitur *om. L* | quadam *CW* || 9–10 quendam] quando *Sa.c.m2* || 10 exegit *C* | putet *Oa* || 11–12 facientem viderit patrem *S* || 13 et idem] eidem *Sa.c.* idem *Sp.c.* || 15 sensum *Sa.c.* || 16 prepositi *C* || 17 nos] nostro *L* | dei] de *COa* | congruet *W* convenit *C* || 18 cum] nisi *Oa* || 20 ponamus – p. 516 l. 1 quod *om. S* || 21 exemplaria *V* || 22 facit *C* || 23 alter imitationem alterius *W* | operis *N*

---

[392] Vgl. für die Übersetzung des griechischen Originals ins Lateinische FREDE, *Vetus Latina* 25/2,1199.

des überaus scharfe Schwert[392] durch bis zur Teilung von Seele und Geist, von Gelenken und Mark" (Hebr 4,12*).

7.74 Du hörst also, daß das Wort der Sohn Gottes ist, und trennst es vom väterlichen Willen und seiner Macht? Du hörst, daß es lebt, Du hörst, daß es heilt, vergleiche es also nicht mit unserem Wort. Wenn nämlich unser Wort ausspricht, was es durch das Sehvermögen nicht gesehen hat und durch das Gehör nicht gehört hat, und es dennoch durch gewisse innere Geheimnisse der menschlichen Natur Erkanntes ausspricht, wie kann der anders als gottlos genannt werden, der der Gottheit entsprechend im Wort Gottes sowohl ein gewisses menschliches Seh- als auch ein Hörvermögen fordert, und glaubt, daß „der Sohn nichts von sich aus tun kann, außer er hat den Vater etwas tun sehen" (Joh 5,19*), obwohl, wie wir gesagt haben, durch die Einheit derselben Substanz dasselbe Wollen und auch Nicht-Wollen und dasselbe Können sowohl beim Vater, als auch beim Sohn und beim heiligen Geist vorhanden ist[393]?

7.75 Wenn aber Menschen, die häufig in der Beschaffenheit ihrer Sinne unterschieden sind, dennoch in der Ausrichtung auf ein einziges Ziel übereinstimmen, was sollten wir in angemessener Weise vom Vater und vom Sohn Gottes denken, da doch das, was die menschliche Liebe nachahmt, die göttliche Substanz bereits besitzt (sc. die Einheit)?

7.76 Laßt uns trotzdem feststellen, wie unsere Gegner selbst wollen, daß der Sohn gleichsam abbildhaft tut, „was er den Vater hat tun sehen" (Joh 5,19*). Und dies ist jedenfalls ein Zeichen derselben Substanz. Keiner kann nämlich die Nachbildung des Werkes eines anderen ausführen, wenn nicht der, der die Einheit derselben Natur besitzt[394].

---

[393] Hier wird nun erstmals in die schon häufiger verhandelte Thematik der Willenseinheit der heilige Geist einbezogen!.
[394] Dazu vgl. SZABÓ, *Le Christ créateur* 45.

De eo quod dicunt filium patri aequalem esse non posse, quia pater generavit, filius non generavit

8.77 Illud ridiculum est, imperator auguste, quod quidam etiam hoc ad inaequalitatem dei patris et fili obiciendam usurpare consuerunt, quod dicant omnipotentem patrem esse, quia generavit filium, negent autem omnipotentem filium, dicentes, quia generare non potuit.

8.78 Sed vide, quemadmodum scaeva impietas ut dialectica philosophorum se ipsa convincat. Hac enim quaestione aut coaeternum patri filium necesse est sua voce fateantur, aut si principium temporis filio aliquod adscribunt, principium potentiae necesse est tribuant etiam patri. Ita cum omnipotentem filium negant, incipiunt — quod nefas dictu est — adserere per filium patrem omnipotentem esse coepisse.

8.79 Nam si per generationem omnipotens pater, utique aut coaeternus patri filius | est, quia, si semper omnipotens pater, sempiternus et filius, aut, si ,,„fuit quando non erat"' filius sempiternus, „fuit" ergo, „quando non erat" omnipotens pater. Nam cum volunt dicere filium aliquando coepisse, in illud recidunt, ut et patris potentiam dicant non semper fuisse, sed ex fili generatione coepisse.

LVZ SMNCWEO def. R
1 *De eo* – 2 *Generavit hic* (*LM u.t.*) *ZNC om. VSWE titul. recent. Oa* ||
2 *Et filius LMN* || 3 illud–quod *om. ZSMNCW* | illud–est *om. Turon. Oa, exp. L* | imperator auguste] impie *L* | quod *om. LOa* | quidam] quid *C* || 4 hoc etiam *Oam* | obiciendum *C* obicientes *V* || 5 consueverunt *Z* | quod] quo *VZCW* quia *Oa* || 6 quia] quod *VWOam* | negant *C* || 8 saeva *Lp.r.VZNWOam* | ut] aut *La.c.* || 9 convincat] communicat *Oa* || 10 necesse est esse *Oa* || 14 nefas quod *V* | dictum *LVZM, Sa.c. W* est dictu *C* || 14–15 omnipotentem patrem *C* || 16 si *om. VOa* || 20 pater *om. C* || 21 in – 22 fuisse *om. N* || 21 reccidunt *S* incidunt *W* || 21–22 *non dicant non C*

Darüber, daß sie sagen, daß der Sohn dem Vater nicht gleich sein kann, weil der Vater gezeugt hat, der Sohn aber nicht gezeugt hat

8.77 Das ist lächerlich, erhabener Kaiser, daß gewisse Leute auch das vorzuhalten pflegen, um die Ungleichheit Gottes des Vaters und des Sohnes zu beweisen, daß sie sagen, daß der Vater allmächtig ist, weil er den Sohn gezeugt hat, aber leugnen, daß der Sohn allmächtig ist, indem sie sagen, daß er nicht zeugen konnte.

8.78 Aber siehe, wie die törichte Gottlosigkeit sich selbst ebenso widerlegt wie die dialektischen Erörterungen der Philosophen. In dieser Frage nämlich müssen sie entweder mit ihrer eigenen Stimme bekennen, daß der Sohn gleichewig mit dem Vater ist, oder sie müssen, wenn sie dem Sohn irgendeinen Anfang aus der Zeit zuschreiben[395], auch dem Vater einen Anfang der Macht zuteilen. So beginnen sie immer, wenn sie leugnen, daß der Sohn allmächtig ist, — es ist ein Greuel, davon zu sprechen — zu behaupten, daß der Vater durch den Sohn angefangen hat, allmächtig zu sein.

8.79 Denn wenn der Vater durch die Zeugung allmächtig ist, ist der Sohn freilich entweder gleichewig mit dem Vater, weil, wenn der Vater immer allmächtig ist, auch der Sohn ewig ist, oder, wenn „es eine Zeit gab, als" der ewige Sohn „nicht war", „gab es" also „eine Zeit, als" der Vater nicht allmächtig „war"[396]. Immer wenn sie sagen wollen, daß der Sohn irgendwann begonnen hat zu existieren, verfallen sie darauf, daß sie sagen, daß auch die Macht des Vaters nicht immer gewesen ist, sondern in der Zeugung des Sohnes ihren Anfang genommen hat.

---

[395] Vgl. hier die Formulierung in *fid.* 1,13,85, oben 208f, *principium temporale*.
[396] Zur Formulierung ἦν ποτε, ὅτε οὐκ ἦν vgl. Urkunde. 4b, 7.12 (OPITZ) sowie Urkunde 6,4 (OPITZ) mit MARKSCHIES, *Theologische Diskussionen* 128 mit Anm. 90 (Literatur).

Ita dum filio dei cupiunt derogare, plus tribuunt, ut contra fas omne auctorem paternae potentiae declarare videantur, cum filius dicat: „Omnia, quae pater habet, mea sunt", hoc est non quae patri ipse tradiderit, sed quae a patre iure generationis acceperit. 5

8.80 Et ideo filium ‚sempiternam' dicimus esse ‚virtutem'. Si ergo „sempiterna eius virtus adque divinitas", utique et potentia eius est sempiterna. Filio igitur qui derogat, patri derogat, pietatem offendit, violat caritatem. Nos honorificemus filium, ‚in quo pater conplacet'; placet 10 enim patri, ut laudetur filius, ‚in quo ipse conplacuit'.

8.81 Respondeamus tamen intentioni eorum, ne epilogo quodam invidiam quaestionis declinasse videamur. ‚Generavit', inquid, ‚pater, non generavit filius'. — Quod hic argumentum inaequalitatis? Generatio enim paternae 15 pro|prietatis est, non potentiae, et pietas aequat, non separat. | 185

LVZ SMNCWEO def. R
4 tradidit *N* || 6 filium] fili *C* || 6–7 esse sempiternam didicimus virtutem *Oa* || 6 diceremus *M* || 9 patri derogat *om. V* | violat] vulnerat *S* || 11 patri *om. C* || 12 tamen] enim *W* | ΕΠΙΛΟΓΩ *in mg.* (ΕΤΤΙΑ ΟΓΟ *in textu*) *S* || 14 inquiunt *VOam* || 14 quod – 15 inaequalitatis] quid hic? argumentum est non aequalitatis *Oa* || 15 argumentum est *m* | paternae *om. S* || 16 proprietatis] naturae *S* proprietatis naturae | pietas] proprietas *Cp.c.m2*

---

[397] Zum Begriff *epilogus* (beziehungsweise lateinisch *peroratio*) in der Bedeutung „Rede(schluß)" QUINTILIAN, *inst.* 2,17,6 (113 RADERMACHER/BUCHHEIT), und Ambrosius, *hex.* 6,4,24 (CSEL 32/1,220).

[398] Das Wort *proprietas* entspricht dem griechischen ἰδιότης. Hier ist nicht im neunizänischen Sinne die besondere Eigenschaft einer Person der Trinität gemeint, sondern die Eigenschaft jedes Irdischen (so auch DE ROMESTIN, *Ambrosius von Mailand* 272). — MORESCHINI, *Ambrosius* 15,293 Anm. 6, verweist auf EPIPHANIUS VON SALAMIS, *anc.* 52,1–5 (GCS 25,60–61); *haer.* 69,26,5 (GCS 176), und 69,70,1–4 (GCS 218), sowie GREGOR VON NAZIANZ, *or.* 29,6 (FC 22,180–182). Hier wird freilich jeweils dasjenige Problem verhandelt, was EPIPHANIUS so formuliert: θέλων ἐγέννησεν ἢ μὴ θέλων (*haer.* 69,26,5 [GCS 176]).

Während sie so den Sohn Gottes herabwürdigen wollen, gestehen sie ihm mehr zu, so daß sie gegen alles göttliche Recht ihn als Urheber der väterlichen Macht zu erklären scheinen, weil der Sohn sagt: „Alles, was dem Vater gehört, ist mein" (Joh 16,15*), das heißt, nicht was er selbst dem Vater übergeben hat, sondern was er vom Vater durch das mit der Zeugung verbundene Recht empfangen hat.

8.80 Und daher sagen wir, daß der Sohn die „ewige Kraft" ist. Wenn also „seine Kraft und Gottheit ewig ist" (Röm 1,20), ist freilich auch seine Macht ewig. Wer also den Sohn herabwürdigt, der würdigt auch den Vater herab, er beleidigt die Güte, er verletzt die Liebe. Laßt uns den Sohn ehren, „an dem der Vater Wohlgefallen hat" (Mt 3,17;17,5); es gefällt nämlich dem Vater, daß der Sohn gelobt wird, „an dem er selbst Wohlgefallen hatte".

8.81 Aber wir wollen dennoch ihrem Einwand antworten, damit wir nicht durch eine Art von Schlußrede[397] der mißliebigen Frage ausgewichen zu sein scheinen. ‚Der Vater hat gezeugt', heißt es, ‚der Sohn hat nicht gezeugt'. — Was ist hieran ein Beweis für Ungleichheit? Die Zeugung ist nämlich ein Zeichen der Eigentümlichkeit[398] eines Vaters, nicht der Macht[399], und die Liebe stellt Vater und Sohn auf eine Stufe, trennt sie aber nicht.

---

[399] FALLER, *Ambrosius* 8,184, nennt im Apparat *fid.* 4,9,96; bei ATHANASIUS VON ALEXANDRIEN, *Ar.* 1,29 (139 METZLER/SAVVIDIS), ist der Gedankengang klarer: Eine Zeugung geschieht aus dem Wesen (θέλων ἐγέννησεν ἢ μὴ θέλων), eine Schöpfung dagegen aus dem Willen — ein ποίημα ist daher nicht notwendig und gehört auch nicht zum Schöpfer dazu. Das wiederholt Ambrosius nahezu wörtlich in *incarn.* 8,79 (CSEL 79,264); MAXIMINUS versucht Ambrosius dagegen zu widerlegen: Im Zeugen sei nicht die Natur, sondern der Wille der Eltern sichtbar. Nach KAUFFMANN, *Aus der Schule des Wulfila* 113f Anm., wäre Ambrosius in dem Sinne mißzuverstehen gewesen, daß er dies zugibt, und nimmt daher hier eine Klarstellung vor: MAXIMINUS, *c. Ambr.*, fol. 341ᵛ,5–41 (85 KAUFFMANN).

Denique in ipso usu nostrae infirmitatis frequenter evenire cognoscimus, ut et infirmi filios habeant et non habeant fortiores, habeant servi et non habeant domini, habeant inopes et non habeant qui potentes sunt.

8.82 Sed si dicunt et hoc infirmitatis esse, quia homines volunt filios habere nec possunt, quamvis humana non sint conferenda divinis, intellegant tamen inter ipsos quoque homines non potentiae esse, sed paternae proprietatis habere filios vel non habere, nec in potestate nostrae voluntatis esse generare, sed in corporis qualitate. Nam si esset potentiae, utique potentior multos haberet. Ergo non est potentiae habere filios vel non habere.

8.83 Numquid naturae est? Si naturae infirmitatem putatis et ad humana vos confertis exempla, eadem patris est natura, quae fili est. Itaque aut verum filium dicitis et patri in filio derogatis per unitatem eiusdem naturae — sicut enim pater natura deus est, ita et filius, „deos" autem ait apostolus ,non natura' deos esse, sed ,dici' —, aut si negatis esse verum filium, hoc est eiusdem naturae, non est ergo generatus; si non est generatus filius, non generavit pater.

8.84 Colligitur itaque iuxta sententiam vestram, ut non sit omnipotens deus pater, quia generare non potuit, si non generavit filium, sed creavit. Sed quia omnipotens pater, | cum iuxta sententiam vestram solus generator omnipotens

---

LVZ SMNCWEO def. R

1 infirmitatis nostrae *C* || 2 et *pr. om. W* | et non habeant *om. E* || 3 et *om. VZNWEm* || 4–5 et *pr. om. LVZNWOam* || 5 si–hoc] hoc dicunt *Oa* | *alt. om. LW* | infirmitatis et hoc *C* | quia] qua *C* || 5–6 volunt homines *LNm* || 6 nec] et non *N* || 7 tamen intellegant *Oa* || 8 paternae proprietatis] naturae *S* | potentiae] sine potentia *Ep.c.m2* potentiores *Ep.c.m2* || 9 haberet] *add.* filios *W* || 13 unumquid *Sa.c.m2* numquid non *M* | natura est *NW* || 14 vos *om. Oa* || 15 verum] verbum *W* || 16 non derogatis *Z, Lp.c.m2* derogatis et *N* || 17 est *om. Oa* || 18 dici] dicitis *MN* || 19 negastis *N* || 20 generatus] genitus *S* | si non est generatus *om. WE* || 21 pater *om. Ca.c. m2* || 22 itaque] utique *W*

Schließlich erkennen wir gerade in der Erfahrung mit unserer eigenen Schwäche, daß es sich häufig ereignet, daß auch die Schwachen Söhne haben und die Stärkeren keine haben, die Knechte Söhne haben und die Herren keine, die Armen sie haben und diejenigen, die mächtig sind, keine haben.

8.82 Aber wenn sie sagen, daß auch das ein Zeichen von Schwäche ist, daß Menschen Söhne haben wollen und nicht können, sollen sie dennoch einsehen, obwohl Menschliches nicht mit Göttlichem verglichen werden darf, daß es auch gerade unter den Menschen selbst keine Frage der Macht, sondern der Eigentümlichkeit eines Vaters ist, Söhne zu haben oder nicht, und es nicht von der Macht unseres Willens abhängt zu zeugen, sondern von der Beschaffenheit des Körpers. Denn wenn es eine Frage der Macht wäre, hätte der Mächtigere gewiß viele Söhne. Es ist also keine Frage der Macht, Söhne zu haben oder nicht.

8.83 Ist es etwa eine Frage der Natur? Wenn ihr es für eine Schwäche der Natur haltet und euch auf menschliche Beispiele bezieht, hat der Vater dieselbe Natur, die auch der Sohn hat. Deshalb nennt ihr ihn entweder einen wahren Sohn und würdigt in der Aussage über den Sohn, da doch eine Einheit derselben Natur besteht, den Vater herab — wie nämlich der Vater von Natur aus Gott ist, so ist es auch der Sohn, „Götter" aber, sagt der Apostel, sind „nicht von Natur aus" Götter, sondern „werden nur so genannt" (Gal 4, 8; 1 Kor 8, 5) — , oder, wenn ihr leugnet, daß er der wahre Sohn ist, das heißt von derselben Natur, ist er also nicht gezeugt; wenn der Sohn nicht gezeugt ist, hat (sc. ihn) der Vater aber nicht gezeugt.

8.84 Man kommt daher gemäß eurer Meinung dazu, daß Gott der Vater nicht allmächtig ist, weil er nicht hat zeugen können, wenn er den Sohn nicht gezeugt, sondern geschaffen hat. Aber da der Vater allmächtig ist, weil er entsprechend eurer Meinung allein allmächtiger Erzeuger

sit, generavit utique filium, non creavit. Verum ipsi magis quam vobis credendum est; ille ait „genui" et frequenter ait, generationis suae testis.

8.85 Non est ergo naturae, non est potentiae in Christo aliqua, quia non generavit, infirmitas, quia generatio, sicut saepe iam diximus, non ad sublimitatem potentiae, sed ad proprietatem refertur naturae. Nam si ideo omnipotens pater, quia filium habet, omnipotentior ergo esse potuit, si plures haberet.

8.86 An vero potentia eius in una generatione defecit? At ego ostendam et Christum habere filios, quos cottidie generat, sed ea generatione vel potius ‚regeneratione', quae potestatis est, non naturae. ‚Adoptio' enim potestatis est, generatio proprietatis. Quod ipsa scriptura nos docuit; dicit enim Iohannes quia „in hoc mundo erat, et mundus per ipsum factus est, et mundus eum non cognovit, in sua propria venit, et sui eum non receperunt. Quotquot autem receperunt eum, dedit illis potestatem filios dei fieri, his qui credunt in nomine eius".

8.87 Didicimus itaque potestatis esse, quod nos filios dei fecit. Proprietatem autem generationis esse oracula divina declarant. Dicit enim sapientia dei: „Ex ore altissimi prodivi", hoc est non coacta, sed libera, non potestati

---

LVZ SMNCWEO def. R
1 sit *om. S* sic *N* ǀǀ 5 in infirmitate *Sa.c.m2* ǀǀ 10 deficit *Oa* ǀǀ 11 at ego] adeo *W* ǀǀ 12 vel potius regeneratione *om. S* ǀǀ 14 est] *add.* non naturae *W* ǀǀ 15 quia] qui *W* ǀǀ 17 cognovit] *add.* et *C* ǀ in–venit *om. MW* ǀ sua *om. Sm* propria *om. cet.* sua propria *scripsi cf. in Luc. II 40, VII 246; incarn. 6,48; codd. vet. lat.* e, b, ff, w¹; *al.* ǀǀ 18 eum *om. Oa* ǀǀ 19 illis *i. r. Cm2* eis *Oa* ǀ qui *om. Ca.c.m2* ǀǀ 21 dicimus *N* ǀ itaque] enim *Oa* ǀǀ 22 proprietatis autem generationem (-es *Oa*) *Oam (sed cf. l. 84)* ǀǀ 24 est] *add.* enim *E*

ist, hat er gewiß den Sohn gezeugt, nicht geschaffen. Tatsächlich muß ihm selbst mehr als euch geglaubt werden; er sagt, „ich habe gezeugt" (Ps 110,3: Ps 109,3 LXX; Ps 2,7; Apg 13,33; Hebr 1,5; 5,5), und er sagt es häufig als Zeuge seiner eigenen Zeugung.

8.85 Es gibt also in Christus überhaupt keine Schwäche der Natur und keine der Macht, weil er nicht gezeugt hat, da die Zeugung, wie wir schon oft gesagt haben, nicht von einer besonderen Machtfülle, sondern von der Eigentümlichkeit der Natur abhängt. Denn wenn daher der Vater allmächtig ist, weil er einen Sohn hat, hätte er also noch allmächtiger sein können, wenn er mehrere hätte.

8.86 Oder hat sich aber seine Macht in einer einzigen Zeugung erschöpft? Natürlich nicht. Sondern ich will zeigen, daß auch Christus Söhne hat, die er täglich zeugt. Und zwar mit dieser Zeugung oder eher einer ‚Wiederherstellung', die Zeichen der Macht, nicht der Natur ist. Eine ‚Adoption'[400] ist nämlich Zeichen von Macht, eine Zeugung Zeichen der Eigentümlichkeit. Das hat uns die Schrift selbst gelehrt. Johannes sagt nämlich: „Er war in dieser Welt, und die Welt ist durch ihn gemacht worden, und die Welt hat ihn nicht erkannt, er kam in sein Eigentum, und die Seinen haben ihn nicht aufgenommen. Allen aber, die ihn aufgenommen haben, gab er die Macht, Gottes Kinder zu werden, denen, die an seinen Namen glauben" (Joh 1,10–12*).

8.87 Deshalb haben wir gelernt, daß es ein Zeichen der Macht ist, daß er uns zu Kindern Gottes gemacht hat. Daß es aber eine Eigentümlichkeit der Zeugung gibt, verkünden die göttlichen Weissagungen. Die Weisheit Gottes nämlich sagt: „Aus dem Mund des Höchsten bin ich hervorgegangen" (Sir 24,3: Sir 24,5 Vg.), das heißt nicht gezwungen, sondern freiwillig, nicht einer Macht

---

[400] Vgl. Tit 3,5; Gal 4,5; Eph 1,5 sowie Röm 8,15.23.

obnoxia, sed nata generationis arcano, privilegio dominationis et iure pietatis. Denique de eadem sapientia, | hoc est de domino Iesu, alibi pater dicit: „Ex utero ante luciferum genui te".

8.88 Quod utique ideo dixit, non ut corporalem alvum declararet, sed ut proprietatem verae generationis ostenderet. Nam si ad corporalia referas, ergo et pater cum dolore et conceptione generavit. Sed absit ut deum ex infirmitate corporis metiamur! Est quidam ‚uterus' paternae arcanum substantiae interiusque secretum, quod ‚non angeli, non archangeli, non potestates et dominationes, non aliqua creaturarum' potuit penetrare natura. Cum patre enim semper et in patre semper est filius, cum patre per distinctionem indissociabilem trinitatis aeternae, in patre per divinae unitatem naturae.

8.89 Quis igitur hic arbiter divinitatis, qui discutiat patrem ac filium, ille quare generaverit, iste cur non generaverit? Servulum suum aut ancillulam, cur non generaverit, nemo condemnat; isti condemnant, cur non generaverit Christus? Condemnant enim sua opinione, cum derogant. Nec coniugibus inter se, cur non generaverint, aut caritas minuitur aut meritum derogatur; isti, quia non generavit, Christi minuunt potestatem.

LVZ SMNCWEO def. R
2 pietatis] potestatis *Oam* ‖ 5 alveum *LMW* ‖ 6 declaret *Ea.c.m2* | ut *om. S* | verae *om. S* ‖ 7 ad corporalem *NSm* | et] omnipotens *Oam* et eum *C* et *om. L* ‖ 8 et] ex *C* ‖ 9 quidem *N* ‖ 11 nec archangeli *C* | et] non *Oam* ‖ 12 creaturae (*ex* creatura) *Sm2* ‖ 13 est] et *V* ‖ 15 et in *S* | divinam *Oa* ‖ 16 qui] quis *LMOa om. W* ‖ 17 quare generavit] qua regeneravit *N* generaverit *pr.*] generavit *C* regeneraverit *Oa* | non *om. Oa* ‖ 18 generaverit *alt.*] generavit *C* genuerit *Oa* ‖ 18 servulum–generaverit *om. C* | ancillam *Oa* ‖ 18–19 generavit *W* genuerit *Oa* ‖ 20 sua opinione] suam operationem *S* suam opinionem *MW* ‖ 21–22 generaverit *Oa* ‖ 22 imminuitur *N* ‖ 23 christus *LZ* | imminuunt *N*

---

[401] Vgl. Röm 8,35: *neque angeli, neque principatus, ..., neque fortitudines, ... neque creatura alia ...* .

unterworfen, sondern geboren durch das Geheimnis der Zeugung, mit dem Vorrecht der Herrschaft und dem Recht der Liebe. Schließlich sagt der Vater über dieselbe Weisheit, das heißt über den Herrn Jesus, an anderer Stelle: „Aus dem Mutterleib habe ich Dich vor dem Morgenstern gezeugt" (Ps 110,3: Ps 109,3 LXX).

8.88 Das hat er freilich nicht deshalb gesagt, um auf einen wirklichen Mutterleib hinzuweisen, sondern um die Eigentümlichkeit der wahren Zeugung zu zeigen. Denn wenn Du es auf leibliche Zusammenhänge beziehst, hat also auch der Vater mit Schmerz und Empfängnis gezeugt. Aber es sei fern, daß wir Gott an der Schwachheit des Leibes messen! Das Geheimnis und das innere Mysterium der väterlichen Substanz ist eine Art von ‚Mutterleib', in das ‚weder Engel noch Erzengel, weder Mächte noch Gewalten noch irgendeine Natur'[401] der Geschöpfe eindringen konnte. Der Sohn nämlich ist immer mit dem Vater und immer im Vater, mit dem Vater durch diejenige Unterscheidung[402] der ewigen Trinität, die dennoch keine Trennung bedeutet, im Vater durch die Einheit der göttlichen Natur.

8.89 Wer ist also hier Schiedsrichter über die Gottheit, der den Vater und den Sohn untersuchen könnte, warum der eine gezeugt hat, warum der andere nicht gezeugt hat? Niemand verurteilt seinen Knecht oder seine Magd, weil sie nicht gezeugt haben; verurteilen diese, daß Christus nicht gezeugt hat? Sie verurteilen ihn nämlich aufgrund ihrer Meinung, wenn sie ihn herabwürdigen. Auch Ehepaare entziehen sich nicht wechselseitig die Liebe noch sprechen sie sich, weil sie nicht gezeugt haben, gegenseitig ihren Wert ab; diese aber mindern die Macht Christi, weil er nicht gezeugt hat.

---

[402] Für den Ausdruck *distinctio indissociabilis* nennt BLAISE, *Dictionnaire* 435, für Ambrosius neben dieser Stelle nur zum Vergleich *epist.* 4,14[33],1 (CSEL 82/1,107). Vgl. aber DIDYMUS, *De spiritu sancto* 40,191, in der Übersetzung des HIERONYMUS: *Ex quibus omnibus indissociabilis et indiscreta Trinitatis substantia demonstratur* (FC 78,204), sowie ORIGENES, *princ.* 2,5,3 (GCS 137), in der Übersetzung des RUFIN VON AQUILEIA.

8.90 ‚Cur‘, inquiunt, ‚filius pater non | est?‘ — Quia et
pater filius non est. — ‚Cur non iste generavit?‘ — Quia
nec ille generatus est. Nec ideo minus habet filius, quia
pater non est, nec pater minus habet, quia filius non est.
Dixit enim filius: „Omnia, quae pater habet, mea sunt."
Adeo generatio in paterna proprietate, non in iure est
potestatis.

8.91 Est quaedam indistincta distinctae inconpraehensibilis et inenarrabilis substantia trinitatis. Distinctionem etenim accepimus „patris et fili et spiritus sancti",
non confusionem, distinctionem, non separationem,
distinctionem, non pluralitatem. Divino itaque admirandoque mysterio manentem semper accepimus patrem,
semper filium, semper spiritum sanctum, non duos patres,
non duos filios, non duos spiritus. „Unus" enim „deus
pater, ex quo omnia et nos in ipsum, et unus dominus Iesus,
per quem omnia et nos per ipsum", unus natus ex patre
dominus Iesus et ideo unigenitus, „unus" et „spiritus"
sanctus, ut idem apostolus dixit. Sic accepimus, sic legimus,

---

LVZ SMNCWEO, inde a l. 19 sic *pr.: R*
2 iste non *Z* non iste non *Oa* | generaverit *S* | quia] cur *Oa* ‖ 6 paterna] naturae (*ex* natura) *Sm2* | non modo *S* | in *alt. om. Oa* ‖ 8 est *om. C* | in*****distinctae (*om.* distinctae) *Wp.r.* ‖ 10 etenim – 11 distinctionem *alt. om. C* ‖ 10 accipimus *ZMN, Sp.c.m2* | patris *om. Oa* ‖ 11 non confusionem] inconfusionem *S* | distinctionem non separationem *om. MW* | distinctionem *alt. om. E* ‖ 12–13 divino itaque admirandoque] divinitatemque admirandique *MN* ‖ 13 accipimus *VZMN, Sp.c.m2m* accipiamus *C* ‖ 14 in spiritum *MN* ‖ 16 in ipso *Sp.c.C Oam* | et *pr. om. W* ‖ 17 natus – 18 dominus *om. S* ‖ 17 unus *om. E* | et *alt. om. C* ‖ 19 sic *pr.*] hic *incipit R mutilus* sic** *R* | accipimus *MNm*

---

[403] Dazu vgl. die Argumentation bei ATHANASIUS VON ALEXANDRIEN, *ep. Serap.* 1, 16 (PG 26, 569): Der Vater bleibt Vater und wird nicht Großvater. Allerdings wird das, was „der Menschennatur eigentümlich" ist, durch ATHANASIUS, *Ar.* 1, 22, 1 (132 METZLER/SAVVIDIS), nicht auf die Gottesnatur übertragen: τρόπος ἡ φύσις τῶν ἀνθρώπων (der Vater kann niemals Sohn werden, der Sohn nie zeugen).

8.90 ‚Warum', fragen sie, ‚ist der Sohn nicht Vater?' — Weil auch der Vater kein Sohn ist. — ‚Warum hat dieser nicht gezeugt?' — Da jener auch nicht gezeugt worden ist[403]. Und daher besitzt weder der Sohn weniger, weil er nicht Vater ist, noch der Vater weniger, weil er nicht Sohn ist. Der Sohn hat nämlich gesagt: „Alles, was dem Vater gehört, ist mein" (Joh 16,15*). Überhaupt gehört die Zeugung zur väterlichen Eigentümlichkeit, nicht zum Recht der Macht!

8.91 Es gibt nämlich eine bestimmte nicht unterschiedene Substanz der nicht unterschiedenen Trinität, eine unbegreifliche und unsagbare Substanz der Trinität. Wir haben nämlich eine Unterscheidung „des Vaters und des Sohnes und des heiligen Geistes" (Mt 28,19) empfangen[404], keine Vermischung, eine Unterscheidung, keine Trennung, eine Unterscheidung, keine Vielfalt. Wir haben daher durch göttliches und bewundernswertes Geheimnis[405] den ewig bleibenden Vater, den ewig bleibenden Sohn, den ewig bleibenden Heiligen Geist empfangen, nicht zwei Väter, nicht zwei Söhne, nicht zwei Geiste. „Einer" nämlich „ist Gott der Vater, aus dem alles ist und wir auf ihn hin, und ein einziger Herr Jesus, durch den alles ist und wir durch ihn" (1 Kor 8,6[406]), als einziger ist der Herr Jesus aus dem Vater geboren, und daher ist er eingeboren; „einer" ist auch der heilige „Geist", wie derselbe Apostel gesagt hat (Eph 4,4; vgl. 1 Kor 12,11). So haben wir es empfangen, so lesen wir es,

---

[404] Die Begriffe *accipere* und *distinctio* in diesem Zusammenhang sind traditionell, vgl. TERTULLIAN, *adv. Prax.* 9,1 (CCL 2,1168). Auf die Bedeutung dieser Passage für die trinitätstheologische Terminologie der Lateiner hat MORESCHINI, *Il linguaggio* 356f, hingewiesen: *sub voce divisio* beziehungsweise *indiscretus*.
[405] Man kann hier gut mit TERTULLIAN vergleichen, daß das Geheimnis der Gottheit nicht definiert, sondern nur negativ abgegrenzt wird, was theologisch nicht statthaft ist.
[406] Für den Wortlaut vgl. *fid.* 1,3,26, oben 158f mit Anm. 30.

sic tenemus. Distinctionem scimus, secreta nescimus, causas non discutimus, sacramenta servamus.

8.92 Facinus indignum, ut qui generationis suae facultatem non | habent, divinae generationis examen sibi adrogent, vindicent potestatem. Negent ergo aequalem patri filium, quia non generavit filius! Negent ergo aequalem patri filium, quia patrem habet! Hoc si de hominibus dicerent, quorum aliqui filios volunt habere nec possunt, iniuriam putaremus, si inter duos honore pares habenti filios qui non habet negaretur aequalis. Et ideo hoc, inquam, grave et de ipsis hominibus videtur, ut quis ideo minor putetur, quia patrem habet, nisi forte tamquam constitutum in familia putant Christum dolere, quod emancipatus a patre non sit et administrandi patrimonii non habeat facultatem. Sed non est Christus in sacris, qui sacra universa distruxit.

8.93 Quomodo volunt tamen, respondeant, verane generatio sit et verus filius ex deo patre natus, hoc est ex substantia patris, an ex alia natus substantia! Si enim dicunt ,ex patre', hoc est ex dei substantia, convenit, quia ex substantia patris filium dicunt, ergo quia unius substan-

---

R (*def.* 11 ut – 15 habeat) *LVZ SMNCWEO*

3 o facinus *LZ* | indignum] *add.* utique *C* ‖ 5 et vindicent *L* vindicent *om. N* | ergo *RM om. cet.* | coaequalem *L* aequali *Sa.c.* ‖ 8 aliqui] alii qui *M* alii *N* | volunt filios *MNEOam* | nec] et non *L* non *V* ‖ 9 si] sic etiamsi *Oam* | honoris *R* | paris *Ea.c.m2* patris *W* patres *Oa* ‖ 10 habenti] habentem (*ex* habet et) *Sm2* habet] habent *MN* ‖ 11 videretur *L* | ut] et *Sa.c.* ‖ 12 quia] quod *Oam* ‖ 13 putent *Oa* | quod] de quo *W* ‖ 14 mancipatus *SW* | administrandi] artandi *S* ‖ 15 habet *SMWEOa* | sed *om. C* | est *om. Oa* ‖ 16 qui] quia *CN* | destruxit *LZ, Sp.c.WE* ‖ 17 volunt *om. Oa* | verane] vera aut non *Lp.c.m2Z* ‖ 18 sit] est *C* ‖ 20 ex *pr.*] a *Ra.c.m2* | ex *alt. om. MNm* ‖ 21 dicant *Oa*

---

[407] Eine ganz ähnliche Formulierung bei PHOEBADIUS VON AGEN, *c. Arrian.* 27,6 (CCL 64,51).
[408] Vgl. *fid.* 1,5,35, oben 164f.
[409] So MORESCHINI, *Ambrosius* 15,299 Anm. 13, mit Bezug auf *Cod. Theod.* 8,18,1.9 (1/2,420f.426–428 MEYER/MOMMSEN) vom Juli 319

so halten wir es fest. Die Unterscheidung kennen wir, die Geheimnisse kennen wir nicht, die Gründe erörtern wir nicht, die Geheimnisse bewahren wir[407].

8.92 Es ist eine unwürdige Tat, daß diejenigen, die keinen Einfluß auf ihre eigene Zeugung haben, sich die Prüfung der göttlichen Zeugung anmaßen und ein Recht darauf beanspruchen. Mögen sie also leugnen, daß der Sohn dem Vater gleich ist, weil der Sohn nicht gezeugt hat! Sie sollen also leugnen, daß der Sohn dem Vater gleich ist, weil er einen Vater hat! Wenn sie das über Menschen sagen würden, von denen irgendwelche Söhne haben wollen und nicht können, würden wir das für eine Beleidigung[408] halten, wenn von zweien, die hinsichtlich der Ehre gleich sind, demjenigen, der keine Kinder hat, abgesprochen wird, daß er demjenigen gleich ist, der Kinder hat. Und daher scheint, sage ich, das auch schlimm zu sein, wenn es nur die Menschen selbst betrifft, daß einer deshalb für geringer gehalten wird, weil er einen Vater hat, es sei denn, daß sie etwa glauben, daß Christus darunter leidet, daß er sich gewissermaßen in einer Familie befindet, weil er vom Vater noch nicht für selbständig erklärt wurde und noch nicht die Möglichkeit hat, das väterliche Erbe zu verwalten. Aber Christus, der alle Heiligtümer zerstört hat[409], befindet sich nicht in den Heiligtümern.

8.93 Auf welche Weise sie das dennoch behaupten wollen, sollen sie beantworten, ob es eine wahrhaftige Zeugung ist und der wahrhaftige Sohn aus Gott dem Vater geboren ist, das heißt aus der Substanz des Vaters, oder ob er aus einer anderen Substanz geboren ist! Wenn sie nämlich sagen ‚aus dem Vater', das heißt aus der Substanz Gottes, stimmt dazu, daß sie sagen, daß der Sohn aus der Substanz des Vaters ist, weil sie also von einer einzigen Substanz

---

[315] und 7. November 426; anders FALLER, *Ambrosius* 8, 189, der *sacra universa* als *mysteria gentium* interpretiert und auf *virg.* 1, 4, 16 (120 GORI) verweist.

tiae, unius utique potentiae. Si vero alia substantia filius
est, quomodo omnipotens pater est et omnipotens filius
non est? Quid enim praestantius, si ex alia substantia filium deus fecit, cum utique et filius ex alia nos substantia fi-
lios dei | fecerit? Ergo aut unius substantiae filius cum pa-
tre aut unius potentiae.

8.94 Friget igitur eorum quaestio, quia de Christo iudi-
care non possunt, immo quia ,vincit' ille, ,cum iudicatur'.
Digni tamen sunt isti iudicio suo, qui hanc obiciunt quaestionem. Si enim ideo aequalis patri filius non est, quia
non generavit filium, et isti utique fateantur, si non habent
filios, qui serunt huiusmodi quaestiones, suos sibi etiam
servulos praeferendos, eo quod habentibus filios aequales
esse non possunt. Si autem habent filios, non putent sibi
merito, sed filiorum iure deferri.

8.95 Non consistit igitur haec quaestio, quia aequalis
filius patri ideo esse non possit, quia pater generaverit
filium, filius nullum ex se ipse generaverit. Nam et fons
fluvium generat et fluvius fontem ex se ipse non generat,
et lux splendorem generat, non splendor lucem, et una
natura est splendoris et lucis.

R (def. 1 filius – 5 filios) *LVZ SMNCWEO*
1 potentiae est *LZ* | est *om. C* ‖ 2 quomodo – 3 est *alt. om. V* ‖ 2 pater]
filius (*!*) *Oa* filius *om. N* ‖ 3–4 filium – 5 substantiae *om. Ma.c.m2N* ‖
4 deus] dei *L* ‖ 4 cum – 5 fecerit *om. E* ‖ 5 filium *Mp.c.m2* ‖ 7 fri-
get****** *S* | quia] qua *RS* ‖ 10 patris *Sa.c.* ‖ 11 filium] filius *E* | fa-
tentur *W* ‖ 12 quaestiones] *add.* muniunt *Sm2* | etiam sivi (sivi *s.l. m2*)
R ‖ 14 possint *Rp.r.* (i *ex* u), *VCWE* possunt *cet.* | habent *om. Oa* ‖
15 meritum *VWEm* | sed] de *S* | iuri *m totam § 95 om. RS (cf. Proleg. IV
8,e)* ‖ 17 patri filius *V* | generaverit *pr.*] generavit *ZE* ‖ 18 filium *om.
W* | et *om. V* ‖ 19 et *om. E*

---

[410] Für das Verständnis der Argumentation muß man zweierlei bedenken: Ambrosius stammte aus dem hohen römischen Beamtenadel, hat
aber — im Gegensatz zur landläufigen Erwartung in diesen Kreisen —
selbst offenbar keine Kinder in die Welt gesetzt. Er argumentiert hier mit
der Figur des kinderlosen Aristokraten, das heißt implizit mit sich selbst.

sind und freilich von einer Macht. Wenn aber der Sohn aus einer anderen Substanz ist, wie kann der Vater allmächtig sein und der Sohn nicht allmächtig? Was ist damit nämlich besser, wenn Gott den Sohn aus einer anderen Substanz gemacht hat, da doch auch der Sohn uns aus einer anderen Substanz zu Söhnen Gottes gemacht hat? Also ist der Sohn mit dem Vater sowohl von einer einzigen Substanz als auch von einer einzigen Macht.

8.94 Ihre Abhandlung stockt also, weil sie über Christus nicht richten können, ja sie stockt erst recht, weil er „siegt, wenn er gerichtet wird" (vgl. Ps 51,6: Ps 50,6 LXX). Und dennoch sind diese Leute, die eben jene Frage gegen uns richten, der Konsequenzen ihres Urteiles würdig. Wenn daher nämlich der Sohn dem Vater nicht gleich ist, weil er keinen Sohn gezeugt hat, sollen freilich auch die, die derartige Fragen aufwerfen, bekennen, wenn sie keine Söhne haben, daß auch ihnen ihre Knechte vorgezogen werden müssen, weil sie denjenigen, die Söhne haben, nicht gleich sein können. Wenn sie aber Söhne haben, sollen sie nicht glauben, daß sie ihnen durch Verdienst zugekommen sind, sondern durch das Recht auf Söhne[410].

8.95 Diese Abhandlung also hat keinen Bestand, daß der Sohn dem Vater daher nicht gleich sein könne, weil der Vater den Sohn gezeugt hat, der Sohn selbst aber keinen aus sich gezeugt hat. Denn auch die Quelle zeugt den Fluß und der Fluß selbst zeugt die Quelle nicht aus sich, und das Licht zeugt den Glanz, nicht der Glanz das Licht, und es gibt eine einzige Natur des Glanzes und des Lichtes[411].

---

[411] Diese auch im Neuplatonismus beliebte Metaphorik findet sich beispielsweise häufig bei ATHANASIUS VON ALEXANDRIEN, vgl. für *fons — flumen* Ar. 1,19,1–3 (128f METZLER/SAVVIDIS), und 2,42,1 (218 METZLER/SAVVIDIS), und für *splendor — lux* in Ar. 1,20,3f (129 METZLER/SAVVIDIS); 1,24,3 (134 METZLER/SAVVIDIS); 1,27,2 (137 METZLER/ SAVVIDIS); 2,33,2–4 (210 METZLER/SAVVIDIS), sowie 2,41,4 (218 METZLER/SAVVIDIS); vgl. auch *fid.* 1,13,79, oben 202f, und *fid.* 4,9,108, unten 540f.

Contra id quod dicunt: „erat, quando non erat et antequam generaretur, non erat, aut si erat, cur natus est"?

9.96 Unde cum inaequalitatem ex generationis obiectu probare non potuerint, intellegant etiam illam divulgatam | suae calumniam quaestionis explosam. Solent enim proponere: ‚Quomodo aequalis potest esse filius patri? Nam si filius est, antequam generaretur, non erat, aut si erat, cur natus est?' Et Arrianos se negare consuerunt, qui proponunt Arri quaestiones!

9.97 Itaque exigunt a nobis responsionem, ut, si dixerimus ‚antequam generaretur erat', astute referant: ‚Ergo antequam generaretur, creatus est et non differt a ceteris creaturis, quia prius coeperit creatura esse quam filius', et adiciunt: ‚Cur, qui erat, natus est? An quia inperfectus erat, ut postea perfectior fieret?' Si autem responderimus, quia non erat, obiciunt statim: ‚Ergo generatio ei contulit, ut esset, qui non erat, antequam nasceretur', ut hinc colligant: „„Erat" ergo, „quando non erat" filius.'

RLVZ SMNCWEO
1 *Contra* – 2 *Natus est* (*LMW u.t.*) *NZ om. RVSCEOa add.* VZ, cap. V *Lm*2 ‖ 3 inaequalitatem] aequalem *Oa* ‖ 4 poterint *R* potuerit (u *s.l.*) *W* | devulgatam *LC* divulgantem *Oa* ‖ 5 explosam – 7 nam *om.* S ‖ 5 enim] etiam *C* ‖ 6 opponere *Oa* | possit *i.r.E* ‖ 7 utique antequam *C* | generaretur (re *s.l.*) *S* ‖ 8 se posse negare (se *s.l.m*2) *S* ‖ 10 si *s.l.V*, *om. W* ‖ 10–11 dixerimus] *add.* quia *LVZSMWE*, quod *Oa* ‖ 12 creatus] x͞p͞s *S* | differat *S* ‖ 13 a *om.* SC | coeperit *RS* coepit *cet.* ‖ 14 qui erat] quod *Oa* ‖ 15 ut et *Oa* ‖ 16 obiciant *VZSE* obicient *C* ‖ 16–17 ei ergo generatio *Oam* ‖ 17 qui] quod *Oa* ‖ 18 hic *W* | filius *om. C*

---

[412] Man muß bedenken, daß diese „arianische" Formel vor allem durch das lateinische Nicaenum „popularisiert" wurde; vgl. die verschiedenen Nachweise in der Synopse in EOMJA 1/2, 1,323 f und bei DOSSETTI, *Il Simbolo di Nicea* 236–239. — Entgegen der Zeichensetzung bei FALLER ist das *et* zwischen den ersten beiden Aussagen Zitat.
[413] Eine interessante Parallele findet sich unter dem Lemma „Eunomius" bei BASILIUS VON CAESAREA, *Eun.* 2, 14: Ἤτοι γὰρ ὄντα, φησίν, ὁ θεὸς τὸν υἱόν, ἢ οὐκ ὄντα (SCh 305, 52); vgl. EUNOMIUS VON CYZICUS, *apol.* 13, 1–8 (SCh 305, 258–260).

Gegen ihre Aussage: „Es gab eine Zeit, als er nicht war, und bevor er gezeugt wurde, war er nicht, oder wenn er war, warum ist er geboren worden?"[412]

9.96 Darum, weil sie die Ungleichheit aufgrund des Einwandes der Zeugung nicht beweisen konnten, mögen sie einsehen, daß auch diese weitverbreitete Verleumdung, die in ihrer Frage liegt, verworfen ist. Sie pflegen nämlich vorzutragen: ‚Wie kann der Sohn dem Vater gleich sein? Denn wenn er Sohn ist, war er nicht, bevor er gezeugt wurde, oder wenn er war, warum ist er geboren worden?'[413] Und diejenigen, die die Fragen des Arius vortragen, haben die Gewohnheit zu leugnen, daß sie Arianer sind[414]!

9.97 Deshalb fordern sie von uns eine Antwort, so daß sie, wenn wir gesagt haben: ‚Bevor er gezeugt wurde, war er', listig anführen: ‚Er ist also geschaffen worden, bevor er gezeugt wurde, und unterscheidet sich nicht von den übrigen Geschöpfen, weil er angefangen hat, Geschöpf zu sein, bevor er Sohn war', und sie fügen hinzu: ‚Warum ist der, der war, geboren worden? Etwa weil er unvollkommen war, um später vollkommener zu werden?' Wenn wir aber antworten, daß er nicht war, entgegnen sie sofort: ‚Also brachte die Zeugung ihm, daß er nun war, der noch nicht war, bevor er geboren wurde', so daß sie von daher anführen: „Es gab" also „eine Zeit, als" der Sohn „nicht war".

---

[414] So beispielsweise die Homöer; vgl. dazu die Stellennachweise bei MARKSCHIES, *Ambrosius von Mailand und die Trinitätstheologie* 62. 192–197, besonders 195 mit Anm. 610: zum Beispiel *Gesta conc. Aquil.* 14 (CSEL 72/3, 334), oder *Das Taufsymbol Cappadociens* nach AUXENTIUS VON MAILAND (148f HAHN: *numquam scivi Arium ... non cognovi eius doctrinam*), sowie aus der „ersten Formel" der antiochenischen Synode von 341 ἡμεῖς οὔτε ἀκόλουθοι Ἀρείου γεγόναμεν (bei ATHANASIUS VON ALEXANDRIEN, *syn.* 22,3 [248 OPITZ]). Hinter der Argumentation des Ambrosius steht die Position, daß derjenige ‚Arianer' ist, der die genannten Fragen des ARIUS stellt; eine ähnliche hermeneutische Regel zur Identifikation von ‚Arianern' verwendet der Mailänder Bischof auf dem Konzil von Aquileia (*epist. conc. Aquil.* 1[9],2 [CSEL 82/3, 316]).

9.98 Sed quia hoc proponunt et obscuritate volunt involvere veritatem, dicant ipsi utrum temporaliter generet pater an intemporaliter. Si enim ‚temporaliter' dixerint, quod filio obiciunt, patri adscribent, ut videatur pater coepisse esse, quod non erat; si ‚intemporaliter', quid superest, nisi ut ipsi solvant quam proposuerint quaestionem, ut cum genera|tionem patris abnuant temporalem, generationem quoque fili temporalem non esse fateantur?

9.99 Si ergo non est generatio eius ex tempore, aestimari datur quod nihil praecesserit ante filium, qui non sit ex tempore. Si enim aliquid ante filium, iam non „sunt in ipso creata omnia, quae vel in caelo sunt vel in terris", et apostolus redarguitur, qui hoc in epistula sua scripsit. Quod si nihil ante generationem, non adverto, cur posterior adseratur, quem nemo praecessit.

9.100 Conectenda est alia eorum plena impietatis obiectio, quae latentem habeat dolum, quo sensus facilium mentesque perstringat. Interrogant enim, utrum omne quod finem habet aliquando coeperit. Et si acceperint huiusmodi responsionem quia quod finem habet coepit aliquando, referunt, utrum pater desierit generare filium. Quod cum tenuerint nostro adspirante consensu, contexant: ‚Coepit ergo generatio?' Id si non abnuas, consequi videtur, ut si coeperit generatio, videatur in eo coepta, qui natus est, ut

---

R (def. 5 erat – 7 temporalem, 15 praecessit – 19 finem) LMNVZ SCWEO

1 quia] qui m ‖ 2 volvere L ‖ 4 adscribunt MN | videantur patrem V ‖ 5 esse om. E ‖ 6 proposuerunt VZ ‖ 7 cum exp. S ‖ 7 patris – 8 generationem alt. om. S ‖ 8 non esse temporalem C ‖ 10 ante filium aliquid C | aliquid] aliud Oa ‖ 13 et] ut V | scribsit R, Sa.c. scribit ZC scripserit m ‖ 15 adseritur S ‖ 16 eorum alia L ‖ 17 facilius W ‖ 18 perstringant LOa prestringat MNCW | omne om. Oa ‖ 21 referunt RCV referant cet. | patrem Sa.c. | desideret V ‖ 22 contexunt MNm ‖ 23 ergo] add. fili C ‖ 23 id – 24 generatio om. W ‖ 23 id] ad Ra.c.m1 | abnuit S amnuas C | consequens C ‖ 24 coeperit R coepit cet. | coepta] concepta C | qui pr.] quia R

9.98 Aber, da sie das vortragen und die Wahrheit verdunkeln wollen, mögen sie selbst sagen, ob der Vater innerhalb von Zeit oder außerhalb von Zeit zeugt. Wenn sie nämlich ‚innerhalb von Zeit' sagen, werden sie dem Vater das zuschreiben, was sie dem Sohn vorwerfen, so daß er begonnen zu haben scheint, Vater zu sein, was er vorher nicht war. Wenn sie sagen ‚außerhalb von Zeit', was bleibt ihnen übrig, außer, daß sie selbst die Frage, die sie gestellt haben, lösen, so daß sie, indem sie die Zeugung des Vaters innerhalb von Zeit ablehnen, bekennen, daß auch die Zeugung des Sohnes nicht innerhalb von Zeit geschieht?

9.99 Wenn also seine Zeugung nicht innerhalb von Zeit geschieht, liegt es auf der Hand einzusehen, daß nichts dem Sohn, der unabhängig von Zeit ist, vorausgegangen ist. Wenn nämlich etwas vor dem Sohn war, „ist" nicht mehr „alles in ihm geschaffen, was im Himmel und auf Erden ist" (Kol 1,16), und der Apostel, der das in seinem Brief geschrieben hat, wird der Lüge bezichtigt. Wenn aber nichts vor der Zeugung war, verstehe ich nicht, warum der, dem niemand vorausgegangen ist, als späterer behauptet wird.

9.100 Ein anderer von ihren Vorwürfen, voller Unglauben, muß hier angeführt werden, der einen versteckten Anschlag enthält, mit dem er Wahrnehmungsvermögen und Verstand der Leichtfertigen blendet. Sie fragen nämlich, ob alles, was ein Ende hat, einmal begonnen hat. Und wenn sie eine Antwort von der Art vernommen haben, daß, was ein Ende hat, einmal begonnen hat, bringen sie vor, ob der Vater aufgehört hat, den Sohn zu zeugen. Wenn sie dies mit unserem freundlichem Einverständnis bejaht haben, dürften sie daran wohl anschließen: ‚Also hat die Zeugung angefangen?' Wenn Du das nicht leugnest, scheint zu folgen, daß, wenn die Zeugung angefangen hat, sie in dem begonnen zu haben scheint, der geboren worden ist, so daß man

natus esse dicatur, qui ante non fuerit, unde definiant:
‚Aliquando ergo filius non fuit.'

9.101 Adiciunt alias ineptias loquacitatis suae dicentes:
| ‚Si verbum patris filius est, et ideo genitus dicitur, quia
verbum est. Quod autem verbum est, opus non est.
„Multifariam" ‚locutus est pater' multos ergo generavit
filios, si non operatus est, sed locutus est verbum.'
Amentes homines! Quasi non intellegant, quid intersit
inter prolativum sermonem et „in aeternum" permanens
„dei verbum" ex patre natum, natum utique, non prolatum, in quo non conposita syllaba, sed „plenitudo divinitatis" aeternae est et vita sine fine.

9.102 Subtexunt aliam impietatem proponentes, utrum
volens an invitus generaverit pater, ut, si dixerimus volentem, antiquiorem generatione voluntatem videamur fateri,
et referant quia non sit filius coaeternus patri, quem
aliquid antecessit, aut quia et ipse sit creatura, quia scriptum est: „Omnia, quae voluit fecit", cum hoc ipsum non de
patre et filio, sed de his, quas filius fecit, dictum sit creaturis; si autem invitum patrem generasse responderimus,
invalidum patrem dixisse videamur.

R LVZ SMNCWEO
1 fuerat *VMNCm* | difinian t (di *exp.*) *L* finiant *Z* || 4 patri *C* | est *om.*
W || 5 quod–est *alt. om. Oa* | est *alt. om. W* || 6 multifaria *M* multifarie
Ep.r.W | pater *om. SC* | permultos *C* || 6 multos – 7 locutus est *om.*
S || 7 operatus] creatus *Ma.c.m2N* || 9 in *om. MNW* || 10 natum *alt.*
om. VSC || 12 fine] *add. titulum:* De eo quod dicunt (obiciunt *Lm2*) proponentes utrum volens an invitus generaverit pater filium (gen. – filium *om.*
La.c.m2) *hic (Lu.t.) Z, l. 2* fuit *W, l. 14* pater *C; om. cet. add.* VI *Z,* cap. VI
Lm2 || 14–15 volentem] voluntatem *S* || 15 generationi *CW* | voluntatem *i.r. Lm2* nolentem *Oa* | fatere *W* || 16 non *om. L* | coaeternus] coaevus (*ex* codeuus) *Sm2* || 17 aliqui *R* || 17 aut – 19 creaturis *om. S* ||
18 quae] quaecumque *C* (*Vulg.*) | ipse fecit *Oa* || 19 et de filio *L* | quas]
qua (s *evan.?*) *R* quos *V* quae *MN* | sin Ω*am*

---

[415] FALLER, *Ambrosius* 8,193, nennt ATHANASIUS VON ALEXANDRIEN,
Ar. 2,36,3–5.39 (212.215 OPITZ), sowie *decr.* 16,3–5 (13f OPITZ).

sagen kann, daß einer geboren ist, der vorher nicht gewesen ist. Davon leiten sie ab: ‚Irgendwann also ist der Sohn nicht gewesen'.

9.101 Sie fügen andere Torheiten in ihrer Geschwätzigkeit hinzu, indem sie sagen: ‚Wenn das Wort des Vaters der Sohn ist, wird er also gezeugt genannt, weil er das Wort ist. Was aber Wort ist, das ist kein Werk. ‚Der Vater hat' „vielfältig" ‚gesprochen' (Hebr 1,1); also hat er viele Söhne gezeugt, wenn er das Wort nicht geschaffen, sondern ausgesprochen hat'[415]. Verrückte Menschen! Als ob sie nicht einzusehen vermögen, was für ein Unterschied zwischen der gesprochenen Sprache[416] und dem „in Ewigkeit" bleibenden „Wort Gottes" (1 Petr 1,23), das aus dem Vater geboren ist, besteht; geboren freilich, nicht hervorgebracht, in welchem nicht Silben zusammengefügt sind, sondern die „Fülle der" ewigen „Gottheit" (Kol 2,9) und Leben ohne Ende ist.

9.102 Sie schieben eine andere Unfrömmigkeit nach, indem sie die Frage stellen, ob der Vater willentlich oder nicht willentlich gezeugt hat[417], so daß wir, wenn wir ‚willentlich' sagen, einzugestehen scheinen, daß der Wille älter ist als die Zeugung, und sie anführen können, daß der Sohn, dem etwas vorausgegangen ist, nicht gleichewig mit dem Vater ist, oder daß auch er ein Geschöpf ist, weil geschrieben steht: „Alles, was er wollte, hat er getan" (Ps 115,3: Ps 113,11*), obwohl gerade das nicht über Vater und Sohn, sondern über die Geschöpfe, die der Sohn gemacht hat, gesagt worden ist; wenn wir aber geantwortet haben, daß der Vater nicht willentlich gezeugt hat, scheinen wir damit gesagt zu haben, daß der Vater ohnmächtig ist[418].

---

[116] Formuliert wird hier auf der Basis einer stoischen Distinktion (λόγος ἐνδιάθετος und λόγος προφορικός), auf die bereits hingewiesen wurde (siehe oben 512f Anm. 391).
[417] Vgl. dafür oben 518f, die Stellennachweise aus der Anm. 399 zu *fid.* 4,8,81.
[418] ATHANASIUS VON ALEXANDRIEN handelt das Problem in *Ar.* 3,61f (PG 26,452f) viel kürzer ab.

9.103 Sed nihil in sempiterna generatione praecedit, nec | velle nec nolle. Ergo nec ‚invitum' dixerimus nec ‚volentem', quia generatio non in voluntatis possibilitate est, sed in iure quodam et proprietate paterni videtur esse secreti. Nam sicut bonus pater non aut ex voluntate est aut ex necessitate, sed super utrumque, ita non aut ex voluntate aut ex necessitate est pater.

9.104 Esto tamen, sit generatio in voluntate generantis, quando hanc voluntatem fuisse dicunt? Si in principio, utique, si sempiterna voluntas, sempiternus et filius. Si coepit voluntas, displicuit igitur sibi quod erat pater, ut mutaret statum, displicuit ergo sine filio, placere coepit in filio.

9.105 Iam illa consequentia, ut dicamus: Si studium generandi nostro more adsumpsit, ergo et cetera, quae generationem praecedere solent, nostro more adsumpsit. Nostro autem usu generationis votum est, non voluntas.

9.106 Produnt igitur impietatem suam, qui volunt generationem coepisse Christi, ut videatur non generatio illa ‚verbi manentis', sed prolatio fluentis esse sermonis, deinde multos inducendo filios negent | in Christo divinae proprietatem naturae, ut nec „unigenitus" nec „primogenitus" aestimetur,

---

R (def. 4 iure – 6 ex pr., 17 produnt – 18 videatur) LVZ SMNCWEO
2 dixerim Ωam ‖ 3 possibilitate] possibile E ‖ 4 quodam] quoquo C | paternae V naturae S ‖ 4 videtur – 5 pater om. S ‖ 5 aut pr. om. C ‖ 5–6 ex alt. om. Ma.c.VZWOam ‖ 6 super utrumque] per naturam Oa | utrumque] add. hoc est natura m | non] add. generat Oam | aut pr. om. La.c.m2,m ‖ 6–7 aut alt.] eaque Lm1, aut s.l.Lm2 | ex alt. om. Oam ‖ 7 est om. CWOam | est pater RLZMNE sit pater V | pater] generatio fiii(!) C ‖ 8 sit] si E ‖ 9 in principio bis Sm ‖ 9–10 utique] add. filius Nm ‖ 10 si pr.–filius om. Ma.c.m2N | voluntas add. si V ‖ 11 pater RVS deus Ma.c.m2NZCW deus pater L, Mp.c.m2EOam (iunge: displicuit sibi pater quod erat!) ‖ 12 statum] sp̄m S | ergo] add. sibi Oam | coepit] add. sibi m | filio alt.] add. pater. Nisi videtur W ‖ 15 generationi SE ‖ 17 producunt V

---

[419] Mit dem „Wunsch" ist weniger der Erfolg der Handlung verbunden als mit dem „Willen".

9.103 Aber bei der ewigen Zeugung geht nichts voraus, weder Wollen noch Nichtwollen. Also sollten wir weder ‚nicht willentlich' noch ‚willentlich' sagen, weil die Zeugung nicht im Vermögen des Willens liegt, sondern in einer Art Recht und der Eigentümlichkeit des väterlichen Geheimnisses begründet zu sein scheint. Denn wie ein guter Vater weder aus dem Willen noch aus der Notwendigkeit, sondern aus Gründen, die jenseits von beiden liegen, Vater ist, so ist er auch Vater weder aus dem Willen noch aus einer Notwendigkeit heraus.

9.104 Gesetzt den Fall, daß es trotzdem so ist, daß die Zeugung im Willen des Zeugenden liegt, wann, sagen sie, hat es diesen Willen gegeben? Wenn im Anfang, dann ist freilich, wenn der Wille ewig ist, auch der Sohn ewig. Wenn der Wille einen Anfang genommen hat, hat dem Vater also nicht gefallen, was er selbst war, so daß er seinen Zustand änderte, es mißfiel ihm also, ohne Sohn zu sein, und er begann, am Sohn Wohlgefallen zu haben.

9.105 Schon folgt daraus, daß wir sagen: Wenn er nach unserer Art die Bemühung um die Zeugung aufgenommen hat, hat er also auch das übrige, was einer Zeugung vorauszugehen pflegt, nach unserer Art in Angriff genommen. Nach unserer Gewohnheit aber gehört zur Zeugung ein Wunsch[419], nicht ein Wille.

9.106 Diejenigen verraten also ihre Gottlosigkeit, die wollen, daß die Zeugung Christi begonnen hat, so daß dies erstens nicht die Zeugung des ‚innewohnenden Wortes' (1 Petr 1,23: λόγος ἐνδιάθετος) zu sein scheint, sondern das Hervorgehen von fließender Rede (λόγος προφορικός[420]), daß sie zweitens, indem sie viele Söhne einführen, die Eigentümlichkeit der göttlichen Natur in Christus leugnen, damit er weder für „eingeboren" (Joh 1,18) noch für „zuerst geboren" (Kol 1,15) gehalten wird,

---

[420] Vgl. *fid.* 4,7,72, oben 512f Anm. 391.

postremo ut, si principium accepisse credatur, etiam finem videatur habiturus.

9.107 Sed neque principium aliquando adsumpsit dei filius, qui „erat in principio", neque finem, qui est „principium" universitatis „et finis". Nam cum sit „principium", quomodo, quod habebat, accepit? Aut quomodo sui finem habebit, cum omnium ipse sit „finis", ut in illo fine sine fine maneamus? Dei enim generatio cum temporalis non sit, nec ante se nec in se tempus invenit.

9.108 Frigida igitur eorum et vana quaestio in creaturis ipsis non habet locum. Ipsa etenim, quae temporalia sunt, discretionem in quibusdam habere temporis non videntur. Lux nempe splendorem generat, nec conpraehendi potest quod splendor luce posterior sit aut lux splendore antiquior, quia ubi lumen, et splendor est, et ubi splendor, et lumen est. Itaque nec sine splendore lumen nec splendor potest esse sine lumine, quia et in splendore lumen et splendor in lumine est. Unde et apostolus ,splendorem paternae gloriae' filium | dixit, quia splendor paternae lucis est filius, coaeternus propter virtutis aeternitatem, inseparabilis propter claritudinis unitatem.

R (def. 12 quia – 20 est) *LVZ SMNCWEO*
1 principium] *add.* esse *Oa* | credatur accepisse *Oam* ‖ 3 adsumpsit aliquando (adsumpsit dei filius aliquando *C*) Ω*am* ‖ 4 finem] *add.* habebit m ‖ 6 habebat] habeat *RV* ‖ 7 in *om. R, Sa.c.m2* | illa *R* ‖ 8 enim *om. V* ‖ 10 quaestio] *add.* et *Oa* ‖ 12 habere in quibusdam temporalibus *R* ‖ 13 splendori *N* ‖ 15 et *pr.*] etiam *Z*, est *VMNEm* | ubi *alt. om. C* | et *tert.*] etiam *SMNm* ‖ 17 potest esse] perfecta (*add.* e *m2*) *S* | et *pr. om. Oa* | et–lumen *om. Ma.c. N* | lumen] *add.* est *S* ‖ 19 dixit *om. C* dicit *Oa* ‖ 21 claritatis *C*

---

[421] Die Weisheit ist nach Weish 7,26 ἀπαύγασμα φωτὸς ἀιδίου, vgl. für das Bild von Licht und Glanz zum Beispiel JUSTIN DER MÄRTYRER, *dial.* 61,2 (175 MARCOVICH); TATIAN DER SYRER, *orat.* 5,3f (13f MARCOVICH); TERTULLIAN, *adv. Prax.* 8,5 (CCL 2,1167), sowie ATHANASIUS VON ALEXANDRIEN, *Ar.* 3,66 (PG 26,464); 1,28,4 (138 OPITZ); 2,42,1 (218 OPITZ), und 3,24 (PG 26,273). GREGOR VON NAZIANZ hat das Bild

und daß er drittens, wenn geglaubt wird, daß er einen Anfang genommen hat, auch anscheinend in Zukunft ein Ende haben wird.

9.107 Aber weder hat der Sohn Gottes, „der im Anfang war" (Joh 1,2), irgendwann einmal einen Anfang genommen noch ein Ende der, der „Anfang und Ende" der Welt ist (Offb 1,8). Denn wenn er der „Anfang war", wie hat er das, was er hatte, empfangen? Oder wie wird er ein Ende seiner selbst haben, obwohl er selbst „das Ende" von allem ist, so daß wir in diesem Ende ohne Ende bleiben? Da nämlich die Zeugung Gottes nicht zeitlich ist, findet er weder vor sich noch in sich Zeit.

9.108 Ihre triviale und nichtige Frage hat also selbst bei den Geschöpfen keinen Anhalt. Selbst nämlich das, was zeitlich ist, scheint in gewisser Weise keine Unterscheidung der Zeit zu haben. Das Licht zeugt natürlich den Glanz[421], und man kann nicht erfassen, daß der Glanz später ist als das Licht oder das Licht älter als der Glanz, da, wo Licht ist, auch Glanz ist, und wo Glanz ist, auch Licht ist. Daher kann weder das Licht ohne Glanz noch der Glanz ohne Licht sein, weil sowohl im Glanz Licht als auch Glanz im Licht ist. Daher hat auch der Apostel gesagt, daß der Sohn ‚der Glanz der väterlichen Herrlichkeit' ist (vgl. Hebr 1,3)[422], weil der Sohn der Glanz des väterlichen Lichtes ist, gleichewig wegen der Ewigkeit der Kraft, untrennbar wegen der Einheit der Ausstrahlung.

---

bemängelt: *or.* 31,32f (FC 22,334), das durch die nicaenische Rede „Licht vom Licht" nahelag.
[422] ATHANASIUS VON ALEXANDRIEN, *Ar.* 3,66 (PG 26,464), kombiniert ebenfalls die Abweisung des βουλήσει γέγονεν mit dem Licht / Abglanz-Beispiel. Die Rede vom Willen bringt nur ἰδιότης καὶ ὁμοίωσις der οὐσία; vgl. auch *ep. Aeg. Lib.* 13,6 (53f HANSEN/SAVVIDIS).

9.109 Ergo si temporalia et aeria haec conpraehendere et separare non possumus, quae videmus, deum, quem non videmus, qui super omnem est creaturam, in ipso suae generationis arcano possumus conpraehendere? Possum eum a filio tempore separare, cum omne tempus opus fili sit?

9.110 Desinant ergo dicere „et antequam generaretur, non erat". ‚Ante' enim temporis est, generatio ante tempora, et ideo quod posterius est, prius non est. Nec opus ante auctorem potest esse, cum opera ipsa principium de operatore suo sumant. Nam quomodo ante operatorem suum usus operis aestimatur, cum omne tempus opus sit et omne opus de operatore suo, ut esset, acceperit?

9.111 Experiri igitur adhuc istos volo, qui sibi videntur astuti, ut de nostris respondeant, qui calumniantur divinis, longeque refugi ab inscrutabili supernae generationis arcano quaestionem suam humanae adstruant generationis exemplo. De filio dei dicunt quia „antequam generaretur, non erat", hoc est de ‚dei sapientia', de ‚virtute dei', de ‚dei verbo', cuius | generatio nihil ante se novit. | 197 Quod si aliquando, ut volunt, non fuit — quod nefas dictu est —, non fuit ergo in deo perfectionis aliquando plenitudo divinae, si postea processum generationis accepit.

9.112 Tamen ut sciant, quam vana sit et solubilis eorum quaestio, licet nihil in eo humanis divinisve commune, tamen docebo homines, antequam nascerentur, fuisse.

R (*def.* 5 tempus *sqq.;* 19 – p. 544 l. 8 formaretur) *LVZ SMNCWEO*
1 et *om. R* | temporalia haec et aeria hic *Oa* aeria] terrena *C* ‖ 4 possum *R om. V* possumus *cet. am* ‖ 5 separare *om. N* ‖ 6 et *om. C* ‖ 9 potest esse] putes *W* | ipsa *om. Oa* ‖ 10 operatore suo] operatione sua *Oa* ‖ 10–11 operationem suam *Oa* ‖ 11 aestimetur *MNm* | tempus *om. S* ‖ 12 sit et omne opus *om. S* | opus *alt.*] tempus *C* | operatore] auctore *S* | suo *om. C* | accepit *VCW, Ea.c.Oam* ‖ 14 astuti] versuti *S* | ut *om. C* | calumniabantur *Lm2* ‖ 15 refugere *S* refugiunt *NOam* | inscrutabilis *SW* ‖ 16 arcano – 17 generationis *om. Oa* ‖ 17 de – 18 erat *rubro C* ‖ 17 quia] qui *CW* ‖ 18 est de] esse *W* ‖ 20 non fuit, quod] ut *C* | dictum *Sa.c.CWMZ* ‖ 22 divinae] *add.* naturae est *E* ‖ 23 et] *add.* quam *L* ‖ 24 divinisvel (1 *exp.*) *S* divinisque *W* divinis ut *C* ‖ 25 nasceremur *S*

9.109 Wenn wir also dieses Zeitliche und in unserer Atmosphäre Befindliche, das wir eigentlich sehen können, nicht erfassen und nicht unterscheiden können, können wir dann Gott, den wir nicht sehen, der über jedem Geschöpf steht, gerade im Geheimnis seiner Zeugung erfassen? Kann ich ihn durch die Zeit vom Sohn abtrennen, obwohl alle Zeit ein Werk des Sohnes ist?

9.110 Sie sollen also aufhören zu sagen, daß „er nicht war, bevor er gezeugt wurde". ‚Vorher' ist nämlich ein Begriff der Zeit, diese Zeugung ist aber vor den Zeiten, und daher ist nicht früher, was später ist. Und das Werk kann nicht vor dem Urheber sein, weil die Werke selbst von ihrem Schöpfer ihren Anfang nehmen. Denn wie kann man meinen, daß ein Werk gebraucht werden kann, bevor es sein Schöpfer geschaffen hat, wo doch alle Zeit ein Werk ist und jedes Werk von seinem Schöpfer sein Dasein empfangen hat?

9.111 Ich will also noch diejenigen auf die Probe stellen, die sich so klug vorkommen, daß sie auf unsere Argumente antworten, indem sie das Göttliche verleumden, und — weit entfernt von dem unerforschlichen Geheimnis der himmlischen Zeugung — ihre eigene Untersuchung mit Hilfe der menschlichen Zeugung zu stützen suchen. Sie sagen über den Sohn Gottes, daß „er nicht war, bevor er gezeugt wurde", das heißt über ‚die Weisheit Gottes', über ‚die Kraft Gottes', über ‚das Wort Gottes' (vgl. 1 Kor 1,2; 2,5), dessen Zeugung nichts vor sich kennt. Wenn er aber irgendwann, wie sie wollen, nicht gewesen ist — was zu sagen eine Gotteslästerung ist —, war also in Gott irgendwann nicht die Fülle der göttlichen Vollkommenheit, wenn sie später eine Entwicklung durch Zeugung erfahren hat.

9.112 Damit sie dennoch wissen, wie nichtig und widerlegbar ihre Fragestellung ist, werde ich trotzdem, obwohl nichts darin mit Menschlichem oder Göttlichem gemeinsam ist, lehren, daß Menschen, bevor sie geboren wurden,

Aut negent Iacob sanctum fuisse, priusquam nasceretur, qui „fratrem subplantavit" in materni adhuc uteri positus arcano; negent Hieremiam, antequam nasceretur, fuisse, cui dicitur: „Priusquam te formarem in utero matris tuae, novi te, et priusquam exires de vulva, sanctificavi te et prophetam in gentibus posui te." Quid hoc evidentius tanti exemplo prophetae, qui sanctificatus est, antequam natus, et antequam formaretur, est cognitus?

9.113 Quid etiam de Iohanne loquar, de quo mater religiosa testatur quia intra materna situs adhuc viscera praesentiam domini spiritu cognovit, exultatione signavit, sicut scriptum meminimus matre dicente: „Ecce enim ut facta est in auribus meis vox salutationis tuae, exultavit in gaudio infans in utero meo"? Erat igitur qui profetabat an non erat? At certe erat; erat enim qui venerabatur auctorem, erat qui loquebatur in matre. Denique Elisabeth fili spiritu | replebatur, Mariae fili spiritu sanctificabatur. Sic enim habes quia „exultavit infans in utero eius et repleta est spiritu sancto."

9.114 Vide singulorum verborum proprietates. Vocem quidem Mariae prior Elisabeth audivit, sed Iohannes prior domini gratiam sensit. Pulchre sibi conveniunt oracula ora-

---

R (def. 15–16 auctorem sqq.) LVZ SMNCWEO
1 negant Sa.c. || 2 qui] quia S | fratrem suum C | materno (o s. i) Sm2, W | uteri om. S utero W || 3 nasceretur] add. sanctum Oa || 7 exemplum S | est om. S | natus] add. est C || 10 inter Oa || 11 significavit V consignavit Ma.r.Nm || 12 scriptum est Em1 scriptum esse Em2 || 13 vox salutationis tuae in auribus meis C (Vulg.) || 15 at om. V et S ad MC, Ea.c. | erat tert. om. V || 16 fili om. S (sed cf. in Luc. II 23, p. 53, 25 Sch. ‚replevit et matrem') || 17 Marie C mater Oa Maria cet. am | sanctificabat SV || 19 sancto] add. elisabeth Wm (Vulg.) || 21 Maria* (e eras.) L || 22 sensit] sumpsit L | oracula] oraculum S

---

[423] ORIGENES hat mit Jer 1,5 seine Redeweise von der Präexistenz der Seele begründet, die auch Ambrosius vertritt: siehe oben 371 mit Anm.

schon gewesen sind. Oder können sie leugnen, daß der heilige Jakob, der „seinem Bruder ein Bein gestellt hat" (Hos 12,3: Hos 12,4 LXX), als er sich noch im verborgenen Raum des Mutterleibes befand, existiert hat, bevor er geboren wurde? Können sie leugnen, daß Jeremia existiert hat, bevor er geboren wurde, dem gesagt wird: „Bevor ich dich im Leib deiner Mutter geformt habe, kannte ich dich, und bevor du aus dem Schoß hervorgegangen bist, habe ich dich geheiligt und dich zum Propheten unter den Völkern bestimmt" (Jer 1,5*)[423]? Was ist deutlicher als dieses Beispiel von einem so großen Propheten, der geheiligt worden ist, bevor er geboren wurde, und bekannt war, bevor er geformt wurde?

9.113 Was soll ich auch von Johannes sagen, über den die fromme Mutter bezeugt, daß er, noch als er sich innerhalb des Mutterleibes befand, die Gegenwart des Herrn durch den Geist erkannt und durch Hüpfen angezeigt hat, wie wir uns erinnern, daß geschrieben ist als Äußerung der Mutter: „Denn siehe, als die Stimme Deines Grußes mir zu Ohren gekommen ist, hüpfte das Kind freudig in meinem Leib" (Lk 1,44*)? Also gab es den, der prophezeit hat, oder gab es ihn nicht? Aber gewiß gab es ihn! Denn es gab den, der den Urheber[424] verehrte; es gab den, der in der Mutter gesprochen hat. Schließlich wurde Elisabeth vom Geist des Sohnes erfüllt, durch den Geist des Sohnes Marias geheiligt. So nämlich findest Du es: „Das Kind hüpfte in ihrem Leib, und sie ist vom heiligen Geist erfüllt worden" (Lk 1,41).

9.114 Sieh' die Besonderheiten der einzelnen Worte. Elisabeth hat zwar zuerst die Stimme Mariens gehört, aber Johannes hat die Gnade des Herrn früher gefühlt. Wunderbar stimmen die Voraussagen miteinander überein:

234f: *princ.* 1,7,4 (GCS 90), sowie 3,3,5 (GCS 261), und 3,4,2 (GCS 264).
[424] *Sc.* den Sohn; vgl. in *fid.* 4,9,114: *auctor huius miraculi.*

culis, femina mulieri et pignus pignori. Istae gratiam loquuntur, illi intus operantur pietatisque mysterium maternis adoriuntur profectibus duplicique miraculo, licet honore diverso, prophetant matres spiritu parvulorum. Quis igitur auctor huius miraculi? Nonne dei filius, qui fecit esse non natos?

9.115 De rebus humanis quaestio vestra non potest convenire, potestne de divinis convenire secretis? Quid est „antequam generaretur, non erat"? Numquid pater aliqua tempora conceptionis accepit, ut filium tempora praevenirent? Aut femineae more naturae generationis suae molitus est partum, ut molitio ipsa filio esset antiquior? Quid hoc est? Cur divina secreta discutimus? Proprietatem legi divinae generationis, non qualitatem.

9.116 Facinus indignum, ut ex se quidam caelestia metiantur, qui tamquam unum de spadonibus putant Christum non nasci potuisse, sed fieri, aut tamquam unum de spadonibus patrem, qui filium, quem generare non potuerit, adoptaverit!

LVZ SMNCWEO def. R
1 isti *i.r.E* ‖ 3–4 licet honore diverso *om. S* ‖ 5 non natus *MN* ‖ 7 nostra *Oa* ‖ 7–8 potest convenire *om. V* ‖ 8 potestne] putasne *W* | de *om. SC* | quid] quis *Sa.c.m2Z* quid est] ut qui *O* ‖ 9 generaretur] nasceretur *C* ‖ 10 tempore *Sa.c.m2* ‖ 11 feminae *L*, *Sa.c.m2* ‖ 12 filio *om. C* | est hoc *ZOam* ‖ 13 secreta] scriptura *O* ‖ 15 o facinus *LZ* ‖ 16 tamquam–putant *post* 17 fieri *m* ‖ 17 nasci] natum *Z* ‖ 17 aut – 19 adoptaverit *om. S* ‖ 18 qui *om. m*

die Frau mit der Frau, der Bürge mit dem Bürgen. Diese sprechen die Gnade aus, jene handeln in den Frauen und verwirklichen das Geheimnis der Frömmigkeit durch das Hervorgehen aus der Mutter und das doppelte Wunder, und — obwohl sie von verschiedenem Ansehen sind — prophezeien die Mütter durch den Geist der Kinder. Wer ist also der Urheber dieses Wunders? Etwa nicht der Sohn Gottes, der bewirkt hat, daß Nichtgeborene schon existieren?[425]

9.115 Eure Frage kann für menschliche Verhältnisse nicht zutreffend sein, kann sie zutreffend für göttliche Geheimnisse sein? Was heißt: „Bevor er gezeugt wurde, war er nicht"? Hat der Vater etwa irgendwelche Zeiten der Empfängnis beansprucht, so daß diese Zeiten dem Sohn vorausgingen? Oder hat er den Vorgang seiner Zeugung nach Art der weiblichen Natur auf sich genommen, so daß dieses Werk älter war als der Sohn? Was ist denn das? Warum erörtern wir göttliche Geheimnisse? Ich habe von der Eigentümlichkeit der göttlichen Zeugung gelesen, nicht von ihrer tatsächlichen Beschaffenheit.

9.116 Es ist ein unwürdiger Vorgang, daß einige Leute Himmlisches nach ihren menschlichen Maßstäben messen, die glauben, daß Christus wie ein Eunuch nicht geboren, sondern nur gemacht werden konnte oder daß der Vater wie ein Eunuch den Sohn, den er nicht zeugen konnte, adoptiert hat!

---

[425] Vgl. Ambrosius, *in Luc.* 2, 23 (CCL 14, 41).

De eo quod scriptum est: sicut misit me vivus pater, et ego vivo propter patrem, et qui manducat me, et ipse vivit propter me

10.117 Plerique etiam hinc faciunt quaestionem, quia scriptum est: „Sicut misit me vivus pater, et ego vivo propter patrem, et qui manducat me", et ipse vivit propter me, dicentes: Quomodo aequalis est patri filius, qui dixit quia ‚propter patrem' vivit?

10.118 Qui hoc proponunt, primum respondeant, cuiusmodi vita sit fili, utrum ea, quam pater largitus sit non habenti. Sed quomodo vitam aliquando potuit non habere, cum ipse sit vita, sicut ait: „Ego sum via, veritas et vita"? Vita utique sempiterna, sicut „virtus" est „sempiterna". Aliquando ergo, ut sic loquar, se vita non habuit?

10.119 Considerate, quid lectum sit hodie de domino Iesu, quia „mortuus est pro nobis, ut sive vigilemus

---

LVZ SMNCWEO def. R
1 *De eo*–3 *Propter me hic:* (*om.* De–Scriptum est) (*Lu.t.*) Z, *cap.* 9, p. 546 l.
4 parvulorum W; *totum: l.* 4 quaestionem C (*repetens post titulum* Plerique–quaestionem *!*); *titul. recent. Oa om. titul.* VSMNE || 2 vivet Z, Lp.c. *add.* VII Z, cap. VII Lm2 || 4 hic Va.c.C || 6 et *alt. om.* Oa | vivet E || 7 aequalis est] aequalitatem Sa.c.m2 || 9–10 cum huiusmodi Z || 10 largitus est E || 12 sicut ipse ait VS | sum via] summa V | vita veritas et via L vita *tert.*] via VZM, Sa.c.m2W (utique via) L || 13 sicut–sempiterna *alt. om.* C | sempiterna *alt.*] sapientiae Oa || 14 se] si LVZWEOa his C | vitam LVZCWEOa || 15 considerate] cognoscite S | hodie *om.* C

---

[426] Wie sich in *fid.* 4,10,125, unten 552f, zeigt, favorisiert Ambrosius diese Übersetzung, der auch die Interpunktion der *Nova Vulgata* entspricht (vgl. auch *Itala* [4,66 JÜLICHER/MATZKOW/ALAND]); der griechische Text lautet dagegen: καθὼς ἀπέστειλέν με ὁ ζῶν πατὴρ κἀγὼ ζῶ διὰ τὸν πατέρα, καὶ τρώγων με κἀκεῖνος ζήσει δι' ἐμέ.

DE FIDE 4,10,117–119

Darüber, daß geschrieben steht: „Wie der lebendige Vater mich geschickt hat, so lebe auch ich des Vaters wegen, und wer mich ißt, lebt auch selbst meinetwegen"[426] *(Joh 6,57).*

10.117[427] Die meisten werfen auch von daher eine Frage auf, weil geschrieben steht: „Wie der lebendige Vater mich geschickt hat, so lebe auch ich des Vaters wegen, und wer mich ißt, lebt auch selbst meinetwegen" (Joh 6,57). Sie sagen nämlich: ‚Wie ist der Sohn, der gesagt hat, daß er ‚des Vaters wegen' lebt, dem Vater gleich?'

10.118 Diejenigen, die das vorbringen, mögen zuerst antworten, von welcher Art das Leben des Sohnes ist, ob es von der Art ist, das der Vater einem, der es nicht besitzt, geschenkt hat? Aber wie konnte er irgendwann kein Leben haben, obwohl er selbst das Leben ist, wie er sagt: „Ich bin der Weg, die Wahrheit und das Leben" (Joh 14,6)? Das Leben ist gewiß ewig, wie auch „die Kraft ewig" ist (Röm 1,20). Irgendwann also besaß sich das Leben nicht, um es so zu sagen?

10.119 Bedenkt, was heute über den Herrn Jesus vorgelesen worden ist[428]: „Er ist für uns gestorben, so daß wir, ob

---

[427] FALLER, *Ambrosius* 8,199, hält den πρῶτος λόγος des PS.-DIDYMUS (vgl. PS.-BASILIUS, *trin.* 4,11 [PG 29,697], mit PS.-DIDYMUS, *trin.* 3,11 [PG 39,860]) für die Quelle des ganzen Argumentes. Nach FUNK, *Die zwei letzten Bücher* 291–329, besonders 310–319, verbirgt sich unter PS.-BASILIUS, *Eun.* 4f (PG 29,671–774), jener in *trin.* mehrfach erwähnte πρῶτος λόγος (Belege bei FUNK 318), die Schrift *Contra Arianos*. Die Forschungsgeschichte findet sich jetzt bei RISCH, *Pseudo-Basilius, Adversus Eunomium IV–V* 4–9. Die nochmals von HERON, *Trinitarian Writings of Didymus the Blind* 177–185, verteidigte Zuschreibung an DIDYMUS bleibt freilich umstritten; die Verweise auf den πρῶτος λόγος beziehen sich möglicherweise einfach auf PS.-DIDYMUS, *trin.* 1 (so RISCH, *Pseudo-Basilius, Adversus Eunomium IV–V* 6). RISCH, *Pseudo-Basilius, Adversus Eunomium IV–V* 12–18, selbst folgt einer von FUNK noch energisch abgelehnten Argumentation seines Lehrers HÜBNER, schreibt den Text APOLLINARIUS zu und datiert ihn auf 363.
[428] Ein weiterer Hinweis auf die ursprüngliche gottesdienstliche Situation, vgl. MARKSCHIES, *Ambrosius von Mailand und die Trinitätstheologie* 93–97.

sive dormiamus, simul cum illo vivamus." Cuius mors vita est, huiusne divinitas vita non est, cum divi|nitas vita sit sempiterna?

10.120 An vero vita eius in patris est potestate? Sed ne corporis quidem sui vitam in alterius fuisse potestate memoravit, sicut scriptum est: „Ego pono animam meam, ut iterum sumam illam. Nemo tollit eam a me, sed ego pono eam a me ipso. Potestatem habeo ponendi eam et iterum potestatem habeo sumendi eam; hoc mandatum accepi a patre meo."

10.121 Eius ergo vita secundum divinitatem in alterius potestate posita iudicatur, cuius vita secundum corpus alienae non erat subdita potestati? Aliena enim potestas erat, si non erat unitas potestatis. Sed sicut potestatis suae esse significat ‚ponere animam' et liberae voluntatis, ita etiam quod secundum „mandatum" deposuit patris, suae ac paternae voluntatis significat unitatem.

10.122 Ergo si vitam filius neque aliquo accepit ex tempore neque alienae habet potestati subditam, videamus, qua ratione dixerit: „Sicut misit me vivus pater, et ego vivo propter patrem." Exponamus, ut possumus, immo ipse potius exponat.

10.123 Considera enim, quid ante praemiserit. Ait enim: „Amen, amen dico vobis." Ante instruit, quemadmodum au-

---

R (def. – 16 paternae) LVZ SMNCWE, O (def. 21 exponamus – p. 552 l. 21 patrem)

2 huius (om. ne) ZSWOam | divinitas alt.] divina N || 4 est om. Oa | ne] nec ZOa || 5 sui om. C || 6 ego om. C || ponam ZMN || 7 ut] et VZE | summam CW, Ea.c. | tollet C || 8 ponam Z | eam pr.] animam meam Oa eam alt.] illam VOa | et om. W || 12 posita om. Oa posita potestate C || 14 si unitas non erat N || 15 et] ut N | libera voluntate W || 16 patris] potestatis LZ | suae om. Sa.c.m2 || 17 unitatem] voluntatem La.c.m2VC || 18 vitam] add. quam R || 18 neque om. N neque ab aliquo W || 19 habebat S | potestatis La.r.WOa || 20 pater vivus L || 21 propter] per S || 21 exponamus – p. 552 l. 21 patrem om. Oa || 21 ipse om. Ea.c.m2 || 22 potius om. E || 23 considerat W | enim R igitur Ωam | praemiserat Sa.c. || 24 inseruit La.c.m2

wir wachen oder schlafen, zugleich mit ihm leben" (1 Thess 5, 10). Wessen Tod Leben ist, ist dessen Gottheit nicht Leben, obwohl die Gottheit das ewige Leben ist?

10.120 Oder aber ist sein Leben in der Gewalt des Vaters? Aber er hat erwähnt, daß das Leben nicht einmal seines eigenen Leibes in der Macht eines anderen gestanden hatte, wie geschrieben steht: „Ich gebe meine Seele, damit ich sie wiederum nehme. Niemand nimmt sie mir weg, sondern ich gebe sie von mir selbst aus. Ich habe die Macht, sie zu geben und wiederum die Macht, sie zu nehmen; diesen Auftrag habe ich von meinem Vater empfangen" (Joh 10, 17f*).

10.121 Dessen Leben gemäß seiner göttlichen Natur soll also in der Macht eines anderen stehen, dessen Leben nach dem Leib keiner fremden Macht unterworfen war? Es gab nämlich eine fremde Macht, wenn es keine Einheit der Macht gab. Aber wie er das ‚Geben der Seele' als Zeichen seiner Macht und des freien Willens bezeichnet, so bezeichnet er auch als Einheit seines und des väterlichen Willens, daß er gemäß dem ‚Auftrag' des Vaters die Seele drangegeben hat.

10.122 Wenn also der Sohn das Leben weder im Rahmen von irgendeiner Zeit empfangen hat, noch es als einer fremden Macht unterworfen besitzt, wollen wir sehen, wie er es gemeint hat: „Wie der lebendige Vater mich geschickt hat, so lebe auch ich des Vaters wegen" (Joh 6, 57*). Wir wollen es erklären, so gut wir können, ja er möge es vielmehr eher selbst erklären[429].

10.123 Bedenke nämlich, was er vorher vorausgeschickt hat. Denn er sagt: „Amen, amen, ich sage euch" (Joh 6, 53*). Er hat vorher angegeben, wie Du es hören sollst:

---

[429] An dieser Stelle wird besonders gut deutlich, daß im Mittelpunkt der Schrifthermeneutik des Ambrosius der Prozeß der „Selbstauslegung" Christi steht: GRAUMANN, *Christus Interpres* 417.

dire | debeas. „Vere", inquit, „vere dico vobis, nisi manducaveritis carnem fili hominis et biberitis sanguinem eius, non habebitis vitam in vobis." Secundum filium hominis se dicere ante praemisit, et tu, quod secundum filium hominis de carne est locutus et sanguine, ad divinitatem putas esse referendum?

10.124 Denique addidit: „Caro enim mea vere est esca et sanguis meus vere est potus." Carnem audis, sanguinem audis, mortis dominicae sacramenta cognoscis et divinitati calumniaris? Audi dicentem ipsum: „Quia spiritus carnem et ossa non habet." Nos autem quotienscumque sacramenta sumimus, quae per sacrae orationis mysterium in carnem transfigurantur et sanguinem, ‚„mortem domini" adnuntiamus'.

10.125 Ergo posteaquam se loqui secundum hominis filium declaravit et ‚carnem' saepe repetivit et ‚sanguinem', subdidit postea: „Sicut misit me vivus pater, et ego vivo propter patrem, et qui manducat me, et ipse vivit propter me." Quomodo igitur hoc accipiendum putant? Potest enim duplex videri conparatio, prima ita: „sicut misit me vivus pater, et ego vivo propter patrem"; secunda ita: „sicut misit me vivus pater et ego vivo propter patrem, ita et qui manducat me, et ipse vivit propter me."

10.126 Si primam eligunt, hoc significat quia ‚sicut missus sum a patre et' „descendi" ‚a patre, ita' „vivo propter

---

R (*def.* 3 vitam *sqq.*) *LVZ SMNCWE*, *def.* O – 21 patrem
1 ni *S* || 3 habetis *La.c.m2* || 4 antea *C* | quod] quam *C*, *om. Sa.c.* ||
5 et de *E* || 7 enim *om. L* | vere] vera *La.c.m2* || 8 vere *om. ZMN Wm* || 12–13 in carne *VW* || 13 figurantur *W* || 15 postea quamquam *N* || 18 vivet *LWE* || 21 secunda – 22 patrem *om. NC* || 21–22 ita *pr. om. V* || 22 sic *E* sicut *om. Ea.c.m2* | sicut–ita *om. MW* || 23 et *alt. om. m* | vivet *WE* || 25 propter] per *S*

---

[430] Gemeint sind die Einsetzungsworte: Ambrosius, *sacr.* 4,4,14 (FC 3,142: *verba sacramentorum*); vgl. 5,21–23 (FC 3,148–150), und

„Wahrlich", sagt er, „wahrlich, ich sage euch, wenn ihr nicht das Fleisch des Menschensohnes eßt und sein Blut trinkt, werdet ihr nicht das Leben in euch haben" (Joh 6,55). Er hat zuvor vorausgeschickt, daß er in seiner Natur als Menschensohn spricht, und Du glaubst, daß das, was er in seiner Natur als Menschensohn über Fleisch und Blut gesagt hat, auf die Gottheit bezogen werden darf?

10.124 Schließlich hat er hinzugefügt: „Mein Fleisch nämlich ist wahrhaftig Speise, und mein Blut ist wahrhaftig Trank" (Joh 6,55). Du hörst „Fleisch", Du hörst „Blut", Du erkennst die Geheimnisse des Todes des Herrn und kritisierst böswillig die Gottheit? Höre ihn selbst, der sagt: „Weil ein Geist kein Fleisch und keine Knochen hat" (Lk 24,39). Wir aber ‚verkündigen' „den Tod des Herrn", sooft wir die Sakramente empfangen, die durch das Geheimnis des heiligen Gebetes[430] in Fleisch und Blut verwandelt werden (vgl. 1 Kor 11,26).

10.125 Nachdem er also erklärt hatte, daß er in seiner Natur als Menschensohn spricht, und oft die Worte ‚Fleisch' und ‚Blut' wiederholt hatte, hat er später hinzugefügt: „Wie der lebendige Vater mich geschickt hat, so lebe auch ich des Vaters wegen, und wer mich ißt, lebt auch selbst meinetwegen" (Joh 6,57*). Wie also, glauben sie, muß das aufgefaßt werden? Es kann nämlich ein doppelter Vergleich in dem Schriftwort erkannt werden; der erste lautet so: „Wie mich der lebendige Vater geschickt hat, so lebe auch ich des Vaters wegen"; der zweite so: „Wie mich der lebendige Vater geschickt hat und ich des Vaters wegen lebe, so lebt auch der, der mich ißt, selbst meinetwegen".

10.126 Wenn man den ersten Vergleich wählt, bedeutet das, daß er sagt, ‚so wie ich vom Vater geschickt worden bin und vom Vater' „herabgestiegen" ‚bin, so' „lebe ich auch

---

myst. 9,52 (FC 3,246), sowie zu *transfigurantur incarn.* 4,23 (CSEL 79,235: *transfigurandum corpus altaris*).

patrem". Quasi quis autem missus est adque descendit nisi
quasi „filius hominis", sicut ipse | supra dixit: „Nemo as-
cendit in caelum, nisi qui de caelo descendit filius hominis?"
Ergo si quasi „filius hominis" missus est adque descendit,
ita quasi „filius hominis" vivit propter patrem. Denique
et qui manducat quasi „filium hominis", et ipse vivit propter filium hominis. Actum ergo incarnationis suae adventum conparavit.

10.127 Quod si secunda conplacuit, nonne et aequalitatem fili cum patre et similitudinem eius cum homine ma-
nifesta distinctione colligimus? Nam quid est ‚sicut ipse
vivit propter patrem, et nos vivimus propter ipsum', nisi
quia sic vivificat filius hominem, sicut pater in filio carnem
vivificavit humanam? „Sicut enim pater suscitat mortuos
et vivificat, sic et filius quos vult vivificat", ut ipse dominus supra dixit.

10.128 Aequalitas ergo fili ad patrem per unitatem quoque vivificationis adstruitur, quando sic vivificat filius
ut pater. Agnosce ergo eius vitam et potentiam sempiternam. Similitudo etiam nostra ad filium et quaedam secundum carnem unitas declaratur, quoniam quemadmodum

---

R (def. – 5–6 propter, 17 patrem – 19 potentiam) *LVZ SMNCWEO*
1 quasi *om. Oa* (quis *interrog.!*) | est] *add.* aut quis venit *C* ‖ 2 quasi *om.
Oa* quia *V* | supra] *add.* sapientia *Oa* ‖ 4 si *om. S*, ut *E*, sicut *m* ‖ 6 et *pr.
om. C* ‖ 6 et *alt.* – 7 hominis *om. Oa* ‖ 6 vivet *E* ‖ 7 abtum *W* ‖
7–8 adventum *R* adventu *S* adventui *cet. am* (actum ... adventum = *die voll-
zogene Ankunft*) ‖ 9 quod–conplacuit. *V* | si *om. R* ‖ secunda con-
placuit] secundam comparationem eligunt *Z* ‖ 10 similitudine *MN* ‖
11 colligitur *N* | ipse *om. MN* ‖ 12 vivet *E* | nos] *add.* qui *Z* ‖
13 quia sic] quod *Oa* | sic] sicut *Ca.c.m2, VZ* | hominis *Oa* ‖ 14 susci-
tavit *Z* ‖ 15 ut] et *Sa.c.* ‖ 17 ergo *om. C* ‖ 17–18 quoque *om. C* ‖
20 similitudo] simulando *Sm1* simulanda *corr. Sm2*

---

[431] Übersetzung wie FALLER, *Ambrosius* 8, 202.
[432] Vgl. für diese Unterscheidung von „Gleichheit" (*aequalitas*) und
„Ähnlichkeit" (*similitudo*) Phil 2, 6f: *esse ... aequalem Deo ... in similitudinem hominum factus.* Ambrosius hat an dieser Stelle offensichtlich

des Vaters wegen" (Joh 6,38.41.51). Als wer aber ist er geschickt worden und herabgestiegen, wenn nicht als „Menschensohn", wie er selbst oben gesagt hat: „Niemand steigt in den Himmel hinauf, außer dem, der vom Himmel herabgestiegen ist, der Menschensohn" (Joh 3,13*). Wenn er also als „Menschensohn" geschickt worden ist und herabgestiegen ist, so lebt er als „Menschensohn" des Vaters wegen. Schließlich lebt auch der, der ihn als „Menschensohn" ißt, selbst des Menschensohnes wegen. Es geht also in diesem Vergleich um die vollzogene Ankunft, die in seiner Fleischwerdung besteht[431].

10.127 Wenn aber der zweite Vergleich gefallen hat, kommen wir dann nicht zu dem Ergebnis, daß sowohl die Gleichheit des Sohnes mit dem Vater als auch seine Ähnlichkeit mit dem Menschen[432] in einer klaren Unterscheidung ausgedrückt ist? Denn was heißt die Formulierung ‚wie er selbst des Vaters wegen lebt, leben auch wir seinetwegen', außer, daß der Sohn den Menschen so lebendig macht, wie der Vater das menschliche Fleisch im Sohn lebendig gemacht hat? „Wie nämlich der Vater die Toten auferweckt und lebendig macht, so macht auch der Sohn die lebendig, die er will" (Joh 5,21), wie der Herr selbst oben gesagt hat.

10.128 Die Gleichheit des Sohnes also mit dem Vater wird auch durch die Einheit des Lebendigmachens bestätigt, wenn der Sohn so lebendig macht wie der Vater. Erkenne also sein ewiges Leben und seine ewige Kraft. Ebenso wird unsere Ähnlichkeit mit dem Sohn auch als eine Art Einheit nach dem Fleisch erklärt; denn wie der

---

seine etwas unbekümmerte Verwendung des homöischen Programmbegriffs *similis* modifiziert (vgl. *fid.* 1,7,48, oben 176f Anm. 57, und 5,1,27, oben 606f: In den letzten Büchern des Werkes verwendet er mit Phil 2,7 das Wortfeld *similis / similitudo* fast immer für die menschliche Natur Christi, für seine göttliche mit Phil 2,6 *aequalis / aequalitas* (MARKSCHIES, *Ambrosius von Mailand und die Trinitätstheologie* 181 mit Anm. 534).

dei filius a patre sicut homo est vivificatus in carne — sic enim scriptum est, quia ‚deus' „Iesum Christum a mortuis suscitavit" —, ita etiam nos quasi homines vivificamur a dei filio.

10.129 Secundum hanc ergo expositionem non solum ad condicionem humanam derivatur gratia largitatis, sed etiam divinitatis aeternitas praedicatur, divinitatis, quia ipsa vivificat, humanae autem condicionis, quia vivificata est et in Christo.

10.130 Quod si qui utrumque ad Christi refert divinitatem, ergo filius dei hominibus conparatur, ut ita filius „propter patrem" vivat, sicut nos propter filium dei vivimus. Sed filius dei „vitam" largitur „aeternam", nos autem largiri nequimus. Ergo nostri conparatione nec ille largitur; habeant igitur Arriani fidei suae praemium, ne vitam aeternam adipiscantur a filio.

10.131 Libet etiam ulterius progredi. Nam si illis placet hunc locum ad divinae perpetuitatem referre substantiae, accipiant etiam tertiam expositionem. Nonne evidenter videtur dicere quia sicut „vivus pater" est, ita vivit et filius? Quod utique quis non advertat ad unitatem vitae, quod eadem patris et fili vita sit, esse referendum? „Sicut enim pater vitam habet in semet ipso, sic dedit et filio vitam habere in semet ipso." „Dedit" per unitatem, „dedit", non ut auferat, sed ut ‚clarificetur in filio', „dedit", ut ‚con-

---

R (def. 10 quod si – 14 ille, 21 ad – 25 dedit *pr.*) *LVZ SMNCWEO*
1 deus filius *C* | sicut] sic *WEm* et sicut *V* | vivificatur *Oa* || 2 quia] *add.* sicut *m* | quia deus] quod sicut dominus *Oa* || 4 dei filio] deo *Oa* || 5 ergo *om. S* | expositionem] *add.* humanam *Oa* || 6 dirivatur *VNC* || 7 aeternus *V* || 8 et *exp. S, om. NC* || 10 qui *om. La.c.m2C* quis *Lm2NOam* || 12 dei *om. Z* || 12–13 vivamus *N* || 14 ille] ipse *S* || 15 habent *Oa* || 17 etiam *RLVC* iam *cet. am* | prosequi *S* || 19 etiam *om. Oa* || 20 videmus *W* | quia] quod *SEOam* || 23 sic] ita *LVC* | et *om. Oa* || 23–24 habere vitam *C (Vulg.)* || 24 dedit *alt. om. C* || 25 auferat] ferat *C* | clarificet *S* clarificetur pater *C*

Sohn Gottes vom Vater wie ein Mensch im Fleisch lebendig gemacht worden ist — so nämlich steht geschrieben, daß ‚Gott' „Jesus Christus von den Toten auferweckt hat" (Röm 8,11) —, so werden auch wir als Menschen vom Sohn Gottes lebendig gemacht.

10.129 Nach dieser Darlegung also wird nicht nur die Gnade des Schenkens auf die menschlichen Umstände bezogen, sondern auch die Ewigkeit der Gottheit verkündigt, die der Gottheit, weil sie selbst lebendig macht, die Ewigkeit des menschlichen Seins aber, weil sie auch in Christus lebendig gemacht worden sind.

10.130 Wenn aber einer beides auf die Gottheit Christi bezieht, wird also der Sohn Gottes den Menschen gleich gestellt, so daß der Sohn in der Weise „des Vaters wegen" lebt (vgl. Joh 6,57), wie wir des Sohnes Gottes wegen leben. Aber der Sohn Gottes schenkt „das ewige Leben", wir aber können nicht schenken. Also schenkt auch jener nicht in einer uns vergleichbaren Weise; mögen die Arianer also den Lohn für ihren Glauben haben, nämlich, daß sie das ewige Leben nicht vom Sohn erlangen.

10.131 Ich mache hier gern noch weiter. Denn wenn es ihnen gefällt, diese Aussage auf die Dauerhaftigkeit der göttlichen Substanz zu beziehen, sollen sie auch eine dritte Erklärung annehmen. Scheint er nicht offensichtlich zu sagen, daß, wie der „Vater lebendig"[433] ist, so auch der Sohn lebt? Wer würde freilich nicht bemerken, daß das auf die Einheit des Lebens bezogen werden muß, weil das Leben des Vaters und des Sohnes dasselbe ist? „Wie nämlich der Vater das Leben hat in sich selbst, so hat er auch dem Sohn gegeben, Leben zu haben in sich selbst" (Joh 5,26*). „Er hat" es „gegeben" durch die Einheit, „er hat" es „gegeben", nicht um es wieder zu nehmen, sondern um ‚im Sohn verherrlicht zu werden', „er hat" es „gegeben", um

---

[433] Für *vivus Pater* vgl. Joh 5,58: *sicut misit me vivens Pater et ego vivo propter Patrem et qui manducat me et ipse vivet propter me.*

placeat', „dedit", non ut pater custodiret, sed ut filius possideret.

10.132 Sed obiciendum putant quia dixit „ego vivo propter | patrem." — Utique si ad divinitatem referunt, propter patrem vivit filius, quia ex patre filius est, „propter patrem", quia „unius substantiae cum patre", „propter patrem", quia ‚eructatum est verbum ex patris corde', quia ‚a patre processit', filius, quia ex paterno generatus est ‚utero', quia fons pater fili est, quia radix pater fili est.

10.133 Sed dicunt fortasse: ‚Si unitatem putas patris ac fili vitae esse, cum filius dixerit „et ego vivo propter patrem", numquid unitas est fili vitae adque hominum, cum dixerit filius quia „qui manducat me, et ipse vivit propter me"?' —

10.134 Immo plane, sicut unitatem fateor esse vitae caelestis in patre et filio per divinae unitatem substantiae, ita, vel divinae naturae vel dominicae incarnationis excepto privilegio, societatem nobiscum vitae spiritalis in filio esse profiteor per humanae unitatem naturae. „Qualis" enim „caelestis, tales et caelestes". Denique sicut in illo sedemus ad dexteram patris, non quia cum ipso sedemus,

---

R (*def.* 8–9 utero – 10 unitatem, 19 naturae – p. 560 l. 1 christi) *LVZ SMNCWEO*

3 oboediendum *S* | putant *om. C* | dixerat *Nm* ‖ 5 quia *alt.* – 7 patrem *om. R* ‖ 7 eructatum *RZM*, *Sa.c.CE* eructuatum *cet.* ‖ 8 filius *om. SMWEOam* ‖ 9 fons filii est pater *W* ‖ 9 quia *alt.*–est *om. C* ‖ 11 ac] et *C* | vita *La.c.VC* vitam *S* | et] ecce *R om. W* ‖ 12 est *om. SW* ‖ 13 et *om. L* ‖ 15 sic (ut *s.l.m2*) *R* | universitatem *Oa* ‖ 16 et in filio *V* | unitatis substantiam *R* ‖ 17 ita *om. E* ‖ 17 vel – 18 privilegio *om. S* ‖ 18 in *om. C* ‖ 19 profateor *W* | unitatem] divinitatem *W* ‖ 20 et *s.l.L*

---

[434] MORESCHINI, *Ambrosius* 15, 317 Anm. 4, verweist auf HILARIUS VON POITIERS, *trin.* 8, 16 (CCL 62A, 327f).

[435] Es handelt sich um *Symb. Nic.* 10 in der Übersetzung des HILARIUS VON POITIERS, *coll. antiar.* 2, 10 (CSEL 65, 150).

[436] Für diesen Psalmvers vgl. TERTULLIAN, *adv. Prax.* 7, 2 (CCL 2, 1165);

,Wohlgefallen zu haben', „er hat" es „gegeben", nicht damit der Vater es festhält, sondern damit der Sohn es besitzt (vgl. Joh 13,31f; 17,1–5; Mt 3,17; 17,6)[434].

10.132 Aber sie glauben, entgegnen zu müssen, daß er gesagt hat: „Ich lebe des Vaters wegen" (Joh 6,57). — Wenn sie es freilich auf die Gottheit beziehen, lebt der Sohn „des Vaters wegen", weil der Sohn aus dem Vater ist, „des Vaters wegen", weil er „von einer einzigen Substanz mit dem Vater ist"[435], „des Vaters wegen", weil ,das Wort aus dem Herzen des Vaters ausgestoßen worden ist' (Ps 45,1: Ps 44,1 LXX)[436], weil der Sohn ,aus dem Vater hervorgegangen ist' (Joh 8,42), weil er aus dem väterlichen ,Leib' (Ps 110,3: Ps 109,3 LXX) gezeugt worden ist, weil der Vater die Quelle des Sohnes ist, weil der Vater der Ursprung des Sohnes ist[437].

10.133 Aber vielleicht sagen sie: ,Wenn Du glaubst, daß eine Einheit des Lebens zwischen Vater und Sohn besteht, obwohl der Sohn gesagt hat: „Und ich lebe des Vaters wegen", besteht etwa eine Einheit des Lebens zwischen dem Sohn und den Menschen, weil der Sohn gesagt hat: „Wer mich ißt, der lebt auch selbst meinetwegen"?' (Joh 6,57*) —

10.134 Ja allerdings, wie ich bekenne, daß eine Einheit des himmlischen Lebens durch die Einheit der göttlichen Substanz im Vater und im Sohn besteht, so bekenne ich auch, daß, ausgenommen der Vorzug sowohl der göttlichen Natur als auch der Fleischwerdung des Herrn, mit uns eine Gemeinschaft des geistlichen Lebens im Sohn durch die Einheit der menschlichen Natur besteht. „Wie" nämlich „der Himmlische, so auch die Himmlischen" (1 Kor 15,48). Wie wir schließlich in ihm zur Rechten des Vaters sitzen, nicht weil wir mit ihm zusammen sitzen,

---

HILARIUS VON POITIERS, *in psalm. 118* 22,2 (CSEL 22,541), sowie *in Matth.* 13,7 (SCh 254,300).
[437] TERTULLIAN initiiert in *adv. Prax.* 8,5f (CCL 2,1167f) die Verwendung von *fons* und *radix* in der lateinischen Trinitätstheologie; vgl. BRAUN, *Deus Christianorum* 205.244f.

sed quia sedemus in Christi corpore — de quo postea dicemus plenius —, sicut, inquam, sedemus in Christo per corporis unitatem, ita et in | Christo vivimus per corporis unitatem.

10.135 Non solum autem non vereor, quia scriptum est et „ego vivo propter patrem", sed etiam si ‚per patrem' dixisset, non vererer.

10.136 Solent enim etiam istud obicere quia dixit: „Haec infirmitas non est ad mortem, sed pro claritate dei, ut clarificetur filius eius per ipsum". Non solum enim per patrem et a patre filius clarificatur, quia scriptum est: „Clarifica me, pater", et alibi: „Nunc clarificatus est filius hominis et deus clarificatus est in eo et deus clarificavit eum", sed etiam per filium et a filio clarificatur pater, quia „veritas" dixit: „Ego te clarificavi super terram".

10.137 Sicut ergo clarificatur per patrem, ita etiam propter patrem vivit. Unde et quidam δόξαν ‚opinionem' magis putaverunt esse quam ‚gloriam' et ideo sic interpraetati sunt: „Ego te clarificavi super terram, opus consummavi, quod dedisti mihi; et nunc clarifica me, pater", hoc est δόξασον, ut sit hic sensus: ‚Ego de te opinionem hominibus huiusmodi infudi', „ut cognoscant te deum verum", ‚et tu hanc de me confirma illis opinionem, ut credant me tuum filium et „deum verum."'

R (def. 14 clarificatur – 18 putaverunt) LVZ SMNCWEO
1 sed quia sedemus om. C, s.l. S ‖ 2 in om. W ‖ 3 vivemus C ‖ 5 solum autem non om. S ‖ 6 et om. V ‖ 7 diceret C | vereor C ‖ 8 enim om. R | illud Oam ‖ 9 propter claritatem V per claritatem N ‖ 11 clarificetur C ‖ 12 alibi] inferius (corr. ex infirmitas m2) S ‖ 14 filium] add. pater Z ‖ 16–17 propter] per S ‖ 17 unde – 24 verum om. S ‖ 17 δόξαν] ΔΟΞΑΝ L ΑΟΙΑΝ Z dazon W doxan plerique om. Oa | opinione C ‖ 21 δόξασον] doxason Rm1 doxacon Rm2 doxason Lm1E doxaton Lm2V dozacon W, corruptius cet. | ego om. Oa | opinionem de te Ω ‖ 22 huius mundi R, Lp.c. (ex huiusmudi) | infudi Ms.l., om. N | verum deum Oa

sondern weil wir in Christi Leib sitzen — darüber werden wir später mehr sagen[438], wie wir, sage ich, in Christus durch die Einheit des Leibes sitzen, so leben wir auch in Christus durch die Einheit des Leibes.

10.135 Ich aber fürchte nicht nur nicht, daß geschrieben steht: „Auch ich lebe des Vaters wegen" (Joh 6,57), sondern auch wenn er gesagt hätte: ‚durch den Vater', würde ich es nicht fürchten.

10.136 Sie pflegen nämlich auch das zu entgegnen, daß er gesagt hat: „Diese Krankheit führt nicht zum Tode, sondern dient der Verherrlichung Gottes, damit sein Sohn durch ihn verherrlicht werde" (Joh 11,4*). Denn nicht nur der Sohn wird durch den Vater und vom Vater verherrlicht, weil geschrieben steht: „Verherrliche mich, Vater" (Joh 17,5*), und an anderer Stelle: „Nun ist der Menschensohn verherrlicht, und Gott ist in ihm verherrlicht, und Gott hat ihn verherrlicht" (Joh 13,31f*), sondern auch der Vater wird durch den Sohn und vom Sohn verherrlicht, weil „die Wahrheit" (Joh 14,6*) gesagt hat: „Ich habe Dich auf der Erde verherrlicht" (Joh 17,4*).

10.137 Wie er also durch den Vater verherrlicht wird, so lebt er auch des Vaters wegen. Von daher haben auch einige geglaubt, daß δόξα eher ‚Ansicht' als ‚Herrlichkeit' bedeutet, und haben deshalb folgenden Vers so gedeutet: „Ich habe Dich auf der Erde verherrlicht, ich habe das Werk vollendet, das Du mir gegeben hast; und nun verherrliche mich, Vater" (Joh 17,4f*), das heißt δόξασον, so daß dies der Sinn ist: ‚Ich habe den Menschen eine Ansicht über dich von der Art eingegossen', „daß sie dich als wahren Gott erkennen" (Joh 17,3), ‚und befestige du ihnen diese Ansicht über mich, damit sie glauben, daß ich dein Sohn und „wahrer Gott" bin'[439].

---

[438] Vgl. *fid.* 5,5,55 – 5,6,88, unten 630–653.
[439] FALLER, *Ambrosius* 8,205, verweist auf DIDYMUS, *Jo.* 17,2 fr. 19 (REUSS); allerdings handelt es sich um keine wirkliche Parallele.

Non esse differentiam potestatis, quia scriptum est „ex patre omnia et per filium omnia et nos per ipsum"

11.138 Iam illud ridiculum est, quod quidam ex illo apostolico discretionem inter patrem et filium faciunt potestatis, quia scriptum est: „Nobis tamen unus deus pater, ex quo omnia et nos in ipsum, et unus dominus Iesus, per quem omnia et nos per ipsum." Aiunt enim non mediocrem divinae maiestatis esse distantiam, quia dictum est ,ex illo omnia' et ,per hunc omnia'. Nihil autem expressius, quam quod hoc loco omnipotens filius evidenti ratione signatur; nam ut ex illo omnia, ita et per hunc omnia.

11.139 Inter omnia pater non est, cui dictum est „quoniam universa serviunt tibi"; inter omnia filius non est, quia „omnia per ipsum facta sunt" et „omnia in ipso constant" et „ipse est super omnes caelos". Non ergo inter omnia filius, sed super omnia, qui „secundum carnem" quidem | est ex familia Iudaeorum, idem tamen „super omnia deus benedictus in saecula", cuius est „nomen super omne nomen", de quo dicitur: „Omnia" subiecit „sub pedibus eius. Subiciendo autem omnia nihil reliquit ei non

---

R (def. 4–5 potestatis – 9 hunc, 16 carnem – 17 idem) *LVZSMNCWEO*
1–2 *Non esse – Per ipsum* hic posui, l. 5 est (L u.t.) E, l. 7 ipsum C, cap. 10, 127 ipsum (Wu.t.) Lm2Z, 10, 124 vererer titul. recent. Oa; om. titul. RVSMN ‖ 1 est differentia W | de eo quod scriptum est non esse differentiam C ‖ 2 et nos] eius (!) Lm1Lm2ZWE | per ipsum] add. hic est titulus desusum (!) W add. VIII Z, cap. VIII Lm2 ‖ 3 est] add. imperator auguste S | quod] quam E ‖ 5 est] add. ex patre omnia et per filium omnia eius per ipsum (cf. l. 1–2) Z | tamen] autem L | deus om. C deus pater deus Oa | pater] add. est L ‖ 6–7 et nos–omnia alt. om. L | in ipso Sp.c.m2m | iesus christus Sm ‖ 10 omnipotens] omnia potens R ‖ 11 et RS om. cet. am ‖ 12 pater] filius E ‖ 12–13 quoniam] quia MNm ‖ 15 est om. R ‖ 16 qui–18 omnia om. C ‖ 16 qui] quod Oa quidem om. W ‖ 18 deus om. MN ‖ 19 et de quo Ωam | subiecisti MNm ‖ 20 eius] suis C om. S | omnia om. S | relinquid R reliquidi S (!)

---

[440] *Sc.* zwischen Vater und Sohn.
[441] Diese Diskussion wird wiederholt bei Ambrosius, *spir.* 2,9,85–94

Darüber, daß es keinen Unterschied der Macht gibt, weil geschrieben steht: „Aus dem Vater ist alles und durch den Sohn ist alles und wir durch ihn" (vgl. *1 Kor 8,6*)

11.138 Es ist schon lächerlich, daß einige aufgrund dieses Satzes des Apostels eine Unterscheidung der Macht zwischen dem Vater und dem Sohn vornehmen, weil geschrieben steht: „Wir haben dennoch einen einzigen Gott, den Vater, aus dem alles ist und wir auf ihn hin, und einen einzigen Herrn Jesus, durch den alles ist und wir durch ihn" (1 Kor 8,6*). Sie behaupten nämlich, daß kein geringer Unterschied in der göttlichen Hoheit[440] besteht, weil gesagt worden ist: ‚Aus jenem ist alles' und ‚durch diesen ist alles'. Nichts aber ist deutlicher, als daß in dieser Bibelstelle der Sohn auf offensichtliche Weise als allmächtig bezeichnet wird; denn wie aus jenem alles ist, so ist auch durch diesen alles.

11.139 Inmitten von allem befindet sich nicht der Vater, auf den bezogen gesagt worden ist: „Da Dir die ganze Welt dient" (Ps 119,91: Ps 118,91*); inmitten von allem befindet sich auch nicht der Sohn, weil „alles durch ihn gemacht ist" (Joh 1,3) und „alles in ihm besteht" (Kol 1,17) und „er selbst über allen Himmeln ist" (Eph 4,10)[441]. Inmitten von allem befindet sich also nicht der Sohn, sondern über allem, der zwar „nach dem Fleisch" aus dem Volk der Juden stammt und als derselbe jedoch „über allem als Gott gepriesen ist in Ewigkeit", dessen „Name über jedem Namen" steht (Röm 9,5; Phil 2,9), von dem gesagt wird: „Alles" hat er „unter seine Füße getan. Indem er aber alles unter seine Füße tut, bleibt nichts übrig, das ihm nicht un-

---

(CSEL 79,120–123). Die Interpretation der präpositionalen Ausdrücke *ex quo* auf den Vater, *per quem* auf den Sohn sowie *in quo* auf den Geist findet sich auch bei BASILIUS VON CAESAREA, *spir.* 2,4 – 3,5 (FC 12,80–86). Möglicherweise kannte Ambrosius dieses 375 entstandene Werk also schon.

subiectum", sicut apostolus dixit. Quod si hoc etiam secundum incarnationis locutus est sacramentum, quemadmodum possumus de supernae generationis inconparabili maiestate dubitare?

11.140 Nihil igitur potestatis inter patrem et filium certum est interesse. Denique eo usque nihil interest potestatis, ut idem apostolus ex ipso dixerit esse omnia, per quem omnia, sicut habes: „Quoniam ex ipso et per ipsum et in ipso sunt omnia."

11.141 Si igitur pater, sicut putant, tantummodo significatur, non potest idem et omnipotens esse, quia „ex ipso omnia", et omnipotens non esse, quia „per ipsum omnia". Aut igitur invalidum nec omnipotentem patrem sua adsertione memorabunt aut certe omnipotentem etiam filium vel inviti voce propria fatebuntur.

11.142 Eligant tamen, utrum hic patrem declaratum putent. Si patrem, ergo et „per ipsum omnia", si filium, ergo „ex ipso omnia". Si autem et per patrem omnia, nihil utique filio derogandum, et si ex filio omnia, similiter et filio deferendum.

11.143 Ac ne insidiari nos unius arbitrentur obreptione versiculi, totum caput recenseamus. „O altitudo", inquit, „divi|tiarum sapientiae et scientiae dei! Quam inscrutabi- | 208 lia sunt iudicia eius et investigabiles viae eius! Quis enim cognovit sensum domini aut quis consiliarius ei fuit aut

---

R (def. 8–9 et alt. – omnia, 21 ac – p. 568 l. 1 quis pr.) LVZ SMNCWEO
3–4 incorporabili W ‖ 7 ex ipso] ex eo Oa ‖ 7–8 per quem sicut habes omnia V ‖ 10–11 signatur Oa ‖ 11–12 et pr. om. Oa | et omnipotens pr. om. V ‖ 14 memorabunt] mordebunt W ‖ 15 vel om. Oa ‖ 16 utrum ...] scil. an filium (cf. Kühner-Stegmann II, p. 529, nr. 6) | declarari (i ex e) Sm2 ‖ 17 et om. W | ergo alt.] add. et Lp.c.m2VZCEOa ‖ 18 per om. W | patrem] sapientiam La.c.m2 ‖ 20 differendum L ‖ 21 unius om. E | correptione Sa.c.m2 corruptione Sm2 ‖ 22 capitulum Oa | censeamus C | inquit om. C ‖ 25 ei RLW, Sa.c.m2 (cf. exam. I 3, 9, p. 8, 16 Sch.; cod. guelferb. 4148 p. 185 Tischendorf; al.) eius cet. (Vulg.)

terworfen ist" (Hebr 2,8*), wie der Apostel gesagt hat. Wenn er aber das auch mit Blick auf das Geheimnis der Fleischwerdung gesagt hat, wie können wir an der unvergleichlichen Hoheit der himmlischen Zeugung zweifeln?

11.140 Es ist also sicher, daß kein Unterschied an Macht zwischen Vater und Sohn besteht. Schließlich besteht so weitgehend kein Unterschied an Macht, daß derselbe Apostel gesagt hat: Aus ihm ist alles, durch den alles ist, wie Du es findest: „Da aus ihm und durch ihn und in ihm alles ist" (Röm 11,36)[442].

11.141 Wenn also nur der Vater damit gemeint ist, wie sie glauben, kann nicht derselbe zugleich allmächtig sein, weil „aus ihm alles" ist, und nicht allmächtig sein, weil „durch ihn alles" ist. Entweder werden sie also mit ihrer Aussage davon reden, daß der Vater schwach und nicht allmächtig ist, oder sie werden wohl widerwillig mit ihrer eigenen Stimme zugestehen, daß sicherlich auch der Sohn allmächtig ist.

11.142 Sie sollen trotzdem entscheiden, ob sie glauben, daß hier der Vater gemeint ist. Wenn der Vater gemeint ist, ist also auch „durch ihn alles", wenn der Sohn gemeint ist, ist also „alles aus ihm". Wenn aber auch durch den Vater alles ist, darf freilich dem Sohn nichts abgesprochen werden, und wenn aus dem Sohn alles ist, muß in ähnlicher Weise auch dem Sohn alles zuerkannt werden.

11.143 Und damit sie nicht meinen, daß wir eine Falle stellen, indem wir sie mit einem einzigen Vers überrumpeln, wollen wir das ganze Kapitel durchgehen: „Oh, welche Tiefe", heißt es, „des Reichtums, der Weisheit und der Erkenntnis Gottes! Wie unergründlich sind seine Entscheidungen und unerforschlich seine Wege! Denn wer hat den Gedanken des Herrn erkannt oder wer war ihm ein Ratge-

---

[442] Das Zitat findet sich auch bei Ps.-Didymus, *trin.* 3,23 (PG 39,924); dazu vgl. Basilius von Caesarea, *spir.* 5,7 (FC 12,92).

quis prior dedit illi et retribuetur ei? Quoniam ex ipso et per ipsum et in ipso sunt omnia, ipsi gloria in saecula."

11.144 De quo igitur dictum putant, de patre an de filio? Si de patre: sed non est „sapientia dei" pater, quia sapientia dei filius est. Quid est autem, quod non possit sapientia, de qua scriptum est: „Cum sit una, omnia potest et permanens in se omnia innovat"? Non ergo accedentem legimus, sed permanentem; habes ergo iuxta Solomonem omnipotentem et permanentem sapientiam, habes etiam bonam, quia scriptum est: „Sapientiam autem non vincit malitia."

11.145 Sed ad propositum revertamur. „Quam inscrutabilia sunt", inquit, „iudicia eius!" Si igitur „omne iudicium" pater dedit filio, filium videtur declarare, qui iudicat.

11.146 Denique ut scias quia non de patre sed de filio dicit, addidit: „Quis prior", inquit, „dedit illi?" Dedit enim pater filio, sed dedit iure generationis, non munere largitatis. Et ideo quia negari non potest accepisse filium, secundum quod scriptum est: „Omnia mihi tradita sunt a patre meo", dicendo tamen: „Quis prior dedit illi?" non accepisse per naturam a patre filium denegavit, sed priorem non posse dici inter patrem et filium | declaravit, quia etsi pater dedit filio, non quasi posteriori dedit, quia

---

R (def. 9 sapientiam – 13 si, 22 inter–declaravit) *LVZ SMNCWEO*
1 prius *L* | illi] ei *S* ei] illi *S* ‖ 4–5 dei *alt. om. C* ‖ 5 est *alt. om. MN* ‖ 6 omnia potest *RS* (πάντα δύναται) omnipotens *cet. am* ‖ 7 accidentem *R (?), Lp.c.m2VWE* ‖ 8 habet *S* ‖ 9 habet *S* habes | ergo etiam *Oa* ‖ 10 sapientia *W* ‖ 11 malitiam *Z, Ea.r.C* ‖ 14 filum] *add.* pater *Em* filius *Oa* ‖ 16 inquid *exp. L, om. Ma.c.m2C* ‖ 18 potest] *add.* a patre *codd.* > *RS* ‖ 23 non *RS* non tamen *cet. am* | quia] *add.* et *VC*

---

[443] Sc. „von der" zur göttlichen Substanz „hinzutretenden Weisheit".
[444] Nach MORESCHINI, *Ambrosius* 15,323 Anm. 4, handelt es sich um eines der zentralen Motive ambrosianischer Theologie: Gott gibt dem Sohn nicht alles gnadenhalber, sondern *iure* — weil es zu einer *generatio* mit dazu gehört.

ber oder wer hat zuvor jenem etwas gegeben, und es wird ihm nun zurückgegeben? Denn aus ihm und durch ihn und in ihm ist alles, ihm sei Ehre in Ewigkeit" (Röm 11,33–36*).

11.144 Über wen also, glauben sie, ist das gesagt, über den Vater oder über den Sohn? Wenn über den Vater: Aber der Vater ist nicht ‚die Weisheit Gottes' (1 Kor 1,24), weil der Sohn die Weisheit Gottes ist. Was ist es aber, was der Weisheit nicht möglich wäre, über die geschrieben steht: „Da sie eine einzige ist, vermag sie alles und ewig in sich bleibend erneuert sie alles" (Weish 7,27)? Wir lesen also nicht von der hinzutretenden Weisheit[443], sondern von der ewig bleibenden; Du findest also nach Salomo eine allmächtige und ewig bleibende Weisheit vor, findest auch eine gute Weisheit, weil geschrieben steht: „Die Schlechtigkeit besiegt aber die Weisheit nicht" (Weish 7,30).

11.145 Aber wir wollen zu unserem Vorhaben zurückkehren. „Wie unergründlich sind", heißt es, „seine Entscheidungen!" (Röm 11,33). Wenn also der Vater dem Sohn „die ganze Gerichtsgewalt übertragen hat" (Joh 5,22), scheint er den Sohn als den zu erklären, der richtet.

11.146 Damit Du schließlich weißt, daß er das nicht über den Vater, sondern über den Sohn sagt, hat er hinzugefügt: „Wer hat zuvor", sagt er, „ihm etwas gegeben?" (Röm 11,35). Der Vater hat nämlich dem Sohn etwas gegeben, aber er hat es ihm deshalb, weil er durch die Zeugung einen rechtmäßigen Anspruch darauf hatte, gegeben, nicht als großzügiges Geschenk[444]. Und daher, da nicht geleugnet werden kann, daß der Sohn etwas angenommen hat, entsprechend dem, was geschrieben steht: „Alles ist mir von meinem Vater übergeben worden" (Mt 11,27), hat er dennoch, indem er sagte: „Wer hat zuvor ihm etwas gegeben?" (Röm 11,35), nicht bestritten, daß der Sohn durch die Natur vom Vater etwas angenommen hat, sondern er hat erklärt, daß bei Vater und Sohn keiner ‚der Frühere' genannt werden kann, da der Vater, wenn er auch dem Sohn etwas gegeben hat, ihm nicht wie einem Späteren etwas ge-

increata et inaestimabilis trinitas, quae unius est aeternitatis et gloriae, nec tempus nec gradum vel posterioris recipit vel prioris.

11.147 Quod si graecos magis codices sequendos putamus, qui habent „ἢ τίς προσέδωκεν αὐτῷ", vides quoniam, cui nihil ‚addi' potest, non dispar a pleno est. Ergo si filio magis convenit hoc totum apostolicum, videmus et de filio esse credendum quia „ex ipso omnia", sicut scriptum est: „Quoniam ex ipso et per ipsum et in ipso sunt omnia."

11.148 Esto tamen, de patre dictum putent. Itaque meminerimus quia, sicut „ex ipso" legimus „omnia", ita etiam „per ipsum omnia"; in universitatem quippe totius creaturae patris et fili profertur auctoritas. Ac licet superius omnipotentem filium paterno probaverimus exemplo, tamen, quia illis derogare studium est, considerent quia et patri derogant. Si enim infirmus filius, quia „per ipsum omnia", numquid infirmus et pater, quia et per patrem omnia?

11.149 Sed ut agnoscant nullam discretionem interesse, iterum demonstrabo eiusdem esse, „ex quo" „aliquid" et „per quem" „aliquid", et ostendam utrumque de patre lec-

---

R (*def.* 10 de – 12 omnia) *LVZ SMNCWEO*
1 et *om.* Ma.c.N ‖ 2 tempora *S* | gradus *S* | vel] nec *C* ‖ 5 qui] quod *R* quia *Oa* | hτιchρωce∆ωKENAYτω *R* HTICΠPOCEΔΩKEN AYTΩ *S* HTICΠPOCEΔΩKENAYTΩ *VE corruptius cet.* | ἢ *om.* m ‖ 6 a *om.* La.c.m2, e *S* ‖ 7 apostolicum] *add.* caput *LVSMNWEm*, capitulum *Oa*, capitolium *C* ‖ 8 sicut] quia *E* ‖ 10 putant *C* ‖ 13 prophetatur *S* profutura *Oa* | at *Oa* ‖ 16 derogasse (s *pr. eras.* ?) *R* derogandi *LV* est] et *C* derogent *COa* | per eum *C* ‖ 17 et infirmus pater *Oa* | et *alt. om. V* | et per patrem] ex patre *Z* et ex patre *Lp.c.m2* ‖ 18 interesse] inter haec esse Ωam ‖ 19 iterum] verum *Oa* | eiusdem esse *om. W* ‖ 20 utrumque] virtutem quae (!) *R* ‖ 20 – p. 570 l. 1 lectum] dictum *LVC*

---

[445] Vgl. *fid.* 1,8,55, oben 182f; 2,8,65.73, oben 294f.300f, sowie *in Luc.* 4,44 (CCL 14,122) und aus dem späteren *Symbolum Quicumque* (dem „Athanasianum") 24: *Et in hac trinitate nihil prius aut posterius* (zitiert nach FALLER, *Ambrosius* 8,59*).

[446] Ambrosius predigt wie ORIGENES offenbar entweder mit einer Bibel

geben hat, weil die ungeschaffene und unabschätzbare Trinität, die von einer einzigen Ewigkeit und Herrlichkeit ist, weder Zeit noch die Abstufung in einen Späteren oder Früheren in sich birgt[445].

11.147 Wenn wir aber glauben, daß man eher den griechischen Handschriften folgen muß, die den Satz haben: „Oder wer hat ihm etwas hinzugefügt?"[446], siehst Du, daß derjenige, dem nichts ‚hinzugefügt' werden kann, sich von dem, was vollständig ist, nicht unterscheidet. Wenn also dieser ganze Satz des Apostels eher zum Sohn paßt, sehen wir, daß auch vom Sohn geglaubt werden muß, daß „aus ihm alles ist", wie geschrieben steht: „Denn aus ihm und durch ihn und in ihm ist alles" (Röm 11,36).

11.148 Nun gut. Mögen sie dennoch glauben, daß es über den Vater gesagt ist. Deshalb wollen wir uns daran erinnern, daß wie wir „aus ihm" ist „alles" lesen, so auch lesen „durch ihn" ist „alles"; die Urheberschaft des Vaters und des Sohnes erstreckt sich freilich auf die Gesamtheit der ganzen Schöpfung. Und obwohl wir weiter oben an dem Beispiel des Vaters den Sohn als allmächtig bewiesen haben[447], sollen sie dennoch bedenken, weil sie sich darum bemühen herabzuwürdigen, daß sie dabei auch den Vater herabwürdigen. Wenn nämlich der Sohn schwach ist, weil „durch ihn alles" ist, ist etwa auch der Vater schwach, weil auch durch den Vater alles ist?

11.149 Aber damit sie anerkennen, daß kein Unterschied besteht, werde ich wiederum darlegen, daß „aus ihm" „etwas" ist und „durch ihn" „etwas" ist, und zeigen, daß beides über den Vater vorgelesen worden ist[448]. So

---

in der Hand, in die er textkritische Bemerkungen eingetragen hat, oder nach Kenntnisnahme der überlieferten Variante; vgl. dazu MARKSCHIES, „... für die Gemeinde im Großen und Ganzen nicht geeignet ..." 55 mit Anm. 69.
[447] Vgl. *fid.* 4,11,141, oben 564f.
[448] Vgl. Ambrosius, *spir.* 2,9,100 (CSEL 79,125; so MORESCHINI, *Ambrosius* 15,325 Anm. 8).

tum. Sic | enim habemus: „Fidelis deus, per quem vocati | 210
estis in communionem fili eius." Quid apostolus dixerit,
considerent. „Per" patrem vocamur et nihil est quaestio-
nis; per filium creamur et hoc vilius aestimabunt? Pater „in
communionem fili" vocat, et religiose hoc, sicut debemus, 5
accipimus. Filius omnia creavit, et putant liberae non fuisse voluntatis arbitrium, sed coactae atque servilis operationis obsequium?

11.150 Ut autem agnoscas plenius nihil distare inter patris et fili potestatem, cum per patrem in communionem 10
fili eius vocemur, ‚ex filio' est ipsa communio, sicut scriptum est quoniam „de plenitudine eius nos omnes accepimus", licet secundum graecum evangelium ‚ex' „plenitudine eius" intellegere debeamus.

11.151 Ecce et per patrem communio et ex filio commu- 15
nio, sed non discrepans, sed una communio, sicut idem
Iohannes in epistula sua dixit: „Et communicatio nostra sit
cum patre et filio eius Iesu Christo."

R (def. 1 per quem – 3 vocamur, 15 patrem – 16 discrepans) LVZ
SMNCWEO
2 apostoli dixerint Oa ‖ 4 et in hoc R (?) | aestimabimur Sa.c.m2 ae-
stimabitur Sm2W aestimant C aestimavimus Mp.c.m2 aestimarunt Ma.
c.m2Nm | in om. C ‖ 4–5 in communione V ‖ 5 filium E | vocat R
vocavit cet. am ‖ 6 accepimus ZSC | et filius N | et] ut S | liberae non
RS non liberae cet. am ‖ 7 atque] ac C ‖ 9 cognoscas L | plenissime S ‖
12 de plenitudinem R | nos om. R ‖ 12–13 accipimus E ‖ 14 eius]
add. et Oa ‖ 15 et pr. om. E et alt. om. Z ‖ 16 sed pr.–communio om.
C ‖ 17 communio Z | nostra om. Oam ‖ 18 et cum filio Ωam (Vulg.)

---

[449] Vgl. FLOROVSKY, The Concept of Creation 36–57.
[450] Ambrosius bezieht sich auf das ἐκ τοῦ πληρώματος αὐτοῦ. Auch
Ps.-DIDYMUS, trin. 3, 23 (PG 39, 929), verbindet das ex quo mit Joh 1, 16.

nämlich finden wir es: „Gott ist treu, durch den ihr in die Gemeinschaft mit seinem Sohn berufen seid" (1 Kor 1,9*). Sie sollen bedenken, was der Apostel gesagt hat: „Durch" den Vater werden wir gerufen, und hier gibt es keine Frage; „durch" den Sohn werden wir erschaffen, und das werden sie für weniger wert halten? Der Vater beruft „in die Gemeinschaft mit dem Sohn", und das sehen wir fromm ein, wie wir es auch müssen. Der Sohn hat alles geschaffen, und sie glauben, daß das nicht die Entscheidung eines freien Willens gewesen ist, sondern der Gehorsam einer erzwungenen und sklavischen Handlung?[449]

11.150 Damit Du aber noch vollständiger anerkennst, daß kein Unterschied zwischen der Macht des Vaters und des Sohnes besteht, obwohl wir durch den Vater in die Gemeinschaft mit seinem Sohn gerufen werden, ist doch diese Gemeinschaft selbst ‚aus dem Sohn', wie geschrieben steht: „Wir haben alle von seiner Fülle empfangen" (Joh 1,16), obwohl wir dem griechischen Evangelium entsprechend ‚aus' „seiner Fülle" verstehen sollen[450].

11.151 Siehe, es gibt sowohl eine Gemeinschaft durch den Vater als auch eine Gemeinschaft aus dem Sohn[451], aber sie ist keine in sich verschiedene Gemeinschaft, sondern eine einzige, wie derselbe Johannes in seinem Brief gesagt hat: „Und unsere Gemeinschaft[452] sei mit dem Vater und seinem Sohn Jesus Christus" (1 Joh 1,3*).

---

[451] Damit läuft die Argumentation wieder auf die drei Präpositionen aus *fid.* 4,11,139, oben 562–565, zu, die griechischem Vorbild entsprechen: ἐξ οὗ, δι' οὗ, ἐν ᾧ (vgl. für die sogenannte „Metaphysik der Präpositionen" beispielsweise DILLON, *The Middle Platonists* 138f, oder THEILER, *Die Vorbereitung des Neuplatonismus* 32–34. Die platonische Reihe ist allerdings gewöhnlich fünfgliedrig, kann aber auch verkürzt werden).
[452] Die Bibelfassung bei Ambrosius übersetzt das griechische κοινωνία mit *communicatio*. Belegt sind in der altlateinischen Überlieferung auch die Fassungen *communio* und *societas* (THIELE, *Vetus Latina* 26/1, 248).

11.152 Accipe etiam quia non solum ex patre et filio, sed etiam ex spiritu sancto unam nobis communionem scriptura memoravit: „Gratia", inquit, „domini nostri Iesu Christi et caritas dei et communicatio spiritus sancti cum omnibus vobis."

11.153 Quaero autem, in quo minor videatur is, „per quem omnia", quam is, „ex quo omnia". An quia „operator" adseritur? Sed operatur et pater, quia verus est, qui dixit: „Pater meus usque modo operatur et ego operor." Sicut igitur pater operatur, operatur et filius. Non ergo, qui operatur, infirmus aut vilis est, quoniam operatur et pater; et ideo quod commune est filio cum patre, vel propter patrem inferiore loco accipi non oportet, ne patri potius in filio ab haereticis derogetur.

11.154 Nec mediocre illud, quod alibi etiam idem sanctus Iohannes ad refellendas Arrianae perfidiae quaestiones ait: „Si scitis quoniam iustus est, scitote quoniam qui facit iustitiam, ex ipso natus est." „Iustus" autem quis nisi dominus, qui ‚iustitiam dilexit'? Aut quem, sicut superiora indicant, ‚repromissorem vitae habemus aeternae', si filium non habemus? Si igitur filius dei ‚vitam nobis promisit aeternam', et ipse „iustus" est et „ex ipso" utique

---

R (*def.* 11 vilis – 12 quod) *VZ SMNCWEO*
1 ex *alt.*] in *C* ‖ 3 commemoravit *Sp.c.Vm* commemoravimus *Sa.c.* memoraverit *W* inquit *om. C* | sancti spiritus *VOam* ‖ 5 nobis *LVZM WE* ‖ 6 et is *V* | is] quis *Lm2, om. Lm1C* ‖ 7–8 operator] operatur *Sa. c.m2RWC* operatus *Sm2MN* ‖ 10 operatur *pr. om. Z* | filius] *add.* si *C* ‖ 10–11 qui operatur *R* quia (a *s.l.m3*) operatur *S* operatur *C* pater *W* operator *cet. am* ‖ 12 communis *S* | fili *C* cum filio patri *W* ‖ 13 inferiori *Lp.c.m2ZSMNW* inferiorem *V* | acceipit *V* | ne] nec *VW* ‖ 15 idem *om. W* ‖ 16 refellendos *S* ‖ 17 si *om. REOa* ‖ 18 fecit *RMa.c.EOa* | facit] iustificat *N* ‖ 19 iustitias *VMNWEOam* | quem] per quem *N* ‖ 20 iudicant *V* | repromissionem *VMNOa* repromissionem *La.c.m2* (repromissor = ἔγγυος, cf. Ambr. Tob. 23, 89 Sir. 29, 20) | aeternae *om. MNOa* ‖ 21 si *pr.*–habemus *om. MNOa* ‖ 22 est *om. S* | et *om. NWm*

11.152 Sieh' auch ein, daß die Schrift eine einzige Gemeinschaft für uns nicht nur aus dem Vater und dem Sohn, sondern auch aus dem heiligen Geist erwähnt hat: „Die Gnade unseres Herrn Jesus Christus", heißt es, „und die Liebe Gottes und die Gemeinschaft des heiligen Geistes sei mit euch allen" (2 Kor 13,13*)[453].

11.153 Ich frage aber, worin derjenige geringer zu sein scheint, „durch den alles" ist, als derjenige, „aus dem alles" ist. Etwa deswegen, weil er als „der, der am Werk ist"[454] bezeichnet wird? Aber auch der Vater ist am Werk, weil derjenige ja wahrhaftig ist, der gesagt hat: „Mein Vater ist noch immer am Werk, und auch ich bin am Werk" (Joh 5,17). Wie also der Vater am Werk ist, ist auch der Sohn am Werk. Derjenige also, der am Werk ist, ist also nicht schwach oder weniger, da auch der Vater tätig ist; und daher darf, was dem Sohn mit dem Vater gemeinsam ist, auch des Vaters wegen nicht als auf einem niedrigeren Rang befindlich verstanden werden, damit im Sohn nicht eher der Vater von den Häretikern herabgewürdigt wird.

11.154 Und das ist nicht unwichtig, daß an anderer Stelle auch derselbe heilige Johannes, um die Fragen des arianischen Unglaubens zu widerlegen, sagt: „Wenn ihr wißt, daß er gerecht ist, sollt ihr wissen, daß jeder, der die Gerechtigkeit tut, aus ihm geboren ist" (1 Joh 2,29*). Wer ist aber „gerecht" außer dem Herrn, der ‚die Gerechtigkeit geliebt hat' (Hebr 1,9; Ps 45,8: Ps 44,8 LXX)? Oder wen haben wir, ‚der ewiges Leben verheißt' (1 Joh 2,25; Sir 29,20f), wie die Schriftstellen weiter oben anzeigen, wenn wir den Sohn nicht haben[455]? Wenn also der Sohn Gottes ‚uns das ewige Leben verheißen hat', ist er selbst „gerecht",

---

[453] Auch diese Stelle wird bei Ps.-Didymus, *trin.* 3,23 (PG 39,925), besprochen, was an eine Benutzung (oder gemeinsame Quelle) denken läßt.
[454] Für *operator* vgl. Ijob 36,3; Spr 22,2 und Jes 22,11 (jeweils Vg.).
[455] Vgl. für den Begriff *repromissor* Sir 29,21f beziehungsweise Hebr 1,9 (Ps 44,8).

nati sumus. Aut si ex filio nos per gratiam natos negant, nec iustum filium confitentur.

11.155 Credas igitur necesse est etiam ex dei filio omnia, quia omnium sicut deus pater, ita et filius et auctor est et creator. Videmus ergo inanem esse hanc quaestionem, cum et de filio credi conveniat „quoniam ex ipso et per ipsum et in ipso sunt omnia."

11.156 Diximus, quomodo „ex ipso", quomodo etiam „per ipsum". „In ipso" autem omnia esse quis dubitet, cum alibi scriptum sit: „Quoniam in ipso condita sunt omnia in caelis, et in ipso creata sunt, et ipse est ante omnes, et omnia in ipso constant." Habes ergo „ex ipso" gratiam, ‚ipsum' „operatorem", „in ipso" omnium firmamentum.

De eo quod dicit: „ ego sum vitis vera et pater meus agricola est"

12.157 Aliud quoque ad separandam patris et fili divinitatem obicere consuerunt, quia dominus dixit in evangelio: „Ego sum vitis vera et pater meus agricola est", agricolam et vitem diversae dicentes esse naturae et vitem esse in agricolae potestate.

R (*fol. 11* ‚*ita detritum, ut retis simile sit' ait Mercati; def.* 1 aut – 3 necesse, 17 dominus – 18 agricola est, 19 diversae – p. 576 l. 2 vel), L (*def.* 5 inanem – V 6, 80 distantia sit), *VZ SMNCWEO def. L*

5 vidimus V | inanem] lenem S ‖ 8 quomodo quoque ex ipso Oa ‖ 9 per ipsum etiam W | dubitat S ‖ 13 et in ipso VC ‖ 14–15 *titulum hic ponit Z, l. 17–18 evangelio W, l. 18 agricola est C; titul. recent. hic Oa; om. RVSMNE* ‖ 14 *De eo* – 15 *Agricola est C quod vitem se filius secundum incarnationem dixerit ZW* ‖ 16 aliud R illud *cet. am* ‖ 17 consueverunt Oam ‖ 19 dicent Z dicunt C ‖ 19–20 in agricolae esse m ‖ 20 potestatem *S Ma.c. NVW*

---

[456] Die Bibelstelle Kol 1,16f wird wieder auch von Ps.-DIDYMUS, *trin.* 3, 23 (PG 39, 929), zitiert.

und wir sind freilich „aus ihm" geboren. Andernfalls, wenn sie leugnen, daß wir durch die Gnade aus dem Sohn geboren sind, bekennen sie auch nicht, daß der Sohn gerecht ist.

11.155 Du sollst also notwendigerweise glauben, daß auch aus dem Sohn Gottes alles ist, weil Urheber und Schöpfer von allem wie Gott der Vater so auch der Sohn ist. Wir sehen also, daß diese Frage nichtig ist, weil es erforderlich ist, daß auch über den Sohn geglaubt wird, „daß aus ihm und durch ihn und in ihm alles ist" (Röm 11,36).

11.156 Wir haben gesagt, wie „alles aus ihm" ist und wie auch „alles durch ihn" ist. Wer könnte zweifeln, daß „in ihm" aber alles ist, da an anderer Stelle geschrieben steht: „In ihm ist alles in den Himmeln begründet, und in ihm ist es geschaffen, und er ist vor allen, und alles hat in ihm Bestand" (Kol 1,16f)[456]. Du hast also „aus ihm" die Gnade, ihn ‚selbst' als „den, der am Werk ist", ‚in ihm' das Fundament aller Dinge.

Darüber, daß er sagt: „Ich bin der wahre Weinstock, und mein Vater ist der Weingärtner" (Joh 15,1)

12.157 Sie pflegen auch eine andere Schriftstelle vorzulegen, um die Gottheit des Vaters und des Sohnes zu trennen, nämlich, daß der Herr im Evangelium gesagt hat: „Ich bin der wahre Weinstock, und mein Vater ist der Weingärtner" (Joh 15,1), wobei sie sagen, daß der Weingärtner und der Weinstock von verschiedener Natur sind und der Weingärtner Macht über den Weinstock hat[457].

---

[457] FALLER, *Ambrosius* 8,212, nennt ATHANASIUS VON ALEXANDRIEN, *Dion.* 10,1 (53 OPITZ): ATHANASIUS bezieht diese Bibelstelle auf die Menschheit, ἀνθρωπίνως εἴρηται (*Dion.* 10,3 [53,11 OPITZ]). Dort wird das ὁμοούσιος auf unsere und des Heilandes menschliche Natur bezogen (!); vgl. aber auch PS.-DIDYMUS, *trin.* 3,8 (PG 39,849); PS.-BASILIUS, *Eun.* 4,3 (PG 29,700).

12.158 Sic ergo vultis esse filium secundum divinitatem, sicut vitis est, ut sine cultore nihil valeat et possit deseri vel recidi, et ex littera calumniam conparatis, quia dominus vitem esse se dixit incarnationis suae significans sacramentum? | Tamen si placet, ut ex littera argumentemur, fateor et ego, immo profiteor quia ‚vitem' se filius nominavit. Vae enim mihi, si sacramentum salutis publicae denegavero!

12.159 Quomodo ergo vultis accipere, quod se ‚vitem' dei filius nominavit? Si secundum divinam substantiam dictum accipitis et sicut inter agricolam et vitem, ita etiam inter patrem et filium divinitatis creditis esse distantiam, geminam filio, geminam patri facitis iniuriam, filio, quia si secundum divinitatem inferior est quam agricola, inferior etiam Paulo apostolo vestra adsertione necesse est aestimetur, quia et Paulus agricolam esse se dixit, sicut habes: „Ego plantavi, Apollo rigavit, sed deus incrementum dedit." Num ergo vultis, ut Paulus melior sit dei filio? Habetis unam iniuriam.

12.160 Alteram, quia si secundum substantiam generationis aeternae vitis est filius, cum dixerit „ego sum vitis,

---

R (def. 9 filius – 11 inter pr., 20 ego – p. 578 l. 2 generatio) VZ SMNCWEO def. L
1 sic] si W | esse om. C || 2 nil E | valeat] videat W | et] quod Oa || 4 se esse VWOam | dixerit M || 7 publice RE || 8 quomodo ergo om. C || 10 in agricola et vite N || 11 credetis W, (ex credentes) Sp.c. || 12–13 quia si] quasi Sa.c.m2C || 14 a vestra W nostra Oa || 15 se esse VSMNCm || 16 habet Z | sed deus] deus autem Oa (Vulg.) || 19 et alteram C | quia om. Z si om. V, SEa.c.Oa

---

[458] Ambrosius verwendet die Namensform APOLLO. Das wäre aber die Latinisierung von griechisch Ἀπόλλων. Der griechische Name Ἀπολλῶς ist aber eine Kurzform, entweder für Ἀπολλώνιος oder für Ἀπολ-

12.158 Ihr wollt also, daß der Sohn nach seiner Gottheit so beschaffen ist wie ein Weinstock, so daß er ohne einen, der ihn pflegt, nichts vermag und angepflanzt oder abgeschnitten werden kann, und ihr zieht aus dem Buchstaben eine betrügerische Behauptung, weil der Herr gesagt hat, daß er ein Weinstock ist, und damit auf das Geheimnis seiner Fleischwerdung hingedeutet hat? Wenn es dennoch gefällt, daß wir vom Buchstaben her argumentieren, bekenne auch ich, vielmehr erkläre ich öffentlich, daß der Sohn sich ‚Weinstock' genannt hat. Weh' mir nämlich, wenn ich das Geheimnis des allgemeinen Heils leugne!

12.159 Wie also wollt ihr verstehen, daß der Sohn Gottes sich ‚Weinstock' genannt hat? Wenn ihr es als im Blick auf die göttliche Substanz gesagt versteht und glaubt, daß wie zwischen Weingärtner und Weinstock so auch eine Verschiedenheit der Gottheit zwischen Vater und Sohn besteht, begeht ihr ein doppeltes Unrecht gegen den Sohn, ein doppeltes Unrecht gegen den Vater: Gegen den Sohn, da er, wenn er der Gottheit gemäß geringer als ein Weingärtner ist, aufgrund eurer Behauptung auch für geringer als der Apostel gehalten werden muß, weil auch Paulus gesagt hat, daß er ein Weingärtner ist, wie Du es findest: „Ich habe gepflanzt, Apollos[458] hat begossen, aber Gott hat Wachstum gegeben" (1 Kor 3,6). Wollt ihr also etwa, daß Paulus besser ist als der Sohn Gottes? Hier habt ihr also das eine Unrecht.

12.160 Das andere Unrecht ist es, daß, wenn der Sohn entsprechend der Substanz der ewigen Zeugung Weinstock ist, da er gesagt hat: „Ich bin der Weinstock,

---

λόδωρος beziehungsweise Ἀπολλωνίδης (BAUER/ALAND, *Griechisch-deutsches Wörterbuch* 191).

vos palmites estis", unius nobiscum etiam illa divina generatio videbitur esse substantiae. Sed „quis similis tibi in diis, domine?" sicut scriptum est, et rursus in psalmo: „Quoniam quis in nubibus aequabitur domino aut quis similis erit domino inter filios dei?"

12.161 Nec tamen soli filio derogatis, sed etiam patri. Nam si in agricolae nomine omnis paternae praerogativa est potestatis, cum etiam Paulus agricola sit, patri utique, cui filium negatis aequalem, aposto|lum conparatis.

12.162 Deinde cum scriptum sit: „Sed neque qui plantat est quicquam neque qui rigat, sed qui dat incrementum deus", in eo nomine vos summam paternae maiestatis locabitis, quod videtis infirmum. Si enim „qui plantat" et „qui rigat", nihil est, „sed qui dat incrementum, deus," videte, quid vestra adserere moliatur impietas, ut et pater nomine sit contemnendus ‚agricolae' et deus aliqui, incrementum paterno operi qui tribuat, requirendus. Impie igitur ex nomine ‚agricolae' praeferendam dei patris existimant potestatem, in quo sit patri deo cum homine adpellationis commune consortium.

12.163 Quid autem egregium, si ei, ut vultis, haeretici, filio praeferatur, cuius divina substantia ab humana condicione non discrepet? Nam si ‚vitem' filium secundum divinam substantiam adpellatum putatis, non solum corruptelae incertisque elementorum obnoxium iudicatis, sed

---

R (*valde dubiae* 2 videbitur – 5 dei, *def.* 13 si – 15 vestra, 22 humanae – p. 580 l. 4 ego autem) *VZ SMNCWEO def. L*
1 et vos *ZW* ‖ 2 videtur *MN* | substantia *R*(?) | sed] ergo *R*(?) | tibi] tui *Oa* ‖ 4 quis *om. W* ‖ 5 domino] deo *SCm* om. *N* ‖ 6 derogatur *VC* ‖ 7 in *om. C* | nomen *C* | omnis *om. VC* omnis potestatis *Oa* ‖ 9 cui] exui *Sm1*, aequari s. exui *Sm2* | denegetis *Z* | aequalem *om. C* | apostolo *Oa* ‖ 10 sed *om. VW* ‖ 11 incrementum dat *R, sed cf. l. 14 et in psalm. 43,12,6* ‖ 12 nomine vos] omnem vos *Z* enim vos omnem *C* omnem vocis *V* ‖ 13 videbitis *Z* | qui *alt. om. E* ‖ 14–15 adserere] adferre *V* ‖ 15 et *om. VC* ‖ 16 aliqui] aliquid *R* aliquod *W* ali qui *Sm1* alius qui *Sm2* alicui *N* aliquis *Zm* | qui *exp. S* ‖ 18 dei patris praeferendam *VCEOa* | estimant *Oa* ‖ 18–19 deo patri *W* ‖ 19 deo *om. V* | hominibus *C* ‖ 20 autem] *add.* tam *C* ‖ 23 appellare (i s. e m2) *S*

ihr seid die Reben" (Joh 15,5), offensichtlich auch jene göttliche Zeugung als von einer Substanz mit uns sein wird. Aber „wer ist dir gleich unter den Göttern, Herr?" (Ex 15,11*), wie geschrieben steht, und wiederum im Psalm: „Denn wer wird dem Herrn unter den Wolken gleichkommen, oder wer wird dem Herrn ähnlich sein unter den Söhnen Gottes?" (Ps 89,7: Ps 88,7*)

12.161 Und dennoch würdigt ihr nicht nur den Sohn herab, sondern auch den Vater. Denn wenn der ganze Vorrang der väterlichen Macht im Begriff des Weingärtners liegt, obwohl auch Paulus Weingärtner ist, setzt ihr den Apostel freilich mit dem Vater gleich, demgegenüber ihr den Sohn für nicht gleichwertig haltet.

12.162 Da im darauffolgenden Vers geschrieben steht: „Aber weder der, der pflanzt, ist etwas noch der, der bewässert, sondern nur der, der Wachstum gibt, Gott" (1 Kor 3,7*), werdet ihr an der Bezeichnung, die ihr hier als schwach anseht, die Gesamtheit der väterlichen Hoheit festmachen. Denn wenn nämlich derjenige, „der pflanzt" und derjenige, „der bewässert", nichts ist, sondern nur „der, der Wachstum gibt, Gott", seht, was euer Unglaube zu behaupten sich bemüht, so daß der Vater durch die Bezeichnung ‚Weingärtner' verachtet werden und irgendein Gott, der dem väterlichen Werk Wachstum gibt, gesucht werden muß. Auf gottlose Weise meinen sie also, daß wegen der Bezeichnung ‚Weingärtner' die Macht Gottes, des Vaters einen Vorrang haben muß, wobei Gott der Vater mit dem Menschen eine Gemeinschaft hinsichtlich der Benennung hat.

12.163 Was aber ist daran herausragend, wenn Gott dem Sohn, wie ihr, Häretiker, wollt, vorgezogen wird, dessen göttliche Substanz sich vom menschlichen Sein nicht unterscheidet? Denn wenn ihr glaubt, daß der Sohn gemäß seiner göttlichen Substanz ‚Weinstock' genannt wird, urteilt ihr nicht nur, daß er dem Vergehen und den Unsicherheiten der Elemente unterworfen ist, sondern auch,

etiam humanae tantummodo consortem naturae, quia unius naturae sunt vites et palmites, ut non per incarnationis sacramentum carnem dei filius adsumpsisse videatur, sed principium sumpsisse de carne.

12.164 Ego autem dicam plane carnem eius, licet novo generationis mysterio, unius tamen naturae fuisse nobiscum et hoc salutis nostrae sacramentum esse, non divinae generationis exordium. Vitis enim est, quia meas sustinet passiones, quandoquidem in illo nixa fragilis prius humana condicio faecundis redivivae fructibus pietatis adolevit.

12.165 Verumtamen si te pompa delectat agricolae, dicas velim, quis ille sit, qui locutus est in propheta: „Domine, notum mihi fac", ut „sciam. Tunc vidi cogitationes eorum. Ego ut agnus ductus sum innocens ad immoladum et nesciebam. Adversum me cogitaverunt consilium dicentes: ‚Venite iniciamus lignum in panem eius'." Si enim filius incarnationis futurae loquitur sacramentum — quia impium est ut de patre credas —, filius est utique, qui supra dicit: „Ego te plantavi vitem fructiferam; quomodo conversa es in amaritudinem vitis alienae?"

12.166 Itaque et filium vides esse ‚agricolam', unius nominis cum patre, unius operis, unius dignitatis atque sub-

---

R (def. 61 vidi – 64 si) VZ SMNCWEO def. L
1 quia – 2 sunt] sicut Oa ‖ 2 vitis CMN (def. R) | non om. V ‖ 3 carnem om. Oa | adsumpsisse] sumpsisse MN | de] videatur a C ‖ 8–9 sustinuit CZ ‖ 9 in illa W ‖ 12 pompo R pompam V ‖ 13 velim quis] vel inquis M vel invitus | est] sit E ‖ 14 fac] add. finem meum E | ut codd., etiam R (καὶ Sept.; et scibo in psalm. 118 16, 35 p. 370, 17 Pe.) ‖ 15 adductus Z adversus E ‖ 17 iniciamus] mittamus Oa (Vulg.) | pane SCE ‖ 18 sacramento Sp.c.m2 sacramenta N ‖ 20 plantavi te Oam (Vulg.) te om. C | fructuosam N fructiferam] add. omnem verissimam Z ‖ 21 est C | in amaritudine W | alienae codd., etiam R (cf. Hexapla in ed. Ziegler. ἀμπέλου ἀλλοτρίας)

---

[459] Für diese vom masoretischen Text vollkommen abweichende Fassung vgl. RUDOLPH, Jeremia 70. Gedacht ist offenbar an eine Vergiftung

daß er Teilhaber nur der menschlichen Natur ist, da Weinstock und Reben von einer einzigen Natur sind, so daß der Sohn Gottes nicht durch das Geheimnis der Fleischwerdung das Fleisch angenommen, sondern vom Fleisch seinen Anfang genommen zu haben scheint.

12.164 Ich will allerdings deutlich sagen, daß sein Fleisch — wenn auch in dem neuen Geheimnis der Zeugung — dennoch von einer Natur mit uns gewesen ist und daß darin das Geheimnis unseres Heils besteht, nicht der Anfang der göttlichen Zeugung. Er ist nämlich Weinstock, weil er meine Leiden auf sich nimmt, da das menschliche Sein, das früher hinfällig war, auf ihn gestützt durch die reichen Früchte der wiedererweckten Frömmigkeit erstarkt ist.

12.165 Doch wenn Dich die Pracht des Weingärtners erfreut, sag' doch bitte, wer der ist, der beim Propheten gesprochen hat: „Herr, mache mir bekannt", damit „ich es weiß. Dann habe ich deren Gedanken durchschaut. Ich bin wie ein Lamm unschuldig zum Schlachten geführt worden und habe es nicht gewußt. Gegen mich haben sie einen Plan geschmiedet, indem sie sagten: ‚Kommt, wir wollen Holz in sein Brot tun'" (Jer 11, 18 f*)[459]. Denn wenn der Sohn über das Geheimnis seiner zukünftigen Fleischwerdung spricht — da es Unglaube ist, daß du meinst, daß es über den Vater gesagt ist —, ist es freilich der Sohn, der oben sagt: „Ich habe dich als fruchtbringenden Weinstock gepflanzt. Wie hast du dich in die Bitterkeit eines fremden Weinstocks gewandelt" (Jer 2, 21*)?

12.166 Deshalb siehst du, daß auch der Sohn ‚Weingärtner' ist, der einen einzigen Namen mit dem Vater, ein einziges Werk, eine einzige Würde und Substanz hat.

---

der Speise; vgl. auch BURKITT, *Justin Martyr and Jeremiah 11/19* 371–373, und jetzt BOURGUET, *Des Métaphores de Jérémie* 221–232, besonders 222–225. Wahrscheinlich steht die Differenz zwischen den Übersetzungen auch im Hintergrund von JUSTIN DER MÄRTYRER, *dial.* 72, 2f (194 MARCOVICH, mit weiteren Belegen).

stantiae. Ergo si et agricola et vitis est filius, vitem utique secundum incarnationis accipimus sacramentum.

12.167 Sed non solum ‚vitem‘ esse se dixit, sed etiam botryonem voce prophetica nuncupavit tunc, quando „ad vallem botryonis" exploratores Moyses iussu domini direxit. Quae est illa vallis nisi humilitas incarnationis et faecunditas passionis? Et puto ‚botryonem‘ ideo dictum, quod ex vinea illa ‚translata‘ „ex Aegypto", hoc est ‚ex familia Iudaeorum‘, utilis mundo fructus emicuit. Nemo certe ‚botryonem‘ potest ad generationem referre divinam, aut qui refert, aliud nihil re|linquit, nisi ut ‚botryonem‘ illum natum ex vite credamus. Itaque adscribit insipiens patri, quod repraehendit in filio.

12.168 Verum si iam dubitari non potest quod ‚vitis‘ secundum incarnationem dei filius nominatus sit, videtis, secundum quod sacramentum dominus sit locutus „quoniam pater maior me est." Nam cum hoc in superioribus dixerit, continuo subiecit: „Ego sum vitis vera, et pater meus agri-

---

R (def. 4 botryonem, 14 *non* – 15 *sit) VZ SMNCWEO def. L*
1 et si *SMN* | et *om. RZEOam* | agricolae *MNWE* | et *om. MNE* ‖
2 accepimus *EOa* accipiamus *S* ‖ 3 se esse vitem *Oam* vitem se esse *W* | se *om. Z* ‖ 4 butruonem *C* ‖ 5 butruonis *C* | exploratore ... *R* ‖ 6 est *om. Z* ‖ 8 quod] quia *m* ‖ 9 rutilis *Z* ‖ 11 ut *om. R* ‖ 12 vitae *R, Ea.r.* ‖ 14 si *om. VC, Ma.c.m2* ‖ 14–15 quod secundum *Ra.c.m1, W* ‖ 16 quod] *add.* ad *Oa* | domini *C* ‖ 18 subicit | sum *om. R*

---

[460] Für diese allegorische Auslegung des „Weinstocks" liegt es nahe, eine Beeinflussung durch ORIGENES anzunehmen. Aber weder in den JEREMIA-Homilien noch im Johannes-Kommentar findet sich eine entsprechende Auslegung.
[461] Vgl. Num 13,24f und *fid.* 1,20,135, oben 246f.

Wenn also der Sohn sowohl Weingärtner als auch Weinstock ist, verstehen wir den Weinstock freilich so, wie es dem Geheimnis der Fleischwerdung angemessen ist[460].

12.167 Aber er hat nicht nur gesagt, daß er ‚Weinstock‘ ist, sondern auch mit prophetischer Stimme erklärt, daß er Traube ist, damals, als Mose auf Befehl des Herrn die Kundschafter „zum Traubental" ausgesandt hat[461]. Was ist jenes Tal, wenn nicht die Niedrigkeit der Fleischwerdung und die Fruchtbarkeit des Leidens? Ich glaube, daß er deshalb ‚Traube‘ genannt wurde, weil aus jenem Weingarten, ‚herübergebracht‘ „aus Ägypten" (vgl. Ps 80,9: Ps 79,9 LXX; Röm 9,5), das heißt, ‚aus dem Volk der Juden‘, eine für die ganze Welt nützliche Frucht hervorsproßte. Niemand kann sicherlich ‚Traube‘ auf die göttliche Zeugung beziehen, oder wer es bezieht, läßt nichts anderes übrig, als daß wir glauben, daß jene ‚Traube‘ aus dem Weinstock gewachsen ist; daher schreibt der Tor dem Vater zu, was er am Sohn tadelt.

12.168 Wenn aber nicht mehr bezweifelt werden kann, daß der Sohn Gottes mit Blick auf die Fleischwerdung ‚Weinstock‘ genannt worden ist, seht ihr, auf welches Geheimnis bezogen der Herr gesagt hat: „Denn der Vater ist größer als ich"[462]. Denn nachdem er das weiter oben gesagt hat, fügte er gleich darauf hinzu: „Ich bin der wahre Weinstock, und mein Vater ist der Weingärtner" (Joh 15,1),

---

[462] Joh 14,28; vgl. *fid.* 2,8,59 – 2,9,83, oben 288–313.

cola est", ut agnosceres secundum id patrem esse maiorem, quia sicut agricola vitium, ita pater dominicae carnis est cultor. Quae et augeri potuit per aetatem et per passionem recidi, ut omne humanum genus ab aestu saecularium noxio voluptatum diffusae salutaribus brachiis crucis umbra 5 velaret.

R VZ SMNCWEO def. L

1 cognosceres *S* | id *s.l. m2S* || 2 viti *Oa* | pater *om. N* || 3 quae] quia *MN* | et *om. W* | aetatem] pietatem *Oa* | per *alt. om. O* || 4 recedi *W* | humanum *om. Oa* || 5 noxia *V* noxium *W* || 6 Explicit Liber IIII. Incipit Liber V. *R (sic habuisse e vestigiis conici potest)*, *M*, *(om.* Incipit – V*) N, VCE* Explicit Feliciter Amen *S*   Explicit Liber Quartus. Incipiunt Capitula Libri Quinti *(de quibus cf. Proleg. VI 7; post quae:)* Expliciunt Capitula Libri Incipit Liber V *W*   Explicit de fide liber IIII *(sine inscriptione sequuntur tituli libri V, post quae:)* Incipit liber V. De fide *Z (cf. Proleg. VI 7)*   Explicit liber IIII. Capitulorum libri quinti De fide ad Gratianum augustum recollecta annotatio *(sequuntur novem tituli recent.) Oa*

damit Du erkennst, daß der Vater deswegen größer ist, weil, wie der Weingärtner die Weinstöcke pflegt, so auch der Vater das Fleisch des Herrn pflegt. Dieses konnte sowohl durch das Alter wachsen als auch durch das Leiden zerstört werden, so daß der Schatten des Kreuzes, das die heilbringenden Arme ausgebreitet hatte, das ganze menschliche Geschlecht vor der schädlichen Hitze der weltlichen Begierden schützte[463].

---

[463] Vgl. Ambrosius, *spir.* 1 prol. 1 (CSEL 79, 15), — FALLER, *Ambrosius* 8, 216, erwägt, ob die Quelle der Rede vom Kreuzes-Schatten ORIGENES, *hom. in Jud.* 8, 4 (GCS 511f), ist. Ambrosius hat die Auslegung jedenfalls auch in *epist.* 12[30], 9 (CSEL 82/1, 96) verwendet.